世界的
"中心—边缘"结构

张康之　张　桐

著

CORE-PERIPHERY
STRUCTURE OF THE WORLD

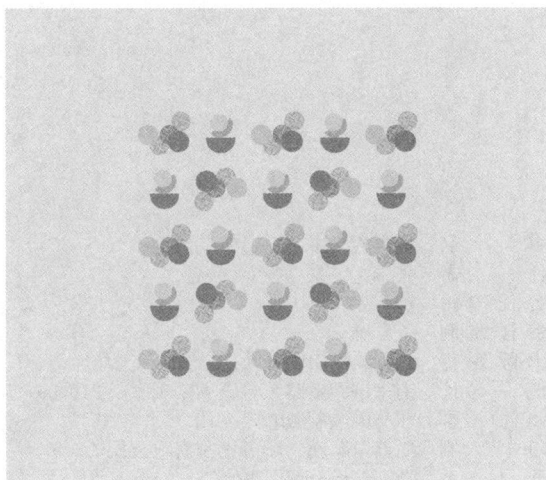

江苏人民出版社

图书在版编目（CIP）数据

世界的"中心—边缘"结构/张康之，张桐著. --南京：
江苏人民出版社，2024.1
ISBN 978 - 7 - 214 - 28456 - 3

Ⅰ. ①世… Ⅱ. ①张…②张… Ⅲ. ①政治理论—研
究 Ⅳ. ①D0

中国国家版本馆 CIP 数据核字（2023）第 203437 号

书　　　　名	世界的"中心—边缘"结构
作　　　　者	张康之　张　桐
责 任 编 辑	郝　鹏
责 任 监 制	王　娟
出 版 发 行	江苏人民出版社
地　　　　址	南京市湖南路 1 号 A 楼，邮编：210009
照　　　　排	江苏凤凰制版有限公司
印　　　　刷	江苏凤凰新华印务集团有限公司
开　　　　本	787 毫米×1092 毫米　1/16
印　　　　张	21.5
字　　　　数	320 千字
版　　　　次	2024 年 1 月第 1 版
印　　　　次	2024 年 1 月第 1 次印刷
标 准 书 号	ISBN 978 - 7 - 214 - 28456 - 3
定　　　　价	68.00 元

（江苏人民出版社图书凡印装错误可向承印厂调换）

目　录

第一章　"中心—边缘"：一个观察视角 _ 001

　　第一节　作为观察视角的"中心—边缘"概念 _ 001

　　　　一、"发达""不发达"等概念：一种误解 _ 002

　　　　二、"中心—边缘"概念：挑战传统话语权 _ 010

　　　　三、资本主义世界化中的"中心—边缘"结构 _ 018

　　第二节　世界"中心—边缘"结构与线性思维 _ 025

　　　　一、时间维度中的线性思维 _ 026

　　　　二、空间维度中的线性思维 _ 032

　　　　三、"去中心化"追求中的思维方式 _ 036

第二章　发现世界的"中心—边缘"结构 _ 045

　　第一节　普雷维什的"中心—边缘"思想 _ 045

　　　　一、"中心—边缘"思想产生的背景 _ 045

　　　　二、作为批判工具的"中心—边缘"概念 _ 053

　　　　三、在"中心—边缘"结构中可做的选择 _ 061

　　第二节　依附论学派的"中心—边缘"思想 _ 068

　　　　一、在对普雷维什的批评中形成"依附论" _ 068

　　　　二、依附论的世界"中心—边缘"结构观 _ 075

　　　　三、为什么无法打破世界的"中心—边缘"结构

　　　　　　_ 083

第三章 "依附论"思想影响的扩散 _ 093

第一节 "新依附论"终结依附的追求 _ 093

一、多斯桑托斯的"新依附论" _ 093

二、多斯桑托斯的激进批判态度 _ 100

三、多斯桑托斯打破依附的方案 _ 106

第二节 "帝国主义"名下的世界"中心—边缘"结构 _ 113

一、帝国主义体系的"中心—边缘"结构 _ 113

二、"中心—边缘"结构中的竞争与协作 _ 120

三、"中心—边缘"结构的辩证法 _ 126

第四章 智力依附与创新垄断 _ 133

第一节 世界"中心—边缘"结构中的智力依附 _ 133

一、反殖民运动中的国家独立与智力依附 _ 134

二、边缘国知识分子积极推动智力依附 _ 142

三、边缘国知识分子应有的责任 _ 146

第二节 世界"中心—边缘"结构中的创新垄断 _ 153

一、世界"中心—边缘"结构形成中的创新保护 _ 153

二、在创新垄断中强化世界的"中心—边缘"结构 _ 160

三、在世界"中心—边缘"结构中看创新垄断 _ 165

第五章 产生于世界中心的世界体系论 _ 172

第一节 世界体系论对"中心—边缘"的定义 _ 172

一、从"依附论"到"世界体系论" _ 173

二、世界体系论的中心、边缘与外围 _ 179

三、"中心—边缘"概念性质的变化 _ 184

第二节　世界体系论及其分析单位 _ 192

一、世界体系论的分析单位 _ 192

二、民族国家观念对科学分析的束缚 _ 198

三、依然是机械论的"整体主义" _ 204

第三节　世界体系论的经济主义取向 _ 211

一、经济主义视角中的世界体系 _ 211

二、经济主义分析掩盖了什么 _ 218

三、经济主义分析方法的适用性问题 _ 224

第六章　世界"中心—边缘"结构解构的幻象 _ 231

第一节　"地球村"概念的提出 _ 231

一、"地球村"的真实含义 _ 231

二、"地球村"并未改变"中心—边缘"结构 _ 238

三、历史快车后视镜中的"地球村" _ 243

第二节　"外包"能否碾平世界 _ 248

一、"外包"只是分工范围的扩大 _ 249

二、"中心—边缘"结构中的"外包" _ 254

三、外包没有改变剥削的性质 _ 260

第七章　全球化背景下的历史性机遇 _ 266

第一节　全球化运动行进中的概念解读 _ 266

一、"全球化"的概念及其现实运动 _ 266

二、不同于资本主义世界化的全球化 _ 272

三、正确解读"全球化"的概念 _ 278

第二节　在对"全球化"的解读中发现行动目标 _ 282

一、反对全球化的"泛历史主义"解读 _ 283

二、必须承认全球化概念的历史性 _ 290

三、全球化的去中心化内涵 _ 294

第三节　大数据中的思维与社会变革要求 _ 299

一、作为信息技术发展结果的"大数据" _ 300

二、"大数据"是否带来了思维变革 _ 306

三、"大数据"能否改变社会的基本结构 _ 314

主要参考文献 _ 322

后　　记 _ 328

第一章

"中心—边缘"：一个观察视角

第一节 作为观察视角的"中心—边缘"概念

在由民族国家构成的世界体系中，流行的做法是把不同的国家区分为"发达"与"不发达"国家。其实，当这种区分被作为一个观察视角而固定下来之后，却掩盖了国家间的不平等，让人们不再关注一些国家压迫和剥削另一些国家的事实。与此不同，如果把民族国家看作处在同一个体系中发生互动的行动体的话，就会看到它们在这同一个体系中的不同位置，就会发现它们之间存在着某种结构——"中心—边缘"结构，并在这一结构中实现互动。"发达"与"不发达"的概念是在比较中而对国家进行的分别描述，潜在地包含着把不同国家看作孤立的存在物的意涵，即放弃了对国家间关系的关注。"中心—边缘"的概念则把人们的关注点引向国家间的关系，要求把不同的国家放在同一个世界体系中加以认识和考察。特别是这个概念所揭示的国际关系结构，可以使中心国家对边缘国家的压迫、剥削和掠夺清晰地暴露出来。而且，也给人们指出了一个走向未来的方向，那就是通过打破既有的世界"中心—边缘"结构而开创一个真正平等的世界。

一、"发达""不发达"等概念：一种误解

当人们放眼观察世界的时候，很自然地接受了一系列给定的概念，即用"先进""落后""发达""不发达""发展中""欠发达""新兴国家"等语词去表达我们对不同国家的直观认识。在某种意义上，就是使用这些概念去为不同的国家进行定位，即把不同的国家归入不同的类别中去。在科学研究中，人们已经习惯于使用这些概念，似乎没有人对这些概念表示怀疑。其实，这些概念是经不起推敲的。对于科学研究而言，这些概念可能还是有害的。因为，用这些概念编织起来的那幅世界图景是虚假的，掩盖了国家间关系的诸多具有实质性意义的事实。事实上，这些概念被一些率先发展起来的和掌握了话语权的国家所利用，它们利用这些概念建构了某种意识形态，形成了某些理论，从而为其各种各样的非正义行为辩护，甚至让人们把国家间的剥削、掠夺以及危机转移看作自然而然的事情。

与这些流行的概念不同，普雷维什运用"中心—边缘"概念去分析国家间的关系。后来，这一概念被依附论学派所接受，并影响到后现代主义，展现出了一个非传统的认识和观察世界的视角。现在，"中心—边缘"的概念在社会科学的诸多领域中都产生了广泛的影响。不仅在国际关系研究中，而且在区域经济、城市规划、组织与管理、人际交往、复杂系统、复杂网络以及文化哲学等领域的研究中，学者们都广泛地使用了"中心—边缘"的概念。事实上，"中心—边缘"的概念为我们观察和理解工业社会提供了一个独特的视角，向我们揭示了国家间以及一国内部的不平等结构，也为我们面向未来去思考社会建构的行动提供了启示。

显然，社会科学研究中所使用的概念都包含着某种价值取向或价值观念。虽然可以说概念是人们认识世界的工具，是具有客观性的观察视角，但面对同一个认识对象，从不同的概念出发则会把理论导向不同的方向。显然，一切理论都是通过概念建构起来的，之所以会针对相同的问题产生出不同的理论，那是因为建立起理论的基本概念不同，或者说，是作为理论出发点的概念不同。归根到底，是因为不同的概念包含着不

同的价值取向与不同的价值观念，才有了同一个研究对象的不同理论。所以，社会科学研究中所使用的概念都不可能在价值上中立，所有概念都会受到价值的纠缠，只不过有些概念将价值取向明确地涂抹在表面上，而有些概念则将其价值取向深深地掩藏起来。

在国际领域的研究中，学者们通常用"发达"与"不发达"等概念去描述一个国家的总体状况。表面看来，"发达""不发达""欠发达"等概念都是一些描述性词语，似乎非常客观地表达了一个国家经济、政治、社会等各个方面的发展状况或所处的历史阶段。其实不然，这些概念实际上掩藏了某些价值，甚至是服务于某种意识形态的。可以肯定地说，"发达""不发达""欠发达"等概念是服务于已经确立了话语霸权的那些国家的全球利益需要的。甚至有些较为偏激的学者认为，在"发达""不发达""欠发达"等概念中包含着西方霸权国家的某些阴谋，即通过这些概念对那些急切求发展的国家实施诱骗，让他们心甘情愿地向霸权国家输出利益，而不是在霸权国家对它们的征服中被迫输送利益。所以，这些概念中包含着既定的国际秩序，包含着为了少数国家的利益而把全球引向灾难的驱动力。所以，依附论学派激烈地主张用"中心—边缘"的概念来替代上述概念，希望在"中心—边缘"的视角中去揭露上述概念所代表的某种说教的性质及其虚伪性。

弗兰克在1966年发表的一篇论文中作出了这样的分析："目前的发达国家（now-developed countries）过去虽然可能经历过未发展（undeveloped）状态，但是绝没有经历过不发达（underdeveloped）状态。"[①] 在这里，弗兰克刻意地对 undeveloped 和 underdeveloped 作出区分。在他看来，只要做出这种区分，就能够发现两个完全不同的世界。第一，undeveloped 的前缀 un 是在与自身的另一状态进行比较时作出的判断，一般说来，是在历史的维度中所作出的比较。对于一个国家而言，如果它现在可以被认为是一种 developed 状态的话，那么它的过去则属于 undeveloped 状态，或者说，它曾经经历过一个 undeveloped 阶段。第

---

① Frank, Andre Gunder. "The development of underdevelopment." *Monthly Review* 18. 4 (1973). P5.

二，underdeveloped 的前缀 under 则是在与相对物或参照物的比较中作出的判断，而且包含着它们间的某种关系的判断。因为，under 这个前缀的意思是"处于……之下"，如果用于对两个国家进行比较，那就是，一个 underdeveloped 国家处在与它相关的另一个 developed 国家之下。

细致理解弗兰克的这句话，可以看到，当资本主义在西方国家独立发展时，无论是"已发展"（developed）还是"未发展"（undeveloped），都是该国内部的资本主义的发展过程，是"该国自身经济、政治、社会和文化特点或结构的产物或反映"[①]。但是，在实现了资本主义世界化之后，情况就发生了变化，就出现了"中心—边缘"结构。在这个"中心—边缘"结构中，边缘国家的不发达状态就不再是由自身国内的因素所决定的，而是受制于这个拥有了"中心—边缘"结构的世界体系。在这种情况下，边缘国家就处在一种 underdeveloped 的状态。边缘国家所经历的受制于其他国家的情况显然是那些率先进入资本主义发展过程中的国家未曾经历过的。也就是说，对于那些率先进入了资本主义发展过程中的国家而言，在历史上曾经经历过的只是一种被称为 undeveloped 的状况。

在弗兰克这篇文章的中文译本中，underdeveloped 和 undeveloped 这两个英语单词分别被译为"不发达"和"未发展"。这种译法应该说是准确的，弗兰克的文章题目 the development of underdevelopment 被译为"不发达的发展"也是合理的。也就是说，当 development 单独使用时，就是通常意义上的"发展"，但当 under 的前缀出现后，则表示另一重意思，那就是，在"发达"与"不发达"的比较中来认识一个国家的状况，而且是在发达国家与不发达国家的比较中来确认一个国家的不发达状态。因为，"不发达"一词的含义只有在与"发达"的比较中才能加以确认。也就是说，在谈到一个国家的"不发达"时，如果没有"发达"国家作为参照物，也就无从理解了。

弗兰克说道："不论过去或现在，造成不发达（underdevelopment）状

---

① ［德］弗兰克：《不发达的发展》，载［美］查尔斯·威尔伯主编：《发达与不发达问题的政治经济学》，高铦等译，北京：中国社会科学出版社，1984，第145—146页。

态的正是造成经济发达（development）（资本主义本身的发展）的同一个历史进程。"① 在这里，弗兰克无疑明确地揭示了中心国家一度坚持使用的"发达"与"不发达"的概念是从属于一种意识形态建构的需要，是出于宣传的目的。这种意识形态的宣传实际上就是在混淆一国历史比较中的状况与国家间比较中的状况，即把边缘国家的 underdeveloped 说成是 undeveloped，用于欺骗边缘国家，让它们以为自己处在其早期的 undeveloped 状态，只要模仿中心国家，走中心国家曾经走过的道路，就可以像中心国家一样进入发达状态。如果边缘国家不走中心国家曾经走过的道路，或者，如果边缘国家不愿意走中心国家曾经走过的道路，那么中心国家就可以打着"国际责任"的旗号对边缘国家实施干涉，而且被宣称是为了边缘国家的发展，是正义的行动。

阿明在 1970 年出版的《世界规模的积累——不平等理论批判》中对此作了清晰的阐述。在该书的序言中，阿明开宗明义地指出，"选择不发达（underdevelopment）的概念是毫无意义的，它把'不发达'与一般意义上的'贫穷'（poverty）等同起来"②，"然后，喋喋不休、枯燥无味地描述贫穷的不同表现（分类指数：健康、扫盲率、营养、死亡率等，或综合指数：人均收入），用一般性的材料来弥补分析的空虚"③。然而，"这些乏味的文字恰恰构成了课堂上不发达理论的核心，这在有关发展经济学的任何大学课程中都能找到"④。在某种意义上，我们发现，中心国家使用"发达"与"不发达"概念而实现的意识形态建构是成功的，可以说达到了欺骗性宣传的目的。所以，我们随时随地都可以发现，阿明所说的这种空洞的分析和各种枯燥的统计数字占据着社会科学的文献以

① ［德］弗兰克：《不发达的发展》，载 ［美］查尔斯·威尔伯主编：《发达与不发达问题的政治经济学》，高铦等译，北京：中国社会科学出版社，1984，第 151 页。

② Samir Amin. Translated by Brian Pearce. *Accumulation On a World Scale：A Critique of the Theory of Underdevelopment*. New York and London：Monthly Review Press. 1974. P7. 中译本参见 ［埃及］萨米尔·阿明：《世界规模的积累》，杨明柱等译，北京：社会科学文献出版社，2008，第 7 页。

③ ［埃及］萨米尔·阿明：《世界规模的积累》，杨明柱等译，北京：社会科学文献出版社，2008，第 7 页。

④ Samir Amin. Translated by Brian Pearce. *Accumulation On a World Scale：A Critique of the Theory of Underdevelopment*. New York and London：Monthly Review Press. 1974. P304.

及大学的课堂，成了社会科学研究中的一个基本方法和研究视角。

阿明指出，这种方法"导致一个关键性的错误：人们把'不发达'国家看成是处在发展早期阶段的'发达'国家。也就是说，人们回避本质：'不发达'国家属于世界体系的一部分，他们曾经有一个被纳入这一体系的历史过程，这就形成了他们的特殊结构。而这个结构同这些国家被纳入现代世界之前时的结构已大相径庭"①。由此可见，在一些依附论学者那里，"不发达"一词并不是贫穷落后的同义词，也不是走向发达之前的一种状态，而是包含在国际关系中的一种不平等状态。依附论之所以反对使用"发达""不发达"的概念，目的就是要揭示国际关系中的这一不平等的本质。

在依附论学者看来，"发达""不发达"的概念给人传达的是两种极其错误的观念：一种是把"不发达"简单地理解为"贫穷"，即一国自身的贫穷，而不考虑其与富裕国家的关系，这种孤立地看待一个国家的做法显然是错误的。因为，"不发达"是相对于"发达"而言的，是在与"发达"的比较中形成的一种认识。而且，这种比较是发生在同一个体系之中的，而不是可以分别进行孤立地考察的。事实上，如果将边缘国家说成"不发达"国家的话，那么恰恰是因为中心国家的"发达"而置这些国家于边缘和"不发达"状态。

另一种错误是把"不发达"与"发达"看作国家发展史中的不同阶段，即把发达国家的"发达"宣称为"不发达"国家的目标和未来，从而掩盖了中心国家对边缘国家的剥削，让边缘国家接受"发达"与"不发达"的意识形态，努力去摆脱"不发达"的状态，误以为通过自己的努力可以走向"发达"状态。结果，边缘国家就会盲从中心国家的历史经验，模仿中心国家在历史上走过的道路和发展模式。其实，如果边缘国家这样做了，恰恰是合乎中心国家的利益的。那是因为，中心国家可以在边缘国家对它走过的道路的模仿中获益，即通过国际贸易以及广泛的国际交往而把边缘国家在发展中所取得的成果占为己有。

---

① ［埃及］萨米尔·阿明：《世界规模的积累》，杨明柱等译，北京：社会科学文献出版社，2008，第7页。

这个过程无疑是对边缘国家的剥削，让边缘国家源源不断地向中心国家输送利益。在边缘国家这里，一旦制定了追赶发达国家的策略，就会竭泽而渔式地、破坏性地开采自然资源和人力资源，无所不用其极地榨取本国边缘的剩余价值，在追求"发达"的目标下把这些剩余价值输送给中心国家，并在此过程中为自己带来环境污染、贫穷、社会的两极分化以及矛盾积累。

在利用"发达""不发达"的概念进行意识形态建构的学者中，最具代表性学者当数罗斯托。罗斯托的所谓"经济发展阶段论"之所以能够为美国的"越战"提供理论依据，正是因为这一理论确立起了"发达"与"不发达"的观念，让美国可以把对越南的侵略说成"承担国际责任"和"帮助越南经济社会发展"的举措。罗斯托的"经济发展阶段论"所提供的是这样一种观念：所有国家的发展都要经历发达国家曾经的那些阶段才能走向繁荣。也就是说，都要经历一个 undeveloped 的阶段。这样一来，他就把中心国家剥削和压迫边缘国家的事实一笔抹杀了，让人们不再关注国际关系对一国发展的影响，从而让边缘国家误以为凭着自己的努力就可以追赶所谓"发达"国家并进入"发达"状态。

对此，阿明一针见血地指出，这一理论"之所以错误，就在于它把统一的、完整的前资本主义的独立经济和社会，同由于殖民统治历史而被纳入占统治地位的资本主义世界的经济和社会——其中的资本主义是从外部引入的——相混淆。"[①] 根据阿明的看法，"不发达""发达"的概念所传达的是这样一种观念：要么将一国发展看作自主的事情；要么认为一国的发展需要模仿"发达国家"的模式。事实上，在实现了资本主义世界化之后，无论是自主的发展还是模仿"发达国家"的模式，都是不可能的。因为，在资本主义世界化所确立起来的世界体系中，无论是"不发达"还是"发达"的国家，都同属于一个世界体系。当一些国家成为所谓"发达国家"后，另一些国家就不可能再走进"发达国家"的行列，也不被允许成为"发达国家"，它们受到各种国际关系的制约。所

---

① ［埃及］萨米尔·阿明：《世界规模的积累》，杨明柱等译，北京：社会科学文献出版社，2008，第16页。

以，在"不发达"的国家源源不断地把自身的发展成果转移和输送给了"发达国家"的情况下，是不可能获得成为"发达国家"的机遇的。

总之，由于与所谓"发达国家"并存于一个互动的世界体系中，"不发达国家"如果制定了追赶"发达国家"的策略，只能给自身带来更大的灾难，它们在自身的努力中所造成的自然资源以及人力资源的破坏只能使自己收获更多的贫穷。即使"不发达"国家在追赶"发达"国家的过程中一时表现出了财富增长的势头，但是，由于对自然资源和人力资源的破坏性开采，由于国内贫富分化和矛盾的积累，这些国家也会在达到了某个临界点的时候迅速滑落到更为不发达的状态中去。所以，如果按照"不发达""发达"的概念所确立的话语体系来谋划发展的话，边缘国家将永远无法摆脱自己在世界体系中的边缘地位，反而，只能把自己导向更为边缘的方向上去。正是认识到了这一点，阿明要求："'不发达''第三世界'（Third World）等错误概念应该被去除，用'外围的资本主义形态'（capitalist formations on the periphery）这一概念取而代之。"①

缪达尔（Gunnar Myrdal）通过考察"发达"与"不发达"的概念演变揭示了由此建构的意识形态所具有的虚伪性。② 在谈到"术语外交"（diplomacy by terminology）时，缪达尔向我们呈现了这样一种概念的演变史：关于"穷国"（poor countries）的名号经历了一些变迁，二战前，人们将殖民地称作"落后地区"（backward regions）；二战后，随着这些地区的独立，人们抛弃了静态的"落后"一词，改用动态的"不发达国家"（underdeveloped countries）一词，其动态性表现在，这一词语显示了国家对未来的一种希望，即"这些地区现在是，也想继续保持独立的政治地位，并且渴望摆脱贫困"。然而，当国际外交不断深化的时候，情况又有了新变化，"在富国（rich），人们感到，'不发达'一词并不能很好地描述穷国（poor）的地位"，更为重要的是，穷国的一些人，尤其是那些"富裕的并熟知西方文化发展过程的人"，也放弃了"不发达"这一

---

① ［埃及］萨米尔·阿明：《世界规模的积累》，杨明柱等译，北京：社会科学文献出版社，2008，第18页。

② Gunnar Myrdal. *An Approach to the Asian Drama：Methodological & Theoretical*. New York：Random House. 1970. P33—36.

称呼，而改用"发展中国家"（developing）这一"委婉语"（euphemisms）。显然，之前的"不发达国家"与"发达国家"两个语词在表面上存在着明显的对立，under 所反映的就是一些国家与另一些国家不平等的现实。对于发达国家而言，他们并不希望强化这种对立，因为对立总会催生冲突。与之不同，"发展中国家"这一委婉语则能够弱化这种对立色彩，它在语词上给人以遐想，给边缘国的民众编织了一个美好的梦。那就是，本国并不是"不发达"，而是"处在发展的过程"之中，并将很快实现"发达的"目标。这种语词的转化是由中心国所主导的，同时，也是受到边缘国中的上层人士欢迎的。

其实，在"中心—边缘"的视角中，缪达尔所观察到的这一点是很容易理解的。因为，中心国所提出的任何理论以及所确立的任何话语都需要得到来自边缘国的支持，而在边缘国，也确实存在着乐意于支持中心国家理论及其话语的力量。对于边缘国的上层人士来说，需要通过附和中心国和蒙蔽边缘国的边缘而换取中心国的庇护。不难发现的是，在边缘国中，掌握了理论及其话语的一个重要群体就是知识分子，他们往往更愿意附和中心国以及边缘国的中心，以期从社会的中层爬到上层。正是由于这些原因，语词的演进才得以顺利地进行。而且，这种词语的演进也能让富国与穷国中的上层人士携起手来，共同掩盖穷国、落后的现实。

在缪达尔对词语演进的这一考察中，可以清晰地看到"发展中"的概念所具有的欺骗性。因为，"发展中"所表达的是从"不发达"到"发达"的过渡，所要指明的是，"发展中国家"正处在一个发展的过程中。此外，我们也发现，还存在"欠发达"的概念。这一概念甚至比"发展中"更有欺骗性，因为"欠发达"一词所要传递给人的是距离"发达"的目标已经不远了，甚至可以理解成距离发达的目标很近了，从而更加"弱化了富国与穷国间的实际差异，也就具有了误导性"。对此，一般说来，边缘国的上层人士对这种误导是持积极态度的。因为，这种误导可以使"边缘国"的边缘形成一种即将进入发达状态的幻想，从而使边缘国的中心能够从民众那里获得更高程度的合法性。所以，"发展中""欠发达"等概念都是由中心国蓄意营造出来的。由于"中心国"营造出来的这些概念合乎边缘国中心群体的利益，也得到了边缘国中心的精心维护。特别是边缘国的知识分子，为了讨好中心国以及自己国家的中心，为了在这种讨好中获取比本国边缘更大的利益，成为这些概念非常卖力的吹鼓手。

对于以学者面目出现的缪达尔来说，肯定不愿意在"发达""不发达"的概念演变中形成激烈的意见。所以，缪达尔以非常温和的口气总结道："所有这些短语都反映了一种逃避者的态度。这种态度尽管可以理解，却可能诱导我们偏离清晰的思考。"[①] 概念本身的演变显然不是问题的关键，重要的是，当概念以流行词语出现时，其背后往往蕴含着一套与之相关的观念或理论。一旦概念中所包含的观念深入人心，就会深深地对决策以及人的行为产生影响。当中心国与边缘国的中心使用"发达""不发达"等词语时，他们通过这些概念所掌控的是一种话语权。这种话语权迫使人们不得不认同和使用这些术语，一些不具有思考能力的人甚至会信仰这套话语体系。当人们接受"发达""不发达""发展中""欠发达"等概念时，就不可避免地错误估计自己所处的历史状态，即认为本国只是处在"发展中"或者处于"欠发达"的状态中。更为重要的是，这些概念阻止人们去对现象背后所隐藏的一些基本性质进行探讨，会误以为目前的状态主要是由自己的原因所造成的，从而忽视了世界体系中的国家间不平等。更进一步，这会使边缘国形成某种对未来的不切实际的想象，会制定出错误的策略，甚至对自己追赶所谓"发达国家"的错误策略深信不疑。然而，这种赶超策略不仅会要求把一切被认为是"发达国家"的东西都照搬过来，而且会让边缘国努力模仿"发达国家"曾经走过的道路。

二、"中心—边缘"概念：挑战传统话语权

与"发达""不发达""欠发达""发展中"等概念所代表的解释框架

---

① Gunnar Myrdal. *An Approach to the Asian Drama*：*Methodological* & *Theoretical*. New York：Random House. 1970. P36.

不同，从"中心—边缘"概念中发展出了另一个解释框架。无论是普雷维什及其拉美经济委员会还是依附论学者，他们在使用"中心—边缘"的概念时，都是在向由"发达""不发达"等概念所构成的传统话语发起一种挑战。从学术史上看，虽然普雷维什可能并不是最早提出"中心—边缘"概念的学者，但他却是最早运用了这一概念去进行新的话语建构尝试的人。或者说，在普雷维什这里，"中心—边缘"概念所代表的是一个新的视角和一个新的分析框架。也正是这一原因，使"中心—边缘"的概念产生了广泛的学术影响。

"中心—边缘"概念对世界作出了新的划分，它与传统的"发达""不发达"的划分明显不同，它包含了两类国家之间存在着支配与依赖的不平等关系这重内涵。也就是说，"中心—边缘"概念是在一个统一的世界体系中来认识国家间关系的，而不是孤立地认识两种不同类型的国家，更不是在一国独立的发展进程中去认识国家的"不发达"或"发达"形态。总的说来，普雷维什等人所使用的"中心—边缘"概念为我们描述了一幅完全不同的世界图景。首先，由于这一概念的使用，他们发现，整个资本主义世界的经济"有两种经济：'中心'的经济和作为世界经济的'边缘'的经济"[1]，而这种观点"直到（20 世纪）40 年代仍然是新颖的"[2]。更为重要的是，这两种经济并不是无关的，而是相互作用和交织在一起的。虽然这两种经济处在相互作用的互动体系中，却是不平等的，是处在中心与边缘的两极的。

的确，现代化在某种意义上是与资本主义世界化相重合的。在近代早期，一些西方国家率先进入现代化进程，但其资本主义发展并没有囿于国家边界内，而是通过海外殖民和开拓海外市场等方式扩展到了世界范围，即把现代化建立在资本主义世界化的进程中。在资本主义世界化的发展过程中，率先发展起来的资本主义国家——民族国家——通过开

---

① Robert J. Alexander. Import Substitution in Latin America in Retrospect. In Dietz, James L., and Dilmus D. James, eds. *Progress Toward Development in Latin America: from Prebisch to Technological Autonomy*. Rienner. 1990. P15.

② ［英］莱斯利·贝瑟尔主编：《剑桥拉丁美洲史》第六卷（上），高晋元等译，北京：当代世界出版社，2000，第 416 页。

拓海外市场以及进行海外殖民等成为世界体系中的中心国，那些被征服的国家则被置于边缘国的地位上。在中心国与边缘国的互动中，边缘国的独立发展进程受到了中心国的阻断与控制。

如此一来，边缘国的发展道路就不可能与中心国的早期资本主义发展道路相同。不仅是因为二者在内部结构上存在着明显差异，更为重要的是，它们面临着完全不同的外部环境。也就是说，在世界的"中心—边缘"结构形成之后，处于这一结构之中的边缘国与中心国所面对的是截然不同的发展境遇。因为，在资本主义世界化进程中所形成的这个世界体系决定了边缘国处于中心国的控制和支配地位上，中心国可以依据世界的"中心—边缘"结构而对边缘国进行经济剥削、政治支配和军事掠夺。也就是说，在资本主义世界化的过程中，边缘国是被强行地纳入了由中心国所掌控的世界体系中。这个"中心—边缘"结构虽然是在资本主义世界化进程中自然生成的，却是合乎中心国利益要求的。所以，中心国可以依据世界的"中心—边缘"结构而实施对边缘国的剥削和改造，使边缘国的发展适合于和从属于中心国的利益要求。

显而易见的事实是，在世界的"中心—边缘"结构中，中心与边缘的地位是不平等的，中心国与边缘国之间的关系是一种不平等的关系。相对于中心国，边缘国被置于一种依附的地位上。中心国控制了边缘国的发展，使边缘国的发展朝着对中心国依附的方向上趋近。因而，即使边缘国在客观上表现出了发展的状况，那也仅仅属于增强和巩固"中心—边缘"结构的行动，并使中心国与边缘国之间的不平等关系日益增强。从"中心—边缘"概念所揭示出来的这个世界图景中可以看到，传统的建立在"发达""不发达"概念基础上的解释框架所提供的显然是一种错误的观念，所指示的那条从"不发达"到"发达"的发展道路也显然是不可行的。事实上，资本主义强国在其早期所经历的那个自主发展的道路是不可能适用于边缘国家的发展的。

从世界"中心—边缘"结构生成后的世界各国发展历史看，每当边缘国制定了追赶所谓"发达"国家的目标并谋求发展时，都会陷入这样一种状态之中，那就是必须承受来自中心国的剥削和干预，即使这种剥削和干预是以极其隐蔽和温和的形式出现，也会表现在诸如贸易争端和无数指手画脚的行为中。另一方面，在边缘国内部，一旦开启了追赶所谓"发达"国家的行程，就会迅速地分化为剥削和被剥削两个对立阶层，一些人移动到了国内的中心，并对国内的边缘施加比资本主义国家初建时期更加残酷的剥削。而且，边缘国对中心国的依附关系一旦生成，边缘国也就丧失了发展的自主性。这意味着边缘国的发展遇到了错综复杂的矛盾。如果在这种条件下再让边缘国遵从"发达""不发达"的话语指引，就必然会导致一种结果，那就是，在追赶"发达国家"的行动中被打入更加遥远的边缘。

用"发达""不发达"等概念编织起来的是一幅世界图景，而"中心—边缘"概念所揭示的则是另一幅世界图景。"发达""不发达""欠发达""发展中"等概念所提供的是"发达"这一标准，其目的是诱导边缘国制定追赶"发达国家"的策略，让边缘国误以为只要通过自己的努力就可以赶上甚至超过"发达国家"。当然，也有一些学者采用"落后国家"（backward）等提法。就这种提法所传达的"问题基本上是领先与滞后的问题，而非历史环境下的现代化论题"，它本身"也并不含霸权之意，'落后'也不一定将主要重点放在国际资本主义体系上。"① 那样的话，就可能将所谓"落后国家"导向割裂与世界的联系而封闭国门搞建设的方向上去。

与上述这些提法对国家的界定都不同，"中心—边缘"的概念揭示了中心国与边缘国之间的支配和依附关系。所以，应当说普雷维什等人在使用"中心—边缘"概念时，更为科学地揭示了资本主义世界化之后世界体系的实质，也点明了中心国在世界体系中的霸权地位。更为重要的是，指出了边缘国的发展道路是无比曲折的，让人们认识到其中包含着复杂性和各种各样的变数。事实上，普雷维什在晚年发表的《外围资本主义：危机与再造》一书中就对中心国的"霸权"（hegemony）进行了揭露，对"中心的霸权与外围的依附"作了更加清晰的描绘，并认真地分析了"中心的危机对外围的影响"等问题。

---

① ［英］莱斯利·贝瑟尔主编：《剑桥拉丁美洲史》第六卷（上），高晋元等译，北京：当代世界出版社，2000，第417页。

当然，在普雷维什的著作中也同时使用了"发达""不发达"等概念，但当普雷维什使用这些概念的时候，主要是服务于叙事的需要，是为了让被既有话语束缚的人能够读懂他的著作而作出的妥协。也就是说，他并不是把"发达""不发达"等概念作为一个观察视角和分析框架来看待，相反，他所应用的——也是他所确立起来的——观察视角和分析框架恰恰是用"中心—边缘"概念来加以标识的。正是由于普雷维什确立起了这一新的视角和新的分析框架，人们才得以重新认识和审视国家间的关系和世界的结构。所以，在普雷维什之后，由于"中心—边缘"的概念得到了传播和应用，学者们也逐渐地认识到这一概念与"发达""不发达"等概念所代表的观察视角和分析框架是完全不同的。因而，能够更加清晰地认识到中心国不仅是一种静态的工业发达国家或者收入高的富裕国家，同时也具有一种动态性，即中心国家"有能力对外围国家经济的发展方向施加影响"①。也就是说，富裕只是中心的表象，中心国更为重要的特征则是它在世界舞台上的影响力以及对他国的控制力。

"中心—边缘"概念的优越性还在于它所提供的是一个综合性的视角。显而易见，在"发达""不发达"概念所提供的视角中，人们更多地看到一个国家的经济发展状况。在使用"发达""不发达"的概念时，如果说对国家间的经济之外的其他方面也进行比较的话，所表现出来的也只是"发达""不发达"概念的引申含义，很难说是这些概念本身就有的内涵。"中心—边缘"概念所提供的观察视角就不同了。尽管"中心—边缘"概念也首先注重于经济分析的方法，但无论是在中心还是在边缘，都是以一种完整的形态出现的。中心国是由其政治、经济、文化等所有方面所构成的完整的整体，边缘国也是如此。从依附论学派的产生看，可以发现，正是由于"中心—边缘"概念的强大解释力，依附论学者们发现了早期拉美结构主义者过分重视经济分析的不足，认为拉美早期的结构主义者是因为忽视了政治、社会等因素而没有找到使拉美摆脱困境的出路。所以，依附论学派虽然沿用了"中心—边缘"的概念，却要求用更全面的"中心—边缘"观来分析拉美的问题，认为拉美的问题是综

---

① 参见江时学：《拉美发展模式研究》，北京：经济管理出版社，2007，第35页注释1。

合性的，而不单纯是经济问题。

从普雷维什思想的演变看，他所接受的是经济学专业的教育，在早期从教时也是以经济学家的面目出现的，后来到政府任职也是在经济部门，所以，他在使用"中心—边缘"概念时也就难免侧重于这个概念在经济方面的解释功能。但是，由于"中心—边缘"概念有着超出经济领域的普遍性的解释力，也由于受到了依附论学派的影响，当普雷维什在晚年使用"中心—边缘"概念时，已经不再限于经济领域，而是将这个概念作为普适性的解释框架来对待。在《外围资本主义：危机与再造》中，普雷维什曾特别感谢何塞·梅迪纳·埃恰瓦里（José Medina Echavarría），说他"为我们经济学家的任务打开了新的、广阔的视野。他给我留下了长久的影响，因为他使我把经济思想放进对社会结构的考察中"①。而梅迪纳·埃恰瓦里虽然不是依附论学者，但曾对依附论学派的形成产生过重要影响。就此而言，普雷维什事实上不仅是在感谢一个人，而是表达了对这一时期的诸多重要学者的感谢，即感谢他们对他思想转变的影响。的确，也正是这些学者让普雷维什突破了经济学的狭窄视域，将"中心—边缘"的概念和分析框架应用到了一个更宽广的现实解释之中。

上述可见，存在着两种不同的观察视角，一种是基于"中心—边缘"概念的观察视角；另一种是基于"发达""不发达"概念的观察视角。对这两种观察视角明确作出区分的则是依附论学派。依附论学派的学者们大都批判过由"发达""不发达"概念所代表的经济分析方法，尤其是对用统计数字去表示现实的做法进行了强烈的谴责，认为对经济方法的过分重视以及对数字表现方式的热衷都让人们忽视了现象背后的本质。比如，阿明就激烈地批评道："把'不发达'归诸人均产值低的看法是肤浅的，从科学上讲是错误的。在当前的文献中，特别是联合国浩如烟海的文献中，确定不发达的方法是把国家分成不同类别。"② 无论是人均收

---

① ［阿根廷］劳尔·普雷维什：《外围资本主义：危机与再造》，苏振兴、袁兴昌译，北京：商务印书馆，1990，第4页。
② ［埃及］萨米尔·阿明：《世界规模的积累》，杨明柱等译，北京：社会科学文献出版社，2008，第15页。

入、GDP，还是什么其他的数字指标，都把复杂的国际事务简化为一些干瘪的数字，并据此进行排序。实际上，这种简单化的分类排序方法与现实相去甚远，或者说，根本不能反映现实中的真实情况。在某种意义上，它所担负的是一种意识形态功能，是用来欺骗公众的，这种分类方法以其表面上的科学合理形式强迫公众接受虚假的数字排名，让公众丧失了对自己国家在世界"中心—边缘"结构中的位置和处境的认识能力。

阿明举例道，"科威特的人均产值为 3290 美元，它高于美国的 3020 美元"[①]，然而我们却不会说科威特处在世界的中心。"今日加蓬的人均产值与 1900 年的法国接近，但加蓬不等于 1900 年的法国，也不是法国的缩影。因为加蓬本身的结构从本质上来讲是外围型的结构，不是发展缓慢的中心型结构"[②]。可见，"中心—边缘"的概念给依附论学派带来的是一种综合性的分析方法，是对一国在世界体系中的位置作出全面认识的途径，因而，它是不同于片面的"唯经济论"的观察和认识方法的。到了加尔通那里，"中心—边缘"概念作为观察视角和分析框架的优越性得到了更为清晰的展现。加尔通在讨论世界的"中心—边缘"结构时指出，传统的研究强调对国家间经济贸易中"入口"或"出口"处的即时分析，例如交易价格、交易规模，完全忽略了这种经济贸易在交易完成之后对各自国家内部产生的不同影响。加尔通认为，这种传统的"唯经济论"的错误之处就在于，它导致了一种普遍的误解，让人误以为：当两国间的贸易价格与贸易额相同时，不平等现象就会随之消除。加尔通之所以说它导致了一种普遍的误解，是因为他在世界的"中心—边缘"结构中看到的是经济、政治、军事、传播与文化等各个方面的共同作用构成了一个国家在世界体系中的地位和境遇。[③]

总的说来，"中心—边缘"概念为学者们提供了一个超越经济观察的观察视角和分析框架，促使学者们在政治、经济、军事、文化等方面去

① ［埃及］萨米尔·阿明：《世界规模的积累》，杨明柱等译，北京：社会科学文献出版社，2008，第 15 页。

② ［埃及］萨米尔·阿明：《世界规模的积累》，杨明柱等译，北京：社会科学文献出版社，2008，第 156 页。

③ Johan Galtung. A structural theory of imperialism. *Journal of Peace Research*. 1971，8（2）. P81—117.

综合性地把握一国处在世界的"中心"还是"边缘"。一旦一国能够正确地认识到自己在世界体系中的地位，也就能够更多地作出正确的策略选择，从而大大减少行动的盲目性。当然，我们承认"发达""不发达"的概念所提供的也是一种比较的视野，是包含着相对性的，但这种相对性是一种机械的相对性。"发达"与"不发达"是并列的关系，而不是相互影响和相互渗透的关系。能够表达国家间相互影响和相互渗透关系的当数"中心—边缘"概念。与"发达""不发达"等相比，"中心—边缘"概念有着更强的相对性色彩。在"中心—边缘"概念所提供的视野中，B在与A的对应关系中可能处于边缘，但在与C所构成的对应关系中却可能属于中心。而且，这种对应关系也是一种互动关系，以相互作用、相互影响的方式而实现互动。

需要说明的是，在中心与边缘之间存在着势差，正是由于这种势差决定了中心与边缘互动并不是一种平等的互动，而是以中心对边缘的支配和边缘对中心的依附的形式出现的。也正是由于"中心—边缘"概念表现出了更强的相对性内涵，后来的许多学者如阿里奇、沃勒斯坦等人，都试图去描绘从中心到边缘的连续变化的光谱。不过，需要特别指出的是，这些做法虽然对于应用"中心—边缘"概念去开展深入的研究来说是有益的，但也同时使这个概念的内涵变得更具有不确定性了，并显得非常繁琐。例如，阿里奇是把世界体系分为"中心—半边缘—边缘"的，而且，他也将其拆解开来形成三组关系。在他这样做的时候，似乎可以分析得更加精确一些，然而，从他的研究工作的实际情况来看，却遇到了需要去寻求对这种繁琐区分提供支持的标准等问题。结果，由于其他标准都难以使人信服，以至于阿里奇最后还是求助于"人均国民生产总值"，从而回到了经济分析中。对此，阿明在《世界一体化的挑战》中批评道，"这种手法回避不了对各组进行质的定义的困难"[1]。

中心与边缘的相对性不仅表现在国家之间，也同时存在于一国内部。无论是在中心国还是边缘国中，都存在着中心与边缘。如果说"发达"

---

[1] ［埃及］萨米尔·阿明：《世界一体化的挑战》，任友谅等译，北京：社会科学文献出版社，2003，第72页。

"不发达"等概念只是在国家间进行比较而形成的认识，那么"中心—边缘"概念则可以从国家间的对应关系入手而深入一国内部，进而揭示国家间的支配与依附关系是如何通过一国内部的中心而成为具有现实性的运行机制的。总体看来，依附论学派在传播"中心—边缘"的概念方面作出了巨大贡献，而且依附论学者在使用这个概念去分析国家间关系时，也获得了对国际关系的结构性把握，揭示了国家间关系不平等的实质，并对边缘国的发展提出了诸多避免陷阱的建设性意见，这是非常可贵的。

从科学发展的角度看，由于"中心—边缘"成了一个研究视角和分析框架，从而打破了近代以来的一种话语垄断状况。在某种意义上，我们倾向于认为，"中心—边缘"概念代表了一种边缘话语，是对中心国所垄断的话语发出的一种挑战。当然，在近代以来资本主义世界化进程中生成的并被中心国所垄断的那种话语具有霸权地位，而由"中心—边缘"概念所代表的这样一种边缘话语在力量上显得极其弱小，以至于其影响面还显得较小。一种话语的生成首先肯定是得到了知识分子的接受才能得以传播的，然而现实情况则是，即使在边缘国中，其知识分子也往往出于向中心国献媚的需要而有意识地忽视"中心—边缘"概念所代表的这种新话语，只有少数拥有学术良心的学者才会从"中心—边缘"概念所提供的视角出发去观察世界。

三、 资本主义世界化中的"中心—边缘"结构

"中心—边缘"概念并不是凭空创造出来的，而是对已经联为一体的世界所拥有的一种结构的一种解读，属于认识上的一种客观反映。在人类社会进入近代以来，"脱域化"进程把一块块小的地域联系了起来并构成了民族国家。进而，又把民族国家联系在了一起，从而构成了一个相互作用、相互影响的世界。这个在世界范围内发生的脱域化进程是通过资本以及军事征服等方式实现的。如果说军事征服是近代以前一直存在着的那种野蛮行径的延续，那么资本征服则是具有现代性特征的征服行为。就近代以来的一国对另一国的军事征服而言，在实质上，是从属于资本征服的，军事征服只不过是资本征服的辅助手段，或者是为资本征

服开辟道路的行为。所以，近代以来的脱域化进程在全球范围内实际上是一个资本主义世界化的进程。由于资本主义世界化运动把整个世界联系了起来，因而，在这个相互联系和相互影响的世界中生成了一种结构——"中心—边缘"结构。所以，"中心—边缘"概念更准确地描绘了当今世界的基本特征，同时也揭示了这个相互联系和相互影响的世界的不平等性质。

表面看来，"中心—边缘"概念所反映的是世界的空间特性，甚至可以说是在地理的意义上把世界的某些部分确认为中心而把另一些部分确认为边缘。不过，中心是与边缘联系在一起的，中心是相对于边缘的中心，同样，边缘也不是脱离中心而存在的边缘。这说明，"中心—边缘"首先是以一种空间概念呈现给我们的。就 center/core-periphery 这个表达式中的 periphery 而言，其原本就是作为一个反映了空间形态的概念，是指某个核心的周边区域。可以认为，这个最初的含义并不涉及对核心与周边的重要程度或价值高低的判断。也就是说，它们作为空间布局中相对而在的事实是不包含着价值判断的，其中没有平等或不平等的含义。但是，periphery 一词却延伸出 peripheral（次要的）、peripherality（边缘性）、peripheralize/peripherize（以动词形式出现的"边缘化"）和 peripheralization（以名词形式出现"边缘化"）等包含了不平等特征的词汇。可见，在词语演化的过程中，英文中的 periphery 同中文里的"边缘"一词一样，都在空间形式中获得了某种表示地位不平等的内涵。

当我们在中文语境中使用这些词的时候，还会涉及一个翻译的问题。在我国研究拉美经济思想史或国际关系史的学者中，普雷维什等人的 center/core-periphery 通常被译为"中心—外围"。我们认为，"中心—外围"的译法是欠妥的，比较而言，译为"中心—边缘"会显得更为恰当。一方面，中文里的"外围"一词仅仅翻译出了 periphery 的表面含义，即完全是一个地理空间概念，不包含其他引申的含义。至于"外围化"这样的词语，尽管有人也用它来表示不平等的意涵，但更多的也是指代一种空间分布的趋势。相比之下，"边缘化"一词则更为准确地翻译出了 periphery 一词的诸多引申含义。另一方面，细致分析可见，"外围"一词实际上应该用来界定有着"中心—边缘"结构的某个体系之外的区域，而不是"边缘"地区。因为,"中心—边缘"本身就是一个统一体中的结构形态,无论是中心还是边缘,都是一个体系中的中心或边缘,而"外围"所指则是体系之外的和作为体系存在环境的部分。"中心—边缘"结构的形成也不是一蹴而就的,而是在一个较长的过程中逐步实现的。在这个过程中,那些尚未被纳入有着"中心—边缘"结构的世界体系中的区域才能被确认为"外围"区域。工业强国曾经的殖民化道路与资本主义世界化之路就是步步为营、层层展开的过程,当一些地区被纳入这个拥有"中心—边缘"结构的体系中时,其他尚未被纳入体系中来的区域则可以称为"外围"。

其实,作为一种关系的"中心—边缘"是广泛地存在于世界的一切方面以及社会生活的每一个领域中的。如果说自然界本无中心与边缘之分的话,那么当自然界反映在人的意识之中时,必然是有着中心与边缘的。人们正是通过对自然界中的一切现象进行中心与边缘的区分而去认识和把握它的。如果不对自然界中各种各样的现象进行中心与边缘的区分,也就意味着那些客观存在并没有成为认识对象。在人们认识社会现象时,也同样如此。也就是说,在我们认识世界时,如果仅仅厘定了认识对象的边界,所获得的还仅仅是一个模糊的整体,只有再深入一步,从认识对象中发现"中心—边缘"结构,才能获得关于认识对象中各要素间的关系的认识,然后,才能再进入实质性的认识阶段。所以,"中心—边缘"概念所反映的是一种思维结构。当我们把这一思维结构用于观察和认识世界时,既考虑到了认识对象的外在形式,同时也把握了认识对象中所包含的各种各样的关系,从而获得对认识对象的性质的理解。

运用"中心—边缘"概念去把握认识对象,所获得的并不是对认识对象的静态把握,而是要同时把握认识对象中的"中心边缘化"和"边缘中心化"的过程以及各种各样的可能性。因而,首先获得的是关于认识对象各要素的变动的认识。同时,又在认识对象各要素的变动的同时去把握认识对象在整体上的运动轨迹。其实,在日常生活中,我们都有着"中心—边缘"概念所代表的思维方式。比如,我们在谈论某人在某个群体中的地位时,很自然地就会判断出"某某被边缘化了"。当我们说某某被边缘化的时候,其潜台词就是指他(她)在所在的群体中的影响力正在下降，或者说他（她）不能发挥其应有的作用，或者说他（她）应得的利益得不到实现，或者说他（她）受到了某种不公正的对待，或者说他（她）被置于某种与其他成员不平等的位置上了……一般说来，在此意义上去谈论中心或边缘，都是在相互作用、相互影响的动态过程中去把握两者间的影响力和作用力的，因而，也就能够更好地把握中心与边缘间的地位差异及其变动过程。

"中心—边缘"概念给我们展现出了一个真实的现实世界。我们知道，近代以来，在社会建构方面是以启蒙思想家的理论为依据的。在社会的运行中，启蒙思想在不断地朝着狭义的意识形态的方向退化，启蒙思想所追求的"平等"也越来越从属于宣传的需要，而且，在宣传中所形成的话语权也让人们相信自由资本主义世界是一个包含着平等理念并能够实现平等的社会。然而，透过"中心—边缘"的视角，人们才真正发现，近代以来在"平等"的理念下建构起来的恰恰是一个"不平等"的社会。即使在某些领域或某些部分的某些方面呈现出了"平等"，那也只是一种假象，至多也只能称作为"形式平等"。在实质上，则是不平等的。

虽然在现代化的进程中关于平等的追求一直激励着人们努力去消除不平等和改革那些产生了不平等的社会运行机制，但所收获的往往是更大的不平等。无论是在财产占有方面还是在参与政治生活方面，人们之间的不平等总是处在持续扩大的进程之中，其原因就在于人们被结构到了"中心—边缘"结构之中。一部分人走进了并一直处在世界的中心，而另一部分人则被打入了世界的边缘。而且，人们总是在中心与边缘之间变换自己的位置，要么向中心移动，要么滑落到边缘。同时，财富以及社会发展中所产生的剩余也是在中心与边缘之间进行分配的，甚至连话语权等等也都是在中心与边缘之间进行分配的。

正是认识到了这一点，我们才发现，近代早期的启蒙竟然是一个未竟的事业，或者说，由于现代化的进程走上了建构"中心—边缘"结构的方向，启蒙思想遭到了背叛。如果说人类在20世纪后期进入了后工业化进程的话，同时，如果说后工业社会将是一个完全不同于工业社会的新的历史阶段的话，那么首先需要打破或者超越的就是在工业社会中形成的这个"中心—边缘"结构。这应当成为后工业化进程中的一项最为基本的任务。

从普雷维什到依附论学派，在使用"中心—边缘"概念的时候，都主要是从属于理解国家间关系的需要。的确，在近代社会基本上实现了资本主义世界化之后，工业化强国影响甚至支配世界的手段也从赤裸裸的暴力掠夺转向了国际经济贸易。经济贸易显然是主权国家在自由的理念之下并以平等的形式进行的，然而，工业化强国对其他国家的剥削和掠夺又是一个基本事实。这种剥削和掠夺之所以能够发生，正是因为世界的"中心—边缘"结构发挥了作用。也就是说，在国家之间，表面看来，经济贸易是建立在平等和自由的基础上的，中心国也努力向全世界描绘这样一种假象：所有国家在国际市场的大舞台上平等地参与商品交换，虽然一些国家繁荣，另一些国家贫穷，但他们都可以在自由平等的国际贸易中达成自己的目的。特别是服务于欺骗性宣传的所谓"比较优势论"更加强化了这一假象，试图让人们相信，只要一国选择生产并出售他们的优势产品，用以换取他国的优势产品，就能够从贸易中获利，并能最终走向发达状态。然而，普雷维什以及依附论学者在"中心—边缘"的视角中所看到的却是中心国与边缘国在贸易上的不平等，而且，边缘国在国际经济贸易中也没有自由可言，反而是受到了中心国的支配和控制的。

中心国所创立和主导的世界"中心—边缘"结构实质上是一个不平等的结构，中心国通过这一结构能够高效地把边缘国发展所获得的利益占为己有，而这种不平等也不只存在于经济方面，在其他层面也是如此。这就让我们看到，在"中心—边缘"结构中，所谓经济自由贸易只不过是一个神话。除了自由市场的平等神话，在现代化过程中所确立的另一个神话就是"法律面前人人平等"。表面看来，自由市场包含着契约精神，法律既是契约的一种表现形式也是契约的保障，法律制度确证了人们的平等地位。一国的法律是为了确证公民之间的平等，而国际法则确证了国家间的平等。但是，法律在一国内部所提供的仅仅是一种形式平等，而在国家间，甚至连基本的形式平等也无法提供。中心国与边缘国在制定、执行和解释法律时，因为话语权的不同，边缘国常常被迫接受中心国的意志，中心国却总是公然违反国际法而行事，然而在每一个需要法律作帮手的时间和事项上，中心国又往往是拿出国际法作为惩罚他国的依据。此类事例不胜枚举。

简言之，现代化的世界因为包含着"中心—边缘"结构而使"法律面前人人平等""市场里面人人平等"等表述的背后都包含着实质上的不平等。我们知道，民族国家是近代以来的造物，名义上，国家不分大小，都因为有着独立的主权而是平等的，是应当得到相互承认的。但是，从国际关系的演变来看，在一个很长的时期内，中心国一直自诩为"先进"，而认为边缘国都处在"野蛮"状态。直到 20 世纪中期，中心国才开始假意表达对边缘国的承认，即不再将其称为"野蛮"。而在实际上，这只是出于一种安抚边缘国的需要，是为了通过这种安抚而利用边缘国去实现中心国自身的利益。即使在这一时期逐渐出现的"不发达""发展中""欠发达"的概念，所反映的也只是一些较为温和的歧视，而且包含着某种欺骗性策略，即让边缘国相信可以走上一条向发达状态靠近之路的可能性。

总之，无论国际关系的具体表现形式是什么样子的，在世界的"中心—边缘"结构中，中心国一直是通过各种各样的手段防止边缘国的联合与抗争。而且，从现实来看，一旦边缘国的边缘相信中心国以及本国的中心共同编制的平等与和平的神话，也会放弃斗争的念头，转而将命运的改变诉诸个人的辛勤努力。在边缘国的边缘群体中，可以说，绝大多数的人并不了解这些概念背后所包含的真实含义，往往是不加怀疑地接受了。在这一过程中，边缘国的知识分子为了一己之私也向中心国以及本国的中心低头谄媚，甚至帮助中心国去宣传那一整套理念，以求在迷惑和欺骗边缘国的边缘中换取上升为边缘国的中心的机会。

阿明认为，"中心—边缘"结构也在不断扩展，因而出现了"世界体系的新特征"，所以，应当将其理解成一种贯穿于经济、政治、文化等每一个领域之中的基本结构。我们看到，普雷维什关于世界经济体系中的不平等交换问题的讨论还主要是基于当时的工业制成品与原材料或初级产品之间的贸易做出的，而在 20 世纪民族国家普遍确立的工业化进程中，所取得的发展成果则使这一传统的"中心与非工业化外围区域之间的差别不再明显"①。但是,这并不意味着国际体系中的"中心—边缘"结构发生了变化,相反,恰恰是渗透到了更为广泛的领域之中。这就是阿明所说的,"中心—边缘"结构开始在"金融全球化、技术创新、取得世界资源、通讯与信息手段、大规模毁灭性武器"② 等五个方面发挥作用。

所以,在近代以来的资本主义世界化进程中生成的"中心—边缘"结构一直呈现出扩大化的趋势,而且这一结构也一直是中心国不断扩大自己领地的过程。结果,一个个"外围"地区不断地被吸纳进来,成为围绕着中心国的"边缘"地区。当所有的"外围"地区全部被纳入有着"中心—边缘"结构的体系之中时,外围地区也就不复存在,所有国家都被纳入了这一体系中。在此过程中,"外围"地区在"中心—边缘"结构所赋予的征服力面前处于一种无法作出自主选择的状态:不接受它是一种失败,因为这意味着自己在拥有"中心—边缘"结构的世界中处于世界体系之外;另一方面,"接受它也是一种失败,因为这样的话,也就等于默认了自己永久性的边缘位置。两害相权取其轻,所以边缘国家纷纷加入了这个体系中来,为了'边缘'生存而永远服侍着'中心'"③。

总的说来,在资本主义世界化进程中生成了世界的"中心—边缘"结构,这个结构使国家间的关系表面上看来是平等的,而在实质上恰恰是不平等的。正是因为这一结构而使一些国家处于世界的中心,而更多的国家则处于世界的边缘。中心国家可以对边缘国家实施着政治、文化等各个方面的支配和控制,而且这种支配和控制又是从属于经济上的剥削和掠夺的。中心国在这一"中心—边缘"结构中处于主导地位,边缘国则无所选择。无论是停留在外围还是被纳入"中心—边缘"结构之中而成为边缘,都无法获得自身发展的机遇。事实上,在 20 世纪中后期,几乎所有的国家都被纳入这一"中心—边缘"结构中了。普雷维什以及依附论学派发现了这一"中心—边缘"结构,从而揭露了中心国支配、

① 〔埃及〕萨米尔·阿明:《世界规模的积累》,杨明柱等译,北京:社会科学文献出版社,2008,中文版序言第 2 页。
② 〔埃及〕萨米尔·阿明:《不平等的发展》,高铦译,北京:商务印书馆,2000,序言第 4 页。
③ 柴文静:《颠覆"中心—边缘"结构》,载《21 世纪商业评论》,第 42 期,2008,第 56 页。

控制、剥削和掠夺边缘国的世界体系运行机制，也在这一认识的前提下试图探讨打破世界"中心—边缘"结构的出路。

然而，无论是普雷维什还是依附论学派，所提出的各种方案都没有取得成效，反而在现实中让人们看到了"中心—边缘"结构愈益增强的趋势。不过，如果我们看到世界"中心—边缘"结构是资本主义世界化的产物，情况就会不同。这是因为，资本主义世界化所造就的是工业社会的世界体系，而在20世纪后期，人类进入了一个新的历史阶段，那就是一场不同于资本主义世界化的全球化运动。全球化作为一场不同于资本主义世界化的新的运动，所要实现的是对工业社会的扬弃和超越。在全球化进程中，工业社会的几乎所有造物都将会被重新审视，一切不合理的因素都将被打破。世界的"中心—边缘"结构中包含着不平等，它显然是不合理的，因而，也需要并必将在全球化进程中得到扬弃。总之，世界"中心—边缘"结构是资本主义世界化的造物，当人类进入了通过全球化而开启的新的历史阶段时，也就必然要打破这一结构，并建立起一个真正平等的世界。

第二节　世界"中心—边缘"结构与线性思维

世界的"中心—边缘"结构是在工业化、城市化进程中生成的，在国家间的关系中，则是由资本主义世界化造就的，所以，这一结构普遍存在于工业社会中。或者说，在工业社会的历史阶段中，"中心—边缘"结构是一种基本的社会结构，不仅在国际社会中，而且在一国内部也都普遍存在着"中心—边缘"结构。当"中心—边缘"结构以人的思维方式的形态出现时，呈现给我们的是一种线性思维。线性思维是"中心—边缘"结构的反映，反过来，线性思维又作用于"中心—边缘"结构，为其提供支持，使之强化。在20世纪，世界的"中心—边缘"结构得到了揭示，也有许多学者试图寻求打破世界的"中心—边缘"结构的方案，但所有方案都失败了。之所以如此，是因为所有要求打破"中心—边缘"结构的方案都是基于线性思维提出的。不仅现代化理论是建立在线性思维的基础上的，对现代化理论和世界的"中心—边缘"结构进行批判的各种理论也都是基于线性思维而为边缘国谋求出路的。在全球化、后工业化进程中，网络思维得以出现，随着网络思维的成长并成为人们的思维习惯，打破"中心—边缘"结构的行动方案也将应运而生。

一、 时间维度中的线性思维

工业化在某种意义上也就是资本主义的世界化，工业化的进程通过海外殖民和市场开拓造就了世界体系。这个世界体系所呈现给我们的是"中心—边缘"结构，进入世界体系的国家都依据"中心—边缘"结构而被分为中心国与边缘国。其实，"中心—边缘"结构不仅反映在世界体系中，而且在一国内部也包含着这一结构。无论在地理空间还是社会空间中，都存在着"中心—边缘"结构。中心区与边缘区之间的互动、组织管理活动以及社会交往活动的开展，都是在"中心—边缘"结构中进行的。"中心—边缘"结构既是社会治理的结果，也是社会治理赖以展开的依据，而且以人的思维方式的形式凝固了下来，表现为一种"中心—边缘"式的思维习惯。这种思维方式归根结底是一种线性思维，是一种直线型的、单向的、谋求确定性和可预测性的控制导向的思维。

从思维的层面看，在工业社会中占主导地位的线性思维应当被看作世界的"中心—边缘"结构在人的精神层面的反映，反过来，这种线性思维又造就和强化了世界的"中心—边缘"结构。大致是在 20 世纪 80 年代，随着工业社会的发展走向顶峰，人类社会开始呈现后工业化的迹象，或者说，人类开始了后工业化的征程。然而，在这一历史条件下，工业社会中所形成的线性思维仍然是占支配性地位的思维方式，以至于人们在面对后工业化进程中的高度复杂性和高度不确定性时依然运用线性思维进行解释、分析和行动方案设计，从而使整个社会陷入风险状态，其现实表现就是危机事件的频发。一般说来，人类脱离自然状态越远，其社会建构能力越强，因而，思维方式所发挥的作用也就越明显。就工业社会而言，线性思维所发挥的社会建构功能是巨大的，人类在这个历史阶段中总是按照线性思维的逻辑去作用于现实世界。应当承认，人类在工业社会所取得的各种各样的伟大成就都得益于这种思维方式。然而，在后工业化进程中，这种思维方式却成了阻碍人类开展行动的沉重负担，从而要求我们在面对后工业化进程中的各种挑战时必须首先实现思维方式的变革。

"昨天、今天、明天"以及"过去、现在、未来"等概念给予我们的是一个时间序列，是人们对所经历的、正在经历的和尚未经历的事件加以描述的时间范畴。正是通过这些概念，人们在时间序列中区分出了不同的阶段。对许多人来说，这种时间序列中的阶段嬗递是沿着一条直线展开的，也因此形成了一种线性的历史观。其实，这是运用线性思维对历史的解读和框定，是把历史纳入这种线性思维的解读中而呈现出的一种景象，也可以说这种历史基本上是根据线性思维而做出的安排。有了这种安排，历史繁杂的细节都可以被删除，从而显得有了规律，有了可以把握的中轴线。这也大大地方便了人们对重大历史事件的把握，满足了人们对各种各样的历史现象进行定位的要求。而且，让人感觉到，这些现象是可以非常准确地定位在那些时间节点上的。这种线性思维最明显的科学效应在于，人们可以通过利用已有的概念而在时间的线性展开中去描述和瞻望未来；在回溯历史时，也同样可以为已经发生或正在发生的事件和概念找到某个历史源头。

依照线性思维方式而开展的研究往往表现出了对概念的泛历史主义解读和推演，即使某个概念是当今时代所特有的，是对当前的社会现象所做的特殊总结与描述，研究者们也会到历史上去寻找这个概念生成的痕迹与踪影，并据此声称这个概念在遥远的过去就已经存在了，并进一步证明概念所指的现象在久远的历史中早已存在。所以，时间维度中的线性思维总能让我们获得一种历史连续性的观念。有的时候，这种历史连续性的观念还有可能走向绝对化，从而让人们以为当下社会中的一切现象都早已存在于历史之中了。进而，在寻求应对当下问题的解决方案时，在探索走向未来的道路时，也总会到历史中去挖掘已有的经验或做法。表现出了对历史的高度依赖，甚至希望躺在历史的怀抱中去过一种安逸的生活。

这种线性思维反映在了社会科学研究的几乎所有领域之中。我们看到，当"公共行政"一词在20世纪90年代开始在国内学术界流行的时候，许多人并没有考察"公共行政"的确切含义，没有为这个流行词的使用做任何限定，而是造出了所谓"奴隶社会的公共行政""封建社会的公共行政"等用法。这种对"公共行政"一词加以泛化的做法显然是违背历史事实的。同样地，当人们谈论"民主""自由""平等"这些概念时，现代人总是情不自禁地神游到一个想象中的"古希腊"，并对那里的城邦生活表现出一种崇敬与向往，丝毫不去理会古希腊所谓的"民主"与现代民主之间的本质差异，甚至要求在现代民主的发展中借鉴古希腊城邦的做法。就连"全球化"这个产生于20世纪中期的流行语也遭遇了同样的命运，而且，有人提出"原型全球化"，有人造出"古老全球化"，有人谈论"前现代的全球化"，甚至有人说全球化是人类社会与生俱来的一种现象。

仅就语词本身而言，democracy一词的词源确实可以追溯至古希腊，public administration的表达式也早在17、18世纪就已经出现了。考虑到这一点，对"民主"与"公共行政"等概念的泛历史主义解读——虽然是违背历史的——至少是可以理解的。但是，"全球化"一词就完全不同了，无论是哪种语言中的"全球化"一词都只是在20世纪中后期才产生的。直到20世纪80、90年代，"全球化"才变成一个较为稳定的词语，才在学术界得到了普遍认可和广泛应用。然而，许多学者却煞有介事地去考察全球化的概念史，去到更为久远的历史中寻找全球化的踪迹，甚至以此为据而对全球化的所谓历史进行划分，并进一步为全球化的未来下定论或开药方。由此可见，对概念的泛历史主义解读是学术研究中普遍存在的一种极不严肃的现象，许多学者并没有认识到学术研究赖以展开的概念无非是现实的反映，往往喜欢脱离现实而去玩弄概念游戏。

社会的变革必然会带来思维方式的变革，或者说，当人类社会进入一个新的历史阶段后，必然会引发思维方式的变革，即确立起一种新的思维方式。线性思维是在工业化进程中确立起来的，是在工业社会的生产和生活中养成的一种思维习惯。在工业社会中，人们在从事科学研究和社会实践活动时，会表现出一种自然而然地应用线性思维的状况。所以说，它是工业社会中的一种最为基本的思维方式。但是，这个社会中的人们往往并不认为线性思维是他所生活的时代独有的，而是将其看作从久远的历史年代开始形成的思维方式，将其作为一笔从先辈那里继承的遗产，并努力要把这一遗产传下去。也就是说，在工业社会的人们看来，"线性思维"这种思维模式本身与其思维对象一样也应当是线性的，是可以被人们从历史中继承而来并在未来传承下去的。

总而言之，工业社会中的人们会把一切（包括"线性思维"）都看作历史上早已存在的事物。比如，当北京受到雾霾困扰时，人们就会到辞典和典籍里去寻找"雾霾"一词的来源，发现这个词并不是当代人创造的，"霾"字早在先秦时期就有了，而"雾霾"一词也在北魏的文献中被找到了[①]。于是，有些人就借用学者的这些词源考察认为"雾霾"所指的现象也早就存在了。这样一来，也就可以证明古代的人们也像现在的北京人一样生活在雾霾之中，而且这种判断会显得学术理据非常充分。但是，这与经验事实是不相符的。更为重要的是，这不仅仅是一个关于雾霾的物理化学性质的科学问题，更是一个社会问题。也就是说，这种词源考察不仅让一些人认为雾霾这一自然现象早已存在，更会让人们感觉到今天的雾霾是可以理解的，雾霾的原因和解决之道也是可以在历史中去寻找的。

可见，时间维度中的线性思维总会把人们指向到历史中去寻找当下现实的踪迹，让人们沉迷于历史之中，把现实中正在发生的事件看作历史上某个事件的再现，以为历史上的解决方案也可以复制到当下，甚至会认为只有做了这种复制才是正确的，而一切没有呈现出复制特征的针对当下问题的解决方案都会受到排斥。可见，时间维度中的线性思维致使学者们经常对概念和史实作出泛历史主义的解读，这不仅扭曲了历史，也对当下的行动以及探索未来的道路造成消极影响，甚至是有害的。我们认为，在人类认识史上，每个时代的人都会发明具有明显时代特征的概念，尤其是那些流传广泛、被多门学科共同使用的概念，其背后一定包含着提出这些概念的时代中的人对那个时代所具有的一些特殊现象

---

① 倪方六：《中国古代雾霾天最早出现于何时？》，北晚新视觉网，http://www.takefoto.cn/viewnews-245186.html

的认识与思考。

一个新概念的出现，也就意味着一种新现象的出现，或者说，某种社会现象经过了长期的孕育和发展而成了一个对人们的生活有着重要影响的社会现象。这些社会现象在历史上并不存在，或者即使存在人们也未给予这些现象足够的重视，因而并未形成相关的认识和概念。所以，应当把一个新概念的生成看作是对当下现实的反映，其内涵的不断丰富也是在面向未来敞开的过程中实现的，而不应该在有了一个新的概念时总要到历史上去寻找可以印证的材料。即使某个词语在历史上确实早已存在，我们在做概念考察的时候也要努力去甄别它与今天的这一概念的不同，而不是轻易地就被历史所俘获。然而，时间维度中的线性思维却导致了一些学者对古人的崇拜，当代人在他们的眼中却显得微不足道，他们总是要到历史中去寻找当下现实的踪迹，认为社会发展到今天才出现的某个现象是古已有之的。即便如普遍流行的那种把"民主"寻根到古希腊雅典城邦的做法，其实也只是附和了这种线性思维的习惯。这种做法企图用历史去论证现实的合法性，而实际上却是对历史的篡改。

我们看到，前一种情况导向了对现实的否定和对当代人的轻视，而后一种情况则是要到历史和古人的言辞与文字中为当代的主张寻找证据，以求傍着古人而抬高自己。这两种做法都是泛历史主义的，都会把历史与现实搞得混乱不堪，从而阻断科学创新和面向未来的探讨。也就是说，无论是对历史的曲解还是对现实的误读，都会妨碍科学研究去探讨建构未来的创新性构想，不仅对传统的过分倚重会限制我们的创新思维，会让一切思考未来的研究活动都只局限于现有的讨论。而且，也总会有这样一种声音，要求我们借鉴、模仿甚至是完全回到传统中去。尤其是人类现在处于全球化、后工业化的新时代，如果仍然坚持在传统中去寻求理解和解决现实问题的方案，就会阻碍人们采取正确的行动，让人们放弃通过思维与行动的创新来应对现实的挑战，甚至会因此而在现实的泥潭中越陷越深。

西方的现代化理论就是运用线性思维的理论典范。这种理论将不同国家的现实强行放在了同一个时间坐标上加以衡量，为不同国家赋予"发达""欠发达""发展中""不发达"等标签，并以此编织了一条最佳发展路径的神话。这种线性思维直接导致了一种跨历史的跨国比较方法。因而，一些致力于为落后国家谋求发展策略的研究者由于受到这种线性思维的支配，总是将今天的某个或某些落后国家的现实同当今发达国家的某段历史相比较，并声称从中发现了许多共同之处，认为今天的落后国家只要以发达国家的过去为模板，就能实现经济的"起飞"，并跻身发达国家之列。直至今日，这种热衷于跨历史的比较法依然十分流行，当边缘国按照现代化理论的指示而采取竭泽而渔式的发展策略并因此深陷各种各样的社会问题的困扰之中时，却仍然用同样的线性思维为自己的问题求得心灵慰藉和寻找出路。在日益严重的大气污染和食品安全等问题面前，线性思维再次把后发展国家引到发达国家的历史中，当他们在发达国家的历史中惊奇地看到这些似曾相识的社会问题时，就会惊喜地认为这都是现代化之路上必须经历的阶段。这样一来，就为原本因为运用线性思维而带来的问题谋得了合理化的解释，也会到发达国家的历史中去学习解决这些问题的经验，以至于深陷线性思维的怪圈之中，从而放弃了通过思维方式的创新来解决问题的尝试。

如果说到历史中去为概念追根溯源的做法是基于对传统的某种崇尚，那么我们可以将这种做法称作"尚古论"（乔纳森·弗里德曼语），同时，要求不发达国家向发达国家看齐的现代化理论则可以归入"进化论"的范畴。"尚古论和最近的相对论都倾向于强调原始的高贵性，这同以完全相反的观点看待世界的进步性的进化论相对立。"[1] 表面上看，前者尊崇古代而后者尊崇当代，前后两种观念是不同的甚至是对立的，实际上，二者在思维方式上却是完全一致的。也就是说，对概念进行泛历史主义解读与以现代化理论为代表的对社会现实进行所谓跨历史的比较研究，在思维方式上是一致的。它们都遵循线性思维的逻辑，它们在表面上都回溯历史和开展历史研究，而实际上却歪曲历史、违背历史，对现实和历史进行不加区分的泛历史主义解读。

正是因为线性思维让人们去努力发现历史的同一性，强调概念的持

---

[1]［美］乔纳森·弗里德曼：《文化认同与全球性过程》，郭建如译，北京：商务印书馆，2003，第12页。

久性甚至永恒性，力图用某个或某几个概念来解读人类的整个历史，才会让一些尊奉"原始的高贵性"的人成为"尚古论"者。在现代化理论这里，也是由于同样的原因，去信奉和鼓吹例如"国民生产总值"这些概念的威力，并试图通过对某些变量的比较去解释不同国家所处的不同发展阶段是具有同一性的，并以发达国家在这些变量上的得分为标准，进而要求落后国家向发达国家看齐，从而表现为"进化论"。简言之，他们都是因为错误地解读了时间而成了线性思维的代表，只是"尚古论"要求把现代推移到古代，而"进化论"则从较早的起点开始推移而去描述现代。

二、 空间维度中的线性思维

线性思维不仅存在于时间维度的研究和理论建构中，也存在于空间维度的研究和理论建构中。在空间的视野中，线性思维给我们呈现出的是一个世界"中心—边缘"结构形态。在 20 世纪 60 年代，麦克卢汉在对"中心—边缘"结构提出质疑时就指出："事实上，我们似乎生活在神奇的一体化世界中，然而我们仍然在使用陈旧的、前电力时代那种支离破碎的时间模式和空间模式来思考问题。"[①] 麦克卢汉基于对媒介的分析而表达了他对线性思维的深刻揭示，认为工业化兴起的媒介将人的感知系统塑造成了一种线性结构，诸如拼音文字、印刷品、广播、电影等这些"热媒介"由于提供了充分而清晰的信息而剥夺了公众的参与，使无须思考、参与和互动的公众成了信息的一种延伸或者直接的产物。如同线性的逻辑推理一样，在广泛的社会生活和政治生活中，一旦给定了前提条件，逻辑推定的结果就是固定的、唯一的和可预测的。就像车轮延伸了人的腿脚，电话和广播延伸了人的声觉，印刷品延伸了人的视觉一样，兴起的各种新媒介线性地扩展了人的某项或某几项器官和技能，却因此将人肢解成了一个不完整的怪物，人类因为在个别方面具有了非凡

---

① ［加］马歇尔·麦克卢汉：《理解媒介——论人的延伸（增订评注本）》，何道宽译，南京：译林出版社，2011，第 5 页。

的专业化技能而失去了整体思维的能力。

如果说时间维度中的线性思维会对人们的观念和行为产生影响，让人们尊崇历史而惰于创新，那么空间维度中的线性思维则把人们导向对"中心—边缘"结构的建构中去。或者说，线性思维在空间形态上表现为从某个中心出发而向边缘展开。一旦通过思想和理论去作用于实践，就会把包括人际关系在内的整个世界都安排到"中心—边缘"结构的序列中，并赋予这个世界以稳定的秩序。事实上，线性思维本身就是一种拥有"中心—边缘"结构的思维方式，在现代科学兴起之时，它以形式逻辑的形式呈现给了我们，展现出一种从某个中心开始进行推演和论证的路线，形塑了思维在空间形态上的或空间意义上的线性属性。所以，根据这种思维方式建构的世界也就是一个具有"中心—边缘"结构的世界。麦克卢汉说："直到不久前，我们的制度和安排，包括社会的、政治的、经济的制度和安排，都只是一个单向的模式……老式的、机械的、由中心向边缘扩展的单向模式。"[1]

麦克卢汉从轮子、铁路、报纸等媒介的角度给这种"中心—边缘"结构作了生动的刻画："轮子造就了道路，并且使农产品从田地里运往居民区的速度加快。加速发展造成了越来越大的中心，越来越细的专业分化，越来越强烈的刺激、聚合和进攻性……轮子和道路通过辐射模式即中央—边缘模式来表现和推动这一爆炸性过程。集中制依赖边缘地区，中央权力到达边缘地区要借助道路和轮子。"[2] 不仅在一国内部，而且从整个世界范围看，都是由于线性思维而建构起了一种"中心—边缘"结构。中心国之所以能够控制着世界的贸易格局，让资本与货物按照自己的意念在中心与边缘间流动，并通过拉拢边缘国的中心，让他们成为将剩余价值输送给中心国的利益"传送带"；中心国之所以垄断了创新的产出与传播，有计划地向边缘国输出技术，并通过贸易和投资等多种方式从中获益，同时还在"技术援助"的外衣下宣传自己的理论观念和意识

---

[1] ［加］马歇尔·麦克卢汉：《理解媒介——论人的延伸（增订评注本）》，何道宽译，南京：译林出版社，2011，第51页。

[2] ［加］马歇尔·麦克卢汉：《理解媒介——论人的延伸（增订评注本）》，何道宽译，南京：译林出版社，2011，第213页。

形态；边缘国之所以会陷入对中心国的智力依附当中，表现出对中心国理论的崇拜以及要努力挤进这个话语体系的强烈愿望，都拜空间维度的线性思维所赐。

如果说时间维度的线性思维通过泛历史主义的概念解读而让当代人变得不自信，从而要求借古言今的话，那么空间维度的线性思维则让人们因为边缘地位而不自信，因而总要通过来自中心的话语去证明自己、表达自己，服膺于中心性的话语，顺着中心话语去思考和表达。就现代化理论而言，它不仅包含着时间维度的线性思维，同时也贯穿着一种空间维度的线性思维。用乔纳森·弗里德曼的话说，现代化理论是一种"把空间变成时间的误译"。因为，在现代化理论的视野中，无论是在历史上，还是在当下，中心国与边缘国都隶属于同一个时间和空间，处于同一个历史进程中。所以，现代化理论总是将当下的边缘国刻画成中心国的过去，将当下的中心国宣传成边缘国的未来。这显然为以空间形态出现的"中心—边缘"结构塑造了一种时间序列，并巧妙地将"中心国—边缘国"的空间结构概念命名为"发达—不发达"的时间序列概念。

另一方面，我们也可以说，现代化理论同时也是"把时间变成空间的误译"。因为，现代化理论的追随者往往是将个别发达国家的发展路径普遍化，认为这是对世界上的每一个国家都普遍适用的，从而将其兜售给所谓"欠发达"国家。换言之，现代化理论是要努力把一种历史上曾经拥有的经验打扮成一种适用于整个空间的具有普世价值的发展路径。事实上，这种理论或主张不仅在欠发达国家中成了强势话语，而且也以意识形态的面目出现，并得到了强权的支持。一些欠发达国家可以表达对西方话语霸权的拒绝，却忠实地执行现代化理论开出的国家发展方案。现代化理论包含着线性思维，或者说，现代化理论就是线性思维的产物。在现代化理论发挥作用的过程中，媒介的线性发展与扩张无疑进一步助长和强化了线性思维。

麦克卢汉看到，"我们把东京、伦敦、纽约、智利、非洲和新西兰的新闻并列在一起时，那就不仅仅是在操纵空间。这些并置的事件归属于时间上相隔很远的文化。现代世界是连接一切历史时代的桥梁，它连接不同时代的能力和它压缩空间的能力一样强大。一切地域和一切时代都成了此地此刻。"① 正如我们可以不费吹灰之力就在一个报纸的版面上阅读"一切"时间和"一切"空间的新闻一样，技术的力量也让研究者可以轻松地获取关于中心国和边缘国的数字化信息以及他们的历史。当"一切地域和一切时代都成了此地此刻"时，研究者就非常方便地运用线性思维进行跨历史的和跨国界的比较分析了。换言之，当不同时间和空间都被压缩进了研究者面前的空间和当前的时点，研究者就可以轻松地实现时空的任意穿越。研究者在这种神游中就轻易地失去了独立判断的能力，从而"跟着感觉走"。这样一来，技术的便捷使现代化理论和研究方法显示出了巨大的理论魅力，进而俘获了越来越多的研究者。

其实，工业化的技术所呈现的正是线性发展轨迹，在技术变革中反映了线性思维，或者说，技术的变革就是线性思维的成果。这种成果又积累起强化线性思维的力量，强化了它作为一种思维习惯的价值。到了20世纪后期，这种情况发生了改变，技术的线性扩张遇到了复杂性和不确定性的挑战。而且，这种复杂性和不确定性对线性思维的否定性力量也在不断地积聚，并在量的不断积累中最终导致了质的变化。也就是说，技术发生了质的变化，即出现了与线性思维格格不入的信息技术、虚拟技术、网络技术等许多新的技术。特别是网络技术，在社会生活中代表了一种打破"中心—边缘"结构的新技术，甚至预示着和包含着一种完全不同于"中心—边缘"式线性思维的新思维形态。网络的瞬时互动给了我们一个几乎没有时间的社会空间。在这个空间中，"中心—边缘"结构也因时间的压缩而不再稳定，或者说，基于线性思维而建构起来的和包含着线性思维的"中心—边缘"结构在网络的即时互动中丧失了存在的基础。所以，网络的非中心化本身就包含着孕育一种不同于线性思维的网络思维的可能性。这种思维一旦形成并转化为人的思维习惯，就不会限于技术网络，而会应用到社会建构上，从而把我们的社会改造成一个具有网络形态的社会。

当然，我们应当看到，在工业社会形成的线性思维被网络思维所置

---

① ［加］马歇尔·麦克卢汉：《没有书面文化的文化》，载［加］埃里克·麦克卢汉、［加］弗兰克·泰格龙编：《麦克卢汉精粹》，何道宽译，南京：南京大学出版社，2000，第456页。

换的过程中并不会立即褪去线性的逻辑。因为，线性逻辑被置换将是一个缓慢的过程。虽然我们已经置身于网络时代，而线性思维依然稳固地存在于人们的头脑之中，以至于人们在面对全球化、后工业化中的许多新现象时不能做出正确的理解。比如，面对信息、知识等的迅速增长，往往会简单地贴上"信息爆炸"或"知识爆炸"的标签。对此，麦克卢汉早在20世纪60年代就提出了批评，指出这是一种基于线性思维的认识。"虽然这一模式（单向线性模式）不再通行，我们依然在说'人口爆炸'和'知识爆炸'。事实上，造成我们对人口担心的，并不应该是世界人口的增加。更确切地说，引起我们焦虑的，倒是这样的拥挤：电力媒介使人们的生活彼此纠缠，造成了极端的拥挤。同样，教育的危机并不是谋求教育的人数增长。我们新的担心，是知识相互关联而产生的转变，过去课程表中的各门学科是彼此隔离的。"[1]

"信息爆炸""知识爆炸"等提法表明，基于线性思维的认识所看到的是信息量和知识量从一个数字水平增长到了另一个数字水平的线性变化，却没有认识到这种量变已经引发了质变。量的爆炸性增长虽然使得有限的空间显得拥挤不堪，也的确让人类在狭小空间与大量信息的鲜明对比中显得无所适从，但是，比量变更为重要的是结构上的变化以及这种变化所带来的结果。毫无疑问，我们已经迈上了一个门槛，我们即将看到的是一个"处处是中心，无处是边缘"的世界。或者说，我们正在迎来这样一个世界：人类社会的空间形态正在从"中心—边缘"结构向网络构型转变。然而，这一形势是基于线性思维无法理解也无法认识的，只有当我们运用了非线性的网络思维时，才能观察到这种变化。

三、"去中心化"追求中的思维方式

我们所处的时代越来越不能够通过线性思维去加以把握了，但线性思维却依然顽固地占据着人们的头脑。人们往往没有意识到我们的社会

---

[1] ［加］马歇尔·麦克卢汉：《理解媒介——论人的延伸（增订评注本）》，何道宽译，南京：译林出版社，2011，第51页。

所发生的变革, 而是将其看作工业社会的延续。即使一些人看到了我们的社会所发生的变化, 也不愿意或者不能跳出工业社会的框架去看问题。比如, 有一些学者煞有介事地提出所谓"第三次产业革命"或"第四次产业革命"的判断, 认为我们的社会所出现的变化是继前几次产业革命之后的又一次产业革命, 我们甚至看到了诸如"工业社会4.0"等荒诞不经的提法。这无非是说工业社会的基轴并没有发生变化, 而是沿着工业化的道路继续前行, 是工业化的延伸形态。事实上, 人类已经进入了全球化、后工业化进程, 一个新的时代已经开启, 工业社会的歌剧已经进入了谢幕的阶段。在我们正在走进的这个新的历史阶段, 不仅让人强烈地感受到了社会的开放性、流动性, 而且, "去中心化"的强劲春风吹拂着无论是国内还是国际社会的每一个领域。

社会的"中心—边缘"结构是在工业社会中建立起来的, 打破"中心—边缘"结构的去中心化进程也就必将意味着工业社会历史阶段的终结。相应地, 工业社会中占支配地位的线性思维方式也将为网络思维所替代。我们已经指出, 从世界范围看, 是在资本主义世界化的过程中生成了世界的"中心—边缘"结构。在20世纪, 虽然许多研究者都揭示或暗示了这一点, 却一直未能为如何打破"中心—边缘"结构找出合理而有效的方案, 其关键原因就在于他们仍然是在线性思维的框框中进行思考的。一方面, 线性思维是"中心—边缘"结构的反映; 另一方面, 它反过来又为"中心—边缘"结构提供了支持。基于线性思维是可以认识到世界的"中心—边缘"结构的, 但是, 如果希望基于线性思维去寻求打破世界"中心—边缘"结构的方案的话, 那是不可能的。只有当思维方式实现了变革, 才能够发现打破世界"中心—边缘"结构的路径。

麦克卢汉批判了线性思维以及作为其现实产物的"中心—边缘"结构: "沉迷于老式的、机械的、由中心向边缘扩展的单向模式, 再也不适合我们当今的世界。电的作用不是中心化 (centralize), 而是去中心化 (decentralize)。"[1] 麦克卢汉也从输电网络与铁路系统、飞机与轮子、电

---

[1] [加] 马歇尔·麦克卢汉:《理解媒介——论人的延伸 (增订评注本)》, 何道宽译, 南京: 译林出版社, 2011, 第51页。

报与报纸、电话与书写等新旧媒介的对比中看到了去中心化的力量与趋势，这说明他有着打破世界"中心—边缘"结构的追求，而且也对线性思维发出了质疑。不过，麦克卢汉也没能摆脱线性思维的魔咒，有时仍然是在线性思维模式下进行思考的。麦克卢汉曾经提出了一个有名的比喻——"地球村"。正是在关于地球村的构想中，麦克卢汉退回到"参与""回应""相互依存"等等这些基于线性思维的社会运行方案之中了。

就地球村的"参与"而言，显而易见，在没有打破"中心—边缘"结构之前是不可能实现的。因为，我们在政治学的意义上经常谈论的"参与"一直是在现代社会治理的"中心—边缘"结构中进行的，参与本身就意味着参与者处在社会治理体系的边缘。所以，地球村中的参与如果不是在打破了"中心—边缘"结构的前提下进行的话，就不可能是平等的参与，反而可能为"中心—边缘"结构提供隐性的支持。就麦克卢汉所说的"回应"来看，也完全是在中心向边缘进行单向传授的线性路线中进行的。当然，在麦克卢汉所构想的地球村中，已经有了诸多关于去中心化的描述，但这种描述并不是科学论证和理论证明，因而是无法看到切实可行的实践方案的，是缺乏打破"中心—边缘"结构的具体路径的。就此而言，麦克卢汉似乎是在用文学的语言轻而易举地宣布"中心—边缘"结构得到了破除，而不是给出了打破"中心—边缘"结构的具体方案。应当承认，思想往往会成为实践的先导，麦克卢汉提出了"地球村"的设想并提出了去中心化的要求，这显然是难能可贵的思想。而且，麦克卢汉在现实中已经发现了诸多去中心化的迹象，也说明他具备了思想家的敏感性。

但是，在麦克卢汉从事创作活动的 20 世纪 50、60 年代，刚刚展露出来的一些去中心化迹象尚未汇聚成潮流，只有到了网络时代的今天，去中心化的进程才可以说真正启动。以广播的发展为例，广播所塑造的听觉空间就是一种"中心—边缘"结构，中心播送消息，边缘只能被动接受，没有发声的机会。这是早期的广播形态，也就是麦克卢汉所说的由中心向边缘扩散的单向线性关系。在此之后，广播里逐渐有了互动类的节目，允许听众发声。然而，这并没有从实质上动摇"中心—边缘"结构，听众进入节目的时机、持续时间的长短、互动内容和结构等，都是在中心可控的范围内进行的。如果中心不认可边缘的声音，随时可以打断边缘的谈话，或者直接切断线路。

当下，在社会治理中旨在提高公众参与度的各种理论与实践也同样如此，都是在"中心—边缘"结构之中谋求参与的。其实，这些在既有"中心—边缘"结构中所追求的参与都是徒劳无益的，是受到中心控制和操纵的。因为，这些致力于提升公众参与的方案仅仅看到了边缘话语权的缺失并要求赋予边缘以更多的话语权，希望通过公众的参与去打破中心的话语垄断。他们没有看到的是，正是"中心—边缘"结构妨碍了边缘在社会治理中发挥作用。所以，在不触及"中心—边缘"结构的情况下去努力增强边缘的话语权及其社会治理功能的做法，实际上是基于线性思维谋求对这种思维所支持的社会治理体系加以改进，显然是不可能走得更远的。或者说，在线性思维中，也只能构想出"参与"，而不是提出新的社会治理方案。

当麦克卢汉为"地球村"构想"参与"与"回应"时，就暴露出了他在思维方式上依然受到了线性思维的纠缠。参与是从线的一端向另一端施加作用力，而回应则是在线的另一端上所作出的反应。其中，一端是边缘，而另一端则是中心。至于麦克卢汉所说的"相互依存"，也就只能理解成是中心与边缘互相以对方的存在为前提。不过，在麦克卢汉那里，显然包含着思想过渡期的矛盾：一方面，麦克卢汉对既有的"中心—边缘"结构产生了怀疑，甚至要求打破这一结构；另一方面，他在思维方式上又受到线性思维的纠缠，甚至是在按照线性思维的逻辑去思考问题和寻求打破"中心—边缘"结构的出路。然而，到了20世纪后期，特别是经历了新世纪的网络技术的迅速发展，人类开始积聚起了终结线性思维的力量。

在网络时代的今天，自媒体的出现以及各种各样的网络互动方式都向我们展示一种完全不同于传统广播的情景。在网络广播中，每一个人都可以成为主播，从而把那种来自一个固定的中心的广播转变成了名副其实的网状平台。在这里，每个人都能担当信息的制造者，如果他的广播有了听众，他就是这个网络的中心；在另一刻，他却在收听别人的广播，成为信息的接受者。这种处在流变中的中心与边缘，事实上已经是一个不再有"中心—边缘"结构的网络空间了。诸如"微博""微信"等交流平台，实现了充分的互动，信息的发布者与接受者之间不再有着中心与边缘的区别。在此意义上，麦克卢汉曾经设想的那种去中心化的形态在网络空间中开始变成了现实。更为重要的是，这种现实既不服务于线性思维的建构，也不从属于线性思维的理解，而是网络思维得以生成的契机。

我们说麦克卢汉的思想是矛盾的，在其文字叙述中有着强烈的要求打破"中心—边缘"结构的要求，而在方案叙述的背后却包含着线性思维。之所以如此，是由于线性思维的两种形式未能得到梳理而造成的。我们指出，线性思维具有两种形态，一种是时间维度中的线性思维，另一种则是空间维度中的线性思维，而在线性思维支配了人们的思想和理论叙事的时候，是没有人去做这种梳理的。麦克卢汉的矛盾就是由于这个原因引起的，在他希望打破"中心—边缘"结构时，其实包含着终结"中心—边缘"结构背后空间维度线性思维的逻辑，但他的思想又是在历史叙事中进行的，以至于他在描述历史过程时按照时间维度的线性思维去展开叙事过程的。正是由于这个原因，他在思考打破"中心—边缘"结构的方案时又回归到了线性思维的支配之中。

麦克卢汉声称自己是声觉的、感觉的、直觉的、非线性的右脑人，他所致力于批判的是那些经由拼音文字和印刷术发展起来的视觉的、逻辑的、数量的、线性的、左脑式的思维习惯。然而，与麦克卢汉有过交往的加拿大神经学专家金斯伯恩（Marcel Kinsbourne）在20世纪70年代的一份回忆中却说，马歇尔·麦克卢汉"是我接触过最线性思维的人……麦克卢汉过滤掉一切他不想听的东西……他不愿意去看它可能会包含的一切意义，既不愿意去看它各种各样的多维的表现，也不愿意去看其他可能的选择……相反，左脑是一切照办，A就是A，B就是B。毫无疑问，马歇尔就是这样的人"[1]。金斯伯恩这份回忆清楚地说明，麦克卢汉关于"左脑"和"右脑"的划分和关于自己是"右脑人"的声称

---

① ［加］菲利普·马尔尚：《麦克卢汉——媒介及信使》，何道宽译，北京：中国人民大学出版社，2003，第265—266页。

都是不可信的，应当说只是他自己的一种臆想。其实，就麦克卢汉的叙述逻辑看，他往往是有了一种观点或主张，然后才去寻找论据，所反映的恰是近代以来的科学所拥有的一种典型的线性思维方式。

近些年来，关于线性思维的问题已经出现了诸多讨论，但这些讨论往往是在线性思维模式之中去把握线性思维的特征，即考察从分析到结论达成的整个流程是不是线性的。如果我们站在线性思维模式之外去观察的话，将会发现，线性思维的另一个重要特征在于其确定性、唯一性以及对结论权威性的宣示。可以说，基于线性思维的所有论证都力图通过各种手段向人们展示其论证逻辑是严密的、环环相扣的；是可靠的、无可置疑的；只要你接受输入，经过逻辑推演，那么输出就是确定的，是必须接受的。当我们认识到线性思维的这些特征后，就会看到，与线性思维不同，非线性思维的一个重要特征就在于这种思维为其他的可能性留有空间和余地。因此，非线性思维可以成为打破"中心—边缘"结构的思维前提，只要我们破除了线性思维所宣示的或者力图证明的那种权威性，就可以走向非线性思维的确立。也就是说，只有当我们解除了对线性思维的迷信，才有可能为其他理论和观点留下得以生长的空间。

在线性思维的支配之下，中心只认可某种单一的理论，并自以为是地认为这种理论是普遍适用的，力图通过向边缘的扩散而进一步增强该理论的确定性。事实上，在这样做的时候，所形成的是话语霸权，现代国际社会中的所谓民主、人权等都是在这个过程中取得了话语霸权地位的。当然，在"中心—边缘"成为存在于每一个社会、每一个领域和每一个层面的普遍性结构的情况下，我们也许可以设想某个中心在某个时候确实出于某种好意而去帮助边缘。比如，美国可能出于一种极其善良的愿望而要求把其民主制度加予某个边缘国，以使那里的人们过上永远太平、永久幸福的生活。但是，当那个边缘国拒绝这一"善行"时，美国便以它现代化的武装力量开路，或者，使用"和平演变""颜色革命"的方式去颠覆那个国家的政府，通过暴力和破坏的方式去把它的民主制度和价值观强行塞给那个国家。在这样做的时候，美国可能根本就不会考虑为"其他可能的选择"留有余地。所以，这种"善良的意愿"背后仍然反映的是一种典型的线性思维。

反过来，我们也看到，在边缘国中普遍存在着对中心国的智力依附，他们盲目地信奉中心国宣扬的理论，也不愿意为"其他可能的选择"留有余地。我们经常看到，尽管边缘国不乏具有独立思考能力的人及其理论，但这些人在边缘国中却受到排挤和被边缘化，更不用说能够影响到边缘国的实践了。这就是线性思维的危害，它排斥线性思维之外的一切，排斥所有可能威胁线性思维主导地位的任何做法。就像中心排斥一切可能威胁自己的中心地位的边缘一样，也在对线性思维的维护中采用了排挤、压制和边缘化的做法，让一切独立性的思想和理论受到有意识的忽视，封闭了其他可供选择的理论和方案可以生成的空间。在全球化、后工业化提出了改革要求的时代，这种做法是极其有害的，它阻碍了为社会转型而开展创造性思索的各种可能性。

早在 20 世纪的 50、60 年代，麦克卢汉就已经认识到了线性思维的危害，但他最终也未能摆脱线性思维的支配，反而成为线性思维的俘虏。与麦克卢汉相比，许多学者并未从思维方式的层面上去分析问题，而是自然而然地接受了线性思维的支配。我们看到，从普雷维什到依附论学派，都对世界的"中心—边缘"结构发起了批判，同时希望去寻求打破世界"中心—边缘"结构的方案，但是，一俟他们思考如何打破"中心—边缘"结构的问题时，却都陷入了线性思维的窠臼。比如，在边缘国如何发展的问题上，主要存在着这样两种观点：一种是运用工业化、民主化的方案去谋求对中心的"赶超"；再一种则是所谓的"脱钩"战略。其实，这两种方案都是线性思维的产物。线性思维的逻辑推导简单而直接，具体地说，就是边缘落后于中心，应该努力赶上中心。他们会很自然地对中心国的工业化、民主化方案进行学习、借鉴或模仿，即制定赶超战略，但这一战略无疑是把边缘国引向现代化理论的陷阱。那就是，在时间维度上把不同国家排列在不同的历史阶段中，让边缘国以为可以实现跨历史的发展并赶超中心国；在空间上把不同国家排列在"中心—边缘"结构的不同位置上，让边缘国以为可以通过模仿中心国而实现向中心的跃迁。

在此过程中，虽然一些学者通过"中心—边缘"结构的视角向现代化理论发起了挑战，并由此认识到中心对边缘的经济剥削、政治压迫和文化侵略。这种认识却导向了一种对中心国的敌视。对现代化理论的否定以及因此挑战而导致的对中心国的敌视极有可能激发边缘国的斗志，从而以加倍的努力去向与它敌对的中心国证明自己也有能力变成发达国家。结果却是，边缘国再次回到了现代化理论所确立的发展路径中去了。同时，他们心怀一种报复心理，想望着在自己变成中心国的那一刻要像今天的中心国剥削自己那样去剥削没落为边缘国的中心国。这显然是线性思维的危险之处。从近代史来看，工业化进程中的每一次大国崛起所引发的战争都显然是这种线性思维在作祟。只不过现代化理论把历史的经验凝炼成了理论，从而指导边缘国去把原本与中心国势不两立的初衷改变为向中心国看齐的行动，把本应打破"中心—边缘"结构的力量引向了致力于实现中心与边缘位置置换的活动。

在历史上，当殖民地人民反对殖民统治的时候，一些殖民地中的人曾努力通过模仿宗主国来证明自己的能力。"殖民地化的土著人总想引起白人的注意，变得像白人一样强有力，不顾一切地证明黑人也可以变得文明。"① 如果说那还是个体的心理活动和行为导向的话，那么现代化理论所提供的则是国家战略的理论基础，将边缘国人们渴望引起中心国注意的心理转化成学习、模仿和赶超中心国的行动策略。而且，在这些策略的实施过程中包含着某种心理倾向，那就是，在把自己变成中心国的时候把现在的中心国踩在脚下。这是一种要求通过学习、模仿而赶超中心国的策略，至于阿明等人的"脱钩"战略，则是在另一种判断的基础上提出的，即认为边缘的落后与中心的发达同属于一个历史进程，是由中心国的剥削所造成的，因而，应该脱离这个由中心国把控的结构。产生于依附论学派的这一"脱钩论"显然是与历史的发展趋势相背离的。特别是在全球化、后工业化进程中，国家间的联系越来越密切，互动的节奏变得越来越强，而"脱钩"则意味着国家的封闭。这不仅不可能做到，也绝不是国家发展的可行路径。

之所以上述两种打破世界"中心—边缘"结构的策略都是不可行的，

---

① ［英］保罗·哈里森：《第三世界：苦难、曲折、希望》，钟菲译，北京：新华出版社，1984，第38页。

而且也不可能取得打破"中心—边缘"结构的实际效果，就是因为它们都基于线性思维而去提出打破"中心—边缘"结构的构想。既然工业化以来所生成的世界"中心—边缘"结构是线性思维的产物，那么在同样运用这一思维方式的情况下，又如何能够找到打破世界"中心—边缘"结构的方案呢？我们应当看到，工业社会只是人类历史的一个过渡期，恩格斯甚至将工业社会称作人类文明史的"史前"阶段。随着工业社会的衰落，人类将进入一个更高的后工业社会的历史阶段。就后工业社会高于工业社会而言，在思维方式上也将达到一个更新、更高的水平。

由此看来，线性思维是因为其推理的简单性与直线性而在工业社会得到普及并成为人们的一种思维习惯。因为它简单，所以易习、易练、易接受；因为它直接，所以基于它而作出的推理以及所形成的结论都看似可靠。但是，在人与人的关系以及这种关系的一切放大了的形态中，一种无所不在的"中心—边缘"结构成了几乎所有不平等、不公正的发源地。在社会进步的行程中，对既有一切不平等、不公正的否定都必然指向打破"中心—边缘"结构的方向。结果，也就最终指向了对线性思维的扬弃。在全球化、后工业化进程中，随着网络思维的提出，我们看到了这种希望：一旦网络思维成长起来并取代线性思维而成为人们的思维习惯，可以相信，基于网络思维而开展的各项行动都会直接地挑战"中心—边缘"结构，并将从根本上打破"中心—边缘"结构。

第二章

发现世界的"中心—边缘"结构

第一节　普雷维什的"中心—边缘"思想

普雷维什是一位阿根廷经济学家，他见证了拉美经济在国际贸易体系中成长和衰败的过程。在拉美国家惨遭发达国家经济剥削和危机转嫁之痛时，普雷维什提出了"中心—边缘"思想。这是在痛定思痛中提出的分析框架和批判工具。虽然人类社会已经进入全球化、后工业化进程，甚至也有人声称"世界是平的"，但作为批判工具的"中心—边缘"概念依然是一个认识和理解国际关系的有用视角。特别是在2008年全球性金融危机以及稍后出现的欧洲债务危机之后，对于发展中国家经济低迷的原因，"中心—边缘"的概念有着独特的解释力。而且，从"中心—边缘"的概念出发，是可以给予我们一种希望的，那就是，去积极地探索国家间和平共处、平等交往、共同发展的道路。其中，打破世界的"中心—边缘"结构，就是终结世界经济关系中一切剥削现象的必要前提。

一、"中心—边缘"思想产生的背景

在人文社会科学研究中，或者说，在对国际关系的分析中，劳尔·

普雷维什（Raúl Prebisch）是一位较早引入"中心—边缘"[①] 概念的拉丁美洲学者。应当说，这是理解国际关系的一个新视角。由于这一新视角的引入，人们对国际关系有了新的认识。同时，也使普雷维什获得了国际性的声誉。在某种意义上，这可以看作拉美学者对国际关系研究作出的一项非常了不起的贡献。事实上，由于普雷维什引入了"中心—边缘"的视角，在解释工业化强国与拉美国家之间的不平等关系方面找到了一个有力的理论支撑点。尽管普雷维什不是"中心—边缘"这一术语的最早使用者，但这一术语却是在普雷维什的理论阐释中引起人们普遍关注和产生了广泛影响的，并由此演变为理解发达工业国家与发展中国家关系的一个重要的理论解释框架。在某种意义上，普雷维什的这一解释框架也为改变国际关系结构提供了明确的理论上的指引。根据这一解释框架，打破国际社会的"中心—边缘"结构是解决当前国际关系中许多问题的根本出路。

拉美经济曾属于一种出口导向的外向型经济。从殖民时期到拉美各国建国后的一段时期内，拉美各国都一直是依靠初级产品出口而形成了所谓出口导向的外向型经济模式。从 19 世纪 70 年代至 20 世纪，发达国家生产力的提高（增加了对原材料的需求）、欧洲移民潮（为拉美提供了劳动力）、外国资本的进入（改善了拉美的基础设施，也带来了先进的技术与管理）、拉美政治的相对稳定（为生产提供了良好的国内环境）以及经济自由主义的风行等因素，更是让这种外向型经济进入了它的"黄金时期"[②]。虽然出口导向的外向型经济是一种具有充分开放性的经济模式，也曾一度为拉美带来了繁荣，但 20 世纪 30 年代的世界经济危机却表明，这种出口导向的外向型经济模式具有明显的脆弱性，它的开放性引发了一种深度的依附性。

这是因为，出口导向的外向型经济表现出了高度依赖发达工业国的

[①] 普雷维什的 center-periphery 大多被译为"中心—外围"。不过，较为规范的译法应为"中心—边缘"，"中心—边缘"的术语或视角不仅在国际关系领域普遍存在，而且在其他许多领域中都得到了广泛讨论。我们采用这一译法，并认为这将成为一个十分有用的分析视角和批判工具。

[②] 关于拉美发展模式的研究，可参见江时学：《拉美发展模式研究》，北京：经济管理出版社，2007。

状况。事实上，此时的拉美经济主要"受少数高度工业国家一时的购买兴致所左右"①。既然19世纪末少数工业国的需求增长能为拉美带来一定的繁荣，那么20世纪30年代发达国家的经济危机也就不可避免地为拉美带来灾难。这一依附性的外向经济表现出了两个特点：其一，拉美的出口导向发展模式主要是依赖少数几个工业国家；其二，拉美国家的出口产品主要依赖少数几种初级产品。这两个方面的原因决定了拉美经济是极其脆弱的，因而，在它所依靠的几个工业国家出现经济危机的时候，拉美也为自己的开放性付出了惨重代价。

的确，拉美经济的繁荣与萧条都表现出与发达工业国家共振的特点，这可以充分证明拉美经济对发达工业国家的依附性。这种过度依附所带来的问题在20世纪初已经有所表现。在"一战"时期，拉美的经济已经受到了不良影响，但庆幸的是，战争刺激了发达国家对一些原材料和粮食的大量需求，一些拉美国家的经济也呈现出了增长的势头，甚至可以说是趁着发达国家的战乱而发了一笔小财。但是，到了20年代末，当发达工业国家出现了经济萧条的问题时，拉美国家的经济也迅速衰退并走向了崩溃的边缘。一项数据表明，1929年开始的经济大萧条让发达国家对拉美的出口产品需求骤减，出口数量与出口价格大幅度下滑，结果是，1929—1932年间，拉美的输出总值下降了63.4％。② 外汇收入也相应地骤减，拉美政府开始变得无力偿还多年来的外国贷款，而拖欠贷款又导致了新的贷款难以产生。进口量与价格也下降了，那些主要依赖进口税的国家，政府财政显得吃紧。紧随经济危机而来的就是政局动荡，以至于拉美国家陷入了长达数十年的此起彼伏的政局动荡之中。

在拉美经济的跌跌撞撞中，普雷维什的祖国阿根廷表现得十分典型。在19世纪后半叶的大部分时间里，阿根廷销往海外的羊毛、皮革、肉类等畜牧产品和小麦、玉米等粮食快速增长。一战前的50年间，阿根廷的

---

① ［美］E. 布拉德福德·伯恩斯、朱莉·阿·查利普：《简明拉丁美洲史》，王宁坤译，北京：世界图书出版公司，2009，第242页。
② 李春辉：《拉丁美洲史稿（上册）》，北京：商务印书馆，1983，第257页。

国民经济年均增长 5%，[①] 其发展水平甚至可以与当时的一些先进工业国家相媲美。很显然，"比其他任何拉美国家更甚的是，阿根廷的经济几乎直接或间接地完全依靠出口贸易，这使阿根廷人的平均生活水平明显高于其他拉丁美洲共和国的公民"[②]。与非洲和亚洲相比，拉美更深地"参与到"——更准确地说——"被卷入"国际经济体系中，而在拉美内部，阿根廷又在初级产品出口型发展中表现得最为突出。这种贸易上的优异表现也同时使拉美国家形成了对发达国家的依赖，而依赖又总是隐含着某种脆弱性。依赖性与脆弱性的关系就是：对外依赖越深，在危机到来时也就会在危机中陷得越深。因此，在 20 世纪 30 年代的经济危机中，阿根廷所感受到的阵痛是不难想象的。正是这一原因，促使普雷维什在理论活动中提出了反对单一的出口外向型经济和提倡"进口替代战略"的观点。

随着"大萧条"的到来，由于发达国家的经济危机源源不断地转嫁到了拉美国家，拉美国家出现了一场意识形态转型的运动，激发出了民族主义。在阿根廷，1930 年代出现了"一种深度的意识形态的加速转型——自由主义的衰落和民族主义的风行"[③]。尽管在此之前民族主义及其所包含的发展本国工业的要求已经有所发展，但那只是"零星地存在于知识界"的一些观点，到了 20 世纪 20、30 年代，经济危机使出口导向型经济的缺陷彻底暴露出来后，让一些拉美国家开始在政策上重视民族经济了。普雷维什在阿根廷的学习与工作经历让他目睹了拉美经济发展的过程，从而用自己的理论活动去表达拉美民众的声音。正是这一点，使普雷维什成为拉美意识形态转型的代表。

普雷维什在 1923 年于布宜诺斯艾利斯大学获得经济学博士学位后留校任教，曾追随"阿根廷最著名的工业化倡导者"亚历杭德罗·本赫

---

① Carlos Diza Alejandro. *Essays on the Economic History of the Argentine Republic*. New Haven：Yale University Press. 1970. P3. 转引自韩琦主编：《世界现代化历程（拉美卷）》，南京：江苏人民出版社，2012，第 218 页。

② ［英］莱斯利·贝瑟尔主编：《剑桥拉丁美洲史》，第四卷，涂光楠等译，北京：社会科学文献出版社，1991，第 11 页。

③ Bethell, Leslie, ed. *The Cambridge History of Latin America*. Vol. 8. Cambridge University Press，1991. P4.

（Alejandro Bunge）从事经济学研究。此后，普雷维什从一位学者变身为实践者。1930 年以后，普雷维什担任了阿根廷政府财政部副部长、阿根廷中央银行行长和首席经济顾问等职务。1933 年参与同英国的贸易谈判的经历，更让他对强国与弱国间的不平等关系有了深切的体会。[①] 这些经历让兼具研究者与实务家双重身份的普雷维什对理论与现实都相当熟悉，也正是理论与现实之间的巨大反差，让普雷维什开始了独立的思索，提出并阐发了他关于"中心—边缘"的思想。其后，普雷维什担任了拉美经委会执行秘书和联合国贸发会秘书长等职务，这更为他论述和传播其思想提供了重要的平台。普雷维什这样介绍了自己的思想转型："我曾坚定地信仰新古典主义理论。但是，资本主义的第一次大危机（世界性衰退）使我对这一信仰产生了怀疑。从此，便开始了发掘经济发展领域内的新观点的漫长时期"[②]，"世界大萧条曾对于我的思想的形成产生了巨大影响……我不得不逐步抛弃我年轻时在大学里接受的新古典派理论"[③]。正是在这种思想上的转型过程中，普雷维什发现了世界的"中心—边缘"结构，并将其制作成一个解释框架，用来解释工业国与拉美国家间的经济关系。

随着"中心—边缘"概念影响的扩大，对于普雷维什的"中心—边缘"思想的来源与发展，其国内外学者作了大量的研究和论述[④]。从普雷维什给约瑟夫·洛夫（Joseph L. Love）的信中回顾这一思想的产生看，他说自己难以回想起当初是怎么会使用"中心"与"边缘"这样的

---

① 董国辉在其研究普雷维什经济思想的专著中梳理了普雷维什的生平经历。参见董国辉：《劳尔·普雷维什经济思想研究》，天津：南开大学出版社，2003，第 17—26 页。

② ［阿根廷］劳尔·普雷维什：《我的经济发展思想的五个阶段》，吴国平译，载《国外社会科学》，1983（12）。

③ ［阿根廷］劳尔·普雷维什：《外围资本主义：危机与再造》，苏振兴、袁兴昌译，北京：商务印书馆，1990，第 22 页。

④ 伊利诺伊大学历史学教授约瑟夫·洛夫（Joseph L. Love）曾深入探讨了这一问题，参见 Love, Joseph L. Raul Prebisch and the Origins of the Doctrine of Unequal Exchange. Latin American Research Review. 1980，15（3）：P45～72. 亦见 ［英］莱斯利·贝瑟尔主编：《剑桥拉丁美洲史》，第六卷（上），高晋元等译，北京：当代世界出版社，2000，第 406—428 页。国内学者董国辉在其专著中也对这一问题做了探讨。参见董国辉：《劳尔·普雷维什经济思想研究》，天津：南开大学出版社，2003，第 47—53 页。

词语的①。在普雷维什晚年发表的著作中,他对于自己为什么会使用"中心"与"边缘"的术语也只是作了一些粗略的描述②。不过,根据学者们的推测,普雷维什"中心—边缘"思想的提出可能受到了这些学者的影响:维尔纳·松巴特(Werner Sombart)在1928年区分了"资本主义中心"(a capitalist Center)与"环绕那个中心的外围国家"(peripheral countries);米哈伊尔·马诺依列斯库(MIhail Manoilescu)在1929年批判了"工业"国与"农业"国之间的不平等交换问题;恩斯特·瓦格曼(Ernst Wagemann)在1931年指出了"中心周期"(central cycle)与"外围周期"(peripheral cycle)之间的区分;威廉·布朗(William Brown)在1940年也讨论了"中心国"(center countries)与"边缘国"(periphery countries)在影响国际货币体系方面的差异。作为普雷维什的老师,亚历杭德罗·本赫和维克多·埃米利奥·埃斯特达拉(Victor Emilio Estrada)等学者显然对普雷维什"中心—边缘"思想的提出也产生过影响。

学者们还对普雷维什"中心—边缘"思想的提出进行了历时态考察,认为这一思想的提出大致有以下几个重要的时间点:1944年,普雷维什在大学的演讲中第一次提到"中心"与"边缘"的语词;1946年,他在墨西哥城召开的美洲国家中央银行银行家会议上首次在发言稿中以文字的形式使用了"中心—边缘"的术语。当然,阐述"中心—边缘"思想的最重要的文献当数普雷维什1949年提交的《拉美的经济发展及其主要问题》一文。此文甚至被称为"拉美经委会宣言",尽管当时他尚未出任该委员会的执行秘书。其实,在一个时期中,某种社会现象由于显性化而引起了广泛关注,进而有许多人提出了相同的观点,使用了相同的提法、概念等,这是科学发展中非常正常的现象,而且在历史上也是司空见惯的。关键问题是,谁对这种闪光的思想作了重要的发掘工作?谁把一个概念制作成了具有广泛适用性的解释框架?就"中心—边缘"思想

---

① [英]莱斯利·贝瑟尔主编:《剑桥拉丁美洲史》,第六卷(上),高晋元等译,北京:当代世界出版社,2000,第424页注释2。
② [阿根廷]劳尔·普雷维什:《外围资本主义:危机与再造》,苏振兴、袁兴昌译,北京:商务印书馆,1990,第26—27页。

来看，我们认为普雷维什作出了标志性的贡献。

也有一些学者把"中心—边缘"的思想溯源到马克思等人，这些学者作为证据提出的经常是马克思的这样一段话："一种和机器生产中心相适应的新的国际分工产生了，它使地球的一部分成为主要从事农业的生产地区，以服务于另一部分主要从事工业的生产地区。"① 可以相信，包括普雷维什、依附论学派、加尔通以及沃勒斯坦等人在内的诸多探讨国际关系"中心—边缘"问题的学者都或多或少地借鉴了马克思主义中的一些理论观点或分析方法。在这一时期的学者中，《资本论》毫无疑问地包含在他们的阅读书目之中，而且，在马克思主义博大精深的理论体系中，发现一些能够证明经典作家具有"中心—边缘"思想的证据是不难的。但是，在马克思的全部理论著述中，包含的一个基本思想内核是辩证法，即使在马克思的经济学著作中，以辩证逻辑去安排经济事实的叙述方式也随处可见。

对于辩证法而言，普遍联系、相互影响和朝着对立面的运动是我们认识和把握世界的基本路径，或者说，辩证法是不允许在形式上作出一种静态的"中心—边缘"划分的。所以，如果认为马克思的《资本论》中包含着"中心—边缘"思想，那可能是忽视了马克思《资本论》中的辩证法思想所致。在辩证法理解世界的思维方式中，也包含着一个历史维度。这样一来，属于不同历史阶段的因素即使共存于同一个历史断面上，代表了旧的历史时期的那些因素虽然还存在于现实中，却被辩证法认为是失去了历史合理性的现象，是需要加以扬弃的因素。在"中心—边缘"的划分中，显然是不包含辩证法的这些思想内容和基本主张的。所以，认为马克思已经拥有了"中心—边缘"的思想是一个值得商榷的意见。

普雷维什之所以能够提出"中心—边缘"思想，是由他生活的时代和所处的现实背景决定的。普雷维什身处世界经济体系的边缘地带——拉丁美洲，并感受了两次世界大战尤其是经济大萧条所带来的那些难以承受的痛楚。对此，普雷维什认为，马克思主义的分析方法是有助于

---

① 马克思：《资本论》，第一卷，北京：人民出版社，1975，第494—495 页。

分析和理解这类问题的。不过，普雷维什也指出，马克思在他的时代中主要关注的是中心国家资本主义的内在矛盾及其以后的历史演变，而外围资本主义本身以及外围与中心两种经济的矛盾没有成为马克思理论关注的重心。在马克思的时代，"技术向世界经济的外围渗透的现象及其伴生的矛盾没有进入他的脑际，而且我不认为在他那个时代能进入他的脑际"①。

基于对马克思主义的上述认识，普雷维什在探讨国际分工中工业国与农业国的不平等交换等等问题时，努力去按照马克思、恩格斯以及列宁等经典作家的思想去进行解释，但在对国际贸易关系的理解方面，普雷维什并不满足于马克思主义经典作家的既有结论，而是努力提出自己的观点。正如约瑟夫·洛夫所言，普雷维什等人"关于不发达地区的经济有着某种根本性的不同的观点"即使在20世纪40年代也都是"新颖的"②。应当承认，"中心—边缘"思想是基于20世纪世界经济贸易的事实而产生的一个新的批判性分析框架，它虽然是从经济学的领域中扩散开来的，但在用于理解处于中心地位和边缘地位这样两种不同类型的国家间关系的时候，却成了一个普适性的分析国际关系的解释框架，特别是到了"和平学"的建构者加尔通那里，这一解释框架得到了完善。

当然，"中心—边缘"思想与马克思主义之间的联系也是不可否认的，不仅因为包括普雷维什在内的这些来自经济学领域的学者们受到了《资本论》的影响，而且在他们使用"中心—边缘"概念去分析和批判资本主义国际关系时，也有着明显的试图扩展马克思主义研究领域的追求。对此，加尔通在其《帝国主义的结构化理论》中就明确地宣布，他在阐述帝国主义"中心—边缘"结构时从马克思主义那里获得了启发。他说，"我们的定义尤其借鉴了列宁对帝国主义定义的一个方面"③。总的说来，

---

① ［阿根廷］劳尔·普雷维什：《外围资本主义：危机与再造》，苏振兴、袁兴昌译，北京：商务印书馆，1990，第16页。

② ［英］莱斯利·贝瑟尔主编：《剑桥拉丁美洲史》，第六卷（上），高晋元等译，北京：当代世界出版社，2000，第416页。

③ Johan Galtung. A Structural Theory of Imperialism. *Journal of Peace Research*. 1971，8（2）：P81—117.

普雷维什的"中心—边缘"思想来源十分广泛，不仅包括马克思主义、凯恩斯主义、德国历史学派等，甚至还包括他旗帜鲜明地加以反对的新古典主义流派中的部分学者的观点。看来，"普雷维什的启示来源是广泛的（eclectic）"[1]。消极地看，此处的 eclectic 是"五花八门"的意思；但积极地讲，eclectic 则是"兼收并蓄""不拘一格"的意思。也正是这种兼收并蓄的做法才成就了普雷维什的思想创新，大概也正是这种广泛的思想来源，让普雷维什在晚年回忆起"中心—边缘"这一术语的具体渊源时很难确认他是从哪里获得了启发。在社会科学的研究中，这也许是一条正确的道路，那就是不拘泥于某种理论，不刻意强调从某种理论出发，而是从现实出发去积极地进行思想建构。

二、 作为批判工具的"中心—边缘"概念

如果说资本主义早期的海外殖民和市场开拓是通过政治手段和军事手段进行的，那么在资本主义世界化的任务基本完成后，赤裸裸的掠夺便开始转化为国际经济贸易。此后，国家间的商品交换在国际市场的大舞台上展开，而市场中的交换行为必然建立在平等和自由的基础上。这样一来，就产生了一个问题，那就是，人们明显感受到的那种发达国家对欠发达国家的剥削是如何发生的？如果说马克思揭示了资本主义生产过程中的剥削机制，那么国家间的剥削机制在国际贸易过程中是怎样的？也就是说，如何在理论上揭开市场交易过程中的剥削成为 20 世纪政治经济学的一项新使命。

普雷维什实际上承担起了这项使命，他的"中心—边缘"思想揭露了国际市场平等交换的虚伪性，使人们认识到：在发达国家与发展中国家间存在着一个事实上不平等的结构。在这个结构的基础上，发达国家可以极其轻易地把发展中国家所创造的财富窃为己有，而发达国家自身所产生的危机也可以在这个结构中轻易地转嫁给发展中国家。20 世纪 30

---

[1] Leslie Bethell, ed. *The Cambridge History of Latin America*. Vol. 6. Part 1. Cambridge: Cambridge University Press. 1994. P421.

年代的经济"大萧条"对拉美经济的重创实际上就是发生在这个"中心—边缘"结构中的。正是在拉美经济遭到工业国家经济"大萧条"重创的情况下，普雷维什提出了"中心—边缘"思想，这无疑是一项反思性成就。

其实，在这一时期，普雷维什提出了许多重要的理论观点，并基于自己的理论观点而为拉美国家提出了许多政策建议。但是，就理论认同与学术影响看，能够作为一个解释框架而得到传播的则是"中心—边缘"这一概念。由此可见，"中心—边缘"的概念在普雷维什的思想中有着十分重要的地位，也可以说是他为 20 世纪国际关系理论作出的一项重大贡献。就"中心—边缘"（core-periphery）这一概念而言，是有着丰富内涵的，它不仅包含了"先进—落后"这样的判断，也包含了国家间的支配与依赖等不平等关系。它所反映的是，在资本主义世界化成熟形态中不同国家共处于一个世界经济体系却表现出了极端不平等的状况。这就是普雷维什所面对的国际关系现象。

换句话说，普雷维什使用"中心—边缘"概念至少做了两件非常重要的事情：第一，他抛弃了将整个资本主义世界经济视为具有同质性经济的传统做法，而是认为存在着"两种经济：'中心'的经济和作为世界经济的'边缘'的经济"①，它们在性质上是不同的。根据传统的观点，各国资本主义经济即使在发展水平上存在着差异，但在性质上却是相同的，都遵循着同样的规律。当普雷维什用"中心—边缘"概念来重新审视世界经济时发现存在着两类经济，并揭示出工业国家与农业国家的经济存在着结构性的差异。第二，普雷维什又用"中心—边缘"的概念把两类经济框定在同一个结构体系之中，即指出这两类不同的经济并不是相互孤立的，而是联系在一起的。也不像现代化理论的那种把两类经济安排在历史序列中。所以说，"中心—边缘"概念真实地反映了世界经济体系中被国际贸易所掩盖的两个重要特征：中心与边缘是根本不同的；

---

① Robert J. Alexander. Import Substitution in Latin America in Retrospect. In Dietz, James L. , and Dilmus D. James, eds. *Progress Toward Development in Latin America: from Prebisch to Technological Autonomy*. Rienner. 1990. P15.

中心与边缘之间存在着支配与依赖的关系。[①]

　　对"中心—边缘"概念进行引申理解，还可以发现它包含了揭示某种"霸权"（hegemony）的内涵。尽管普雷维什在早期并没有使用"霸权"一词，但在后来进一步阐释"中心—边缘"思想时，却使用了这一提法[②]，用以说明在"中心—边缘"结构中包含着中心对边缘的霸权，并认为这是国家间建立起"中心—边缘"关系后所呈现出来的基本特征之一。在晚年发表的《外围资本主义：危机与再造》一书中，普雷维什用了一章的篇幅探讨了"中心与外围关系的性质""中心的霸权与外围的依附""中心的危机对外围的影响"等问题。他指出，"为了扩大和捍卫自身的利益，各资本主义的霸权中心采用了各种不同的行动和诱导方式：贸易优惠，通过双边或多边渠道提供资金，军事援助，某些公开或隐蔽地对公众舆论和政府施加影响的手段，甚至惩罚性措施，以至有时导致使用武力"，与此相对应，"外围国家不同程度地服从于中心国家做出的决定，或者被迫采取本来不应采取的决定，或者被迫放弃哪怕是对本国利益有利的决定"[③]。

　　根据一般的理解，"中心—边缘"是由发达国家与欠发达国家构成的国际关系体系，或者说，发达国家与欠发达国家被结构化到了一个体系之中，从而呈现出"中心—边缘"结构。但是，"中心"并不等同于经济发达国家，同样，"边缘"也不能与经济欠发达国家画等号。因为"中心国"不仅是一种静态的工业发达国家或者收入高的富裕国家，同时也具有一种动态性，即"有能力对外围国家经济的发展方向施加影响"[④]。这

---

① 董国辉认为"中心—边缘"思想包含着三个特征：整体性、差异性和不平等性，并指出"整体性"是普雷维什"中心—边缘"思想中未详述但很重要的前提性假设。（参见董国辉：《劳尔·普雷维什经济思想研究》，天津：南开大学出版社，2003，第55—59页。）对此，我们可以做以下更准确的表述：资本主义世界经济体系是一个"体系"（"整体性"），但其内部的"中心"和"边缘"却属于两种不同的"经济"（"差异性"），而这种差异本质上是一种反映了不平等的差异（"不平等性"）。

② Prebisch. A Critique of Peripheral Capitalism. *CEPAL Review.* January-June. 1976. 转引自［英］莱斯利·贝瑟尔主编；《剑桥拉丁美洲史》，第六卷（上），高晋元等译，北京：当代世界出版社，2000，第416页注释3。

③ ［阿根廷］劳尔·普雷维什：《外围资本主义：危机与再造》，苏振兴、袁兴昌译，北京：商务印书馆，1990，第193—194页。

④ 参见江时学：《拉美发展模式研究》，北京：经济管理出版社，2007，第35页注释1。

说明，"中心—边缘"的概念不限于对经济关系的理解，而且包含着政治上甚至军事上的"支配—依附"关系。普雷维什在后期显然认识到并阐述了这一点，而后来使用"中心—边缘"视角的依附论者在这个方向上则走得更远。

可见，"中心—边缘"概念在解释力和解释范围上都远远大于"发达国家—欠发达国家"的视角。因为，"发达国家—欠发达国家"的划分虽然也包含着经济、政治、社会等各个方面的内容，但重点是放在经济方面的。也就是说，所有方面的"发达"都是以经济的发达为基础的。而且，所谓"发达"与"欠发达"的着眼点也局限于一国的情况。即使有比较上的内容，也不是这一概念的主旨。再者，用"发达"与"欠发达"的标准看问题，往往会导致一种极其错误的认识和发展策略："欠发达"只要制定科学合理的发展策略，就能够追赶发达国家甚至超过"发达"国家，结果，就会在经济发展方面放弃对社会分化和贫富悬殊的关注；就会对其拥有的自然资源进行破坏性开采，从而走上一条竭泽而渔式的发展道路；就会拼命压榨劳动力的剩余价值；就会忽视教育而使人力资源难以为继等。事实上，在"中心—边缘"结构所开拓的视野中，由于存在着国际关系中的支配—依附关系，由于中心国对边缘国的剥削是包含在交往和贸易的每一个方面和每一个途径中的，就会看到，所有追赶发达国家的策略所制造出来的都是一种假象。由此可见，"中心—边缘"是一个更为科学的概念。

从"中心—边缘"概念出发，普雷维什形成了"贸易条件恶化论""进口替代工业化论"等一系列新的理论观点，并对"区域经济一体化"等问题提出了独到见解。比如，普雷维什对"技术不平等的扩散和分配"问题给予了充分的关注。在《拉美的经济发展及其主要问题》的"绪论"部分，普雷维什开篇就指出：传统经济学宣扬国际分工下的所谓比较优势理论，但其错误之处则在于认为技术进步所带来的利益可以通过贸易进行传播。事实上，技术进步所带来的利益往往被中心国家独占，"生产率提高所带来的巨大利益扩散至边缘国的部分与那些大工业国的人所得的利益是不可同日而语的。"① 显然，技术进步从中心向边缘的传播全然是为了中心的利益服务的，边缘国从中获得的利益极其有限，被操控的利益传播所带来的不利因素却更多。

在这个方面，伯恩斯（E. Bradford Burns）曾举例说，在19世纪末的玻利维亚，火车加速了矿石从矿山到港口的运输，然而，为了让火车在回程中不至于空车运行，从国外进口的农产品被装上车运往国内。于是国内的农业生产也遭到了破坏，"玻利维亚被锁入双向依附状态：为其单一出口而依附外国市场，为其部分粮食作物的供应而依附外国粮食生产商"②，铁路建设作为技术改进的典型代表，对这种依附性"负有责任"。一方面，我们可以说，国外投资确实促进了拉美的基础设施建设。然而，另一方面，这种技术改进只是以更高效的方式把拉美捆绑在了中心国家的经济利益上。"许多铁路并没有将国家的主要城市联系起来，而是将大种植园或矿山直接与港口连接，将国家统一的目标，附属于工业化国家对农产品和矿产品的需要之下。"③

此前，人们也看到了世界经济体系中的不平等关系，但人们以为先进技术的传播可以矫正这种不平等关系，普雷维什从"中心—边缘"结构的视角中所看到的恰恰相反。在普雷维什看来，中心国家各种要素的投入绝不会考虑边缘国的发展，更不会考虑边缘国的全局的和长远的利益。普雷维什发现了"技术进步的传播机制"会导致这样的后果，从而更加证明了"中心—边缘"结构是造成世界经济体系中不平等关系的总根源。他说："历史地来看，技术进步的传播是不平等的，这种不平等促使世界经济划分成工业中心与从事初级产品生产的边缘国家。"④ 在技术进步导致的不平等基础上，工业品与初级产品的交换、贸易条件的恶化

---

① R. Prebisch. The Economic Development of Latin America and its Principal Problems. *Economic Bulletin for Latin America*. 1962，7 (1).

② ［美］E. 布拉德福德·伯恩斯、朱莉·阿·查利普：《简明拉丁美洲史》，王宁坤译，北京：世界图书出版公司，2009，第150页。

③ ［美］E. 布拉德福德·伯恩斯、朱莉·阿·查利普：《简明拉丁美洲史》，王宁坤译，北京：世界图书出版公司，2009，第152页。

④ Prebisch, Raúl. Commercial Policy in the Underdeveloped Countries. *The American Economic Review* 1959，49 (2)：P251—273.

等因素只能使这种不平等更加恶化，从而让支配与依赖的关系更加深化。

可见，"中心—边缘"概念是普雷维什理论活动的出发点，他的许多重要的观点都是通过这一概念所提供的视角获得的。在普雷维什的整个思想阐述中，谈及技术的不平等扩散、贸易条件恶化、外部不平衡、结构性失业、通货膨胀、经济周期等都广泛地使用了"中心—边缘"的概念，是以这一概念为视角而观察到的现实。不过，普雷维什仅仅提出了"中心—边缘"的概念以及一系列观点，其思想远未成为一种系统的理论。正如，普雷维什思想的重要研究者奥克塔维奥·罗德里格斯（Octavio Rodriguez）所指出的，普雷维什的"'中心—边缘'这一概念包含一组观点（ideas），一组关于一种处在前分析（pre-analytical）水平的普遍本质（a general nature）的观点，因此它并不是一个完全正式/形式化的理论（fully formalized theory）"①。

虽然"中心—边缘"在普雷维什那里是一个十分自然的概念，却是理解世界经济体系中不平等关系的一个极其重要和非常新颖的视角，通过"中心—边缘"概念，我们深深地感受到既有国际关系格局为边缘国带来的伤害是那样难以抹平，而且这种伤害依然每日每时地发生着。当然，在普雷维什那里，"中心—边缘"概念的更为丰富的内涵尚未得到充分发掘。普雷维什自己在晚年也指出了这一点，认为"中心—边缘"概念尚"需要继续努力来吸收一些新的要素，使它有更大的连贯性，并把一些分散的片段归纳成一种系统的介绍（presentación）"。他还指出，"近年来关于这个问题的最重要的贡献是由阿尼瓦尔·平托（Anibal Pinto）做出"②的。这也再次证明，普雷维什有关这一概念的思想还不能被称为一种系统性的"连贯性"的理论。不过，普雷维什提出并阐述了这一新视角，也因其声望而使这一视角得到了广泛传播，仅就这一点看，其贡献已经相当大了。

---

① Octavio Rodriguez. Prebisch: the Continuing Validity of His Basic Ideas. *CEPAL Review*. 75. 2001: P39—50.

② ［阿根廷］劳尔·普雷维什：《外围资本主义：危机与再造》，苏振兴、袁兴昌译，北京：商务印书馆，1990，第 26 页。西班牙原文参见 Capitalismo periférico: crisis y transformación. México, *Fondo de Cultura Económi*. 1981. P29.

显然,"中心—边缘"概念所提供的是一个批判性视角。虽然普雷维什作为一个兼具理论家和实践家的学者更多的是出于解决拉美经济中的现实问题的需要而提出了这一视角,但是,既然拉美经济有着浓烈的依附特征,深陷世界经济体系的不平等关系之中,那么解决拉美经济问题的前提就是认识世界经济体系中的这一"中心—边缘"结构,并尽可能地去寻找打破这一"中心—边缘"结构的出路。只有这样,才能获得重振拉美经济的机会。所以,"中心—边缘"概念反映了世界经济关系的事实,也正因为反映了世界经济关系的事实而获得了批判功能。这说明,世界经济体系以及整个世界体系中都存在着必须加以批判的事实。

这一点到了挪威学者(和平学之父)加尔通那里得到了更加充分的体现。对于加尔通来说,"中心—边缘"的概念成了一个重要的思想武器,在某种意义上,加尔通赋予这一概念打破传统支配与依赖的国际不平等秩序的功能。一般说来,批判是令人激奋的,批判的武器会有更多的人愿意使用,正是因为"中心—边缘"概念具有批判的性质,才为普雷维什赢得了众多追随者,才成为每一位思考并且反对国际霸权的学者必然要使用的思想武器。"中心—边缘"这一理论上的批判工具属性也决定了它在实践中能够发挥一定的理论指导作用,尤其对于 20 世纪 50 年代的拉美工业化发展起到了十分重要的作用。

虽然普雷维什这个名字更多地存在于学者们的国际关系叙事中,但他的思想则是直接根源于实践的,有着明显的应用取向。在普雷维什形成了"中心—边缘"思想后,也从此出发为拉美经济建设的实践提出了许多政策建议。正是这种实践取向,让普雷维什并不把精力放在对"中心—边缘"思想进行系统化的理论建构方面,也没有将重心放在对这一思想的维护和辩解上,而是随着现实的变化而不断地调整自己的观点。一个明显的例子就是,普雷维什以及他所领导的"拉美经委会"对"进口替代工业化"这一基于"中心—边缘"思想而形成的策略去积极地进行思路和政策上的调整,从而让拉美经济在经历了 50 年代的繁荣后"开始考虑进口替代工业化的复杂性",并客观求实地分析了采取进口替代策略带来的一些问题。

普雷维什在 1959 年指出,"由于这种工业化所采取的形式,更发达的拉美国家可能具有更大的外部脆弱性（与 20 世纪前的出口导向型发展相比）"[1]。到了 60 年代中期，普雷维什及其拉美经委会再一次"对进口替代工业化进行了痛苦的重新评价"[2]。虽然这种基于现实的自我批评与理论调整导致更多的人对进口替代策略的声讨，也促使一些学者在后来形成了另一个拉美土生土长的理论学派——依附论，但就普雷维什始终紧扣现实的要求以及时势的变化去调整自己的理论而言，无疑是一种科学的态度，也许这是单纯从事理论建构的学者们不能理解的，却是值得表达敬意的科学精神。事实上，就激烈地批判了普雷维什的依附论来看，他们虽然批判了"进口替代工业化"等策略，却直接沿用了普雷维什的"中心—边缘"概念和视角。从中也足见"中心—边缘"视角的有效性和强大的解释力。

不过，总体看来，普雷维什的"中心—边缘"思想还是有着一定局限性的。虽然普雷维什在后期开始从单纯的经济思考转向了包含政治与社会在内的更广阔的范围，并提出了"体制变革论"，但与加尔通相比，其"中心—边缘"思想就显得非常粗糙了。只能说普雷维什是在极其初级的意义上建构起了"中心—边缘"的分析框架，而加尔通对"中心—边缘"这一分析框架的应用则显得更加成熟。也只有在加尔通那里，才能真正称得上是建构起了"中心—边缘"结构的系统性理论。例如普雷维什把不平等交换对边缘国的不利讨论主要限制于经济方面，而加尔通则认为这一不平等交换还会在贸易完成之后对边缘国的政治、军事、传媒和文化等产生更多不利的影响。尽管普雷维什也提出了边缘国内部的特权阶层与社会大众的严重不平等问题，却没能把"中心—边缘"的划分明确地扩展到一国内部，用以分析边缘国内部的贫富两极分化问题，而加尔通则将国际关系中的"中心—边缘"结构与一国（包括中心国和边缘国）内部的"中心—边缘"结合起来进行分析，并着重探讨了中心国和边缘国相结合的结构化方式及其影响。正是加尔通引入了"中心—

---

① Prebisch，Raúl. Commercial Policy in the Underdeveloped Countries. *The American Economic Review* 1959，49（2）：P251—273.

② ［英］莱斯利·贝瑟尔主编：《剑桥拉丁美洲史》，第六卷（上），高晋元等译，北京：当代世界出版社，2000，第 437 页。

边缘"的辩证分析，使得人们能够通过"中心—边缘"的分析框架更清楚地看到将边缘国的财富向中心国输送的机制，那就是，边缘国的中心担当起了把边缘国边缘所创造的剩余价值向中心国输送的"桥头堡"。

三、 在"中心—边缘"结构中可做的选择

普雷维什的思想是处在不断调整中的，但是，正如晚年他在著作中所指出的，"尽管最近这些年中我尽力以批判的态度审查自己的思想，力图更新它，使之符合于实际中已经发生的变化，同时也吸收他人的思想，但是，我未能放弃我最初的理论革新思想所赖以形成的中心—外围概念"[①]。在这部名为《外围资本主义：危机与再造》的著作中，普雷维什在总结和回顾了早前关于"中心—边缘"的思想后又加入了一些新的内容，从而让"中心—边缘"思想更为清晰地呈现在了读者面前。所以，"中心—边缘"思想应当被看作普雷维什一切理论论述中最为核心的思想。正是因为普雷维什提出了"中心—边缘"概念并在这一概念的基础上形成了一系列思想和政策建议，从而使这一概念在世界经济以及国际关系研究领域中经常性地被学者们提及。其实，可以认为普雷维什的这一思想在国际关系研究领域中得到了广泛传播与应用。

不过，我们也应看到，在学术界，普雷维什的"中心—边缘"思想并不是没有争议的。实际上，普雷维什以及他所领导的拉美经委会从一开始就招致诸多批评，即便是在他们志得意满的 20 世纪 50 年代，批评之声也不绝于耳，"不仅受到新古典主义右翼而且也受到离经叛道的左翼的挑战，后者的有些成员曾经是拉丁美洲经委会本身的领导人物"[②]。60、70 年代的拉美经济低迷，更导致了拉美经委会的衰落。尽管如此，学者们可以说普遍承认这样一点，那就是，基于普雷维什的"中心—边缘"思想而形成的"进口替代工业化"策略为拉美 50 年代的繁荣做出了

---

① ［阿根廷］劳尔·普雷维什：《外围资本主义：危机与再造》，苏振兴、袁兴昌译，北京：商务印书馆，1990，第 26 页。
② ［英］莱斯利·贝瑟尔主编：《剑桥拉丁美洲史》，第六卷（上），高晋元等译，北京：当代世界出版社，2000，第 445 页。

重要贡献。

从拉美经济的发展过程看，在 20 世纪初期就有一些拉美学者指出了初级产品出口型发展的缺陷，甚至也有一些拉美国家开始尝试进口替代策略。在 30 年代的经济"大萧条"中，一些拉美国家更加认识到了振兴民族经济、发展本国工业的重要性。一些国家也确实被迫做了一些进口替代的事情。但是，这些行动是缺乏理论指导的。在当时的理论界，虽然新古典经济学已经呈现出某种开始动摇的迹象，而在拉美经济的发展中，依旧具有某种"圣经"的意义。正是普雷维什与新古典理论的决裂，并运用"中心—边缘"的概念实现了对世界经济体系中不平等现实的揭露，才让进口替代策略获得了某种理论上的支持。虽然普雷维什以及他所领导的拉美经委会也发现了进口替代工业化的复杂性，并表达了一些模棱两可的意见，但这一策略创造了拉美经济 50 年代的繁荣是一个不争的事实。

可能是因为普雷维什的"进口替代工业化"策略曾经为拉美赢得了50 年代的经济繁荣，在 2008 年全球金融危机后，当中国经济出口型发展模式遇到了困难时，一些中国学者也效法此道并提出了大致相同的意见。其实，历史是不可复制的，我们今天所面对的世界经济环境与当时的拉美经济环境完全不同了，更何况今天中国的经济结构和进出口商品的内容与性质也都大不相同。所以，简单地复制普雷维什的"进口替代工业化"策略是否可行，显然需要打一个大的问号。但是，不照搬普雷维什的策略并不意味着可以无视他的"中心—边缘"思想，在某种意义上，我们恰恰需要借助于"中心—边缘"概念去认识和理解世界经济以及政治关系。

其实，一个简单的提问就可以把我们引向承认世界"中心—边缘"结构的现实：我们都知道 2008 年发生了全球金融危机，但这场金融危机是由什么因素引发的？尽管学者们可以对此作出各种各样的解释，而一个基本事实就是，美国人买了房子而付不起银行贷款了，因而，全世界都要为美国人"埋单"。本来，美国人买房子是美国人的事情，为什么在美国人付不起银行贷款的时候却引发了全球金融危机？换作中国或其他发展中国家，会出现同样的情况吗？显然不会。其中的原因就只能通过世界的"中心—边缘"结构才能得到解释。这说明普雷维什的"中心—边缘"思想依然是我们认识世界经济体系中不平等关系的有用视角。甚至可以说，这一视角还需要得到大力拓展，不仅要通过这一视角看到世界经济体系中的不平等关系，而且需要看到，在政治、军事、文化等几乎所有方面都存在着这种不平等关系。显然，中心国的霸权是一种综合性的霸权，边缘国对中心国的依附也是全面的依附，在所有方面都受到中心国或明或暗的支配。边缘国创造的财富总是源源不断地沿着"中心—边缘"结构而流向中心国，而中心国出现的几乎所有危机都能够成功地转嫁给边缘国。毫无疑问，在今天的世界"中心—边缘"结构中，中心国与边缘国间的位差要比普雷维什发现"中心—边缘"时大得多，发生在中心国与边缘国间的"支配—依附"关系也更为紧张，经济掠夺和政治压迫都远远超出普雷维什当年能够想象的程度。

20世纪80年代以来的全球化运动已经把世界上几乎所有国家都牢牢地捆绑在了一起，这是一个新的事实，也是普雷维什在开展理论和实践活动时没有遭遇的。在全球化背景下，对于每一个求发展的国家来说，都不可能割断与世界经济体系的联系，都必须在与他国的经济、政治、文化等各个方面的交往中去寻找发展机遇。也就是说，开放性是全球化时代的基本要求，只有自觉地满足这一要求，才是生存的要诀。其实，从拉美各国的经济看，尽管它经历了一波又一波跌宕起伏，无论处在出口型发展阶段还是选择了进口替代工业化策略，都一直是处于世界经济体系之中的，或者说，一直坚持一种面向世界经济体系开放的经济模式，一直在世界经济体系中基于"中心—边缘"的认识而寻求经济发展的机遇。虽然它没有提供足以效法的成果和值得借鉴的经验，但坚守经济发展的开放性则是可取的。而且，在全球化这一新的历史条件下，也只能强化开放性而不是削弱开放性。总之，虽然世界经济体系中存在着一个"中心—边缘"结构，但任何一个国家都不可能跳出世界经济体系走一条所谓"独立自主"的经济发展道路。我们所能够设想的仅仅是，在承认世界的既有"中心—边缘"结构的前提下去谋求发展，但这种承认又绝不意味着去选择依附策略，反而是要寻求突破甚至打破这一"中心—边缘"结构的可能路径，从而开辟出一条全新的发展道路。

许多学者把普雷维什以及他领导下的拉美经委会的理论看作是"结构主义"的。的确,"中心—边缘"这个概念本身就是普雷维什用来指称世界经济体系结构的。在分析通货膨胀的原因时,拉美经委会也强调造成通货膨胀的两个最为主要的原因都存在于经济结构中,即"落后的农业部门"和"脆弱的出口部门"。与货币主义不同,普雷维什及其拉美经委会并不看重货币与财政工具等解决通货膨胀的手段,而是强调"调整农业结构、使出口多样化、强化进口替代"① 等结构性战略。所以,用"结构主义"为普雷维什及其拉美经委会命名似无不可。当然,这一名称是后来追加给了普雷维什的。据约瑟夫·洛夫考证,1971 年才开始出现对普雷维什思想的这一命名,到了 80 年代,才在研究普雷维什思想的学者们中被当作自然而然的事情。② 我们知道,作为一种哲学思潮的结构主义虽然可以溯源到 20 世纪初,但结构主义思潮在 60 年代才在法国流行起来并在 70 年代获得了普遍影响力,而普雷维什及其拉美经委会的理论活动主要是在 50 年代,如果说普雷维什已经开始自觉地运用结构主义去分析世界经济体系的结构,如果说拉美经委会自觉地按照结构主义的理论去提出政策建议,显然是不合乎实际的。只是到了 20 世纪 80 年代,当结构主义已经成为一种人们熟知的西方思潮时,学者们才发现普雷维什的思想与结构主义之间有着极大的相似性,才用结构主义为普雷维什命名。

对于一种思想,用什么样的概念为其命名并不重要,但是,一旦一种命名能够指示出思想的实质性内涵和基本特征,就会让人从名称中获得进一步的联想。"结构主义"这个词给人的联想就是对一切事物的认识都应从对结构的把握入手,解决一切问题也都应当首先考虑结构中的各要素及其相互关系。所以,正是因为普雷维什的思想得到了结构主义命名,而且,也正因为普雷维什首先是一位经济学家,从 20 世纪直至今天,当几乎所有发展中国家遇到了各种各样的问题时,都试图按照普雷

① Jameson, K. Latin American Structuralism: A Methodological Perspective. *World Development*. 1986, 14 (2): P223—232.

② Love, J. L. The Rise and Decline of Economic Structuralism in Latin America: New Dimensions. *Latin American Research Review*, 2005, 40 (3): P100—125.

维什的思想去设计自己的行动方案。所以,"调结构"这个词在所有发展中国家的文献中都是经常可以看到的一个流行词语。我们看到,当拉美出现了通货膨胀问题时,普雷维什及其拉美经委会开出的方案是"调整农业结构、使出口多样化、强化进口替代"。从理论上看,这是一个极具智慧的方案,一方面,调整了自身的结构;另一方面,也在世界经济体系的"中心—边缘"结构中获得了更大的回旋空间。但是,拉美的实践表明,这个方案的实施所收到的只是一些暂时的效果,对世界经济体系中的"中心—边缘"结构没有任何触动,因而,也没有在根本上解决拉美经济的问题。

当然,今天已与拉美当时的情况完全不同了。但是,今天所要做的工业结构的调整依然会遇到普雷维什早已关注到的"技术不平等的扩散和分配"问题。中心国掌握着先进的技术,处于一种技术垄断状态,边缘国在结构调整中不可避免地会形成对中心国的技术依赖,而中心国则能够通过技术贸易去获取更大的利益。也就是说,中心国会凭借技术优势而实现对边缘国所创造财富的更残酷的掠夺。结果,边缘国的结构调整不仅无法达到预期目标,还有可能使自己陷于更为不利的地位。这是拉美进口替代战略在 60 年代衰败的一个重要原因。显而易见,边缘国自身的结构调整是必要的,或者说是不能不做的事情。但是,如果不考虑世界经济体系的"中心—边缘"结构的话,那么这种调整的受益者并不是自己,反而是中心国。只有充分考虑到世界经济体系的"中心—边缘"结构,在自身的结构调整中同时有着打破世界经济体系"中心—边缘"结构制约的相应措施,才能使结构调整取得成功。

在对中心国与边缘国的比较中,普雷维什早就指出,中心国的经济由于技术进步在其内部相对均匀的扩散而呈现出同质化特征,并且生产活动是多样的;边缘国往往表现出效率较高、技术先进的初级工业与效率极低、技术落后的生计型农业并存的异质性特征,而且具有过度依赖出口少数初级产品的单一性。所以,对于边缘国来说,如果希望通过结构调整去解决自身面临的问题的话,就必须以消除自身经济结构上的异质性为突破口。在出口方面,尽可能用高附加值的产品替代初级产品的出口。所有这些,又都会在逻辑上将人们引向对人才的关注。一般说来,边缘国也会意识到人才的重要性。然而，由于受到"发达—欠发达"思维模式的禁锢，往往会生成一种迫切追赶发达国家的要求。为了尽快追赶发达国家，边缘国总是不愿意在人才方面进行战略性的投资。实际上，普雷维什所发现的"技术不平等的扩散和分配"问题在今天变得更为突出。如果边缘国不是通过人才建设的途径去打破中心国的技术垄断的话，其他一切发展计划都无非是增强世界经济体系"中心—边缘"结构的做法，只能置自己于越来越边缘的位置上。

在普雷维什的思想中，"区域经济一体化"是最能够激发人们打破"中心—边缘"结构联想的一项策略。从20世纪后半期的情况下，普雷维什的这一思想得到了广泛应用，在全球范围内，许多基于地缘关系建立起来的经济体迅速涌现，诸如"南—南合作"等理念也深入人心。虽然这是全球化过程中出现的新现象，有着客观基础，但也是与普雷维什打破"中心—边缘"结构的追求密不可分的。应当看到，"区域经济一体化"是普雷维什思想中的另一个重要部分。既然普雷维什发现了世界经济体系中存在着"中心—边缘"这样一种不平等关系，试图打破这种不平等关系也就合乎逻辑地成了他全部理论努力的目标。所以，普雷维什对于区域经济一体化寄予了极大的期望。虽然在中心国拥有话语霸权的条件下他不可能明说区域经济一体化是打破"中心—边缘"的基本途径，但其中所包含着的普雷维什的期望则是不言自明的。事实上，普雷维什在自己的实践中一直致力于促进边缘国间的经济一体化。可是，效果并不明显。

为什么边缘国间的区域一体化没有提供成功的案例，加尔通实际上给出了答案，那就是在中心国对边缘国的控制策略中包含着时时离间边缘国关系的做法：通过贸易中的话语权而挑起边缘国的竞争，通过介入边缘国的联盟体而主导和掌控之，在有着地缘关系的区域经济体中挑起领土争端……所有这些，都是中心国在"中心—边缘"结构中使用起来得心应手的小伎俩，却在破坏边缘国的合作以及区域一体化方面产生了极其严重的影响。认识到这一点非常重要，目前看来，打破世界经济体系中的"中心—边缘"不平等关系的首选方案依然是普雷维什提出的区域经济一体化方案。对于边缘国而言，在对外开放的过程中，应当首先建立起广泛的边缘国联盟，以求降低对中心国的依赖。虽然这样做会受到中心国的干预，但是，如果边缘国能够积极地揭露中心国干预的性质，就可以为边缘国的联盟增加凝聚力。在中国提出了"一带一路"策略的情况下，认识到这一点尤其重要。

我们已经指出，在全球化的条件下，一国经济的发展是与世界经济广泛地联系在一起的。面对世界经济体系"中心—边缘"结构的现实，任何行动都会受到各种各样的干扰和制约。无论存在着什么样的困难，都必须确立两个方面的意识：第一，必须优先与边缘国之间建立起广泛的联盟；第二，必须面向广大的边缘国市场去安排结构调整和发展策略。当然，试图打破"中心—边缘"结构的努力会导致政治上甚至军事上的冲突，尤其是中心国绝不会坐视边缘国的联盟而不采取任何行动。面对这一问题，边缘国间的团结尤显重要，其中，建立起合作与信任关系是行动的第一步。总之，我们需要认识到，打破世界经济体系中的"中心—边缘"结构不是一朝一夕的事情，它将是一个长期的任务。同时，我们也必须看到，全球化是打破世界经济体系"中心—边缘"结构的一次机遇。因而，我们在全球化过程中需要确立的主导思想应当是：在开展每一项行动的时候，都要优先考虑此项行动能够为打破世界经济体系"中心—边缘"结构作出什么样的贡献，而且，要把自身的利益实现寄托于打破"中心—边缘"结构的行动。

最后，我们还需要指出，一般说来，在边缘国内部都会或多或少存在着民族主义情结，一些较为激进的民族主义者往往会有着在"中心—边缘"结构中挤进中心的梦想。实际上，这是"发达—欠发达"思维方式的次生效应，它让一些人以为自己的国家可以从"欠发达"转化为"发达"国家，进而向发达国家那样凌驾于落在后面的国家之上，实现对那些国家的掠夺和剥削。其实，这种想法本身就是错误的。只有认识到这一点，才能建立起广泛的边缘国联盟，也才能打破"中心—边缘"结构。如果耽于"中心—边缘"结构之中的话，那么一切赶超发达国家的梦想都不可能实现。因为，在这样一种"中心—边缘"结构中，各国所创造的一切财富都会轻而易举地流向中心国。即便一时间通过严酷的国内压榨和剥削、竭泽而渔式的自然资源和人力资源开发去获得发展了的假象,其不可持续性也是显而易见的。更为重要的是,这种发展模式最终可能会在中心国转嫁过来的哪怕一点点危机面前都显得不堪一击。我们在此回顾普雷维什的"中心—边缘"思想,所要表达的是打破世界经济体系"中心—边缘"结构的愿望。对于边缘国来说,一切发展都必须首先建立在削弱"中心—边缘"结构制约这一前提下,应当把一切发展策略都尽可能地与打破世界经济体系"中心—边缘"结构的目标联系在一起考虑。唯有如此,才是边缘国正确的发展方向。

第二节 依附论学派的"中心—边缘"思想

20世纪60、70年代,由于拉美经委会的一系列政策失败,致使普雷维什及其拉美经委会受到各方批判,甚至导致拉美经委会衰落的后果。但是,普雷维什的"中心—边缘"思想却因为"依附论"的兴起而得到了扩散。事实上,依附论是把普雷维什的"中心—边缘"思想作为一个观察视角和研究方法来加以应用的,是直接地用它来解释资本主义世界化所造成的大量边缘国问题的。同时,依附论没有在普雷维什那里驻足,而是把普雷维什用以解释国际关系结构的"中心—边缘"思想用于对一国内部的考察,认为"中心—边缘"结构是一种具有普遍性的结构,是由资本主义的根本性质所决定的。因而,依附论认为,对于边缘国来说,要想获得发展,就不仅要认识到国际关系中的"中心—边缘"结构,也同时需要认识到其国内的"中心—边缘"结构,需要将二者结合起来去寻求解决世界发展不平衡问题的对策。

一、 在对普雷维什的批评中形成"依附论"

"中心—边缘"的思想是普雷维什在分析拉美经济如何受到外部影响时提出来的,普雷维什所提出的这一思想事实上成了他领导的拉美经委会的指导思想。拉美经委会为拉美经济的发展所提出的一系列重要政策建议都是在"中心—边缘"思想的指导下作出的,从而使拉美经济和社会发展在20世纪有一段时间内充分地考虑到了国际因素的影响。就理论的发展而言，普雷维什的"中心—边缘"思想被其后产生的依附论学派所继承和发展，并被作为一个重要的分析框架而加以使用。表面看来，依附论学派对普雷什作出诸多批评，也对拉美经委会所提出的诸多政策建议表示质疑，但对普雷维什提出的"中心—边缘"概念，依附论学派却从未表达过不同意见，而且对"中心—边缘"概念的解释功能做了更加充分的挖掘。

可能是由于依附论对"中心—边缘"概念的阐释和发挥反过来对普雷维什产生了影响，使普雷维什在遭到依附论学派的批判时不仅不以依附论学派为敌，反而自觉地转向了依附论学派。普雷维什在晚年实际上已经完全转变成为依附论学派中的一员了。当然，普雷维什一直表现出他是一位善于从现实出发去修正自己的理论和思想的学者，也总是表现出乐于从其他理论中学习和借鉴的品质。正是这些理论和学术品质决定了普雷维什能够从善如流，愿意接受依附论学派的批评。尽管如此，依附论学派的兴起无疑是20世纪的一项重大的理论事件，它从普雷维什那里引用过来并加以发展的"中心—边缘"概念和视角在今天仍然是一个有用的分析框架。这一框架总是激励着人们去探讨打破资本主义世界化过程中产生的这一结构的方法，总是激励着人们建立一个无论是在国际还是在国内的平等社会关系的追求。从依附论学派对普雷维什的批评中，我们发现，普雷维什及其拉美经委会的"进口替代工业化""区域经济一体化"等策略并没能打破世界的"中心—边缘"结构，因而需要寻求新的出路。

依附论大致产生于20世纪60年代，它是从拉美国家产生并迅速扩散开来而深深地影响了西方学术界的一个能够对既存国际关系进行有效的批判性解释的理论框架。依附论所使用的核心概念是"中心—边缘"结构，而这个概念是直接来自普雷维什的。就此而言，依附论与50年代一度风行的普雷维什及其拉美经委会是有着千丝万缕的联系。从学缘关系看，依附论学派似乎与拉美经委会并没有什么直接的继承关系，相反，依附论学派是在对拉美经委会的激烈批评中成长起来的，而且，依附论的兴起也恰恰是拉美经委会受到冷落甚至走向衰落之时。但是，从另一个方面来看，依附论又可以看作对普雷维什思想的进一步阐释。依附论学派从普雷维什那里借用了"中心—边缘"的概念，正是得益于这个概念，使依附论成为一个走出了拉美而有着世界影响的理论学派。在某种意义上，普雷维什还应当感谢依附论学派，正是因为依附论学派赋予"中心—边缘"概念以更浓厚的理论色彩，才使普雷维什有了更广泛的国际影响力，成为人们经常提起的一位拉美学者。

我们已经指出，在拉美经委会为拉美经济的发展出谋划策时，普雷维什的"中心—边缘"思想发挥了理论前提的作用，拉美经委会提出的"进口替代工业化"和"区域经济一体化"等策略都是建立在关于世界"中心—边缘"结构的认识的基础上的，或者说，是因为认识到了世界的"中心—边缘"结构而试图用这些策略去打破或抵消这一结构。对于拉美各国而言，可以说进口替代工业化策略作出了积极贡献，使拉美各国在60年代呈现出经济繁荣的景象。具体地说，制造业得到了迅速发展，进口系数得到了大幅下降。但是，人们很快发现，进口替代工业化带来了拉美各国与世界互动关系弱化的结果。拉美一些国家对国内工业产业的过度保护致使工业发展缺乏必要的刺激，以至于工业品质量差、成本大、价格高。而且，总体看来，严重缺乏提高生产效率的积极性。

在20世纪的50、60年代，拉美经济虽然收获了稳定增长的业绩，但在其深层，却存在着劳动生产率低等方面的隐忧。一方面，基于抵消中心国家影响的进口替代工业化使拉美国家趋向于封闭，大量生产出来的工业品在拉美内部无法得到有效的消化；另一方面，由于缺乏激烈的外部竞争而让制造业消耗大量资源却生产出质量低劣的产品。其实，对于拉美这些边缘国家而言，进口替代工业化是没有能力实现经济发展上的独立自主的。比如，制造业的发展对资本提出了较大的需求，而这些资本又来自中心国家。同样，制造业所需要的设备等也依赖于中心国家的供给。所以，进口替代工业化仅仅使边缘国家实现了进口结构上的变化，而它们对中心国家的依赖程度不仅没有下降，反而进一步增强。由于进口结构的变化，特别是对中心国家资本的依赖程度的增强，使中心国家更加能够利用汇率等手段而实现对拉美国家的控制。拉美国家传统的优势是农业，而在进口替代工业化策略的实施过程中，农业却受到了忽视，大量的农业人口向城市转移，而工业又无法充分地吸收从农业转移过来的人口，也就造成了就业方面的问题。

在这一背景下，拉美的一些国家开始在工业保护、制成品出口、外资管理等方面进行政策调整，并于 70 年代开始逐步放弃进口替代工业化策略。70 年代末，经济危机却再一次让拉美经济陷入了所谓"拉美陷阱"之中，以至于人们也把 80 年代称作拉美"失去的十年"。显然，此时的危机部分地"来自进口替代导致的异常严重的脆弱性，这种脆弱性使该地区无法抵御来自外部的冲击"[①]。当人们形成了这一认识时，也就让拉美经委会受到了人们的冷落，而依附论则在这一过程中兴起了。这就是约瑟夫·洛夫（Joseph L. Love）所说的，20 世纪的这两次土生土长的拉美思想"同经济运行的可察觉的失败是相适应的"，两次"失败"分别导致两种不同的本土化理论的产生："首先是以出口带动的增长的失败"促成了普雷维什及其领导的拉美经委会理论在 50 年代的兴盛，"其次是进口替代工业化的失败"[②] 催生出了依附论。不过，在我们看来，进口替代工业化策略的"失败"只是拉美经委会衰落的原因之一，而围绕着进口替代工业化策略而开展的争论，可能对拉美经委会造成了更为直接的打击。本来，进口替代工业化策略在经济学上就是反传统的，而且普雷维什从一开始就旗帜鲜明地表明了他对传统经济学主张的激烈批判。所以，当普雷维什及其领导下的拉美经委会提出进口替代工业化策略时，所面对的是传统经济学的语境，这就意味着它们之间所开展的争论是无法回避的。

在 20 世纪早期，拉美国家所面对的主要是"出口带动增长"策略的失败，普雷维什的进口替代工业化就是针对这一失败而提出的方案，因而得到了人们的接受，并显现出了战胜传统经济学的态势。然而，即便是在进口替代工业化策略风光无限的此时，针对它的一些批评就已经出现了。到了 60、70 年代，随着进口替代战略的缺陷不断显现，对进口替

---

① Ramos，Joseph. Growth，Crises and Strategic Turnarounds. *Cepal Review*. 1993：P63—63. 转引自江时学：《拉美发展模式研究》，北京：经济管理出版社，2007，第 57 页。

② ［英］莱斯利·贝瑟尔主编：《剑桥拉丁美洲史》，第六卷（上），高晋元等译，北京：当代世界出版社，2000，第 467 页。

代理论的批评与攻击也就进入了新的阶段。约翰·鲍尔（John Power）在 1966 年就指出，虽然拉美经委会自身也开始了政策调整，即从进口替代的第一阶段进入进口替代与鼓励出口相结合的第二阶段，但"在进口替代战略的第一阶段确立的保护政策及其所鼓励的经济结构将成为随后阶段经济增长的主要障碍"①。1970 年，经济合作与发展组织的报告中也指出，"这些国家和地区现在达到了这一阶段，促进进口替代遵循的政策证明对他们的经济发展是有害的"②。正是这样，对进口替代策略的批判纷至沓来，并把批判的矛头直接指向了该政策以及理论的提出者，从而导致了拉美经委会的衰落。

应当说，普雷维什及其拉美经委会在理论上并无大的缺陷，但进口替代策略在实践中引发的问题却又是客观事实，以至于在当时拉美经济不振的情况下，人们很难将现实与曾经指导这一现实的理论区分开来。正是这一原因，使得对进口替代策略的批判全都指向了普雷维什及其拉美经委会。需要指出的是，进口替代策略提出后并没有定于一格，普雷维什及其拉美经委会一直根据其现实表现对其进行修正。早在 1959 年，普雷维什就曾指出，"由于这种工业化所采取的形式，更发达的拉美国家可能具有更大的外部脆弱性（与 20 世纪前的出口导向型发展相比）"③。"进口替代已经发展到这样的地步：进口被缩小到仅仅能维持经济活动的水平。因此，当出口收入的波动削弱了进口能力以后，由于能被限制进口的消费品所剩无几，能被限制的进口只能是那些必要的产品。"④ 从普雷维什的这些论述中可以看到，他对拉美经济发展中所出现的问题有着自己的判断，而且这一判断是正确的。那就是，并不是进口替代策略本身存在着问题，而是存在于拉美经济中的根深蒂固的依附性和脆弱性决

① John Power. Import Substitution as an Industrialization Strategy. *The Philippine Economic Journal*. 转引自董国辉：《劳尔·普雷维什经济思想研究》，天津：南开大学出版社，2003，第 13 页。

② Little, Ian, Tibor Scitovsky, and Industry Maurice Scott. *Trade in Some Developing Countries*：A *Comparative Study*. London, New York, Toronto. 1970. 转引自董国辉：《劳尔·普雷维什经济思想研究》，天津：南开大学出版社，2003，第 137 页。

③ Prebisch, Raúl. Commercial Policy in the Underdeveloped Countries. *The American Economic Review*. 1959，49（2）：P251—273.

④ ［阿根廷］普雷维什：《拉丁美洲的共同市场》，转引自江时学：《拉美发展模式研究》，北京：经济管理出版社，2007，第 49 页。

定了拉美经济出现问题。虽然进口替代策略试图矫正拉美经济中的这一问题，却没有达到其目的，只是使问题以另一种形式表现了出来——从一种需求方面的脆弱转变成了供给方面的脆弱。

1961 年，拉美经委会也根据普雷维什的这一判断对进口替代策略作出反思，认为在进口替代策略的执行过程中存在着三个方面的主要问题："工业发展的内向性""选择工业部门的随意性"以及"外部脆弱性"。因而，拉美经委会提出了对自己的进口替代进行修订的方案，并敦促拉美各国鼓励工业品的出口，以补充进口替代。这样一来，工业品的出口也就遇到了开拓市场的问题，而这种市场必然是由两个方面构成的：一个是与发达国家开展贸易；另一个就是在拉美各国间开展工业品的互换。与向发达国家出口工业品相比，拉美各国间的贸易更加容易和方便，而且不会出现贸易壁垒的问题。所以，普雷维什及其拉美经委会更倾向于鼓励拉美各国间的贸易，从而提出了"区域经济一体化"的理论。这就是普雷维什"区域经济一体化"出笼的背景和原因。

虽然拉美经委会对进口替代策略作出了调整，但当来自外部的批判与来自拉美经委会自身的反思结合在一起的时候，却导致了拉美经委会加速衰落的后果。在这一过程中，最为重要的是，拉美经委会对自己所作的反思使其内部出现了分裂，一些人脱离了拉美经委会，并把对拉美经委会各项策略的反思转化成了对拉美经委会的批判。也就是说，拉美经委会中的一些学者把对自我反思转化为了自我否定和对拉美经委会的否定。比如，拉美经委会的一名职员塔瓦雷斯（M. da C. Tavares）在 1964 年批评拉美经委会说，进口替代策略"不仅没有实现缓解外汇瓶颈的预期目标，反而使外汇瓶颈问题更加突出，从而限制了经济的进一步增长"，而且进口替代策略"在吸收劳动力和改善收入分配方面也失败了"[①]。

这一批判性的意见得到了依附论代表人物弗兰克（Gundre Frank）的

---

① M. da Cj. Tavares，The Gowth and Decline of Import Substitution in Brazil. *Economic Bulletin for Latin America*. 1964. 转引自董国辉：《劳尔·普雷维什经济思想研究》，天津：南开大学出版社，2003，第 138 页。

引用，并被认为是拉美经委会"被迫承认进口替代的'没落'"①的标志。弗兰克在 1978 年非常严厉地批评道，"作为一项发展政策，进口替代已经失败……进口替代不是进步工业家与政府的开明政策，而是资产阶级（包括以前依赖原料出口的那部分资产阶级）对于在大战期间和国际资本主义大萧条危机期间不能继续生产、投资和赚取利润的反应"②。今天看来，虽然许多关于进口替代策略失败的论断都明显地具有言过其实之嫌，但弗兰克对这一时期拉美经济发展中的一些实质问题的揭示却是很深刻的。与早先的出口导向型发展不同，20 世纪的出口替代工业化尽管可以看作边缘国家试图摆脱世界"中心—边缘"结构而谋求自身发展的一次有益尝试，但它终究没能改变世界的"中心—边缘"结构，依然属于一种对中心国主导的国际经济秩序的被动反应。

除了进口替代工业化理论，普雷维什的"贸易条件恶化论"等理论也自产生之日起就遭遇了各方批评。到了 20 世纪 70 年代，在某种意义上，正是围绕着普雷维什的一系列理论而开展的争论促成了依附论学派。我们可以把进口替代工业化的"失败"看作边缘国家谋求自身发展的一场徒劳无益的挣扎，所以，它投射给拉美经委会内部以及外部许多拉美学者的是一种"悲观主义"的情绪。除了经济上的不顺，拉美国家政治与社会的不稳定、自由派观念的上升等，更加助长了这种悲观情绪。除了拉美经济发展中的这些问题外，"越战"也对拉美民众的神经造成了巨大刺激。正是在反越战的舆论声浪中，依附论找到了自己的坚实民众基础。因而，"人们接受依附论分析的文化和政治气候由于国际上反对美国在越南的战争而激进化了"③。很显然，美国对越南的持久入侵让同为边缘国的拉美看到了自己的某种可能的未来，如果说经济依附充其量只会让拉美经济下滑，那么军事入侵的后果则是难以估量的。

与此同时，美国由于担心多米尼加的内乱会导致第二个古巴的出现而悍然派兵干预，这一行为更让拉美民众再次感到中心国的军事威胁离

---

① ［德］弗兰克：《依附性积累与不发达》，高铦等译，南京：译林出版社，1999，第 135 页。
② ［德］弗兰克：《依附性积累与不发达》，高铦等译，南京：译林出版社，1999，第 135—136 页。
③ ［英］莱斯利·贝瑟尔主编：《剑桥拉丁美洲史》，第六卷（上），高晋元等译，北京：当代世界出版社，2000，第 443 页。

自己更近了。"对越南战争的反对同许多国家常常由学生领导的针对现行体制的抗议相互影响，并在 1968—1970 年游行示威和镇压中达到顶峰。"这些因素综合在一起，不仅在早期结构主义者的心中"引起了失望情绪"，而且也在更大范围内"为人们接受依附论准备了条件"[①]。正是在这一条件下，一些后来被命名为"依附论"的学者们开始去努力理解边缘国家持久性落后的原因，他们对进口替代工业化策略的失望，对国内政局与社会的不满，对国际社会的担忧甚至恐惧……更让他们的理论分析显得非常犀利，甚至有时显得非常激进。

二、 依附论的世界"中心—边缘"结构观

虽然依附论是在对普雷维什及其拉美经委会的批判中成长起来的，但依附论却从普雷维什那里借用了"中心—边缘"概念，并将其作为一个基本分析框架而加以运用。所以，应当说普雷维什既是依附论的批判对象也是依附论的思想来源。除了普雷维什及其拉美经委会的早期理论，依附论还从马克思主义那里寻求思想资源，特别是从列宁的"帝国主义论"中去寻求启发。本来，普雷维什就一直是从马克思主义中寻求理论支持的。当然，由于普雷维什思想来源较为广泛，其中表现出了把马克思主义与其他各家思想加以融合的倾向，处处寻求折中，以至于他的作品中并没有表现出明显的马克思主义特点。普雷维什兼收并蓄的做法也许可以看作他的理论创新，但也让他在理论阐述和提出政策建议时表现出了"改良主义"的倾向。

依附论学者却有着明显不同的表现，即具有了更多的马克思主义色彩，而且也在理论上显得更加激进一些，并使"中心—边缘"概念的批判性色彩得到了进一步增强。比如，普雷维什也认为边缘国的贫困和落后状态是由中心国造成的，而依附论则进一步指出，这是由中心国资本主义发展的本质属性所决定的，是一种具有客观性的必然结果。由此看

[①] ［英］莱斯利·贝瑟尔主编：《剑桥拉丁美洲史》，第六卷（上），高晋元等译，北京：当代世界出版社，2000，第443页。

来，依附论更多地是从马克思主义对资本主义本质的分析中去把握中心国与边缘国之间的关系的，认为资本主义在世界范围的扩张造成了"中心—边缘"结构。也就是说，国家间不平等的世界"中心—边缘"关系正是资本主义世界化所造成的客观结果。

我们也看到，在一个很长的时期内，依附论并没有被作为一种统一的理论来对待，更没有被人们视为一个学派。即使后来人们接受了"依附论学派"这一提法，也很难确定这个学派中的核心构成部分是哪些成员，对于一些学者（如巴兰）是否应该被冠以依附论的标签也往往没有人去认真地计较。但是，总的来说，一些坚持如下立场的人往往被人们称为依附论学者，或者说，人们公认的那些依附论学者一般都有着如下的共识："首先，不发达的原因是与资本主义工业化国家的扩张密切相关的……第二项共识是，发达与不发达是一个综合体系的两个部分……第三，依附论者普遍认为，将不发达看作是一种自然的和暂时的前资本主义状态的观点完全不符合事实。"[①] 显然，将中心国与边缘国视为同属于一个体系却有着本质不同的两种国家的看法在普雷维什那里就已经存在了，但依附论的观点和论证却显得远比普雷维什更加坚定，也更加贴近了这一问题的本质。如果说普雷维什是从反对新古典主义经济学（尤其是比较优势论）出发去展开他的论述的，那么依附论学者则常常是从反对现代化理论而开始他们的阐述的。我们看到，依附论的许多观点是在批判罗斯托的现代化理论中得以阐释的。

罗斯托（Walt Whitman Rostow）是美国重要的经济史学家，同时也是美国对外政策的重要影响者，他的现代化理论——尤其是经济发展阶段论——是美国对越战争的重要理论基础。因此，罗斯托也被称为"越战"的"主要设计师"[②]。罗斯托的《经济成长的阶段》一书的副标题是"非共产党宣言"，从这个题目中就可以明显发现他对待马克思主义的立场。根据罗斯托的观点，经济发展的道路只有一种，那就是按照他

---

① 参见 Richard Bath & Dilmus D. James. Dependency Analysis of Latin America: Some Criticisms, Some Suggestions. *Latin American Research Review*. 1976, 11 (3). P3—54.

② 杨冬燕：《论美国进行越战的理论基础——罗斯托的越战观及其影响》，《世界经济与政治论坛》，2006（4），第120—124页。

所给定的"六个阶段"从传统走向发达。罗斯托认为，贫穷国家和那些已经发展为资本主义工业强国的国家一样，都必须走过同样的道路才能走向发达。"不发达国家——现在是共产党希望的主要集中点——能够在民主世界范围内，顺利地通过创造前提阶段进入巩固的发动阶段，并且不受共产主义的讨好和引诱"[①]，而发达国家则应"帮助"他们实现这一进程。所以，罗斯托积极鼓吹的主张就是，要求美国对落后国家进行干预和援助，认为美国有着帮助落后国家实现经济"起飞"的责任，而"越战"就是这样一种思维的产物。

在国际社会反对美国"越战"的背景下，拉美的依附论学者在考察中心与边缘的分化历史时便将矛头指向了罗斯托的现代化理论，尤其是对他所编制的经济发展阶段论的神话进行了猛烈的批判。弗兰克激烈地批判道，稍有一点历史知识就可以看出，那种认为不发达国家的过去甚至现在是和目前发达国家的早期历史相类似的主张是极其错误的观点，现实情况恰恰相反，不发达国家当前的情况与发达国家早期的情况是根本不同的。"目前的发达国家过去虽然可能经历过未发展（undeveloped）状态，但是绝没有经历过不发达（underdeveloped）状态。"[②] 为了让人们充分地认识到不发达国家的现实不同于发达国家的历史，也就是说，为了证明罗斯托的所谓发展阶段的荒谬，弗兰克对"一国内部的发展"问题与"国际关系中的发达"问题做了区分。

根据弗兰克的意见，在资本主义世界化以前，资本主义国家自身无论是处在"发展"还是"未发展"状态，都属于一国内部的资本主义发展状况，或者说是由一国自身的资本主义发展状况所决定的，是"该国自身经济、政治、社会和文化特点或结构的产物或反映"。然而，在实现了资本主义世界化之后，情况发生了根本性的变化，那就是，因为在资本主义世界化的过程中形成了世界的"中心—边缘"结构，而这一"中心—边缘"结构本身就是一种压迫机制，它使边缘国家的发达与否不可

---

① ［美］罗斯托：《经济成长的阶段——非共产党宣言》，国际关系研究所编译室译，北京：商务印书馆，1962，第152页。

② Frank, Andre Gunder. The development of underdevelopment. *Monthly Review*. 1973，18（4）. P5.

能仅仅由自身的国内因素来决定,而是受制于整个世界体系,是受到国际关系的因素影响甚至决定的,从而表现为"不发达的卫星国和现在发达的宗主国之间过去和当前经济等关系的历史产物"①。所以,不发达国家的现况并不是由它所处的发展阶段决定的,也不是像罗斯托所证明的那样需要发达国家来帮助它走出其发展阶段而走向发达,而是由世界的"中心—边缘"结构决定的,是来自世界中心国家的压迫把边缘国家置于不发达的状态。罗斯托所说的发达国家的"责任"在实际上恰恰是一种辩护词,是对中心国家压迫和剥削边缘国家的行为提供合法性证明的做法,其目的是掩盖边缘国家不发达的原因。

也就是说,在世界"中心—边缘"结构生成之后,也就不再有独立的国家发展问题,不再存在罗斯托所说的那种独立自为的发展"六阶段"。在这种情况下,中心国家对边缘国家的干涉在性质上属于压迫和掠夺,而不是帮助。即使中心国家打着"帮助"的名义,所行的也是掠夺之实。所以,在资本主义世界化所造就的世界体系中,一些国家的不发达是由"中心—边缘"结构决定的,或者说,世界上之所以存在着发达国家和不发达国家,都是由这个"中心—边缘"结构决定的。正是因为形成了世界的"中心—边缘"结构,使一些国家在压迫和掠夺另一些国家的进程中成为发达国家,而另一些国家则被打入了边缘国家的行列。

弗兰克对此作出了总结,并给出了一个精辟的结论:"不论过去或现在,造成不发达状态的正是造成经济发达(资本主义本身的发展)的同一个历史进程。"②。从这里不难看出,依附论学派所拥有的是一种世界视野,它把一个国家的发达与不发达放入世界体系中去加以考察和认识,所看到的是资本主义世界化造就的世界"中心—边缘"结构于其中发挥的作用。资本主义在近代的发展过程一方面把一些国家造就为发达,与此同时,却使另一些国家成为不发达。随着世界"中心—边缘"结构的稳固化,随着世界"中心—边缘"成为国际关系和国家活动的基本框架,

---

① [德]弗兰克:《不发达的发展》,载查尔斯·威尔伯主编:《发达与不发达问题的政治经济学》,高铦等译,北京:中国社会科学出版社,1984,第145—146页。

② [德]弗兰克:《不发达的发展》,载查尔斯·威尔伯主编:《发达与不发达问题的政治经济学》,高铦等译,北京:中国社会科学出版社,1984,第151页。

边缘国家再也不可能像罗斯托所说的那样循着不同的发展阶段步步升级而走向发达，至于发达国家"帮助"不发达国家走向发达，也被证明是一种谎言。事实情况是，边缘国并不具备中心国家曾经拥有的成为发达国家的那些自主性条件，边缘国时时处在一种必须应对来自国内和国际的双重压力的状态中。

上述可见，依附论学派对不发达国家的不发达原因作了不同于以往的解释，即不是从一国自身的发展中去理解发达或不发达的原因，而是在国际关系体系中去加以认识和分析。依附论学派之所以能够获得这一新颖的认识成果，与它从普雷维什那里接受的"中心—边缘"概念密不可分。正是"中心—边缘"概念，使依附论学派得到了武装，从而能够在关于国家发展的问题上提出全新的见解，使以往一切替发达国家国际干预进行辩护的理论都以谎言的形式暴露了出来。

不过，早在1957年，美国学者巴兰（Paul Baran）在驳斥罗斯托的发展阶段论时就已形成了大致相同的认识，尽管巴兰尚未使用（也许他不知晓）"中心—边缘"的概念。巴兰认为，罗斯托的错误就在于"把经济增长归纳为单一的形式"，事实上，"从罗斯托的经济增长理论的主要原理中，我们找不到任何内容可以对经济发展史的知识有所补益，或者对有关进程的认识有所丰富"[1]。在发表于1957年的《增长的政治经济学》一书中，巴兰系统地阐述了他关于不发达原因的分析。根据巴兰的意见，虽然资本主义率先在西欧强国产生，但到了17世纪末和18世纪初，世界各地都表现出了从前资本主义阶段向资本主义阶段转化的趋势。此时，"落后国家和先进国家的历史发展的总方向似乎是一致的"[2]。但是，这一进程被西欧资本主义的世界扩张打破了，西欧资本主义迅速从殖民地掠走了经济剩余，并将其用于再投资，从而中断了殖民地的前资本主义结构解体过程。也就是说，那些变成殖民地的国家本该缓慢地实现前资本主义结构的解体，却由于成为殖民地而不再发生这样的历史运动，反而被那些率先发展起来的资本主义国家所重构。殖民者在那里

---

[1] ［美］保罗·巴兰：《更长远的观点：政治经济学批判论文集》，1969，转引自高铦：《第三世界发展理论探讨》，北京：社会科学文献出版社，1992，第39页。

[2] ［美］保罗·巴兰：《增长的政治经济学》，蔡中兴等译，北京：商务印书馆，2000，第227页。

"推进了适合于市场经济需要的法律和财产关系的变革,并建立了实施这些变革所需要的行政机构"①。殖民者对殖民地所进行的这些改造,都是出于以更高效的形式将殖民地的经济剩余转入殖民者手中的目的。

可见,虽然巴兰没有发现"阻碍了落后地区经济发展的结构刚性,也不是由此得出想象中的贸易条件的恶化(这些是普雷维什论述的重点)。相反,他强调不发达正是资本主义根本性质发生作用的结果"②。不过,巴兰在分析不发达国家不发达原因时,却与普雷维什以及依附论学派形成了大致相同的结论,那就是,发达国家恰恰是不发达国家不发达的原因所在。其实,在巴兰的一系列分析中,我们也看到,虽然他没有使用"中心—边缘"的概念,而这一概念所反映的思想却已经形成。比如,当巴兰指出落后国家"始终代表高度发达的资本主义西方不可缺少的穷乡僻壤"③ 时,显然已经表达了"中心—边缘"的思想。也许正是因为巴兰的分析中已经包含了"中心—边缘"思想,人们才把他作为依附论学派的另一个思想来源对待,似乎把他看作是为依附论学派提供"中心—边缘"观念的另一个"普雷维什"。

在考察依附论学派的理论形成和发展时,我们看到,巴兰的理论阐述确实为依附论学派的讨论划定了议题范围。根据马克思主义经济学说史家霍华德(M. C. Howard)的看法,巴兰为依附论学派"提供了最重要的概念和主要的思想,并为其他理论家进行新的思考留下了足够的空间"④。在依附论学派的许多作品中,我们也确实发现,他们大量地借鉴了巴兰的思想观点,甚至一些依附论学者把巴兰看作依附论的创始人。但是,我们也必须看到,对于依附论而言,具有标识意义的是它从普雷维什那里移植过来的"中心—边缘"概念,而巴兰在他的那部被人们认为是依附论学派奠基性文献的《增长的政治经济学》中却没有使用过

① [美] 保罗·巴兰:《增长的政治经济学》,蔡中兴等译,北京:商务印书馆,2000,第230页。
② [英] M. C. 霍华德等:《马克思主义经济学史:1929—1990》,顾海良等译,北京:中央编译出版社,2003,第168页。
③ [美] 保罗·巴兰:《增长的政治经济学》,1957,转引自高铦:《第三世界发展理论探讨》,北京:社会科学文献出版社,1992,第39页。
④ [英] M. C. 霍华德等:《马克思主义经济学史:1929~1990》,顾海良等译,北京:中央编译出版社,2003,第168页。

"中心—边缘"的概念。当然，在 1957 年，也就是巴兰发表他的《增长的政治经济学》时，普雷维什等人的思想——尤其是他的"中心—边缘"概念——在美国还未得到广泛传播，也许正是这一原因，致使巴兰在那个时候并未注意到普雷维什及其追随者的观点。

与巴兰相比，紧随其后的依附论学者由于受到了普雷维什等人的影响而运用了"中心—边缘"概念，而且在运用这个概念去分析发达国家与不发达国家的关系时显得得心应手，从而显示出了比巴兰的理论叙述更为清晰的思想线条和逻辑感染力。随着"中心—边缘"概念在依附论学派中的不断发酵，一些学者逐渐发现"中心—边缘"概念与"发达""不发达"的认识视角间有着明显的冲突，因而反对使用"发达""不发达"概念来解释和描述不同国家的状况。其中，萨米尔·阿明（Samir Amin）就是这一学术主张的激烈倡导者，他明确反对使用"发达国家"或"不发达国家"这类传统的称呼。因此，如果我们以"中心—边缘"概念的使用作为判断一个学者是否属于依附论学派的标准的话，由于巴兰在其著作中处处使用的是"发达"与"不发达"概念而没有使用"中心—边缘"概念，所以，是应当将他排除在依附论学派之外的。[①]

弗兰克被学者们认为是依附论学派的代表人物。的确，与巴兰不同，弗兰克在地缘、学缘等方面都要复杂和丰富得多。弗兰克出生于德国和成长在美国，在 20 世纪 60 年代，有着在拉美工作十年的经历，还一度在拉美经委会工作过。因而，虽然不能以此来判定他是普雷维什的追随者，但说他非常熟悉普雷维什的思想和观点是不为过的。显而易见，普雷维什对弗兰克的思想和理论产生过重要的影响。因为，在弗兰克的理论叙述中，能够更加灵活地运用不同的表述方式去表达"中心—边缘"的思想。比如，他经常使用"宗主—卫星"（metropolis-satellite）的表达式来区分中心与边缘，从而赋予"中心—边缘"结构的形式以某些实

---

① 通常认为，依附论有两个主要的思想来源：结构主义与马克思主义。作为美国重要的马克思主义经济学家，巴兰也被认为是对依附论产生了重要影响的思想家。然而，约瑟夫·洛夫却对把马克思主义视为依附论的主要来源的看法持怀疑态度。他认为，依附论在形成初期主要受拉美结构主义的影响，尔后逐渐采用了马克思主义的观点和方法，而不是从马克思主义中借鉴了某些理论。（参见［英］莱斯利·贝瑟尔主编：《剑桥拉丁美洲史》，第六卷（上），高晋元等译，北京：当代世界出版社，2000，第 454—455 页。）

质性的内涵,进而扩大了"中心—边缘"概念的解释空间,也提高了"中心—边缘"概念的解释力。这可以看作是对普雷维什的超越。

弗兰克认为,"宗主—卫星关系并不局限于帝国或国际一级,而是渗入和构成了拉丁美洲各殖民地和各国的经济、政治和社会生活"。拉美各国的首都是中心工业化强国的卫星,而其他各省又是国家首都的卫星,各省的其他地方又进一步成为各省首府的卫星,依次逐级推开。这在总体上就形成了一种"宗主中心和卫星的整个星座系列",这一系列从"欧洲或美国的宗主中心"一直绵延到"拉丁美洲最遥远的边区村落"。[1] 各层级的中心不仅是"交流的中心,也是剥削的中心",处在中间层级的中心会"从他们自己的卫星那里榨取资本或经济剩余并把一部分剩余输送到世界性宗主中心去"[2],"各国和各地的每一个宗主中心的作用就是推行和维持这种体系的垄断结构和剥削关系"[3]。在普雷维什那里,"中心—边缘"概念主要局限于对国际经济中不平等关系的分析,而弗兰克等依附论者将其扩展到了一国内部。也许弗兰克正是为了显示他与普雷维什等人在这些方面的不同而创造性地使用了"宗主—卫星"的概念。其实,从加尔通那里我们就可以看到,有了早已存在的"中心—边缘"概念,像弗兰克那样再发明"宗主—卫星"概念其实已经没有了必要,因为加尔通运用了"中心—边缘"的概念就足以准确地表达弗兰克等人所希望表达的思想,甚至更加合乎辩证法的要求。

加尔通在阐述"中心—边缘"结构时是从道家的"阴中有阳,阳中有阴"的思想中获得了启发,从而指出了中心国中有边缘和边缘国中有中心。其实,依附论学派早已直接地表达了这一思想,那就是认为资本主义世界化所造就的国际"中心—边缘"结构也同时渗透到了边缘国家内部,使中心国家能够有效地实现对边缘国家中心的拉拢,让边缘国家的中心成为把边缘国家的剩余高效地转移到中心国那里去的工具。这说

---

[1] [德] 弗兰克:《不发达的发展》,载查尔斯·威尔伯主编:《发达与不发达问题的政治经济学》,高铦等译,北京:中国社会科学出版社,1984,第148页。

[2] Frank, Andre Gunder. The development of underdevelopment. *Monthly Review*. 1973, 18 (4). P7.

[3] [德] 弗兰克:《不发达的发展》,载查尔斯·威尔伯主编:《发达与不发达问题的政治经济学》,高铦等译,北京:中国社会科学出版社,1984,第149页。

明，到了依附论学派这里，已经能够看到"中心—边缘"结构的两个层面。第一个层面是普雷维什的发现，那就是在世界上存在着中心国家和边缘国家所构成的"中心—边缘"结构，而第二个层面则是在中心国家和边缘国家中也都存在着"中心—边缘"结构。对这两个层面的"中心—边缘"结构进行区分，是为了更加清楚地认识把边缘国家的经济剩余输向中心国家的同一个过程的两个部分。而且，这两个部分也是在资本主义世界化过程中同时生成的。这也是弗兰克所说的，一些国家的发达与另一些国家的不发达属于"同一个历史进程"。所以，这两个层面的发现并不是要把国际关系中的"中心—边缘"结构与一国内部的"中心—边缘"割裂起来而分别认识，而是为了更加精确地揭示中心国家实现对边缘国家剥削和掠夺的秘密。

三、　为什么无法打破世界的"中心—边缘"结构

被依附论作为一个观察视角和研究框架的"中心—边缘"概念虽然直接来自普雷维什，但与普雷维什相比，依附论对世界的"中心—边缘"结构有着更加深入和全面的分析和探讨。如果说普雷维什的思想更多地停留在关于国家间关系的形式方面，即在形式的意义上去获得对"中心—边缘"结构的理解，那么依附论则把"中心—边缘"结构与近代以来的社会的资本主义性质联系在了一起。在依附论看来，资本主义的发展造就了世界的"中心—边缘"结构，而边缘国家的不发达状态恰恰反映了资本主义的根本性质。正是资本主义的发展，决定了边缘国家的边缘地位。另一方面，如果说普雷维什的"中心—边缘"概念仅仅被用于分析国家间的关系的话，那么依附论则把"中心—边缘"的概念推广到对一国内部结构的把握。恰恰是通过对一国内部结构的这种把握，才弄清了边缘国家是如何被迫接受中心国家的剥削和掠夺的。再者，如果说普雷维什的"中心—边缘"思想从属于对经济现象的分析和理解的话，那么依附论则把"中心—边缘"这一分析框架应用于更为广泛的领域，即扩展到了对政治、社会等每一个层面的分析之中。

不过，就对实践的影响而言，依附论却远不如普雷维什。这也是社

会科学中常见的一种现象，那就是，理论越是完善，对实践的影响度可能就越低，反而，理论越是不成熟，对实践的影响可能越大。普雷维什对20世纪中期的拉美发展产生了重要影响，他的许多思想都直接地转化成了实践策略，而依附论的兴起虽然在理论界引起了巨大轰动，却没有能够作用于实践，或者说，依附论几乎没有得到实践界的关注。也许正是这个原因，国际政治的实践都一直是在世界"中心—边缘"结构之中运行的。对于世界"中心—边缘"结构这一问题，迄今为止，并没有解决之良策，甚至很少有哪个国家的领袖人物明确提出打破世界"中心—边缘"结构的要求，更不用说为此去制定相关政策。我们倾向于认为，依附论学派的思想无论在理论界产生了什么样的影响，对于政治实践而言，仍是一块政治家视线未及的盲区。

应当看到，理论自身的缺陷也是不容讳言的。总体看来，无论是普雷维什还是依附论学派以及后来的加尔通等人，在使用"中心—边缘"结构概念的时候，都使人们更加清楚地看到了我们所在世界的不平等，即让人们认识到我们所在世界的真实面目。但是，在如何改变这个世界的问题上，普雷维什的策略仅仅能够解决一些表面问题，而且在解决这些表面问题的时候也只能收得一时之效。随着依附论学派以及加尔通对世界"中心—边缘"结构的认识和把握的加深，反而对打破世界"中心—边缘"结构更加束手无策了。即使提出了一些设想，也明显表现出了底气不足。所以，到目前为止，世界"中心—边缘"结构的概念及其视角更多呈现给我们的是一种理论批判的功能，而没有转化为具有可操作性的实践方案。

如果说能够在认识到了世界的"中心—边缘"结构的前提下发现打破这一结构的实践方案的话，也许只有在全球化条件下才能够发现希望。然而，全球化是在20世纪80年代才开始的一场新的历史运动，普雷维什、依附论学派以及加尔通等人都没有遇到这样的机遇。也就是说，之所以从普雷维什到依附论学派再到加尔通等人都没有找到打破世界"中心—边缘"结构的出路，本身也是由于世界的"中心—边缘"结构所决定的。因为，人们认识到了世界的"中心—边缘"结构，却又深陷于这一结构之中，总是在中心与边缘两极对立的思维取向中去寻找方案，从而表现出探索却徒劳无功的状况。应当承认，在对世界"中心—边缘"结构的认识和分析方面，依附论已经实现了充分而深刻的科学认识。但是，在资本主义世界化进程中生成的这一客观结构已经变得如此稳固，而且，国家间的"中心—边缘"结构与国内不同人群间的"中心—边缘"结构交织在了一起，也由于"中心—边缘"结构已经渗透到了几乎每一个生活和生产场所，成为人们开展一切活动的框架，以至于从解决任何一个方面的问题出发去寻求打破"中心—边缘"结构的努力都无法取得成效。

应当承认，提出了"中心—边缘"概念的普雷维什将其全部理论和实践努力都放在了打破世界"中心—边缘"结构之上。对于他这样一位拉美学者而言，是不可能寄希望于中心国家放弃其中心地位的，也就是说，不可能希望中心国家不在世界的"中心—边缘"结构中去开展活动。所以，只能要求拉美国家通过行动去尽可能抵消其边缘国家地位所造成的影响。为此，普雷维什为拉美国家提出的策略包括"进口替代工业化""调整产业结构"以及"区域经济一体化"等。但是，这些策略在给予人们一时之希望后都暴露出了问题，而且使拉美国家陷入了更大的危机之中。到了晚年，当依附论指出国内也存在着"中心—边缘"结构时，普雷维什才恍然大悟，才意识到自己一直是在国际关系的"中心—边缘"结构中去追寻解决方案的，意识到这一做法实际上忽略了国内的"中心—边缘"结构，因而无法收到成效。所以，普雷维什在其晚年的著作中感叹道："我们不应把属于外围本身的责任推给别人。中心的责任是很大的，外围的责任也不小。"[①]

在边缘国家的发展过程中，固然会遭遇来自中心国家的各种各样的障碍，边缘国家的任何一项试图打破"中心—边缘"结构的做法都会引起中心国家的警觉，而且总会受到中心国家的干预。但是，在边缘国家

---

① [阿根廷] 劳尔·普雷维什：《外国资本主义：危机与改造》，苏振兴、袁兴昌译，北京：商务印书馆，1990，第198页。学者们也认为，晚年的普雷维什已经是一位依附论学者了（参见 [英] 莱斯利·贝瑟尔主编：《剑桥拉丁美洲史》，第六卷（上），高晋元等译，北京：当代世界出版社，2000，第465页），所以，我们在此处并不把普雷维什与依附论学派刻意区分开来，依旧引用了普雷维什的晚年重要著作《外国资本主义：危机与改造》。

内部也存在着"中心—边缘"结构，事实上，真正在"中心—边缘"中感受到了地位不平等的人是其国内的边缘。正是国内的边缘人群，承受着世界"中心—边缘"结构中产生出来的一切压迫和灾难。至于处在国内中心的人群，却处在与其国内的边缘直接对立的位置上，他们在向中心国家输送利益的同时总能获得自己应得的那一份。那些处在国内中心的人群如果不扮演和承担起向中心国家输送利益的角色，反而会处在内外夹攻的危机之中。所以，国内的中心也会极力维护世界的"中心—边缘"结构，而且这种做法会被视作理性的和塑造民族国家良好形象的举措。

在某种意义上，普雷维什所提出的那些试图拯救拉美的策略之所以失败，除了这些方案的科学性值得怀疑，它还遭遇了拉美各国上层人士的阳奉阴违。也就是说，拉美各国内部实际上缺乏愿意领导其国家通过发展经济而摆脱困境的力量，相反，却存在着愿意忠贞不贰地向中心国家输送利益的领导力量。当然，从现实来看，如果拉美的某个国家出现了领导本国人民向中心国家挑战的人的话，也会受到中心国家的直接干预，甚至采用过谋杀、颠覆政府等手段。可以说，正是因为美国曾经在拉美采取了那些果断干脆的行动，才使此后几乎所有边缘国家的领导人都在穿着民族主义外衣的同时全心全意地效忠于它，直至今天，这一情况都没有发生改变。

从拉美的情况看，无论20世纪初期的初级产品出口还是普雷维什所谋划的进口替代工业化，都面对着国内分配的巨大不平衡。普雷维什的进口替代工业化策略的实施恰恰促进了国内分配的不平衡，使贫困差异迅速扩大。本来，进口替代工业化策略是出于打破国际关系"中心—边缘"结构的目的，而在实施过程中却激化了国内中心与边缘间的矛盾，使国内经济发展的成果集中在了特定人群和少数人士手中。在此同时，国内的边缘区域和边缘人群却陷入更加贫困的生活状态中，"甚至连中产阶级也陷入贫困境地"[①]。这引发了一种恶性循环，那就是，上层人士获

[①] ［美］E. 布拉德福德·伯恩斯、朱莉·阿·查利普：《简明拉丁美洲史》，王宁坤译，北京：世界图书出版公司，2009，第299页。

得的收入并没有用于国内的投资，他们更倾向于将其存入更加安全的国外银行中，以至于要继续维持拉美国家的进口替代工业化策略就需要继续依靠国外资本的支持，即呈现出了越来越饥渴的外资需求。如此一来，在实施进口替代工业化的初期，由于经济呈现出了明显的上升趋势，发展所得尚可用来偿还外国债务，但在经济呈现下行趋势时，就会陷入债台高筑的境地。在 20 世纪 80 年代，随着出口降低和贷款利率的不断攀升，拉美国家就只能用新的贷款来偿还既有债务，此时的政府也就只有通过削减财政支出而将代价转移到民众身上。

拉美在 20 世纪的经历其实是所有边缘国家的共同经验，那就是，总也无法摆脱对中心国家的依附。也许会出现某个国家因为经济的迅速发展而向中心跃进的情况，但那往往是呈现给我们的假象。因为，在这种虚假表现的背后是它的更多剩余被其国内的中心送到了中心国家，而不是用来发展本国的经济。至于经济的持续发展，除了需要不断扩大引进外资的规模，是没有其他可供选择的路径的。如果在引进外资方面不能持续扩大，其经济立马就会呈现出衰退的迹象，特别是当中心国家扼住了试图跃进到中心地带的边缘国家引进外资的咽喉时，向中心跃进的国家就立即被再次打入边缘地位上了，甚至会陷入全面危机的状态，更有甚者，会使某个国家从地球上消失。

根据巴兰的分析，尽管边缘国家的大部分剩余被转移到了中心国，但在作出了这种转移后，"它们的剩余并不低，但都用在非生产性方面，或是被浪费和出口"①。一般说来，在这些边缘国家中都存在着一个强有力的政府，这个政府在经费开支方面往往是无节制的，它可以通过公费开支去营造经济繁荣的假象，而不是通过刺激生产去为经济输入持续增长的活力。特别是在现代民主制度下，边缘国家的政府领导人也是有任期的，如果它的领导人把剩余投入生产之中去，往往会让其继任者获得收益，而自己却一无所获。所以，必须通过制造虚假的经济繁荣去使自己在最短的时间内获取最大的利益，让自己的钱袋子每日都以几何级数

① ［埃及］萨米尔·阿明：《世界规模的积累》，杨明柱等译，北京：社会科学文献出版社，2008，第 8 页。

增长。也就是说，在边缘国家中，它的中心有着迅速膨胀和永不满足的利益欲望。当这种欲望得到了权力的支持时，边缘国家的中心就会通过为中心国家提供贷款、到中心国家较为安全的银行中存款、将亲属移民到中心国家、购置固定资产等方式向中心国家输送利益。

这样一来，中心国家无疑获得了迅速集中资本的能力，即把边缘国家的中心出于安全需要而存入中心国家银行里的钱转化为资本并投入边缘国家中去再度得利。巴兰发现，中心国家资本主义之所以成功，究其原因，它们对边缘国的掠夺固然重要，但更重要的是，中心国家能够将掠夺到的剩余"迅速集中在一起，并大部分落入资本家之手，而得以用之于投资目的"①。相比之下，边缘国家的剩余却被处于中心的人群消耗和浪费掉了，不仅边缘国家的政府毫不吝惜那些带着血汗的钱，而且边缘国家的企业家也会通过挥金如土去满足某种虚荣。即使最讲究实际的人，也会在获得了一笔财富后寻求移民到中心国家去，而最为简便易行的通道也就是投资移民。如果其政府腐败的话，那么就会把更多的钱用于行政开支而不是生产，甚至美其名曰"消费促进了经济繁荣"。总之，没有人具有投资于国内生产的愿望和动力。普雷维什也看到了这一现象，"剩余的一个重要部分被上层用于模仿中心的消费。在特权消费社会中存在对资本积累潜力的一种巨大浪费"②。

我们知道，在资本主义条件下，无论是以剩余价值还是以利润的形式出现的剩余都包含着两个重要的方面：其一，是剩余的规模；其二，是剩余的使用方式。在"中心—边缘"结构之中，边缘国在剩余的这两个方面都处于劣势地位。也就是说，国际关系中的"中心—边缘"结构决定了剩余在国家间的不平等分配后而使边缘国家的剩余规模变得很小，而中心国家却从边缘国那里获取了大量剩余；边缘国家内部的"中心—边缘"结构决定了边缘国家的中心将其国家的剩余中的绝大部分牢牢地控制在自己手中。在实现了这种控制之后，并不像中心国家那样用于投资，而是用来维持自己的穷奢极欲，用于巩固自己的特权地位，用于维

① ［美］保罗·巴兰：《增长的政治经济学》，蔡中兴等译，北京：商务印书馆，2000，第230页。
② ［阿根廷］劳尔·普雷维什：《外围资本主义：危机与改造》，苏振兴、袁兴昌译，北京：商务印书馆，1990，第10页。

护稳定以应对边缘反抗等暴力威慑⋯⋯

因而，边缘国家在世界"中心—边缘"结构中的比较劣势只能呈现出扩大化的趋势，即越来越深地陷入更加贫困的状态之中。阿明在分析边缘国家剩余的使用时指出，边缘国家的"剩余的形式及其用途取决于外围形态的性质，取决于外围被纳入世界资本主义体系的机制"[①]。边缘国家被拉入"中心—边缘"结构中的程度越深，就越容易从中心国家获取用于生产的投资，就越会把自己的剩余用于非生产的方面，就越倾向于浪费自己的剩余。其结果也就是让中心国家获得了更大的控制它的能力，在任何必要的时候，中心国都可以实施对它的控制，而且，它也不得不听命于它所属的中心国家。这样一来，世界"中心—边缘"结构变得更加稳固，边缘国家不仅不可能向中心地带移动，反而被不断地推向边缘，越来越远的边缘。

梳理拉美国家的发展史，可以看到，在其追求现代化的早期，处于中心的人群更多地表现出一种对中心国家的盲从，他们渴望过上发达国家的那种舒适的物质生活，希望通过模仿发达国家来实现本国的发展。事实上，拉美国家处于中心的人群大都熟悉欧洲的语言，能够通过阅读以了解欧洲的幸福生活，国内报刊大量报道西方的新闻也是受到读者欢迎的，"许多人出国旅游，亲眼看到那些发明。他们回到新大陆自己较安静的首都，怀念巴黎，不可抗拒地期望模仿他们在那里看到的一切"[②]。一种典型的特征就是表现出对奢侈品的热衷，对奢华的"不可抗拒"让他们热衷于物质方面的现代化，更确切地说是把奢侈品数量方面的增长理解成了现代化的全部内容，从而"忘记了现代化的另一个方面"。结果，正是表面上的繁荣，"将他们和他们的国家与西欧和北美的几个工业化国家更紧密地联结在一起"。

随着时间的推移，当发达工业国家的经济危机在"中心—边缘"结构中转移到边缘国家而让边缘国家陷入危机之中时，人们开始认识到中

[①] ［埃及］萨米尔·阿明：《世界规模的积累》，杨明柱等译，北京：社会科学文献出版社，2008，第8页。

[②] ［美］E.布拉德福德·伯恩斯、朱莉·阿·查利普：《简明拉丁美洲史》，王宁坤译，北京：世界图书出版公司，2009，第145页。

心国与边缘国之间的支配与依附关系。特别是当普雷维什提出了"中心—边缘"思想之后，才让拉美清晰地看到了世界的不平等图谱。这个时候，虽然许多人意识到拉美人不应"忘记现代化的另一面"，却没有人打算改变这一点。所以，拉美国家中的中心人群的所有活动几乎都是在继续促进着拉美国家的边缘化，并越来越深地依附于中心国家。拉美的教训是非常深刻的，依附论学派正是在拉美的教训中成长起来的。然而，依附论学派却无力改变世界，在世界上的其他地区，拉美的活剧也每日每时都在上演。这是因为，每一个边缘国家的中心都像拉美国家的中心人群一样，热衷于追求中心国那样的物质享受，都强烈地希望模仿中心国的发展模式，都热心于通过到中心国家去旅游这一方式去亲身体验发达的气氛。在这个过程中，都自然而然地学会了向中心国家输送利益，通过向中心国家输送利益而去获得自己的那一份利益，同时也在向中心国家输送利益的过程中谋求来自中心国家的庇护以及各种各样的"许诺"（例如实现中心国那般现代化的"许诺"）。

在边缘国家进一步边缘化的过程中，其知识分子往往发挥了重要的推动作用。一般说来，边缘国家的知识分子往往是最早一批认识和了解那些处于中心的所谓"发达"国家的人群。他们通过阅读而了解那些已经成为中心国家的历史，陶醉于西方近代早期因为自由主义而带来的资本主义文明，特别是在现代化理的蛊惑下，也希望自己的国家能够走发达国家走过的道路，并能尽快地赶超发达国家。这种追求富裕生活的冲动是值得理解的，也是值得尊重的，或者说，我们并不能因为这种幻想的幼稚而表达对这个人群的轻蔑。因为，它们一般说来都是有理想的知识分子，对自己的国家和民族有着强烈的责任感和使命感，只不过他们属于一群比文盲还要无知的知识分子而已。虽然他们无知，但是值得尊重，因为他们完全不同于这些边缘国家发展过程中再生出来的知识分子。我们发现，在每一个边缘国家中，其发展过程中再生出来的知识分子都不再处于无知的状态中，反而非常清楚和明了中心国家发展以及发展模式存在着的那些弊端。特别是在"中心—边缘"的概念被提出来并得到了广泛传播后，知识分子也更加明白自己的国家是如何受到了中心国家的压迫和掠夺。但是，他们依然会学着早期的知识分子的腔调说话，即要求按照西方中心国家的发展模式去推动自己国家的发展，积极地向其政府献计献策。在这类知识分子中，有许多人会成为"恨国党"，表现出对自己国家的无比仇恨。

如果说边缘国家早期的知识分子表现出了一种"无知的幼稚"的话，再生出来的这些知识分子则用同样的腔调掩藏了他们的极度精明。他们倡导学习和借鉴中心国家的发展模式，其目的不是为了国家的发展，反而是为了自己的利益谋划。也就是说，他们的全部目的是要让自己挤进边缘国家的中心。哪怕这个国家迅速地朝着更加边缘的方向移动，只要他挤进了这个国家的中心，那么他的一切利益也都能够得到实现。即使在他尚未挤进边缘的中心的时候他的国家就崩溃或破产了，他也会因为曾经做过中心国家的吹鼓手而较为容易地得到中心国家的收留。正是这个原因，我们认为，这些再生出来的知识分子虽然是精明的，却不像早期的那些无知的知识分子一样值得尊重。所以，普雷维什在其晚年更多地面对的是这样一批努力向中心国话语靠拢的知识分子，他们积极地向边缘国内推荐中心国家的各种理论，试图在中心国家话语霸权的荫蔽下获得尊荣。

普雷维什在《外围资本主义：危机与改造》一书中指出，当时一些学者提出的所谓"社会市场经济"的概念实质上是以新名称之虚而行资本主义之实，而"这是我们这些国家中居统治地位的智力依附现象的新证据"[①]。"智力依附"一词所揭示的正是知识分子出于个人利益而向中心国献媚的一种行为方式和普遍现象。可以断言，任何一个国家的知识分子群体中都不缺乏具有独立思考能力的人，边缘国家的知识分子在独立思考和创新能力方面并不比中心国家的知识分子逊色多少。比如，普雷维什就属于边缘国家的知识分子中的一员，但他的理论成就却是举世公认的，他用一个"中心—边缘"概念揭示了世界的本质。但是，个人的利益追求却让许多边缘国家的知识分子不愿意像普雷维什那样去思考。在边缘国家中，特别是处在迅速发展状态的那些边缘国家中，知识分子

---

① ［阿根廷］劳尔·普雷维什：《外围资本主义：危机与改造》，苏振兴、袁兴昌译，北京：商务印书馆，1990，第12页。

的利益驱动让他们显得无比浮躁，他们表现出一种急切地向其社会中心移动的强烈愿望，一种强烈的追名逐利要求驱使他们作出了投靠中心国家话语霸权的选择。事实上，这也正是他们获取功名利益的快车道。

由于边缘国家的绝大多数知识分子都作出了这一选择，所以，边缘国家在整体上形成了对中心国家的"智力依附"。这样一来，掌握了信息、知识以及话语的知识分子与掌握了政治、经济权力的上层人士结合在一起，构成了边缘国的中心，从而使维护世界"中心—边缘"结构的力量也就显得无比强大。或者说，在边缘国家形成了一个既有智力支持又有权力依靠的中心群体，他们学会了利用中心国家的力量来增强自己的力量，也学会了用一切巧妙的方式去讨伐和镇压国内的边缘反抗力量。所以，无论在国际还是在国内，都显现出边缘国家的中心无比卖力地维护世界的"中心—边缘"结构的状况。在边缘国家，政治和经济精英需要知识分子为他们的所作所为提供智力支持，某种话语往往能为某项政策的实施扫清不少障碍，甚至能够提前限定人们的思考范围和营造适合某项政策的思想氛围。知识分子在向政治和经济精英的靠拢中也能够从中获得诸多好处，他们用对中心国家的"智力依附"去与当局交换，往往换来了社会地位的提升，实现了在边缘国家向其中心跃进的目的。这样一来，在知识分子达成自我的目的时，就巩固了其国内的"中心—边缘"结构；而在知识分子对中心国家的"智力依附"中，则强化了中心国家的话语霸权，也就进一步强化了国际关系中的"中心—边缘"结构。

第三章

"依附论"思想影响的扩散

第一节　"新依附论"终结依附的追求

一国政治、经济、社会的发展都受到国际社会的影响，在世界的"中心—边缘"结构中，这种影响是决定性的。普雷维什的理论贡献就在于发现了世界的"中心—边缘"结构。依附论学派在对普雷维什的批判中也继承了"中心—边缘"结构这一批判性视角，并对中心国的技术垄断进行了深入分析和批判。然而，标榜为"新依附论"的多斯桑托斯似乎抛弃了"中心—边缘"这一批判性概念，转而使用"统治国"与"依附国"的表达式。对于分析依附现象来说，"统治国"与"依附国"的概念在解释功能方面的确显得更加直观，但其价值判断的色彩却掩盖了解释框架的客观性。由于对"中心—边缘"概念的抛弃，致使多斯桑托斯在寻求打破依附的方案时表现出了空想的色彩。从思维方式看，多斯桑托斯的思想所表现出的仍然是在"中心—边缘"结构中去叙事的。在某种意义上，多斯桑托斯的思想在巩固线性思维方面发挥了作用，因而，是无助于打破"中心—边缘"结构的。

一、多斯桑托斯的"新依附论"

如上所述，20 世纪 60 年代，在拉丁美洲产生了一个被称作"依附论"的学派，它给我们认识和理解国际关系提供了一个重要的批判性视角，因其所具有的强大解释力而在世界范围内产生了广泛的影响。不过，"依附论"其实并不是一个思想统一的"学派"。尽管被认为是依附论学派的学者们可能共享着某些思想观念，但在依附论学者内部却存在诸多分支，他们在所使用的概念、方法和所持的观点以及提出的行动方案等方面，都大相径庭，甚至存在着激烈的冲突。

我们知道，依附论是在批判普雷维什领导的拉美经委会等 20 世纪早期拉美学者的思想的基础上成长起来的。虽然依附论学者所处的时代与普雷维什领导的拉美经委会相比只相差十年左右，但对拉丁美洲而言，50、60 年代的繁荣表象与 70 年代的严重衰败情况之间形成了巨大的反差。这促使一些拉美学者深刻反思既有的理论与政策，并指出曾经的表面繁荣并没有把拉美从依附状态中拯救出来，反而正是这些繁荣的假象让拉美陷入了新的更深层次的依附当中。所以，强调依附的"新"特点成为一些依附论学者展开理论思考与阐述的重点。依附论中的一个重要分支——"新依附论"（New Dependency）也就是在这一思想背景下产生的。

特奥托尼奥·多斯桑托斯（Theotonio dos Santos）就是"新依附论"的重要代表人物之一。当然，由于依附论与普雷维什领导的拉美经委会之间有着错综复杂的关系，依附论学者在对拉美经委会的理论进行批判时，也无可避免地受到了那些早期学者的影响，一个重要的表现就是对"中心—边缘"概念的借鉴与沿用。不过，多斯桑托斯似乎是依附论学派中的一个特例，他在借鉴普雷维什的"中心—边缘"的解释框架方面表现出了某种犹豫不定的状态。有的时候，他承认普雷维什的理论贡献，尤其是肯定了普雷维什提出的"中心—边缘"概念和批判视角；在另一些时候，他又明确否定普雷维什，并将其视为传统的发展主义一派而加以批判。而且，在这种批判过程中，多斯桑托斯似乎放弃和拒绝了"中心—边缘"概念所代表的批判性视角，表现出对"依附"概念的热衷。可能是由于这个原因，多斯桑托斯在理解和分析既有国际关系时表现出了某种局限性。例如，多斯桑托斯没能从"中心—边缘"的视角对依附、民主等问题进行分析，致使他在思考行动方案时表现出强烈的进攻性和乌托邦色彩。特别是在多斯桑托斯的诸如对世界性管理机构、地区一体化、世界一体化的建议中，包含着明显的幻想色彩。

多斯桑托斯既是一位"世界级知识分子"，也是一位实践者，一位斗士，他一生受到了马克思主义的影响。20世纪60年代，二十几岁的多斯桑托斯就积极创建了《资本论》读书班，并开始参加一系列的政治活动与社会运动（例如创建和领导"波洛普"革命组织，创办《大学生论坛》杂志并参与学生运动）。30岁时，巴西军事政变迫使他流亡智利，八年后再次流亡墨西哥。这些经历让他切身体验了拉美的现实，也有机会与不同国家的知识分子进行思想交流与合作研究。80年代回国后，他又同联合国教科文组织等多个研究机构进行了长期合作。1996年，多斯桑托斯60岁的时候，与之有着长期合作关系的联合国教科文组织为他举行了一系列的庆祝活动，而巴西学院则委托联合国教科文组织编写了《全球化的挑战》一书，以庆贺多斯桑托斯的六十华诞，许多学者或政治家为此书专门撰文供稿，由此足见多斯桑托斯的世界影响。①

多斯桑托斯的著述大多是以西班牙文/葡萄牙文发表的，而1970年发表于《美洲经济评论》的"依附的结构"（The Structure of Dependency）② 一文，则是他少数以英文发表的文章之一。这篇文章也是国际学术界（以英文为主流语言）引用多斯桑托斯较多的文章之一。在这篇文章中，多斯桑托斯做出了不同的依附阶段的划分。也正是基于这篇文章的观点，多斯桑托斯被评论者们列为"新依附论"的代表人物之列。的确如此，在对依附论学者内部进行流派划分的时候，许多学者也都是将

---

① 关于多斯桑托斯的个人生平及各时期的主要思想观点，可参见［巴西］卡洛斯·爱德华多·马丁斯：《特奥托尼奥·多斯桑托斯：一位世界级知识分子的生平及其著作》，载［古巴］弗朗西斯科·洛佩斯·塞格雷拉主编：《全球化与世界体系——庆贺特奥托尼奥·多斯桑托斯60华诞论文集》，白凤森等译，北京：社会科学文献出版社，2003，绪论。

② Dos Santos, Theotonio. The structure of dependence. *American Economic Review*. 1970, 60 (2): P231—236.

多斯桑托斯单独列出的，强调其对"新依附论"的理论贡献①。这说明，在依附论学派之中，多斯桑托斯是有着一些独立理论特质的，甚至在一定程度上可以说有着自成一派的理论观点。

多斯桑托斯对依附的历史形态做了三个阶段的划分：首先，是"殖民地依附"（colonial dependency），典型地表现出贸易出口上的垄断。"通过贸易垄断，同时伴随着对殖民地土地、矿产和人力的殖民化垄断，与殖民地国家结盟的商业和金融资本主导着欧洲与殖民地之间的经济关系。"其次，是19世纪末得以巩固的"金融—工业依附"（financial-industrial dependency）。在这一阶段，依附受制于"中心国的大资本及其海外扩张，他们通过投资原材料和农产品的生产以满足中心国的消费"，边缘国的外向型经济也是由于这个原因而得以产生。二战后所形成的则是一种新的依附形式，即"技术—工业依附"（technological-industrial dependency）。这种新的依附"主要根植于跨国公司，他们开始向那些瞄准了不发达国家内部市场的工业进行投资"②。多斯桑托斯在其后的关于依附论的理论探讨中，大多是基于这一基本框架进行思想阐述的。

多斯桑托斯着重破解的是"二战"后的第三个阶段的依附。根据他的看法，与前两个阶段的依附相比，"技术—工业"新依附表现出了许多新的特点。首先，在依附的前两个阶段，边缘国经济主要面向产品出口，即受制于中心国对某些产品的需求；在新阶段，边缘国由于受制于国际商品和资本市场，其发展出口的目的就是为了获得更多的外汇，以从中心国购买本国无法生产的机器和材料等去发展本国工业。但是，由于中

---

① Chilcote, Ronald H. A question of dependency. *Latin American Research Review*. 1978: P55—68; Bacha, Claire Savit. A dependência nas relações internacionais: uma introdução à experiência brasileira. Rio de Janeiro: *Master's Thesis*, Instituto Universitá rio de Pesquisas do Rio de Janeiro. 也可参见 Chilcote, Ronald H. Dependency: a critical synthesis of the literature. *Latin American Perspectives*. 1974（1）: P4—29. 关于依附论分类的中文文献可参见高铦：《第三世界发展理论探讨》，北京：社会科学文献出版社，1992，第38—53页。当然，就"新依附论"的发展来看，唐纳德·霍奇斯（Donald Hodges）认为，西尔维奥·阿图罗·弗隆迪西（Silvio Frondizi）曾首先提出了新依附的观点，其后才在多斯桑托斯的作品中出现。参见 Chilcote, Ronald H. Trotsky and development theory in Latin America. *Critical Sociology*. 2009，35（6）: P719—741.

② Dos Santos, Theotonio. The structure of dependence. *American Economic Review*. 1970，60（2）: P231—236.

心国垄断了国际市场，以至于处在"技术—工业"依附中的边缘国在国际贸易和国际收支中通常处于逆差，往往不得不请求国际援助去弥补这种逆差。可是，"残酷的现实是，受援国尽管实际上只收到援助的一部分，却不得不按100％来偿还援助。"①

在20世纪初期，拉美的出口导向型经济由于受制于中心国的购买兴致而表现得十分脆弱，以至于在世界经济危机中遭受了重创。面对这一情况，普雷维什等人正是为了改变出口导向型经济状况而提出了进口替代工业化战略。可是，工业发展所必需的材料与设备又不得不从中心国进口，加之国际贸易与收支逆差，让拉美国家陷入更深的依附状态中。正是由于这一原因，多斯桑托斯等依附论学者对普雷维什等早期拉美学者的进口替代工业化战略进行了批评。应当说，依附论学者的许多批评是对普雷维什的误读，但也有一些批评是切中要害的。不过，多斯桑托斯关于新依附的描述与分析却为我们理解世界"中心—边缘"结构提供了许多富有启发性的意见。上述对国际援助的分析就是一例。

事实上，国际援助无非是中心国维持其中心地位的一个筹码。这一筹码的最大优势就在于，它让中心国站在了道德的制高点上，因而很容易蒙蔽那些善良却无知的民众。在这种援助的背后，往往包藏着中心国不可告人的利益谋划，更多的时候是以中心国的中心与边缘国的中心之间进行赤裸裸的利益交换的形式出现的。对此，多斯桑托斯给予了深刻的揭露。同时，在多斯桑托斯这里，除了关注出口方面的依附和国际收支的不平衡这两个问题之外，还对"技术"方面的依附给予了特别关注。正是对技术依附方面的关注，使他把重点分析"技术—工业依附"的理论称作"新依附论"。

多斯桑托斯分析了中心国的技术垄断问题："我们前面曾提到，不发达国家发展工业所需的机器和原料依赖于进口。但是，这些生产要素并非可以在国际市场上自由获得。它们都受专利权的保护，而专利权一般都属于大公司。它们不是把机器和材料当作简单的商品出售，而是要求

① ［巴西］特奥托尼奥·多斯桑托斯：《帝国主义与依附》，毛金里等译，北京：社会科学文献出版社，1999，第315页。

为使用那些机器和材料支付特许使用费，或者在多数情况下把这些商品转变成资本，以它们自己投资的形式引进。"① 也就是说，专利保护或技术垄断使原本就不公平的中心与边缘间的贸易再度加上了一层屏障，以至于边缘国要获取他们自己无法生产但又急需的资本时，就必须作出更大的付出。而且，中心国往往还不满足于技术交易，而是希望自己携带着所谓"先进"技术进驻到边缘国，将技术也作为资本去牟取暴利。对于边缘国而言，在国际收支不平衡的情势下，由于逆差的原因而无力购买那些必需的技术，又不得不敞开大门，任由中心国携带着技术走进来。

可见，由于中心国掌握着技术并实施着技术垄断，往往不用自己强势侵入，自然就会有边缘国心甘情愿或迫不得已地以各种优惠政策邀请其进驻。不仅如此，多斯桑托斯还看到，"那些在统治中心被更先进的技术替换下来的机器，就这样作为资本运往依附国去装备设在那里的子公司"②。结果，无论是在技术贸易还是在中心国携带技术进驻中，边缘国都根本不能指望学到领先的技术。因为，中心国投到边缘国的技术都是一些正在被淘汰的旧技术。尽管如此，与边缘国能自行生产和运用的技术相比，他们又是先进技术。虽然并不排除出于大幅提高生产力的要求也会出现中心国将一些最新技术应用到其在边缘国的跨国公司分部的情况，但出现了这种情况时，一般说来，他们都会将此命名为商业机密，不允许其他人接触，也禁止泄露相关技术。在这一方面，中心国积极推动的全球知识产权保护也能够为之保驾护航。事实上，中心国也一直是把一切不利于保持自身技术优势地位的因素和行为斥之为非法的。从现实来看，我们发现，在中心国与边缘国的所有争执中，最常提起的也是所谓知识产权保护的问题。

多斯桑托斯对"科技革命"的问题也给予了充分关注。他认为，科技革命的问题不仅是他所划定的"技术—工业依附"阶段的重要论题，也是影响到其后整个人类发展的一个重要层面。围绕科技革命问题的探

① ［巴西］特奥托尼奥·多斯桑托斯：《帝国主义与依附》，毛金里等译，北京：社会科学文献出版社，1999，第315页。

② ［巴西］特奥托尼奥·多斯桑托斯：《帝国主义与依附》，毛金里等译，北京：社会科学文献出版社，1999，第315页。

讨主要反映在多斯桑托斯发表于 20 世纪 80、90 年代的一系列著作中。多斯桑托斯认为，关于知识与生产间关系的传统认识都是片面的。因而，他主张用一种"科技革命观念的全视野来审视"人类的历史与未来，甚至将科技革命称为"世界经济的根本变数"①。在他看来，二战后的历史表明，知识不再是生产的辅助性内容，不再停留于简单地促进生产活动方面，而是扮演着决定性的角色。当科学知识转化为技术时，当技术应用于生产时，传统的生产模式被颠覆了。在新时期，知识本身就是生产力，这为世界经济带来了全面而深刻的变革。正是由于知识——尤其是创新知识——显示出了重要作用，关于创新知识的研发活动在中心国也得到了前所未有的重视，从而使中心国对全世界人才的网罗也到了难以复加的地步，导致边缘国人力资源的流失。这样一来，中心国在科技革命中总是能够占据领先地位，通过技术垄断将边缘国抛在身后，甚至将边缘国打入更加深入而持久的边缘地位。

多斯桑托斯还注意到，随着科技革命的发生，与早期的那种以专利保护为主的技术垄断有所不同，此时处于领先地位的中心国不仅将大量过时技术用于投资边缘国，而且把低质量的技术向外输出。这不仅避免了这些技术可能在中心国内部引发污染环境或劳动力破坏等风险，还在技术贸易和投资中换取了诸多利益，并将这些技术容易引发的负效应传播到了边缘国，以至于边缘国永远无法改变被边缘化的命运。这样一来，也就能够部分地解释边缘国在发展中所出现的环境污染、资源枯竭以及卫生条件恶化和疾病蔓延等问题了。当边缘国面临这些问题时，一方面，中心国会持续宣扬其所谓的现代化理论，让边缘国相信这些问题在中心国的发展历史上也曾普遍存在过，只要坚持走中心国的道路，这些问题就是阶段性的和暂时的；另一方面，中心国又会再次表现出"仁慈"的一面，通过物资、技术、金钱、政策与专家援助等方式去帮助解决这些问题。其实，这些问题的产生恰恰是中心国输出过时技术造成的。

总之，在新的技术革命浪潮面前，中心国的逻辑就是要尽快占领新

---

① ［巴西］特奥托尼奥·多斯桑托斯：《世界经济新趋势与拉丁美洲一体化》，郭元增译，第 547 页，载［古巴］弗朗西斯科·洛佩斯·塞格雷拉主编：《全球化与世界体系——庆贺特奥托尼奥·多斯桑托斯 60 华诞论文集》，白凤森等译，北京：社会科学文献出版社，2003，附录一。

领域的制高点，进而将旧的技术输送到其他国家，以此建立起新的世界"中心—边缘"结构，以巩固自己的中心地位。如果边缘国碰巧在某个领域走上技术领先的地位，中心国就会采取各种各样的方式封杀这些技术产品。其中，贸易制裁、征收超额关税、向国际机构提起诉讼等都是中心国经常使用的手段，甚至会罗织罪名逮捕相关企业的领导人。这就是创新垄断，因为创新代表着未来。中心国用自己现有的优势垄断了硬技术的创新，又同时通过各种手段垄断了软知识的创新，从而实现全面的创新垄断。一旦实现了全面的创新垄断，中心国也就确定无疑地垄断了未来，从而将边缘国置于技术依附和智力依附的地位上。

多斯桑托斯对技术垄断的批判是非常激烈和尖锐的，不过，奇怪的是，许多回顾和评析多斯桑托斯观点的学者都有意无意地忽视了他关于技术垄断的讨论。之所以会在关于多斯桑托斯的研究中出现这些问题，可能的解释是：一方面，他们或许认为，与多斯桑托斯关于依附问题的其他观点相比，专利或技术垄断的观点处于次要地位；另一方面，他们可能认为，技术垄断是一个众所周知的极为普遍的现象，不值得给予过多关注。其实，从理论实质的方面看这一问题，我们认为，正是一种对中心话语的认同导致了对多斯桑托斯这方面思想的轻视。也就是说，技术专利等属于法治的范畴，创新垄断是实力的表现，在这些方面发表意见都会忤逆中心国的意志，以至于会遭遇学术研究的国际风险。显然，研究多斯桑托斯的人都是学者，他们是希望自己的观点能够得到西方学术界的认同的，并在这种认同中去收取名利，更何况有些人还希望到西方的刊物上去发表文章，以至于在研究多斯桑托斯的时候慤慤于主题和研究重点的选择。其实，如果不把技术垄断的因素考虑进来的话，就不能够真正理解当代世界"中心—边缘"结构的实质，也就无法真正理解依附的问题。

二、 多斯桑托斯的激进批判态度

多斯桑托斯也像其他依附论学者一样，受到了普雷维什等拉美学者的"中心—边缘"分析框架的影响。但是，由于依附论是在批判普雷维什及其拉美经委会的基础上产生的一个理论流派，以至于他们在理论思考和阐释中表现出了某种矛盾心态。有的时候，他们明显是在"中心—边缘"视角的影响下批判和揭露现实的，却又尽量避免使用"中心—边缘"概念，希望通过回避使用这一概念而去与普雷维什及其拉美经委会划清界限。有的时候，在探讨某些问题时，他们又不能不使用"中心—边缘"概念，从而显现出了他们并没有割断与普雷维什及其拉美经委会的那根脐带。依附论学派与普雷维什间的这种纠结在多斯桑托斯这里似乎表现出了一种要做个了断的姿态。

多斯桑托斯表现出了对普雷维什进行激烈批判的态度，他首先把普雷维什等人的观点归入传统发展理论的大谱系中，认为包括普雷维什在内的发展主义者所做的努力都是要学习发达国家的现代化模式，是出于追赶发达国家的发展主义。这种"发展主义理论将不发达国家的境况解释为他们在接受发达国家的效率模式中表现出的失败或缓慢"[1]。显然，这是对普雷维什等人的严重误读。一个最为简单的证据就是：如果普雷维什所持的是这种发展主义观点的话，他就不可能揭示"智力依附"的问题。事实上，中心国所宣扬和推广的现代化模式也正是普雷维什等人一直致力于批判的。当然，考虑到依附论是在对普雷维什等人的批判中成长起来的，考虑到多斯桑托斯本身所表现出的思想激进以及他所强调的新依附的新特点，他对普雷维什的激烈批判也是可以理解的。因为，只有在这种批判中，才能更充分地阐释他对依附问题的激烈痛陈。但是，就他不加分析地对早期拉美学者的批判而言，在学术上显然是有失严谨的。这是因为，并不是所有拉美学者都接受了中心国所推荐的所谓现代化模式，更何况，他忽视了普雷维什等人对中心国所推荐的现代化模式所作出的批判性工作。

在某种意义上，多斯桑托斯由于对普雷维什的激进批判致使他连"中心—边缘"这一批判性解释框架也一并抛弃了，从而使其理论阐释失去了解释上的客观性色彩。虽然多斯桑托斯自我标榜为"新依附论"，但

---

[1] Dos Santos, Theotonio. The structure of dependence. *American Economic Review*. 1970，60 (2)：P231—236. 事实上，不仅是多斯桑托斯，也有一些学者持有同样的看法，例如 Chilcote, Ronald H. A question of dependency. *Latin American Research Review*. 1978：P55—68.

他毕竟是依附论学派的一个重要代表人物，所以，在他的理论叙述中，表现出了对"依附"一词的钟爱。为了表达"依附"一词的内涵，多斯桑托斯在揭示世界不平等关系中的两类主体的特征时，总是使用"统治国"和"依附国"的表达式，而不是使用"中心国"与"边缘国"的概念。不过，他也曾坦言："对国际现象的研究，不仅使我们形成了世界经济的概念，而且也形成了一系列诸如帝国主义国家和殖民地国家、统治国和依附国、中心国和外围国等双重概念。确立了这样一些概念，我们就可直接进入一个更加辩证的、政治性更加明显的问题系列。"①

对于与多斯桑托斯所提到的这些概念相对的另一组概念——"先进和落后、发达和不发达、文明和野蛮、资本主义和前资本主义、现代化和传统主义"②——他表达出了极度的反感。可见，多斯桑托斯是将"中心—边缘"概念与自己所使用的"统治国—依附国"概念看作可以归为一类的概念。的确，对于专门探讨依附现象的依附论而言，"统治国"与"依附国"的区分可能显得更加直观，更能反映出依附的特征。但是，"统治国"与"依附国"显然是从普雷维什的"中心—边缘"概念中发展出来的，而且，依附论学派曾深深地受到了普雷维什及其拉美经委会的影响也是一个不争的事实。所以，我们可以认为，当多斯桑托斯使用"统治国"和"依附国"概念时，肯定是以为这两个并蒂相连的概念能够更好地解释依附现象。

为了强调 20 世纪 60、70 年代的拉美所处的世界环境不同于以前的情况，多斯桑托斯认为既有理论已经不再具有适用性了，并因此而对既有的理论进行批判。多斯桑托斯在逻辑上是这样展开他对 20 世纪早期拉美实践及拉美学者的分析与批判的：在外国资本涌入边缘国的强大潮流面前，边缘国的工业资产阶级放弃了原本所坚持的民族特性，而是改用了"发展主义"（普雷维什等人也被多斯桑托斯列入其中）。的确，在强势的外国资本面前，边缘国陷入了一种二难选择：要么屈服于中心国，

---

① ［巴西］特奥托尼奥·多斯桑托斯：《帝国主义与依附》，毛金里等译，北京：社会科学文献出版社，1999，第 369 页。

② ［巴西］特奥托尼奥·多斯桑托斯：《帝国主义与依附》，毛金里等译，北京：社会科学文献出版社，1999，第 367 页。

要么坚决地加以抵制。在理论上，也许在二者之间存在着某种中间道路可供选择，可是，由于中心国强大的霸权式主导，同时由于边缘国刚刚起步的发展脆弱性，更由于边缘国内的统治阶层与中心国相互勾结，以至于边缘国通常不得不或者甘愿甚至乐于选择向中心国屈从。

基于这种认识，依附论学者普遍认为，中心国与边缘国之间的霸权与依附关系不是边缘国落后这样一个简单事实可以作出解释的，也不是可以简单地归结为强者与弱者之间不平等关系，而是因为中心国与边缘国都通过其内部的利益集团在它们之间建立起了良好的利益关联机制。多斯桑托斯对此是这样表述的："另一点结论，它对理解依附是至关重要的，那就是统治中心中占主导地位的利益集团和依附性社会中占主导地位的利益集团必然联系在一起。"[①] 在加尔通那里，我们也看到了对此问题的论述。但是，加尔通的论述要远比多斯桑托斯的这一表述更加简捷和清晰。加尔通说："帝国主义是一种复杂精细的主导关系（dominance relation），它将国家进行切割，其中，中心国的中心在边缘国的中心建立起基于二者共同利益的桥头堡（bridgehead），帝国主义正是以此为基础的。"[②]

可见，多斯桑托斯由于尽可能不使用中心和边缘的概念而在表述同一问题时显得要啰唆得多，而且让人读起来感觉存在着某些理解上的困难。更为重要的是，由于多斯桑托斯在使用"中心—边缘"概念上的犹疑不定，也使他不能够像加尔通那样看到民主在中心国剥削和压迫边缘国的过程中所发挥的作用。也正是因为不理解民主在世界"中心—边缘"结构中所发挥的是一种制造依附的功能，才让多斯桑托斯在设计解决依附问题的方案时表现出了对民主的过分迷恋。总体看来，多斯桑托斯在研究依附问题时表现出过于侧重国际关系的状况，相对而言，却忽略了国内因素与依附关系的相关性。

"所谓依附，我们是指这样一种状况，即一些国家的经济受制于它所

① ［巴西］特奥托尼奥·多斯桑托斯：《帝国主义与依附》，毛金里等译，北京：社会科学文献出版社，1999，第307页。

② Johan Galtung. A structural theory of imperialism. *Journal of Peace Research*. 1971，8（2）：P81—117.

依附的其他经济的发展和扩张。当一些国家（统治国）能够发展且自立（self-sustaining），而另外一些国家（依附国）仅仅是前者发展——对后者眼前的发展可以是积极的也可以是消极的——的一种反映时，两个或更多国家的经济之间以及这些经济与世界贸易之间就是一种依赖的关系。"① 尽管包括多斯桑托斯在内的依附论学者都强调自己的理论阐述要将国内与国际情况相结合，然而，从多斯桑托斯给"依附"所下的这个定义看，他没有考虑到国内因素的影响，而是满足于对"依附"的外在表现作出一种直观描述。与之相比，挪威学者加尔通由于使用了"中心—边缘"概念，就能够更为深入地解剖造成依附的原因，那就是中心国与边缘国的中心之间的相互勾结。所以，多斯桑托斯受到了一些评论家的批评也就是自然而然的事情了。

多斯桑托斯是一位具有浓烈马克思主义情结的学者，他的"依附"概念甚至是受到列宁等人的启发而提出的。列宁曾在《帝国主义是资本主义的最高阶段》中指出："既然谈到资本帝国主义时代的殖民政策，那就必须指出，金融资本和同它相适应的国际政策，即归根到底是大国为了在经济上和政治上瓜分世界而斗争的国际政策，造成了许多过渡的国家依附形式。这个时代的典型的国家形式不仅有两大类国家，即殖民地占有国和殖民地，而且有各种形式的附属国，它们在政治上、形式上是独立的，实际上却被金融和外交方面的依附关系的罗网缠绕着。"② 列宁在此就已经揭示出了"依附"这一国家间的不平等关系，多斯桑托斯在探讨依附问题时，显然是直接从列宁出发去剖析这一国际现象的。

不过，列宁的这部"帝国主义论"主要是从帝国主义内部开始的基

---

① Dos Santos, Theotonio. The structure of dependence. *American Economic Review*. 1970, 60 (2): P231—236. 需要说明的是，该定义同样出自《依附的结构》一文，这篇文章的流行让这一定义也得到学术界的广泛引用。然而，该定义显然是多斯桑托斯在论述世界经济层面的依附现象时所给出的，如果不考虑这一点而将其视为多斯桑托斯之"依附论"关于依附的全部定义，那就是对多斯桑托斯的误读了。包括多斯桑托斯在内的依附论学者都强调，自己与20世纪初期拉美学者的一大区别就在于，从事政治、经济和社会的综合分析，而不仅仅停留在经济层面。

② 列宁：《帝国主义是资本主义的最高阶段》，《列宁选集》第二卷，北京：人民出版社，1995，第647—648页。

本分析，至于国家间的依附，只是作为分析的逻辑结论呈现出来的。多斯桑托斯在谈论依附问题时，显然没有充分考虑到列宁谈论依附时已经对帝国主义内部各因素作了分析。在多斯桑托斯这里，所显现出来的是过于迫切地对"依附"现象的批判。因而，他所看到的总是一方对另一方的从属或依赖，从而无暇去关注导致依附问题的国内原因。这其实是无法获得对世界更为全面的理解的。相比之下，"中心—边缘"概念和视角就完全不同了，完全可以同时被用来分析国际关系和国内现象，并能够从中找到中心国与边缘国之间相互联结的机制，还能够全面地理解中心国与边缘国之间支配与依附的相互关系。所以，"中心—边缘"概念在理解依附问题方面更具有优势。

克莱尔·巴沙（ClaireSavit Bacha）曾区分了五种依附概念，有一种依附概念的提出就是受益于托马斯·瓦斯科尼（Tomás Vasconi）在1969年做出的关于"发达—不发达"与"中心—边缘"之间的区别。[1] 这说明，从"中心—边缘"视角出发，可以直接推导出"依附"概念，而且能够对依附现象作出更好的解释。也就是说，"中心—边缘"这一视角包含着更为广阔的视界，也有着更加广泛的解释力。但是，多斯桑托斯却在一定程度上舍弃了"中心—边缘"这个更有思想内涵的概念。从"中心—边缘"视角出发，可以帮助我们揭示工业社会的"统治—依附"这一不平等现象。更为重要的是，只有"中心—边缘"的概念，才能对建构了今天这个世界的线性思维模式作出较好描述。我们今天所在的世界中所包含的一种线性思维模式决定了国际上的中心国、国内的中心者、地域里的中心区等等都努力去确立一种"中心—边缘"架构，而边缘者也认同这一"中心—边缘"结构，而且是在认同中去寻求存在和发展机遇的，即安于受压迫和被剥削的地位。

中心国所宣扬的现代化理论就是这样一种线性思维的造物，它强行地把"不/欠发达国家"或"发展中国家"（中心国的话语）的现状界定为发达国家的历史，认为这些国家未来的发展路线也将与发达国

---

[1] 参见 Chilcote, Ronald H. Dependency: a critical synthesis of the literature. *Latin American Perspectives*. 1974（1）：P4—29.

家曾经走过的路一致，并声称，只要落后国家沿着这条道路走下去，就能实现同样的发展。对于这种思维模式，显然只有"中心—边缘"概念才能将其暴露出来。舍此而直接求助于"依附"的概念，尽管在批判依附现象时能够收到相同的效果，但在科学理解方面，就要逊色得多。因为"依附"概念无法揭示出依附现象背后所包含的线性思维模式，因而也无法反映出"依附"的真实原因。"依附"概念更多的是对社会现状的一种描述，而不是——也做不到——对思维模式的分析和批判。实际上，仅仅认识到依附性的不平等现状还是不够的，如果不去揭示建构了"中心—边缘"结构以及世界"中心—边缘"结构背后的线性思维方式，所有打破依附的尝试和努力都将是徒劳的，甚至只会起到相反的作用。在某种意义上，我们认为，依附论学者依然是在线性思维模式中去批判依附现象的。所以，并不能找到造成依附的真实原因，更不用说在打破依附和建构未来治理的理论思考中作出积极贡献了。事实上，只有正视世界的"中心—边缘"结构，并首先跳出建构世界"中心—边缘"结构的线性思维模式，才有可能发现打破世界"中心—边缘"结构的出路。

三、 多斯桑托斯打破依附的方案

一切关于历史的研究都是指向现实和未来的，多斯桑托斯也是这样，他对历史作了解读，并试图在此基础上开出走向未来的处方。在《帝国主义与依附》一书中，多斯桑托斯认为拉美的经济发展可以有几种选择，即民族的自主的资本主义发展、跨国公司和它代表的国际关系体系（新的国际分工）、这一国际关系体系内的国家资本主义（讨价还价的依附）、独立的民众运动（社会主义革命）。首先，多斯桑托斯在书中用了绝大部分的篇幅去论证"民族的自主的发展模式"的失败，这也是他批判既有理论并提出所谓"新依附论"的原因所在。多斯桑托斯认为，"拉美经济发展的新模式应当以接受下述事实为出发点：民族的和自主的资本主义发展已成为我们历史上一个过去了的阶段，它是一种胎死腹中的选择，是同世界资本主义体系结构性趋势相抵触的一种经济选择。"①

接着,多斯桑托斯又指出了当前以跨国公司为基础的新的国际分工体系本身的矛盾性:"体系的扩张性同实行技术垄断所造成的市场局限性发生矛盾;另一方面,重要工业部门转移到依附国可能造成技术上自主发展的可能性,但这包含着同社会政治关系中日益加强的依附性之间的深刻矛盾"② 等。对于这一发展模式的批评使多斯桑托斯得出的结论是,依附国在这种体系中谋求发展是不可能的。因为,它所包含的双重矛盾意味着,一方面,美国难以维系既有的单一霸权地位;另一方面,如果美国仍然要以霸主地位自居,就不仅要变革依附国,还要变革自身。所以,这第二种方案不仅会阻碍全人类的理性发展,也会将人类引入全面的危机之中。

关于第三种方案——国家资本主义,多斯桑托斯指出,正是由于前述矛盾,中心国倾向于同依附国的文武官僚阶层相互依靠、各取所需。"但它一旦坚持资本主义的道路,便趋于最终成为大资本的一名普通职员。"③ 也就是说,这种策略实质上仍然承认或接受依附地位,只是在这一框架下谋求相对独立的发展。如此一来,多斯桑托斯更倾向于第四种方案,即社会主义的革命模式。如果说第二和第三种方案"把依附作为必然的状况并力图在此状况下独立地确定可能实现的发展总目标"的话,那么,"作为其对立面的民众运动则倾向于打破民族主义框框并提出社会主义的发展模式"④。可见,多斯桑托斯受到了 20 世纪"革命的马克思主义"的影响⑤,

---

① [巴西]特奥托尼奥·多斯桑托斯:《帝国主义与依附》,毛金里等译,北京:社会科学文献出版社,1999,第 460 页。

② [巴西]特奥托尼奥·多斯桑托斯:《帝国主义与依附》,毛金里等译,北京:社会科学文献出版社,1999,第 464 页。

③ [巴西]特奥托尼奥·多斯桑托斯:《帝国主义与依附》,毛金里等译,北京:社会科学文献出版社,1999,第 460 页。

④ [巴西]特奥托尼奥·多斯桑托斯:《帝国主义与依附》,毛金里等译,北京:社会科学文献出版社,1999,第 460 页。

⑤ 学术界在对依附论内部的流派进行划分时,一种做法是将多斯桑托斯确定为新依附论的代表人物,另一种则将其归入马克思主义依附论学者,例如:欧里盖斯(Nildo Quriques)1996 年的观点(参见 [巴西]卡洛斯·爱德华多·马丁斯:《特奥托尼奥·多斯桑托斯:一位世界级知识分子的生平及其著作》,载 [古巴]弗朗西斯科·洛佩斯·塞格雷拉主编:《全球化与世界体系——庆贺特奥托尼奥·多斯桑托斯 60 华诞论文集》,白凤森等译,北京:社会科学文献出版社,2003,第 10 页);还包括 Philip J. O'Brien 的观点。(参见高铦:《第三世界发展理论探讨》,北京:社会科学文献出版社,1992,第 48 页)

这在某种意义上直接决定了其理论特征。

在多斯桑托斯的理论框架中，世界被分为三部分：资本主义的中心国、依附国和社会主义国家。他对社会主义国家在现有世界体系中的地位和作用作出了肯定性的评价，尽管他也指出社会主义国家仍然没有取得国际经济中的支配地位。"在社会主义国家，社会和权力不是像在资本主义经济（那里生产本身就是一种价值）中那样以发展消费为基础的。因此，社会主义国家可以更加容易地对付外部的经济压力。这就是像古巴那样依赖外贸的一些国家能够维护其政治独立的秘密。所以不能把这种性质的依附包括在我们关于依附的科学概念之内。那是一种特殊状况，它的发展规律不同。"[1] 由此可见，多斯桑托斯的理论具有明显的意识形态倾向，他甚至倾向于认为，中国、朝鲜、越南和古巴这些社会主义国家是在依附状态之外的，是一种独立的经济，甚至将这些国家视为依附国"打破这些依附关系"的样本。

当然，在多斯桑托斯进行理论著述的时候，世界还没有进入全球化时代，一些社会主义国家处于西方主导的国际经济和政治体系之外的确是一个事实。但是，由此断定社会主义国家独立于对资本主义的依附状态之外，认为社会主义国家有着非依附的独立经济，未免言过其实了。在这一点上，多斯桑托斯显然存在着对形势的某种误判。这也说明，由于多斯桑托斯放弃使用"中心—边缘"概念，因而没有看到世界整体上的"中心—边缘"结构，以至于过于简单地看待依附问题。如果在世界的"中心—边缘"结构中去看问题的话，就不可能将社会主义与资本主义区分开来进行讨论，就会发现世界"中心—边缘"结构中的不平等是一个普遍存在的客观现象。

20世纪后期，苏联的解体以及东欧的剧变意味着社会主义遭受重创。面对这一新的现实，多斯桑托斯表示承认作为一种社会经济制度的社会主义在短期内出现的衰落，但他同时又坚持认为这只是一种暂时现象，并认为苏联及东欧的变化反而为作为社会运动的社会主义革命模式

---

[1] ［巴西］特奥托尼奥·多斯桑托斯：《帝国主义与依附》，毛金里等译，北京：社会科学文献出版社，1999，第304页注释1。

增添了新的动力，将在长期内促进社会主义与资本主义的对抗，并在未来确立起社会主义的社会经济形式的主导地位。

多斯桑托斯推崇社会主义的社会计划原则，认为这种原则不仅适用于民族国家内部的各个方面，而且也应被放置在世界水平之上，可以作为世界治理的协调原则。在多斯桑托斯20世纪90年代的作品中，他明确地提出全球性管理的问题，认为"全世界缺少一个全球性的管理程序"①。进入新世纪后，多斯桑托斯在其著述中继续探讨"统治如此复杂的世界必要、可能吗"②的问题。应当看到，如许多其他学者一样，多斯桑托斯对自由市场——更广泛地来说，是自由主义——所作出的批判是中肯的，但当他试图去提出替代方案时，却显得简单和武断，特别是他提出运用计划原则去规划全球管理时，其实是要把苏联模式搬到世界上来。这在多大程度上具有实施的可能性，即使联系他的打破依附的社会主义革命之构想，也不可能在革命后把全球纳入一个管理体系中来。就此而言，我们说多斯桑托斯在揭露和批判国际关系中的依附问题时是一位有激情的理论家，但在如何打破依附的问题上，他实际上是把斯大林社会主义一国实践模式搬到了国际社会中了。

为了实现他所设想的未来图景，多斯桑托斯提出了一些所谓的过渡方案，世界级管理程序或协调机构以及地区一体化就是其中的几种。尽管多斯桑托斯激烈地批判了现有的国际组织被霸权国家所把持的现状，但他依旧给这些组织以过多的幻想。多斯桑托斯的设想是：要让更多的国家参与到这些机构的领导权和决策权当中，同时，他又声称，"为了确保这种全球性决策力量的形成，必须拥有强大的民族国家，以及在地方、国家和地区层面上的强大而一体化的经济……这种体制，只有依靠极大调解能力，真正能把自己部分主权转移到世界一级的机构，才能是强大的"。在思考消除核威胁时，他更加明确地表示："其解决方法，从某一

---

① [巴西]特奥托尼奥·多斯桑托斯：《世界经济新趋势与拉丁美洲一体化》，郭元增译，第553页，载[古巴]弗朗西斯科·洛佩斯·塞格雷拉主编：《全球化与世界体系——庆贺特奥托尼奥·多斯桑托斯60华诞论文集》，白凤森等译，北京：社会科学文献出版社，2003，附录一。
② [巴西]特奥托尼奥·多斯桑托斯：《新自由主义的兴衰》，郝明玮译，北京：社会科学文献出版社，2012，第200页。

方面来说,是建立一种半国家型的世界政权,从另一方面来说,是各个核强国让出绝对权力,转给一个或几个监控和调节机构。"① 在他的这些设想中,包含着民族国家主权向国际组织让渡的问题,仔细看来,多斯桑托斯的这种所谓"民族主权向国际组织的让步"中所包含的权力(利)让渡,与启蒙时期思想家们关于人民向政府的权利让渡遵循了同一个逻辑。

在讨论一体化的问题时,关于"主权让渡"的问题也是学术界争论较多的问题之一,学者们在国家主权向共同机构让渡与保持国家主权的独立性和自主性之间是否存在着相互冲突的问题上,往往持有不同的观点。其实,这些争论都是没有什么意义的,无论这种争论的胜负结果如何,都无法找到对依附问题的根本解决之道。因为,成立一个全球性的国际管理组织本身就是一个空想。我们知道,无论是霍布斯、洛克还是卢梭,他们在社会契约论中关于权力(利)让渡的基本逻辑都在于,由于自然状态中的人们存在战争(霍布斯)、纠纷(洛克)或困难(卢梭),人们相互之间需要建立契约,把全部或部分权利让渡给国家或政府,以使个人得到所需的保障。类似地,将国际关系的发展寄希望于某种共同机构的幻想也遵循着同样的逻辑。由于民族国家之间冲突不断,无论是战争还是纠纷和困难,国家之间通过订立契约或协议,将部分主权让渡给某种共同机构,以协调相互之间的关系。这在表面上看来,似乎是一个好的方案,而且,既然社会契约论缔造了现代民族国家,似乎这一设想也有了可资模仿的范例。然而,这种设想无疑过高地估计了契约的功能,换言之,实践中的契约往往并不能实现其在理论上保障平等、自由或正义的功能,反而是契约的无限推广和渗透加深了人与人之间的矛盾。

就近代早期的权利让渡所造就的政府而言,它们要么软弱无能,要么横征暴敛。同样,按照这种逻辑所组成的国际组织也必将如此,要么是软弱无能的国际组织,要么是强权暴力的国际组织。如果在世界"中心—边缘"结构中去看这一问题的话,就会更加清楚地看到,不正是在

① [巴西]特奥托尼奥·多斯桑托斯:《世界经济新趋势与拉丁美洲一体化》,郭元增译,载[古巴]弗朗西斯科·洛佩斯·塞格雷拉主编:《全球化与世界体系——庆贺特奥托尼奥·多斯桑托斯60华诞论文集》,白凤森等译,北京:社会科学文献出版社,2003,附录一,第554—556页。

社会契约论转化为现代制度安排过程中生成了世界的"中心—边缘"结构吗？依附论仅仅看到了国际关系中的依附，在一国内部，又何尝不存在着依附关系呢？在某种意义上，国际社会中的依附是生成于"中心—边缘"结构之中的，而在一国内部，也同样存在着"中心—边缘"结构。在一国内部的"中心—边缘"结构中，也同样存在着依附关系。所以，如果依附论希望建立起全球性的管理机构的话，那无疑是把一国内部的"中心—边缘"结构搬到国际社会中以代替既有的世界体系中的"中心—边缘"结构，这不仅无法消除依附，反而会使依附结构化为一种制度模式。那个时候，对它作出批判都会变得不再可能。

从20世纪后期来看，欧盟也许是一个能够激起依附论学派激情的例子。因为，在欧洲一体化中，主权国家的确通过部分权力（利）的让渡而建立起了欧盟，并求得了与这个一体化组织之间的某种平衡。它给予了我们这样一种印象，那就是，既保持了欧盟各国的某种主权自主性，又实现了欧盟事务的统一处理。这一案例能否复制和扩大到其他各地区？也许人们会持有肯定的意见。其实，问题绝不会这么简单，因为，构成欧盟的主要国家基本上都处在世界的中心位置上，属于中心国，即使一些边缘国受邀而加入了欧盟，也往往经历了谈判以及诸多对边缘国的限制条件，而且，只有当边缘国接受了其开出的条件，才会得到接纳。这种边缘国加入欧盟的情况也同样是一种依附形态，是这些因为地缘等原因而有机会被选择而依附中心国，构成一个面向世界的体系，获得一种依附条件下的发展机遇。所以，对于欧盟这个一体化组织来说，有着其得以发生的特殊条件，如果也向往着在其他地区去仿照欧盟的话，肯定是一种幻想。

在多斯桑托斯提出的打破依附关系的过渡方案中，地区一体化被视为一个重要的过渡性方案。所以，他极力倡导拉丁美洲一体化。但是，他没有看到的是，拉美国家在世界"中心—边缘"结构中都属于边缘国，而每一个边缘国都与具体的某个中心国联系在一起。虽然这一地区的各个国家同属于边缘国，却是围绕着不同中心的边缘国，它们之间既缺乏必要的信任，又不可避免地受到自己的中心国的干预。即便它们是同属于一个中心国的边缘国，也会受到这个中心国挑起的竞争而分离，甚至会直接受到中心国的离间，更不用说它们在"中心—边缘"的等级体系中处在不同的位置上。事实上，中心国总是制造一种每一个边缘国都向自己靠拢而各个边缘国之间相互分离的氛围。所以，边缘国的一体化往往受到极其复杂的因素困扰，甚至根本无法在一体化方面取得积极进展。

尽管在世界各个地区都存在着地区一体化的愿望和行动，但时至今日，像欧盟那样成功的事例并不多。也就是说，中心国之间在利益上达成一致的可能性更大，更容易走向一体化，而边缘国之间却不具备这一条件。所以，对于边缘国而言，依附论所设想的一体化实际上只能是个空想。在这种情况下，去构想全球性的管理机构也就没有什么意义了。如此一来，在世界的"中心—边缘"结构中，让中心国与边缘国共同参与决策的希望也就只能是幻想，类似方案的结果只能是进一步巩固"中心—边缘"结构。这样看来，多斯桑托斯在放弃使用"中心—边缘"概念后所寻求的解决依附问题的方案也变成了空想，特别是用人类从农业社会向工业社会转变时期的启蒙思想套路去解决依附问题，根本就没有实现其目标的可能性。

总的说来，近代以来的整个社会建构都包含着线性思维，世界"中心—边缘"结构是线性思维的成果，依附的问题又是发生在世界的"中心—边缘"结构中的，在我们寻求依附问题的解决方案时，首先应当打破的就是世界的"中心—边缘"结构。当依附论学派——特别是多斯桑托斯——放弃使用"中心—边缘"概念而直接地就依附问题去寻求解决方案时，也就不可能认识到世界"中心—边缘"结构得以形成的思维基础，更不用说打破世界"中心—边缘"结构了。这样一来，一切关于终结依附的设想都成了空想。

在全球化、后工业化的时代，我们的确遇到了终结依附的机遇，但终结依附必须首先从打破世界"中心—边缘"结构开始。正是这一打破世界"中心—边缘"结构的问题，应当成为我们理论探讨的重心，也是我们发挥想象力和创造力的行动场所。我们相信，在一个地区和一国内部，"中心—边缘"结构生成于工业化、城市化的进程中，而在国际社会中，世界"中心—边缘"结构则生成于资本主义世界化的进程中。总体看来，世界"中心—边缘"结构是工业社会的产物，并仅仅存在于工业社会这个历史阶段中。现在，全球化、后工业化意味着人类走向后工业社会，这个"中心—边缘"结构正在失去历史合理性。面对这一问题，仅仅像多斯桑托斯那样拥有批判的勇气是不够的，还需要拥有科学的创新能力，才能找到真正改变现状的出路。

第二节 "帝国主义"名下的世界"中心—边缘"结构

在工业化和资本主义世界化的过程中，特别是当一个完整的国际社会出现后，世界就开始呈现出它的"中心—边缘"结构。当今世界的国际秩序就是依据这一"中心—边缘"结构建立起来的。正是这一"中心—边缘"结构，使中心国对边缘国的剥削可以持续地展开，也使边缘国的中心自愿充当了将其边缘创造的剩余传送给中心国的"传送带"。"中心—边缘"结构是一个复合性的解释框架，是与工业社会的"竞争—协作"行动机制胶合在一起的。资本主义精神是体现在竞争和协作之中的，但由于资本主义世界化造就了"中心—边缘"结构，从而出现了"竞争—协作"与"中心—边缘"这两个既相联系又有区别的分析路径。加尔通的"中心—边缘"结构理论是基于道家的阴阳学说建构起来的，他把"阳中有阴，阴中有阳"的思想贯穿到了对国际关系体系的分析中，从而展示出了一幅具有辩证法色彩的世界图景。但是，道家的阴阳观似乎也把加尔通引向了走火入魔的境地，以至于他在构想打破"中心—边缘"结构的方案时无所建树。

一、 帝国主义体系的"中心—边缘"结构

上述可见，当我们认识和理解工业社会时，"中心—边缘"结构的概念提供了一个非常有用的视角。因为，无论是在国际社会还是一国内部，都在工业化、城市化的进程中形成了一种具有"中心—边缘"特征的社会结构，而且，这一结构在很大程度上决定了人们之间的关系、行为特征以及思维取向。大致是在 20 世纪中期，学者们发现了世界的"中心—

边缘"结构，并很快地引起了人们的关注。在国际关系方面，"中心—边缘"概念的强大解释力甚至令人着迷。劳尔·普雷维什（Raul Prebisch）是较早使用这一概念的学者，很快，很多学者接受了这一概念，并用来解释国际关系中的压迫和依附现象。不过，从理论的成熟度来看，作为一种在"中心—边缘"概念基础上发展出来的理论得以确立，是应归功于加尔通（Johan Galtung）和沃勒斯坦（Immanuel Wallerstein）等人的。无论是在这一理论的生成过程中还是就这一理论的成熟表现来看，"中心—边缘"概念都被学者们用于不同的目的，一些学者运用这一理论去证明"西方中心论"的合理性（沃勒斯坦可以认为是其代表），而另一些学者则用这一理论来揭示和批判国际关系以及种族间的压迫现象（如依附论学派的学者们）。

事实上，"中心—边缘"结构是一个分析框架，它不仅在分析国际社会及其经济结构方面有着强大的解释力，而且在认识一国内部的社会治理结构方面，也是一个非常有用的概念工具。我们看到，虽然阿根廷学者普雷维什较早提出了"中心—边缘"结构的概念，并用以分析资本主义的世界经济结构，但是，使其作为一种系统化的关于世界的"中心—边缘"结构的理论而得到学术界广泛承认的，则是因挪威学者加尔通发表于 70 年代的成名作——《帝国主义的结构化理论》（A Structural Theory of Imperialism）[①]——所产生的广泛影响而成为一个值得注意的新思潮。也就是说，加尔通的《帝国主义的结构化理论》一文意味着流行了将近 20 年的"中心—边缘"概念不仅成长为一个成熟的分析视角和分析框架，而且具有加以系统表述的理论特征。在这篇关于世界"中心—边缘"结构理论的重要文献中，加尔通对世界的"中心—边缘"结构进行了描述和分析。由加尔通提出的关于帝国主义的"三个标准""两种机制""五种类型"和"三个阶段"的讨论，都是基于"中心—边缘"的描述和分析作出的。

加尔通在《帝国主义的结构化理论》的开篇就指出："世界由中心国

---

① Johan Galtung. A structural theory of imperialism. *Journal of Peace Research*. 1971，8（2）. P81—117.

和边缘国组成，每一国家内部又同时存在着中心和边缘。"①。加尔通给帝国主义的定义则是，"帝国主义就是中心国与边缘国之间的一种关系"②。帝国主义意味着国际社会中一个集体统治另一个集体的一种主导体系，它由多个处在世界"中心—边缘"中的中心国构成，而其他国家则处在世界"中心—边缘"结构中的边缘位置，构成了众多分散的边缘国。一般说来，中心国主导了世界政治、经济秩序，通过设计精妙的体制，中心国让每一个边缘国都处在对中心国的依附状态，同时，又使边缘国之间处在分散的甚至对立的状态。不仅如此，中心国还可以通过一系列精妙的设计将边缘国内部肢解成中心与边缘。同时，"中心国的中心在边缘国的中心建立起符合二者共同利益的桥头堡（bridgehead）"③，以使中心国的利益得到最大程度的实现。在某种意义上，这就是帝国主义的基本特征所在。

根据加尔通的分析，帝国主义基于"中心—边缘"结构实现对利益关系的主导从属于三个标准，那就是："（1）中心国的中心与边缘国的中心之间存在'利益之和谐'；（2）与中心国内部相比，边缘国内部存在更多的'利益之不和'；（3）中心国的边缘与边缘国的边缘之间存在'利益之不和'。"④ 在帝国主义的利益追求中，这三个标准的重要程度依次降低。所谓"桥头堡"机制是帝国主义"中心—边缘"结构的关键所在。中心国在完成对另一国的征服后，为了统治的需要，便着手笼络边缘国的中心（边缘国的特权阶层）以构筑自己的傀儡政权。由此，帝国主义便确立起了第一个也是最重要的条件，从而保证中心国对边缘国的剥削经由边缘国的中心进行，即通过边缘国的中心而使财富源源不断地流向中心国。边缘国的中心在中心国对边缘国的剥削过程中扮演着执行者的

---

① Johan Galtung. A structural theory of imperialism. *Journal of Peace Research*. 1971，8（2）. P81.

② Johan Galtung. A structural theory of imperialism. *Journal of Peace Research*. 1971，8（2）. P83.

③ Johan Galtung. A structural theory of imperialism. *Journal of Peace Research*. 1971，8（2）. P81.

④ Johan Galtung. A structural theory of imperialism. *Journal of Peace Research*. 1971，8（2）. P83.

角色。换句话说，正如加尔通所言，对于边缘国的边缘所创造的"剩余"价值，"边缘国的中心只充当了传送带"①。

显然，在中心国与边缘国的内部都存在着中心与边缘的分化，不过，这种分化在边缘国更为严重。加尔通指出，中心国的分化被中心国采取的自由民主制度维持在一个恰当的水平内，即让中心国的边缘感受到处于中心国的自豪。从而，在面对边缘国的时候，让自己国内的边缘永远站在自己一边。然而，加尔通却没有提到民主的另一种角色，即边缘国的严重分化是中心国通过自由民主制度的输出（输出的自由民主制度与中心国自己国内实行的自由民主制度也许并不相同）建立起来的，即在为边缘国确立起自由民主制度的过程中使边缘国分裂为中心与边缘。虽然自由民主制度在边缘国内部制造出了表面上的平等，而实际上则使其分化为中心与边缘。简言之，前一种机制让中心国的边缘高傲地生活在中心国，而后一种机制却让边缘国的边缘悲惨地生存在边缘国。

如此一来，就能够有效地防止中心国的边缘与边缘国的边缘之间建立起任何联系。如果能够进一步在这两个边缘之间激起一定的相互敌视，就可以永远不再担心这两个边缘联合起来共同抵抗任何一个中心了。对于边缘国来说，当通过自由民主制度的建立使社会分化为中心与边缘之后，边缘国的中心会时时感受到来自其国内边缘的压力。为了应对这种压力，也必须更加依赖于中心国，并乐意于把自己国内的边缘所创造的剩余价值传送给中心国，以便得到来自中心国的支持和保护。这个时候，边缘国的一些知识分子为了讨好中心国的中心，更是不遗余力地鼓吹自由民主制度，通过献媚的方式表达对中心国中心的忠心。在得到了中心国的中心支持的情况下，也就能够跻身于边缘国的中心了。因此，"不要（仅仅）把民主看作是国内经济发展的结果或者条件之一，民主（也）是中心国家为了有效控制边缘国家的前提"②。至于边缘国的知识分子不遗余力地向自己的同胞推荐民主制度，与其说是对中心国话语霸权的接受，

---

① Johan Galtung. A structural theory of imperialism. *Journal of Peace Research*. 1971，8（2）. P84.

② Johan Galtung. A structural theory of imperialism. *Journal of Peace Research*. 1971，8（2）. P100.

不如说是为了在此过程中去争取中心国的一些施舍。诸如得到中心国的某些机构的立项而获取一点可怜的经费，或者争取到去中心国游历的方便。

在加尔通看来，学术界长期以来存在着一种误解，那就是把自由民主制度的出现看成国内经济发展的结果，或者将自由民主制度理解成国家经济发展的必要条件之一。在边缘国家中，这种误解更是非常普遍。不仅中心国的众多研究和宣传都在努力证明并向边缘国宣扬这种误解，即一国经济越发达，就越倾向于采用自由民主制度，或者，只有建立起了自由民主制度，才有可能实现国家强盛，而且边缘国的知识分子也极力地模仿着中心国的研究者去发声，并在此过程中向自己的同胞炫耀自己的思想开放和知识丰富。然而，事实恰恰相反。在世界的"中心—边缘"结构之中，边缘国建立起自由民主制度恰恰是中心国有效控制边缘国的前提。尽管在一些地区也出现了支持这种证明的诸多证据，而这些证据恰恰是中心国有意安排的结果。

从理论上看，在世界的"中心—边缘"结构确立起来后，任何一个边缘国自由民主制度的确立都是中心国干预的结果，合乎中心国的目的。在边缘国中之所以会有大批的人响应中心国的安排，一方面可能是受到了这种误解的蒙蔽；另一方面却是因为这些人不愿意被排挤到边缘国的边缘，而是希望在边缘国中挤进中心，以便获得相对于中心国的次级利益。也就是说，既然没有出身于中心国而决定了自己无法跻身于中心国的中心，那就在接受命运安排的同时通过依附中心国而挤进边缘国的中心，以便让自己的利益与中心国联系起来。如果能够较好地充当将边缘国的边缘所创造的剩余价值传送到中心国去的"传送带"，或者，能够通过意识形态建构而发挥欺骗边缘国的边缘的作用，把整个国家都引入按照中心国的要求去建立起民主制度，从而为把边缘国边缘所创造的剩余价值顺利地输送到中心国，也就可以在这一过程中使自己的利益最大化了。

在这里，可以看到，加尔通显然对帝国主义话语霸权提出了挑战，那就是要尊重事实，不应孤立地在一国内部去认识自由民主制度，而是需要把这一制度的确立放置在一个更大的国际背景中考虑。如果说在工业化初期所建立起来的自由民主制度是一国内部的政治与经济发展的结果，那么当那些率先建立起了自由民主制度的国家把自己国内的"中心—边缘"结构推广到世界之后，也就是说，当国际社会形成了"中心—边缘"结构之后，当大量的"外围"被转化为边缘之后，边缘国的自由民主制度就再也不是其政治与经济发展的结果了，更不是其经济发展的条件，反而是服务于帝国主义体系的剥削机制的。在边缘国中，那些呼唤自由民主制度的人，那些事实上在自由民主制度确立后而进入了边缘国中心的人，所扮演的只不过是帮助中心国剥削边缘国中的边缘的角色。

总体来看，在此过程中，帝国主义有效地把中心国的边缘和边缘国的中心都拉拢到了一起，一道剥削边缘国的边缘。在剥削所得的财富中，大部分流向了中心国，中心国的中心分得其中的一大部分，而中心国的边缘则得到其中的一小部分。在中心国与边缘国的互动交换过程中，中心国允许边缘国保留剩下的一小部分并在边缘国中进行分配。其中，边缘国的中心分得其中的绝大部分，边缘国的边缘却得到极少部分。这样一来，边缘国就会出现贫富迅速分化的景象。边缘国的中心在效命于中心国的剥削中所获得的财富迅速积累起来，甚至会呈现出比中心国的边缘更富有的景象，而边缘国中的边缘则被永远打入贫困的一极。这个时候，边缘国的中心为了缓解贫富分化而导致的社会问题，往往会不断地向边缘国的边缘许诺分享发展红利，而实际上，这些许诺只不过是出于维护帝国主义的剥削秩序的目的，是为了让帝国主义的剥削机制能够顺利运行和延续得再久一些。

当然，加尔通必须解决这样一个问题，那就是中心国与边缘国都不止一个，而是多个。也就是说，上述分析如果在一个中心国和一个边缘国对应的意义上是容易理解的，如果在多个中心国与多个边缘国之间展开，就会产生理解上的困难。为了解决这一问题，加尔通描绘了一幅"中心—边缘"结构网的图景。具体而言，世界包含着多个中心国，每个中心国又通常被多个边缘国围绕着。这许多个"中心—边缘"结成了一个"中心—边缘"结构网，加尔通将其称为"封建互动结构"（feudal interaction structure)。[①] 这一结构网包括如下特征：其一，多个边缘国之间缺乏互动，隶属于同一个中心国的边缘国之间如此，隶属于不同中心国的边缘国之间更是如此；其二，一个中心国只能与其他中心国相联系，而不能私自与他们的边缘国互动；其三，一个边缘国也只能与自己的中心国互动，并通过自己的中心国而与其他中心国发生联系，而不能擅自与其他中心国交往。[②]

加尔通的表述可以简化为两点，其一，国家间的横向互动仅限于中心国与中心国之间；其二，国家间的纵向互动只限于某个中心国与它自己的边缘国之间。当然，到了20世纪后期，特别是进入21世纪后，国际关系的状况已经与加尔通发表此文的20世纪70年代有了很大不同。但是，国家间交流的增多（如旅游导致的人的流动）、通信技术的发展（让世界上的每个地区的人们都可以随时联系）等，都只是在表面上让国家间的交往呈现出新的景象，而在实际上，并没有改变加尔通所分析的帝国主义剥削结构。"中心—边缘"结构依然是当今世界的基本结构，中心国正是利用了这一结构实现了对全球的控制。

在世界的"中心—边缘"结构中，一个国家如何准确地把握自己的位置也需要有据可循。对此，加尔通认为，可以依据三个方面来确认一国在"中心—边缘"结构中的位置：第一，"在绝对性质的意义上"，可以根据一国自身的特征来确认，例如，一国经济发展水平的高低决定了它处在世界的中心或边缘；第二，"在互动关系的意义上"（即加尔通所谓的"垂直互动机制"），在一对一的垂直互动交往中获益多的国家可以认为是中心国，而获益少的国家则可以认为处在边缘国的位置上；第三，"在互动结构的意义上"[③]（即加尔通所谓的"封建互动机制"），在多对

---

① 加尔通对一个中心国与一个边缘国的关系用"垂直互动关系"(vertical interaction relationship) 来分析，而将一个中心国与多个边缘国的结构用"封建互动结构"来分析。也就是说，垂直互动与封建互动是加尔通提出的帝国主义的两种机制。垂直互动是一对一的，必然涉及国内的分裂问题，中心国的中心与边缘国的中心媾合，才让一对一的关系更稳定；而封建互动则是一对多的，它让边缘国家之间难以联合。

② Johan Galtung. A structural theory of imperialism. *Journal of Peace Research*. 1971，8（2）. P89.

③ Johan Galtung. A structural theory of imperialism. *Journal of Peace Research*. 1971，8（2）. P103.

多的互动网络中，掌控整个互动网络的是中心国家，依赖中心国才能参与互动的是边缘国家。加尔通指出，这可以被视为定义"中心国"与"边缘国"的三种途径。不过，我们认为，如果上述三个方面的特征全部具备的话，就可以准确地确认一国属于中心国或边缘国；如果仅具备一个的话，可能意味着该国处于"中心—边缘"结构的中间地带，有可能跃迁到中心国的行列，也可能被打入边缘国的地带。更多的情况是，处于中间地带的国家会很快地在帝国主义剥削机制的运行中被打入边缘地带，成为边缘国。如果处在中间地带的国家在自由民主制度建设方面加快了步伐，滑向边缘国方向的速度也就会同比加快。

正是有了这一"中心—边缘"结构，使当今世界呈现出了某种秩序特征，中心国努力对任何一种威胁国际秩序的因素加以制止或消除。所有制止和消除威胁国际秩序因素的行动，又都无非是出于维护这一世界"中心—边缘"结构的需要。另一方面，也正是世界的这一"中心—边缘"结构，使依赖这一结构的"新帝国主义"区别于仅仅依赖直接暴力的"老帝国主义"。这就是加尔通在比较新老帝国主义时所说的，"只有不完美的、业余的帝国主义才需要武器；专业的帝国主义依赖结构而非直接暴力"①。

二、"中心—边缘"结构中的竞争与协作

任何一种社会结构都是行动的框架，国际社会亦如此。如果对一种社会结构仅仅作出静态的描述，而不是考察这一结构中的动态行动过程，那么发现一种结构的意义就会大打折扣。关于世界的"中心—边缘"就是这样。我们认为，加尔通基于"中心—边缘"结构而对帝国主义统治所作的分析是非常深刻的，但"中心—边缘"结构所包含的理论潜力以及丰富内容还远没有被揭示出来。或者说，"中心—边缘"结构所包含的丰富内容要比加尔通所能够想象的多得多。比如，在国家间的关系中，

---

① Johan Galtung. A structural theory of imperialism. *Journal of Peace Research*. 1971，8（2）. P91.

存在着竞争与协作,这是一个确定无疑的现实。但是,加尔通却忽视了这一现实。或者说,加尔通由于没有把国家间的竞争与协作引入"中心—边缘"结构之中而使这一理论变得有些苍白,甚至显得有些不真实。我们甚至可以说,除了对帝国主义剥削给予一种解释并进行批判,加尔通让"中心—边缘"结构显得并无其他功能,更不用说去寻找解构这一"中心—边缘"结构的路径了。所以,在肯定了加尔通的贡献的同时,我们还需要继续挖掘这一"中心—边缘"结构中所包含的其他因素。如果我们能够把国家作为一个行动体来看待的话,那么把竞争与协作引入这个"中心—边缘"结构中来加以考察,也就是一件非常自然的事情了。

上述可见,加尔通描述了边缘国之间、中心国的边缘与边缘国的边缘之间以及某一中心国与其他中心国的边缘国之间是如何被割裂开来的。这一点应当说是非常重要的,因为它解释了帝国主义为什么能够有效地防止任何一种形式的边缘联合,解释了世界的"中心—边缘"结构是如何得到有效维护并总能够服务于帝国主义的剥削的,也解释了为什么边缘国总是处于贫富极度分化的状态。但是,就国际关系的现实来看,加尔通所述的割裂总给人一种若有若无的感觉。或者说,国际关系的现实并没有完全呈现出加尔通所说的割裂。就从20世纪后期以及21世纪的十多年历史来看,在技术方面,虽然科学技术的发展首先是由中心国把持的,但在向外传播的过程中,往往为边缘国间的互动提供了技术支持;在国际政治方面,边缘国也逐渐产生了相互联合的意识,而且,也涌现了一大批主要由边缘国的互动所构成的国际性合作组织,尽管这些组织一经产生就难以避免地接受了中心国的介入。

这样一来,似乎让我们对加尔通的"中心—边缘"结构产生了某种怀疑。第一,在20世纪发生了两次世界大战,并在"二战"后长期处于"冷战"状态,如果"中心—边缘"结构只是中心国用来割裂边缘的工具,那么在两次世界大战以及冷战期间的两大集团对立中,中心国是如何对集团内的边缘进行割裂的?如果两次世界大战以及冷战是因争夺边缘国而引发的,那么边缘国为什么会停留在此一集团而不是彼一集团?另外,大量的边缘国内部并没有建立起自由民主制度,为什么中心国能够有效地控制这些边缘国?第二,我们知道,加尔通的著名论文发表于

70年代初，距今已经半个世纪，在这段时间内，科学技术（特别是信息技术）的迅速发展、边缘国家联盟的迅速成长等，是不是证明了加尔通所描述的"中心—边缘"结构仅仅是人类历史上的一个特殊历史阶段中的现象，现在这一结构正处在一个解体的过程之中？如果这一结构已经处在解体过程中，为什么广大的处于边缘的所谓发展中国家的两极分化正在不断扩大？为什么边缘国内部要求建立自由民主制度的呼声变得更加激烈？为什么中心国出现的"金融危机""债务危机"对边缘国的影响要比以往任何一次经济危机的影响都要大？所有这些看起来非常矛盾的现象都表明，我们不能满足于仅仅运用加尔通的帝国主义"中心—边缘"结构理论来解释世界，而是需要赋予"中心—边缘"结构理论以更多的内容。

显然，国际关系的格局处在变动之中，特别是在20世纪80年代以来的全球化运动的冲击下，加尔通所述的那种"中心—边缘"结构开始松动也是一个事实。正是由于"中心—边缘"结构出现了某些松动，致使大量边缘国联盟迅速涌现。尽管这些联盟体也具有边缘性质，甚至与中心国联盟间构成了另一个层面的"中心—边缘"结构，但这种变动所带来的一个重要现实是，一个边缘国不再只从属于某个特定的中心国，边缘国也不再必须通过它所属的中心国去与另一国发生联系。相反，就当前的情况来看，任何国家（包括中心国和边缘国）都可以在表面上"自主地"同其他国家进行交往。其实，在近代以来的民族国家生成过程中，国家间的交往一直都很少受到某种强制性的外部干涉。就民族国家与主权、民族自决权等间的关系而言，它本来就应当是可以自主选择交往对象。所以，在整个近代以来的这一历史阶段中，实际上并不存在加尔通所说的那种纯粹的"封建互动结构"，尽管边缘国看着中心国的眼色行事的现象处处都有。

由此看来，加尔通的"中心—边缘"结构是因抽象而获得的纯粹性，在现实中并没有严格意义上的典型形式，国家间的关系并不是严格按照加尔通的"中心—边缘"结构来运转的。但是，我们也必须承认，在芜杂的国际关系中，在纷乱的国家间结盟与冲突背后，是包含着一个时时处处都发挥作用的"中心—边缘"结构。也就是说，世界的"中心—边缘"结构也是一个必须承认的事实。之所以国际关系的现实并不像加尔通所描述的那样清晰,而是呈现出了复杂的状况,那是因为,近代以来的历史包含着两条发展主线:一条是在人际交往、族际交往和国际交往中形成的"中心—边缘"结构;另一条则是在社会大分工中形成的竞争与协作机制和体制。这两条线索时而交融时而分离,从而使社会的表象呈现出纷繁复杂的特征。这样一来,我们在把握世界"中心—边缘"结构的过程中,就不能忽视竞争与协作的因素。然而,这一点恰恰是加尔通没有考虑到的。

我们看到,虽然国际关系中存在着"中心—边缘"结构,而且,在这种"中心—边缘"结构的基础上甚至生成了罗伯特·阿克塞尔罗德(Robert Axelrod)所说的一种"进贡模型",但国家间的联盟却是一个常见的现象。尽管联盟中存在着"中心—边缘"结构,但几乎所有近代以来的国家联盟都声称成员国的平等,而且多数这样的联盟都倾向于制定包含着规定成员国间平等的规范性文件。在这里,显然存在着这样一个问题,那就是,什么因素促使国家间按照违背"中心—边缘"结构的理念去经营联盟呢?毫无疑问,是竞争的压力。由于在国家间存在着竞争,为了抵御竞争压力,国家间需要创造某种协作效应,从而结成联盟。我们知道,竞争与协作都必须建立在行动者的平等这一前提之下,不平等的竞争不是竞争,因为不平等的行动者之间根本就不存在着竞争关系,更不可能开展竞争行动。同样,不平等的协作也只是一种命令与服从的行动模式。所以,联盟作为一个协作行动体首先需要建立在平等的前提下。只是当联盟生成之后,才会在联盟的管理中生成"中心—边缘"结构。

从现实中的实际情况看,许多联盟为了避免这一点,往往采用轮值制。所以,在"中心—边缘"结构之中开展行动的国家又处在竞争与协作过程之中,从而使国家间的关系呈现出了复杂状况。如果中心国再对此加以经营的话,就会在表现上变得更为复杂。比如,中心国在经营联盟时,会宣扬自由经济的神话,让边缘国相信,只要打开国门去自由地参与世界贸易,就可以在国际舞台上展开竞技,就能够在与中心国的竞争与协作中迅速赶超中心国,从而实现经济社会的迅速发展。如果一个国家不愿意打开国门，它就会被孤立，就会受到封堵，甚至会经常性地受到武力恫吓。如果一个国家打开了国门，它就立即被纳入"中心—边缘"结构之中，实现了从"外围"向边缘的转变，即作为边缘国而存在，并成为中心国的一个新的财源。总之，当世界已经确立起了"中心—边缘"结构后，无论一个国家被孤立还是被纳入联盟中去，都无非是那些中心国随时可以宰杀的羔羊。

尽管国际社会存在着"中心—边缘"结构，但国家间的竞争以及通过联盟、通过世界市场、通过世界贸易体系开展协作也是必须承认的基本事实。竞争与协作是相伴而生的，在一个区域性的市场中是这样，在整个国际社会中也是如此。虽然国家间的竞争不像在一国内部那样能够得到严密的法律规则体系的规范，但法的精神依然被贯注到了国家间的竞争之中。因而，在一定程度上，是可以使国家间的关系体现出某种平等的。当然，国家间的平等是极其有限的，中心国总是凭借其优势地位而破坏这种平等，诸如"禁运""制裁""反倾销"等都是经常挥舞的大棒，而边缘国总是处于一种必须接受宰制的地位。

在协作的问题上，联盟可以看作是国家间最为直接的协作体，而且从既有的联盟运行情况看，所造就的协作也会在表面上体现出国家间的平等。然而，实际情况往往并非如此。在协作过程中，"中心—边缘"结构所发挥的作用是无处不在的。与之相比，通过世界市场和世界贸易体系而开展的协作更具有自由的色彩。但是，通过这些途径实现的协作又总是直接地与竞争相伴。上述中心国经常使用的那些手段在破坏了竞争平等性的同时也破坏了协作。对于中心国来说，边缘国间的竞争是有利可图的，边缘国之间的竞争愈激烈，中心国就愈能够从中渔利，即意味着更多的廉价商品自动地注入中心国。边缘国间的协作则是中心国所不愿意看到的，特别是通过联盟形式开展的协作，往往是中心国一旦发现就加以制止或破坏的。

中心国制止边缘国联盟的方式是多样的，可以通过挑起边缘国间的竞争、对立以及冲突来破坏边缘国间的联盟，也可以通过直接介入边缘国发起的联盟中去主导联盟的行动。总的说来，出于维护"中心—边缘"结构的目的，中心国总是希望边缘国间的一切交往都能够通过它们或在它们的主持下进行。所以,竞争与协作总是被纳入"中心—边缘"结构的框架之中。即使边缘国意识到这个"中心—边缘"结构对其发展形成了制约,并希望打破这个"中心—边缘"结构,面对中心国的强大优势以及无处不在的干预,也无可奈何,更何况边缘国之间时常受到中心国的挑动而陷入对立和冲突之中。

总之,由普雷维什等人提出和由加尔通进一步发展的"中心—边缘"结构理论是一个独特的解释框架,它为我们提供了一个认识国际社会的新视角。在加尔通的著名论文发表之后的数十年中,虽然发生了全球化、后工业化运动,国家间的交往变得越来越频繁,国家间的交往方式和交往途径都呈现出多元化的趋势,然而,"中心—边缘"结构依然存在,并每时每刻都在发挥作用。正是这一点,使中心国向边缘国转嫁危机成为可能,诸如金融危机、债务危机等基本上都是沿着"中心—边缘"结构的路径而被转嫁到边缘国去的。同时,中心国也基于世界的"中心—边缘"结构而继续对边缘国的交往、结盟等进行干预,甚至极力去割裂边缘国,以中心国与边缘国间的协作而激发边缘国间的竞争,从而保证所有的边缘国都能够在中心国的有效控制之下。

当然,我们也承认中心国间存在着竞争关系。但是,与边缘国之间的竞争相比,中心国间的竞争显然要小得多,或者说,冷战以后,中心国之间的竞争再也没有使它们走到分割的地步。[①] 如果说在加尔通发表他的著名论文之时东西方还分割为两大阵营,因而存在着中心国间的分割问题,那么苏联东欧解体后,中心国空前地团结到了一起,联起手来在"中心—边缘"结构为其提供的基本框架中实现对边缘国的控制。所以,冷战之后,世界"中心—边缘"结构单极化了,原先由两个中心构成的世界"中心—边缘"结构转化成了单一的"中心—边缘"结构。虽然这一时期的中心国依然是一个国家群体,但这个群体面对边缘国的时候则是统一的,总能采取一致性的行动。

---

① 加尔通认为,中心国之间虽然也可以是消极的斗争关系,却能更容易地将其转变为中性关系甚至是积极关系。只要他们能够在划分世界势力范围的问题上达成某种一致,他们就可以联手保护帝国主义的整体利益,即维持这种"中心—边缘"结构。参见 Johan Galtung. A structural theory of imperialism. *Journal of Peace Research*. 1971,8 (2). P105.

正是出现了这样一个单极化的"中心—边缘"结构，才使中心国面对边缘国的交往和联系显得稍有宽容。进而，也使竞争与协作出现了新的气象。在一定程度上，中心国与边缘国交错进行的竞争与协作掩盖了世界"中心—边缘"结构，以至于让人们几乎忘却了加尔通的"中心—边缘"结构理论。可以说，如果不是出现了金融危机以及债务危机在全球范围内的广泛转移，人们几乎完全沉浸在平等竞争与协作的世界市场之中了，只是由于广大的发展中国家遇到了发达国家转嫁过来的金融危机和债务危机这样一个残酷的事实，才让人重新想起世界的"中心—边缘"结构。

三、"中心—边缘"结构的辩证法

加尔通在其《和平论》中简述了他的"阴阳两分，双重辩证"的四分法思想[①]，这说明，加尔通可能是海德格尔等人之后的又一位受到中国古代道家思想影响的西方学者。虽然加尔通与海德格尔的理论兴趣点是不同的，但是，由于他们对道家思想加以自觉地运用，都在西方思想界刮起了一阵清新的风。加尔通被西方学术界视为"和平学之父"，他对和平的理论阐述与实践追求曾影响了国际关系。我们知道，"和平与发展"的主题曾一度成为国际社会的共识，其中包含着加尔通的贡献。只是由于反恐战争、金融危机、债务危机的相继出现，西方国家才抛弃了"和平与发展"的主题，并试图挑起新的"冷战"。

加尔通的"和平学"著作《和平论》是在1996年出版的，在这本书中，处处反映了道家的辩证法思想。其实，不仅《和平论》是一部洋溢着道家辩证法思想的著作，加尔通此前的理论建构也贯穿了"阴中有阳，阳中有阴"的思想。在加尔通对"中心—边缘"的分析中就可以看到，中心国是有边缘的，而边缘国中也有中心，这无疑是对"阴中有阳，阳中有阴"思想的直接复写。由此可见，加尔通的"中心—边缘"结构理论并不是对中心与边缘进行简单二分的理论，而是包含着一个辩证结构。

---

① ［挪威］加尔通：《和平论》，陈祖洲等译，南京：南京出版社，2006，第24—27页。

如果说在普雷维什那里所看到的还仅仅是国际社会中的单线式"中心—边缘"结构,加尔通则发现,无论是中心国还是边缘国,其内部也都同样存在着"中心—边缘"结构。而且,正是基于这一点,加尔通更清晰地揭示出中心国剥削边缘国的实现机制。也就是说,中心国与边缘国之间并不是在整体上确立起了剥削关系,事实情况是,中心国是通过边缘国的中心实现了对边缘国的剥削。同时,中心国中的边缘也只是受到其中心的拉拢与挑拨,才陷入了与边缘国中的边缘对立和冲突的状态中。

加尔通再三强调,帝国主义是国内关系与国际关系的某种组合,而不仅仅是一种国际关系。如果仅仅将帝国主义视为在中心国与边缘国之间的不平等关系中产生的一种现象的话,就会让人们忽视帝国主义的结构化因素(如"民主"的问题),尤其是忽视中心国的中心与边缘国的中心之间的利益媾和。其实,对于加尔通的帝国主义结构化理论,最能够得到学者们广泛认同和称赞的部分就是加尔通对"行动者内部效应"(intra-actor effects)和"行动者之间效应"(inter-actor effects)的综合分析。加尔通在进行这种综合分析的时候,对提出"中心—边缘"结构理论时所依据的科学环境进行了严厉的批评。

在加尔通看来,"中心—边缘"结构理论得以提出时的科学研究——事实上,这种情况直到今天都没有发生多大变化——都侧重于对两国间交易过程中的入口/出口进行即时分析(即"行动者之间效应"),而没有关注这一交易在完成之后对交易国内部所产生的深远影响(即"行动者内部效应")。例如,传统的贸易分析都只关注对贸易过程中双方的交易规模、交易价格以及可计量的受益程度等因素的分析,却忽视了"中心—边缘"结构在其中产生的影响。实际上,发生在中心国与边缘国间的交易并不是简单的商品交换,也不是资本的互换,而是有着商品属性上的差异。也就是说,中心国与边缘国之间所进行的是制成品与原材料的交换,这二者不仅仅属于一种物品差异,而是包含着更多影响更为深远的内容,发生在中心国与边缘国间的交易实质上是严重不平等的交换。

加尔通认为,在这种不平等交换通过即时交易的方式完成后,中心国在政治、军事、传播以及文化方面进一步全面获益,而边缘国则会全面地陷入更为不利的地位。即使中心国从边缘国购买原材料的价格提高了许多，即使双方贸易的规模达到一致，即二者在交易之时是平等的，但交易之后，中心国与边缘国依旧不可能平等。这就是"中心—边缘"结构的另一个重要方面。中心国由于身居核心，这种位置优势会进一步聚敛更多的财富和获取更大的利益，从而进一步巩固了"中心—边缘"结构。

从 20 世纪后期的情况看，中心国与边缘国间的贸易已经不再以加尔通所观察到的那种原材料与制成品之间的交换为主。由于获得了科学技术的垄断权，中心国不再一味地从边缘国获取原材料，反而有时直接从边缘国获取制成品，即用价格难以度量的技术去与价格可以计算的制成品进行交换。在此过程中，中心国通过牢牢地控制技术以及制成品的定价权对边缘国进行剥削。同时，把环境污染等问题转嫁给了边缘国。之后，再提起碳排放的话题，并将这一话题转化成话语权而对边缘国施加另一重压力，从而把边缘国推向更加边缘的位置。尽管情况发生了这些变化，但加尔通的"中心—边缘"结构理论的解释力却没有因此减弱，反而得到了增强。

由此可见，从帝国主义的结构属性上去认识国际关系，是能够更为准确地把握帝国主义的实质的。不过，我们也认为，加尔通"中心—边缘"结构理论解释力的增强是国际社会的一大悲剧。显然，世界"中心—边缘"结构是在资本主义世界化的过程中生成的，20 世纪 80 年代开始，全球化运动本来应当成为资本主义世界化进程的终结，应当是世界"中心—边缘"结构解构的过程。如果说全球化是一场不同于资本主义世界化的运动，那么，对于边缘国而言，就是改变世界政治与经济格局的机遇。然而，在既定的世界"中心—边缘"结构中，中心国刻意对全球化作了"世界化"的解释，把全球化作为强化资本主义世界化的又一次机遇而加以利用。同时，边缘国中的知识界也采取了趋附于中心国的解释，甚至欺骗边缘国中的边缘说，这种全球化是边缘国向中心跃迁的机遇。结果，资本主义世界化的模式得到了加强，"中心—边缘"结构不仅没有得到解构，反而得到增强。这就是全球化运动被强行纳入旧的资本主义世界化轨道上去而产生的恶果。

加尔通的"和平学"理论与他的"中心—边缘"结构理论显然有着

一致性，可以认为，加尔通的和平学理论是在"中心—边缘"结构分析的基础上形成的，所指示的是打破"中心—边缘"结构的路径和方向。但是，在阅读加尔通的时候，我们发现，虽然加尔通因为运用道家阴阳观而建构起了具有辩证法内涵的"中心—边缘"理论，但也正是这一道家阴阳观在一定程度上限制了加尔通的思考，使他无法找到打破"中心—边缘"结构的出路。显而易见，加尔通对"中心—边缘"结构的揭示不是出于证明这一结构的合理性的目的，而是为了找到一个批判的视角，加尔通的"中心—边缘"结构理论实质上是反"结构"的[①]。然而，如何打破"中心—边缘"结构，如何抵制"中心—边缘"结构带来的不平等，以及打破了"中心—边缘"结构之后会是什么……在这些问题上，加尔通都没有给予我们明确的指示。这只能说明加尔通对于打破现状后的未来构想非常模糊，尽管不能说他缺乏这方面的愿望。

实际上，加尔通是经常性地跂足翘望未来的，甚至努力去为国际关系新秩序的建构开出诸多药方。可惜的是，在他所开出的药方之间却缺乏系统上的一致性，甚至出现了相互矛盾的状况。比如，一方面，加尔通主张边缘国通过自力更生去减少与中心国的垂直互动，通过发展进口替代产业和自主决定生产内容去削弱中心国的影响。这实际上是一种让边缘国自我孤立的做法。另一方面，加尔通又主张边缘国通过组成联盟去对抗中心国，他所描绘的"边缘—边缘"和"边缘—中心"的互动策略似乎被要求从属于一个"边缘努力赶超中心"的目标，从而陷入了用中心化去打破中心（实质上是替代中心）的思维悖论之中。所以，加尔通虽然有着反"中心—边缘"结构的愿望，却受到了"中心—边缘"结构的框定，跳不出"中心—边缘"结构的框架去思考问题。至于加尔通学着麦克卢汉所说的"各处皆中心，无处是边缘"[②]，也许包含着他的某种思考，但在表述上是令人费解的，甚至在语义上是矛盾的。在某种意

---

① "结构"之于加尔通，意义重大。加尔通相当多的作品都是以"结构"命名，例如 a structural theory of imperialism/aggression/integration/revolution 以及著名的 structural violence/peace 等概念。他也因此被称为"结构主义者"。他致力于剖析当前社会的结构化状况，并"视结构为平等的敌人"，意欲消解"结构"。可参见 Boulding, Kenneth E. Twelve friendly quarrels with Johan Galtung. *Journal of Peace Research*. 1977, 14（1）. P75—86.

② ［挪威］加尔通：《和平论》，陈祖洲等译，南京：南京出版社，2006，第 12 页。

义上，我们倾向于认为，加尔通可能是受到了道家阴阳观的影响而陷入了一种相对主义，以至于他在思考"中心—边缘"结构时受到了这样的困扰：是实现阴阳平衡还是阴阳反转？是消除阴阳对立还是造就纯阳（道家的"真人"就是纯阳之体）？

在现实中，面对"中心—边缘"结构，加尔通所描绘的两种情况都是有其原形的。也就是说，一种是面对"中心—边缘"结构的孤立化冲动，即退出国际关系体系，封闭国门而独立自主地搞建设；另一种是驻留于"中心—边缘"结构之中，制定追赶策略，努力实现向中心地带的跃迁。事实上，在世界已经拥有了"中心—边缘"结构的条件下，前一条道路对于每一个边缘国来说都只能在一个极其短暂的时期内封闭国门。因为，中心国绝不允许这个世界上存在着某个独立于"中心—边缘"结构之外的国家，中心国不愿意看到任何一个哪怕是小小的"财源"在其控制之外，所以，总会想方设法将所有国家都纳入"中心—边缘"结构之中，甚至不惜通过武力威胁、颠覆政府、自由民主制度的输出等方式而将所有"外围"都拉进"中心—边缘"结构中来。至于后一条道路，往往也能够暂时造就出向中心跃迁的假象，比如，通过竭泽而渔式的资源消耗，通过对人力资源的破坏性开采，通过残酷的剥削体制的运行，实现资本总量上的迅速增长。但是，这毕竟只是一种假象，一旦中心国看到这只绵羊已经养肥，"宰牲节"也就到来了。

中心国有无数种方式把那些似乎实现了向中心跃迁的边缘国再度打入更遥远的边缘，更何况这类边缘国的中心早已偷偷地把其国内发展中创造的财富转移到了中心国。我们看到，在国际政治的实践中，中心国虚张声势地采用一些制裁、禁运、军事恫吓等方式，只不过是为了转移边缘国中边缘的视线，让他们不起来反对边缘国的中心。所以，这只是因为边缘国的中心向中心国输送财富有功而采取的一些保护边缘国的中心的手段。或者说，是中心国出于保护边缘国的中心之需要而采取的一些手段，目的是要转移边缘国中边缘的视线。一个浅显的道理是不难理解的，边缘国的中心担负着把边缘国所创造的财富输送给中心国的职能，如果边缘国中的边缘愤而反对其中心，就会使这个输送财富的机制暂时失灵。所以，中心国是不允许边缘国的边缘起来反对其中心（如果边缘国的中心不顺从中心国就另当别论了）的。如果边缘国中的边缘有怨气的话，就让他们发泄到中心国那里，但这种怨气的发泄无法产生任何影响，即使直接地损毁了一些中心国在边缘国中的独资企业，其损失也可以忽略不计。正是由于这个原因，中心国经常性地对边缘国采取一些措施，让边缘国中的中心把国内的视线转向这些方面，让边缘国的边缘感觉到其中心与他们是站在一起的。这样一来，边缘国与中心国的地位都变得更加稳固了。总之，只要边缘国处在既有的"中心—边缘"结构之中，按照中心国为这个世界确立的原则和规范行事，迷信中心国为其编织的发展神话，就不可能脱离边缘地位，更何况中心国以及边缘国的中心都无时无刻不采取欺骗的手法让边缘国中的边缘安于现状。

可见，加尔通所构想的两种打破"中心—边缘"结构的道路都是行不通的。不过，加尔通还构想了一种"均质化社会"的方案。从20世纪后期一些国家的迅速发展看，似乎加尔通的第三种方案是有着实现的可能性的。我们看到，就在加尔通思考如何打破世界"中心—边缘"结构并发表了其研究成果后，亚洲一些国家和地区就创造了所谓"发展奇迹"——比如亚洲"四小龙"等。但是，我们认为，亚洲一些国家和地区所创造的发展奇迹其实是建立在把更多国家打入更遥远的边缘地带的基础上的。而且，之所以中心国没有把这些国家和地区推上"宰牲节"的祭坛，是因为它们在世界的"中心—边缘"结构中发挥着中转站的作用。如果这些国家和地区不满足于扮演中转站的角色，或者说，如果有一天中心国不需要这些中转站了，那么这些国家和地区就会立即成为"宰牲节"中的牺牲品。

在某种意义上，我们可以认为加尔通前瞻性地预测到了亚洲一些国家和地区向中心跃迁的可能性，但亚洲一些国家和地区的成功并不意味着加尔通所构想的另一种情况——"均质化社会"——的出现，那就是边缘的消失，即所有边缘国都进入了中心。对此，肯尼思·博尔丁（Kenneth E. Boulding）在1977年发表的一篇论文中就对加尔通作出批评。尽管我们可以怀疑，博尔丁有可能是出于证明世界"中心—边缘"结构的合理性的目的而对加尔通提出批评的，但其批评意见却是必须认真考虑的。根据博尔丁的意见，在均质化的社会中，是难以产生优秀成果的，也不能够产生出类拔萃的人物，在科技、文学和艺术等每一个领域中都是如此，因而"也就不会产生出加尔通这样的学者"。简言之，处于社会上层的加尔通本人的出现和存在恰恰表明他自己"违背了他所构想的均等主义"①，也就证明了均质化社会不可能出现。

显然，在西方国家，甚至在发展中国家，博尔丁的观点都是更能够引起共鸣的。这也说明加尔通所提出的"结构暴力"② 这一概念在博尔丁的批评中得到了充分展现。今天看来，加尔通的成就是应当肯定的，他之所以没有进一步提出可行的方案，可能是由于他所处时代（20 世纪70 年代）的限制。20 世纪后期，特别是进入 21 世纪后，社会的发展以及社会科学的进步已经可以让我们去思考（无论是国际还是国内的）合作治理模式。在合作治理的构想应用于国际社会时，即不是构想脱离"中心—边缘"结构，也不是在这个结构中向中心跃迁，更不是幻想均质化社会，而是首先要解决"去中心化"的问题，即在中心与边缘的共同发展中逐步地削弱中心的相对优势。这将是一个综合性的方案，而且，首先需要让"去中心化"的概念得到广泛传播，并得到所有国家的认同。在某种意义上，加尔通的"和平学"是包含这一内涵的，那就是为了和平的目的而让所有国家都接受"去中心化"的观念。即使在一国内部，也需要为了"和平"（当然，可以把和平的概念转化成"安定"或"和谐"等词语）的目的而选择"去中心化"的道路。

---

① Boulding，Kenneth E. Twelve friendly quarrels with Johan Galtung. *Journal of Peace Research*. 1977，14（1）. P75—86.

② Johan Galtung. Violence，peace，and peace research. *Journal of Peace Research*. 1969，6（3）. P167—191.

第四章

智力依附与创新垄断

第一节　世界"中心—边缘"结构中的智力依附

在近代资本主义世界化进程中生成的世界"中心—边缘"结构不仅包含着边缘国对中心国的政治、经济、文化依附关系，这些方面的依附也反映在或表现为或根植于智力依附。在边缘国对中心国的智力依附中，知识分子扮演了执行者的角色。虽然知识分子在殖民地的"民族国家独立运动"以及"和平发展"等不同时期所扮演的角色是不同的，但在边缘国对中心国的智力依附方面，处处都可以看到知识分子的身影。正是知识分子，成了边缘国对中心国智力依附的桥梁，或者说，边缘国的知识分子推动了和实施着其国家对中心国的智力依附。其实，出于国家和民族利益的需要，边缘国知识分子应当实现理论以及科学自觉，承担起摆脱"智力依附"的责任，努力在建立国家间平等的世界这一过程中发挥应有的作用。尽管这种情况一直未能发生，但在全球化、后工业化时代，当打破世界"中心—边缘"结构的课题提出来之后，我们需要边缘国的知识分子去扮演推动世界"去中心化"的理论探索和行动路线设计的工作。

一、 反殖民运动中的国家独立与智力依附

在世界的"中心—边缘"结构中，边缘国对中心国的依附是多方面的，或者说，反映在政治、经济、文化等每一个领域中。其中，边缘国对中心国的"智力依附"也是一个非常重要的方面。在某种意义上，边缘国对中心国政治、经济、文化等各个方面的依附都是与智力依附相关联的，应当说，所有这些方面的依附都是相互促进的。我们知道，英国前首相撒切尔夫人曾断言中国不可能成为世界强国，其理由就是在现代性的语境下，中国无法产生属于自己的独立思想。的确如此，如果一个国家缺乏属于自己的独立思想的话，无论它的经济发展达到了什么样的程度，都无法摆脱依附地位。那样的话，其政治、经济等方面所表现出来的强盛都只能说是一种假象，或者，都只是一种暂时现象。

在国家间的依附关系中，智力依附可能是一种更为根本的依附，是政治、经济发展到一定程度时无法突破的瓶颈。正是由于这个原因，普雷维什、依附论学派以及加尔通的理论探讨最终都指向了智力依附的问题。根据普雷维什和依附论学派的看法，经济依附的一个重要原因就在于边缘国对中心国经济理论的依附；加尔通在对世界"中心—边缘"结构中"民主"问题的一些提示想要说明：边缘国由于接受了中心国所宣扬的民主理论，必然生成对中心国的政治依附。从现实情况看，在边缘国生产结构调整以及社会发展等广泛的领域中，都存在着对中心国科学技术的依附。可以说，边缘国对中心国的任何一个方面的依附都有着知识、理论、思想等方面的原因，而这些方面的依附可以统称为"智力依附"。

边缘国知识分子在智力依附上扮演着重要角色，他们可能是因为迷信于中心国的各种理论，也可能是出于一己之私，表现出把中心国的理论引入自己国家中的强烈要求，要求自己国家的一切实践活动都奉行中心国的理论，要求按照中心国的思维去为实践提出方案和开展行动。应当看到，在近代以来的整个历史发展进程中，智力依附也经历了一个发生和发展的过程。我们甚至可以认为，如果说边缘地区在反殖民的斗争

中取得了民族国家独立的成果，那么，也正是在这场运动中陷入了智力依附的陷阱而成为彻底的边缘国。也就是说，随着一个完整的国际社会的出现，世界的"中心—边缘"结构也逐渐形成，从而为世界"中心—边缘"结构中的边缘国套上"智力依附"的枷锁，并通过智力依附为其他方面的依附提供知识、理论和思想上的支持。

英国作家保罗·哈里森（Paul Harrison）认为，相对于中心国，边缘国之所以在经济、政治和文化上处于不利地位，主要是由两个方面的原因造成的："一是殖民主义的统治，二是第三世界国家在独立后盲目照搬西方的发展模式。"① 在时间维度中可以看到，这是在近代资本主义世界化过程中出现的两个阶段中的现象。在殖民时期，殖民地相对于宗主国的劣势地位是不言而喻的，但在反殖民的运动取得了民族国家独立的成果后，边缘国却依然处在受到中心国剥削和掠夺的不利地位上。这是因为，独立后的民族国家被纳入世界"中心—边缘"结构中了，成为相对于中心国而存在的边缘国。而且，边缘国的发展模式是建立在对中心国曾经走过的道路的盲目信奉和模仿的基础上的。可以说，正是在反殖民主义的斗争中，边缘国生成了对中心国的智力依附。也许人们会以为，殖民地人民在争取民族独立的斗争中坚定地反对宗主国的一切，其实不然，恰恰是在这场运动中，新建立起来的民族国家深深地被中心国的繁荣所吸引，因而毫不犹豫地接受了中心国的发展模式（更准确地说，那只是中心国所宣扬的发展模式）。殖民地的人们送走了殖民者，却没有摆脱依附状态，反而陷入了更深的依附之中。

在殖民统治时期，殖民者为了维系统治而采取的赤裸裸的残酷手段是臭名昭著的，我们在历史教科书中都能够读到这些。除此之外，殖民统治也包含着许多温和与隐蔽的手段，那就是通过文化灌输来控制殖民地的人们。原因很简单，因为殖民者不可能在肉体上消灭殖民地中的所有人，总需要有人去为他们从事最艰苦的劳动，也需要有人去帮助他们管理这些劳作者，甚至需要有人帮助他们去把劳动所得转移到宗主国去。

① ［英］保罗·哈里森：《第三世界：苦难、曲折、希望》，钟菲译，北京：新华出版社，1984，译者的话。

因此，就需要实现文化上的、思想上的征服。"这种文化上的帝国主义对第三世界的征服，是从改造与他们勾结的本地头面人物开始的。"然后，通过这些头面人物去进一步改造殖民地中的更多的人。因而，"殖民政府开办的学校又把训练一批低级官员和下层军官作为自己的目标，这些人都是剥削、镇压自己同胞的帮凶"[1]。对此，学术界也称其为"文化殖民"。

显而易见，对于文化殖民来说，最有效的工具之一就是语言的推行。我们看到，在英国统治印度期间就曾明确地宣称，"英国政府的首要目的是要在印度人中间推行欧洲的文学和科学，所有拨作教育用途的资金，都只能很好地用于实施英语教育"[2]。事实上，也正是因为殖民者对语言的这种强制性推行，确立起了英语直到今天依然存在的优势地位。当然，英语在当今世界的优势地位也是与美国这样一个中心英语国家联系在一起的，是因为美国在独立运动中沿用了英语，更是因为美国获得了世界霸主的地位。在今天，我们深切地感受到，对于边缘国中的人们来说，学好英语是那样的重要。因为，作为边缘国中的人，只有通过这种语言去表达自己才能获得中心国的认同，也才能让自己的同胞高看一眼。如果一个学者不能用英语在中心国的刊物上发表文章的话，那么他就不被认为是一个学者。然而，学习和运用语言的过程也就成了接受英语所携带的那一整套制度与文化形态的过程，并因为这种学习而改变了思维方式，从而形成了这样一类人：那就是用英语思考问题和表达英语国家所普遍推崇的价值。[3] 更不用说在掌握英语的人中会生成大批自愿为中心国效力的精英，去协助中心国掠夺他的国家中的边缘所创造出来的剩余，以便从中获利。如果他们有着更高追求的话，还可以把中心国的某种意

---

① ［英］保罗·哈里森：《第三世界：苦难、曲折、希望》，钟菲译，北京：新华出版社，1984，第36页。

② 转引自裔昭印编：《世界文化史》，上海：华东师范大学出版社，2000，第436页。

③ 罗伯特·菲利普森（Robert Phillipson）在1992年出版的《语言领域的帝国主义》（Linguistic Imperialism）中借用"中心—边缘"的区分方法而区分出"中心英语国"（core English-speaking countries）和"边缘英语国"（periphery-English countries）。他说，"之所以说这些国家是英语边缘化国家（English-peripheral），是因为他们通常遵从中心英语国的语言规范"。（Robert Phillipson. *Linguistic Imperialism*. Oxford：Oxford University Press. 1992. P17. ）

识形态宣称为普世价值，要求自己的国家移植中心国家的制度和生活模式，以获取历史留名的可能性。

亚历山大·克鲁梅尔（Alexander Crummell）是"泛非主义"先驱，他是公认的对非洲独立运动产生过重要影响的伟大思想家。然而，他也是一位英语普及的大力支持者与宣传者。这位出生于美国的黑人知识分子激烈地贬低西非语言，要求用英语取代它，他甚至高呼英语的到来是上帝的福音，"是天意的一部分，它将新思想带给人们，将他们从堕落带到更高更神圣的文明……今天，不像我们自己这些粗俗而低等的语言，我们被带到了英语的传统面前"。[①] 事实确如他所言，英语将其所包含的思想文化注入了克鲁梅尔体内，他深深地迷恋着英语所包含的一切，正是对英语文本中所包含的基督教内容的崇奉，促使他试图通过自己的写作来加以证明。克鲁梅尔甚至极力"强调基督教和自由贸易这两个因素在非洲社会现代化进程中的重要性。他坚信如同基督教一样，自由贸易是'人类新的福音书'……因此，他完全赞成并积极呼吁欧洲人对非洲的经济渗透，认为即使在自由主义的氛围中，这种经济渗透无论是对欧洲还是对非洲都是有益的"[②]。

当然，我们需要肯定包括克鲁梅尔在内的这些为殖民地独立运动做出过重要贡献的人，他们是反殖民主义的英雄，但也正是这些用笔来反对殖民主义的人，在用思想引导殖民地人民走向独立的过程中把新建的民族国家领进了对原先宗主国的智力依附的道路上。在殖民地转变为独立的民族国家的同时，殖民地和宗主国都在被纳入世界"中心—边缘"结构的过程中转换了角色。宗主国转变成了中心国，而殖民地则蜕变为边缘国。表面看来，中心国与边缘国都是主权独立的国家，实际上，边缘国在每一个方面都深深地依附于中心国。当然，此时还存在着一些未被纳入世界"中心—边缘"结构的外围国家，而在对民族独立运动的欢

---

① Crummell，Alexander. The English Language in Liberia，1861. in J. Ayo Langeley，*Ideologies of Liberation in Black Africa 1856—1970: documents on modern African political thought from colonial times to the present.* London，R. Collings. 1979. P356，P358.

② 张宏明：《近代非洲思想经纬——18、19世纪非洲知识分子思想研究》，北京：社会科学文献出版社，2008，第210页。

呼声中，这些外围国家也一个个地踊跃地加入世界的"中心—边缘"结构体系之中，成为边缘国。这也许是资本主义世界化的完成时，也可能是一场新的运动——全球化的起点。

智力依附是发生于民族独立运动中的。在殖民地时期，自由、民主、民族等观念并没有传播到殖民地，因为，宗主国不愿意殖民地获得这些观念。正是在民族独立的运动中，殖民地的知识分子开始把自由、民主、民族等观念作为反殖民主义的武器而加以利用了。所以，在反殖民主义的斗争中，产生于宗主国的自由、民主、民族等观念发挥了无比积极的作用。在此过程中，正是率先获得了这些观念的知识分子，成了反殖民主义的引路人和领导者。然而，在这一过程中，知识分子所扮演的是双重角色：在自觉的意义上，他们所领导的反殖民统治取得了民族独立的成果，他们是民族国家的缔造者，因而，也被人们视为民族主义者；在不自觉的意义上，他们借用了自由、民主、民族等观念作为武器去开展反殖民统治的斗争，并取得了民族独立的成果。然而，却在此过程中形成了对这些武器的依赖，从而在国家重建的过程中继续运用这些思想和理论，走上了对原先统治他们的宗主国的智力依附的道路。

在殖民地转化为民族国家的过程中，已经转变为中心国的宗主国也利用了转变为边缘国的殖民地智力缺乏的真空，对其实施了另一重意义上的统治，那就是为这些殖民地独立后的国家重建提供理论和思想上的布施，让它们按照现代化的逻辑去设计独立后的国家及其社会发展道路。这就是哈里森所说的，"殖民统治者的撤离，造成了地位真空。而填补这些真空，又为西方化提供了新的动力。"[①] 总之，在殖民统治与反殖民统治的过程中造就了一个对边缘国影响深远的知识分子阶层，他们在解放事业中作出了巨大贡献，他们的努力使自己的国家挣脱了宗主国的直接统治而成为独立的民族国家。至少，他们的国家能够成为独立的民族国家是与他们的努力不可分的。然而，也正是他们的这些努力，使得重建的民族国家走上了依附中心国的道路。或者说，他们通过反殖民斗争走

---

① ［英］保罗·哈里森：《第三世界：苦难、曲折、希望》，钟菲译，北京：新华出版社，1984，第42页。

出了宗主国殖民主义的政治统治，却又同时把他们的国家引上了对中心国智力依附之中，尤其是使得自己的国家接受了中心国所建构的"现代化理论"，并根据现代化理论去制定国家发展方略。

在边缘国对中心国的智力依附的背后有着复杂的原因。弗朗茨·法农（Frantz Fanon）试图通过对白人与黑人关系进行心理分析的方式去揭示黑人对白人智力依附的原因。根据法农的看法，这种智力依附不仅源于宗主国的强势安排，同时也是由边缘者的一种自卑心理引发的。由于被殖民者经历了殖民时期的苦难，所以，在重获新生后就会有一种急于洗净屈辱的冲动，而这种冲动落实在行动上就是通过模仿并追赶中心国去证明自己。正是这种卑贱的弱势心理与急于复仇的心理，导致了"当代黑人的努力的根源：不惜一切代价向白人世界证明黑人文明的存在"①，"不惜一切代价向白人证明自己思想丰富，自己有同样的智力"②，简言之，"我就要干脆把自己变成一个白人，也就是说，迫使白人承认我也是人"③。如果能够用白人使用的语言写作并到白人主办的刊物上去发表文章，那就充分证明了自己拥有了白人一样的智力，从而彻底摆脱自己的自卑心理和自贱地位。

可见，从独立前到独立后，边缘国有一点是始终未变的，那就是一直在努力追求一种"被承认"。在殖民时期，殖民地的人们能够追求的是在殖民者的话语体系中获得承认；在独立后，边缘国的人们则通过证明自己会按照中心国的思想和理论去表达和开展行动而显示自己的存在。一般说来，在独立后，特别是在这些国家得到一定的经济和社会发展后，其政府也希望摆脱那种根深蒂固的自卑，从而要求治下的学者、科学家以及各个方面的研究者去到中心国主办的刊物上去发表所谓的学术论文，急切地证明这个民族并不是劣等民族。不难想象，在这种观念之下，边缘国就会不自主地步入中心国所宣扬的话语体系之中，即使此时的殖民者已经撤离。如此一来，即使有一天边缘国确实获得了中心国同样的发

①　［法］弗朗兹·法农：《黑皮肤，白面具》，万冰译，南京：译林出版社，2005，第22页。
②　［法］弗朗兹·法农：《黑皮肤，白面具》，万冰译，南京：译林出版社，2005，引言第4页。
③　转引自［英］保罗·哈里森：《第三世界：苦难、曲折、希望》，钟菲译，北京：新华出版社，1984，第38页。

展,也确实向中心国"证明"了"自己有同样的智力",而在实际上,这种"智力"也只是依附于中心国、受中心国限制的智力。更何况,中心国是不会让边缘国获得与它同样的发展程度的。其实,法农所做的这一心理分析是适用于一切边缘国的,就如中国当前的有些学者需要到美国去发表研究成果一样,他们并不是希望这些研究成果应用于实践和科学技术的进步,而是希望得到英语世界的承认甚至认同,是想要证明他们也有着和美国学者一样的智力。在此背后,同样是一种深入骨髓的自卑。

法农的心理分析让我们看到,在反殖民统治的过程中,通过修正、贬低甚至否定自身的文化去追求现代化的做法是极其普遍的。除了一种复仇心理或者在殖民者突然缺位的情况下急于寻求"承认"的心理作祟,另一个重要的原因就是,当时的知识分子大都受到西方文化及其教育的洗礼,了解并熟悉西方的繁荣之路,他们"许多人出国旅游,亲眼看到那些发明。他们回到新大陆自己较安静的首都,怀念巴黎,不可抗拒地期望模仿他们在那里看到的一切。"[1] 克鲁梅尔就是一个典型的例子,是边缘国知识分子的代表,这些知识分子对国家的未来怀着美好的愿望,他们这么做大多是出于希望自己的国家走向繁荣富强的目的。他们向往西方的繁荣,崇尚西方的发展模式,希望把自己的国家建设成像西方一样的繁荣国度,甚至超过西方。在哈里森引述的一位中国学者的话中,非常形象地描述了知识分子的这种追求:"由于我们被大炮打垮,我们自然而然地对炮弹产生了兴趣,认为学会了造炮弹就可以反攻过去。通过学习有关炮弹的知识,我们接触了机械发明,然后又发展到政治改革,尔后又了解了西方的政治哲学。"[2] 所以说,在反殖民统治的斗争中,知识分子是在无意中走入智力依附的陷阱。他们对西方的模仿,在很大程度上是出于一种希望获得承认和证明自己的复仇心理,或者是出于对西方繁荣的渴望,面对更好的事物而企图模仿之。这大概是人类固有的原始冲动。因此,我们认为,这种智力依附是一种"无知的盲从"。

---

① [美]E. 布拉德福德·伯恩斯、朱莉·阿·查利普:《简明拉丁美洲史》,宁坤译,北京:世界图书出版公司,2009,第145页。

② [英]保罗·哈里森:《第三世界:苦难、曲折、希望》,钟菲译,北京:新华出版社,1984,第39页。

当然，我们应当看到，在此过程中，也存在着一些知识分子为了一己之私利而故意助长智力依附的情况。在殖民时期，宗主国为了培育自己的帮凶，允许一些知识分子在当地任职并参与管理，一些知识分子也确实通过依附于宗主国的话语体系而提升了自己的地位并获取了利益。由于这个原因，在独立后，"为什么新权贵中很少有人创建一个当地类型的发展模式是很清楚的。这些人当中的绝大多数人不是传统统治阶级的代表人物，如果说他们是靠某些东西取得权力的话，那就是靠他们知书识字，靠他们受的西方教育，熟悉西方思想和他们继承下来的西方式政府机构，如果他们有某种明确目标的话，那就是在最短时间内把他们的国家变成西方式社会，具有现代化生活的一切细枝末节。"① 因为，把自己的国家打造成西方社会是最合乎这些新的政治权贵的利益的，而且，他们熟悉西方的一切，能够按照西方模式而驾轻就熟地治理自己的国家。

政治权贵如此，那些尚处于中间阶层的知识分子更是希望按照西方模式去重建自己的国家。因为，这可以为他们提供一种轻易跻身于边缘国中心的道路。他们通过宣传西方的现代化理论而获得本国权贵的青睐，以此提升自己的地位。同时，他们因为忠诚于中心国而得到中心国的支持和课题资助，以至于边缘国的中心也要更加器重他们。这样一来，知识分子就可以在新独立的边缘国中谋得一官半职。不过，在这一时期，这种为了自己地位的提升和利益的实现而自觉依附于中心智力的人在知识分子中占少数②，更多的人是因为一种"无知的盲从"而不自觉地去制造智力依附，即出于一种对现代化神话本质的"无知"而对西方社会的繁荣景象加以迷恋。对于这些知识分子而言，一方面，没有确凿的现实依据去揭露现代化理论的本质；另一方面，此时的知识界还没有对这种痴迷于西方现代化神话的情况进行系统而全面的反思。

---

① ［英］保罗·哈里森：《第三世界：苦难、曲折、希望》，钟菲译，北京：新华出版社，1984，第41页。

② 有学者针对这一时期非洲知识分子坚持所谓"文化西化论"总结了四点原因。在这四点原因中，谋取个人私利只是其中之一，甚至可以说是最不重要的一个原因。（参见张宏明：《近代非洲思想经纬——18、19世纪非洲知识分子思想研究》，北京：社会科学文献出版社，2008，第163—174页。）

二、 边缘国知识分子积极推动智力依附

进入 20 世纪，周期性的世界经济危机的爆发以及两次世界大战，使中心国编织的现代化神话破灭了，其真面目逐渐被人们认识清楚。尤其是 30 年代的经济大萧条让边缘国深受其害，边缘国知识分子也开始进行一场痛苦的反思。其中，最有影响力的当数拉美学者对世界"中心—边缘"结构的不平等实质的揭露。普雷维什（Raúl Prebisch）在 1949 年提交的一份被称为"拉美经委会宣言"的《拉美的经济发展及其主要问题》中指出，"以下事实也就不足为奇了：有关拉美经济的研究通常反映的都只是世界经济中心国的观点或经验。我们不能期望用这些研究去解决拉美最关切的问题。"这是因为，边缘国缺乏对自身问题的独立探索，再加上中心国所拥有的理论有着强大的渗透能力，以至于出现了边缘国对中心国的智力依附。显而易见，中心国的理论并不能解决边缘国所遇到的问题。所以，普雷维什进一步指出，"我们不能期望那些热衷于自身问题的大国经济学家花更多的精力来研究拉美国家。研究拉美的经济生活主要是本土经济学家的任务。只有当这种区域性经济得到理性而客观的解释，我们才能为实践提供有效的建议。但是，我们绝不能认为，这种愿望就能萌发于排他的个体主义中。相反，只有在全面认识大国所阐发的理论知识的基础之上，拉美经济学家才能完成这一任务。但是，了解他人的知识绝不等于我们对他们的智力依附，从那里，我们应逐步学着解放自己。"[1]

在这里，普雷维什其实提出了一个打破边缘国对中心国智力依附的愿望。虽然在这篇文章中普雷维什仅此一处提到"智力依附"（英语：mental subjection；西班牙语：sujeción mental）一词，但就全文基调看，处处包含着对智力依附问题的思考，并号召边缘国知识分子不应依附于中心国宣扬的各种理论，希望知识分子能够根据本国的特殊情况

---

[1] R. Prebisch. *The Economic Development of Latin America and its Principal Problems*. New York: United Nations Department of Economic Affairs, 1950.

去提出问题和寻找解决问题的答案。在 30 年后出版的《外围资本主义：危机与再造》一书中，普雷维什再一次提及"智力依附"的问题，认为"现在外围的某些自由派经济学家正在谈论关于社会市场经济；这是我们这些国家中居统治地位的智力依附现象的新证据，因为这种词语是在发展程度很高的国家中用过的。"① 可见，以"中心—边缘"的视角看问题并走向更深的层面时，就会发现智力依附是边缘国所遇到的最为根本的问题。因而，打破"中心—边缘"结构的要求也就会指向打破智力依附。

为了解决智力依附的问题，普雷维什甚至大声疾呼，"我要强烈抨击那种如此广为传播的信念，即认为常规理论为我们提供了解释我们自身的现象的关键，提供了解决模仿性资本主义的问题的办法。我不认可它的这种冒称具有普遍性的妄想。"② 这显然反映了边缘国中有良知的知识分子的呼声。在几乎所有的边缘国中，都存在着类似于普雷维什在拉美国家中所发现的问题，而且不会因为这些国家中也存在着有良知的知识分子而有所缓解。然而，像普雷维什这样的呼吁，几乎不会有多少人去加以认真考虑。这就是边缘国的悲哀之处。

其实，问题还不限于此，往往是在中心国已经开始怀疑并试图调整自己的理论的情况下，边缘国中的知识分子依然对那些来自中心国的理论表现出极度的痴迷；即便是在中心国已经抛弃了某种过时的理论后，一些边缘国的知识分子也依旧紧紧追随那过时的理论。普雷维什就认为，风靡一时的新古典理论在世界经济大萧条中已经陷入理论危机，然而，"在中心发生这一切的同时，在它的经济学家们的庄严建筑发生裂缝的同时，新古典理论却在拉丁美洲外围以无可怀疑的热情四处泛滥。这是智力依附的新的体现。这是一种不合时宜的依附，因为它的出现恰恰是在中心的经济学家们由某种科学的怀疑论的驱使而与现实达成一种体面的妥协的时候。"③

---

① ［阿根廷］劳尔·普雷维什：《外围资本主义：危机与再造》，苏振兴、袁兴昌译，北京：商务印书馆，1990，第 12 页。

② ［阿根廷］劳尔·普雷维什：《外围资本主义：危机与再造》，苏振兴、袁兴昌译，北京：商务印书馆，1990，第 311 页。

③ ［阿根廷］劳尔·普雷维什：《外围资本主义：危机与再造》，苏振兴、袁兴昌译，北京：商务印书馆，1990，第 312 页。

由于近代以来世界各国在发展方面的不平衡，也就是说，在世界"中心—边缘"结构之中，边缘国知识分子所接受的肯定是西方式的教育，因为边缘国自身并没有多少可以用来培养知识分子的知识资源。当然，边缘国也许有着自己悠久的历史和文明，有着自己的所谓传统文化，但那是一些属于前一个历史阶段的陈旧因素，如果当作知识资源而用于教育的话，对于国家和民族的发展有害无益。所以，无论知识分子在何处和以何种形式接受教育，所接受的都只能是"西学"。就普雷维什而言，虽然是在阿根廷接受的教育，但所受的同样是西方式的训练，他甚至一度是西方理论的信奉者。用普雷维什自己的话说，"二十年代，当我作为一名年轻的经济学者和教师开始从事我的专业时，我曾坚定地信仰新古典主义理论"①，但是，"世界大萧条曾对于我的思想的形成产生了巨大影响。当时，为对付那次萧条的极不利的反响所迫，我不得不逐步抛弃我年轻时在大学里接受的新古典派理论"②。

由此可见，一个有良知的知识分子是能够从现实出发的。如果他这样做了，那么他就会以解决本国所遇到的问题为志业，而不是出于自己的地位以及收益方面的考虑而追随西方理论，更不会以西方理论的"布道者"的姿态出现。然而，现实情况则是，在边缘国中，愿意从本国社会发展需要出发从事研究工作的知识分子少之又少，更多的知识分子是通过传播和运用西方理论这条捷径为自己赢得学术声誉和社会地位的，从而把自己的国家打造成了对中心国智力依附的边缘国。一旦这种智力依附状态形成，那些为了国家和民族的发展去开展研究工作的人反而受到了排挤，那些致力于增强智力依附的知识分子则集结成为一个利益集团，并把他们的利益要求灌注到国家的政策和策略之中，并于此之中获得稳定的收益。结果，他们的国家则在世界"中心—边缘"结构中不断地滑向更加遥远的边缘。所以，在智力依附的结构中，往往是那些缺乏民族意识和国家责任感的知识分子把自己的国家引向了受中心国支配、

---

① ［阿根廷］劳尔·普雷维什：《我的经济发展思想的五个阶段》，吴国平译，载《国外社会科学》，1983（12）。

② ［阿根廷］劳尔·普雷维什：《外国资本主义：危机与再造》，苏振兴、袁兴昌译，北京：商务印书馆，1990，第22页。

剥削、压迫的悲哀结局。

如果说在反殖民统治的斗争中知识分子因为一种"无知的盲从"而深陷于智力依附之中，那么在 20 世纪民族国家独立运动之后，知识分子依然积极推动这种智力依附，那就不再是一种盲目的行动啦，而是出于自己的地位和利益的考虑，是为了自我利益的实现而主动地促进智力依附。至于国家和民族的悲剧，只是他们换取自己的那些利益时应当付出的代价。他们成名了，或者地位提升了，甚至跻身于自己国家的中心了，而他们的国家却灾难丛生。因此，在某种意义上，我们说，那些出于民族自尊心和国家责任感去帮助国家实现独立却无意中陷国家于边缘的知识分子是令人尊敬的；那些缺乏民族自尊心和国家责任感而只为了一己私利去刻意将国家推向更加边缘之深渊的知识分子却是可耻的。

在"中心—边缘"的视角中，国家间存在着"中心—边缘"结构，在一国内部也同样存在着"中心—边缘"结构，因而，知识分子首先遇到的就是如何在本国的"中心—边缘"结构中进入中心而不是滞留于边缘的问题。由于世界的"中心—边缘"结构与一国内部的"中心—边缘"结构是互动的，边缘国的知识分子只有跻身于本国的中心才能得到中心国的承认，并在利益分配中得到中心国及其在边缘国的代理人的惠顾。同时，边缘国的知识分子也只有通过向中心国献媚的方式去赢得来自中心国的肯定和支持，才有可能在自己的国家中迅速提升自己的地位并挤进中心，以获取能够得到的那份收益。由于知识分子不是本国的权贵阶层，也不是资本阶层，他们无法直接地向中心国输送利益而求得回报，因而，唯一能够给他们带来收益的途径就是推动本国对中心国的智力依附。只要在推动智力依附方面作出贡献，也就能够得到来自中心国的奖赏，也就能够跻身于本国的中心。所以，我们在现实中总是看到知识分子是如何不遗余力地向其国人介绍西方理论，总是无比热切地运用西方理论去制作出政策建议和行动方案并推荐给本国权贵。可以设想，如果一些关系到国家发展重大战略方面的建议和方案能够得到本国权贵的接受，那么，就会形成"路径依赖"。进而，在这条路径中，知识分子挤进本国的中心也就变得非常容易了。

总之，边缘国对中心国的智力依附不仅是边缘国知识分子乐意于看到的，而且也是边缘国知识分子积极推动的结果。这不是因为边缘国的知识分子痴迷于中心国的理论，事实上，边缘国中的这些知识分子根本就没有任何信仰，他们并不相信中心国的理论。但是，对于他们而言，中心国的理论是有用的，可以为他们谋取名誉、地位和金钱等。所以，他们无比热情地引介中心国的理论，并努力去证明中心国的理论可以解决其国家发展中的一切问题。至于这些理论引发的问题，自有边缘国的边缘去承受。可见，不仅是边缘国的一些权贵、政治经济精英构成了边缘国的中心，一些知识分子也努力要跻身于其中。他们共同充当着中心国剥削边缘国的"居间商"的角色，他们担负的"不是改造国家的使命，而是乏味地充当一个伪装的、走投无路的资本主义的传送带"，而且，他们"不怕难为情地、十分称职地对这一西方资产阶级的代理人的角色感到很得意。"① 正是边缘国的知识分子，通过营造智力依附的方式把自己国家引向了贫困、动荡之中，而自己却于其中获得了那部分所期望得到的利益。

三、 边缘国知识分子应有的责任

在知识分子的积极推动下，边缘国对中心国的智力依附不断增强。同时，也正因为形成了智力依附，以至于边缘国在所有的方面都表现出了对中心国的依附。结果，中心国能够有效地实施对边缘国的支配和控制，使边缘国所创造的财富轻而易举地转移到中心国，也使中心国所产生的任何一项危机都顺利地转嫁给边缘国。所以，在智力依附的问题上，边缘国知识分子所扮演的角色是不光彩的，他们为了一己之私利而让自己的国家和民族付出了惨痛代价。虽然没有任何证据可以证明知识分子与权贵阶层实现了合谋，但他们有着或希望得到共同的地位，那就是做中心国在他所在的国家中的代理人。所以，知识分子与权贵阶层能够勾结在一起，推动其国家在一切方面都实现对中心国的依附。也就是说，这样做是合乎边缘国的权贵阶层和知识分子的利益的。而且，在此过程

① ［法］弗朗兹·法农：《全世界受苦的人》，万冰译，南京：译林出版社，2005，第98页。

中，他们能够达成相互利用的效果。

其实，这不应当是边缘国知识分子应有的角色，而是知识分子这个群体的异化。对于边缘国的知识分子来说，他们所扮演的应当是积极服务于国家和民族发展的角色，应承担的是对自己国家和民族的责任。与边缘国的权贵以及政治精英相比，知识分子有着了解甚至熟悉中心国理论和思想的优势，但这种优势不应用来推动对中心国的智力依附，而是应当成为基于本国的发展和实践需要去开展创新的基础。但是，从现实情况看，边缘国知识分子并没有这样做。就出身而言，边缘国知识分子中的绝大多数来自这个社会的中下层，他们深知边缘国中边缘的疾苦，深知国家和民族发展的需要，也大致明了自己国家和民族的发展应当走一条什么样的道路。可是，他们因为某种幸运成了知识分子后，却因为接受了西方式教育而变得关注自身的利益实现，以至于为了自己的利益追求背弃了自己曾经所在的阶层，努力去营造智力依附，并在此之中使自己跻身于边缘国的中心。

显然，边缘国的知识分子与中心国知识分子的境遇有着巨大差异。这是因为，边缘国与中心国政治、经济、文化等各个方面都存在着不同。也正是由于边缘国与中心国在所有方面都存在着根本性的不同，让边缘国的知识分子可以以自己的语言以及知识优势去炫耀自己对中心国的了解，并通过宣传中心国的现代化模式而在边缘国获得较高的社会地位和超额利益。但是，边缘国与中心国的不同也决定了边缘国是不能够按照中心国的现代化模式去寻求发展道路的。因为，在"中心—边缘"结构之中，边缘国与中心国是一个世界体系中的不同构成部分，它们之间在"中心—边缘"结构中的关系是不平等的，而且又是相互联系和处于一个互动过程中的。边缘国的发展是受制于中心国的，中心国会不断地把边缘国所创造的财富占为己有，并同时把自己在经济、政治、社会运行中产生的危机转嫁给边缘国，使边缘国失去独立发展的机会。这样一来，边缘国的发展绝不是自己的事情，绝不可能照搬中心国的现代化模式。因此，如果说知识分子所从事的工作是服务于自己国家的发展和进步的话，那么，在这种情况下，边缘国知识分子的责任与使命就与中心国知识分子有所不同。

在中心国现代化的进程中，知识分子所扮演的角色可以分为两个方面：一方面是根据现实的需要独立地进行思考和探索；另一方面是努力实现知识扩散，让知识转化为实践的力量。就边缘国知识分子而言，如果仅仅引介中心国的现代化模式的话，那还只是扮演了知识扩散的角色，只是使中心国的理论扩散到边缘国，没有承担起根据本国发展实际的要求而去独立思考的责任。在某种意义上，当世界"中心—边缘"结构生成后，边缘国现代化的环境以及发展中所遇到的问题更加复杂，更需要知识分子根据实际情况去开展创新性的思考，而不是简单地照搬中心国的现代化模式。可以认为，边缘国知识分子如果不是出于一己之私利的话，是不会积极引介中心国的现代化模式的，更不会用来自中心国的理论去欺骗国人和证明自己相对于国人的优势。相反，他们会首先努力打破智力依附，并在打破智力依附的前提下探索打破世界"中心—边缘"结构的出路，从而根据自己国家所处的环境以及其他实际情况去创造性地建构能够在实践中发挥指导作用的理论和思想。

边缘国在世界的"中心—边缘"结构中谋求发展，首先需要解决的是其发展成果被中心国窃取的问题。这要求边缘国的知识分子应当承担起打破世界"中心—边缘"结构中智力依附的责任，即通过知识分子的创新性研究去探索世界"去中心化"的道路。正如普雷维什所说，不要渴望中心国的知识分子去研究边缘国的问题，且不说一些中心国知识分子是"中心—边缘"结构的坚定的辩护者和中心国理论的布道者，即使有一些中心国的学者假惺惺地对边缘国的问题表示"关怀"，在其背后，也是受到了中心国话语支持的，往往是在中心国的理论框架下去谈论边缘国的问题。即便在中心国中存在着富于良知和正义感的学者，他们也不可能摆脱中心国话语，其观察视角也会具有居高临下的特点，而且会使用中心国通行的研究方法，从而得出与其正义感完全相悖的所谓"理性"认识。因此，边缘国的问题还是需要边缘国的知识分子来认识、思考和提出解决方案的，而且这是边缘国知识分子应当承担起来的责任。

当然，我们不敢奢望边缘国的所有知识分子都如此。因为，在边缘国中，总会有一些知识分子痴迷于中心国的理论和思想，或者为了一己之私而故意依附于中心国的理论。但是，如果边缘国的知识分子的独立思考蔚然成风的话，边缘国对中心国的智力依附就会缓解甚至消除。不过，必须指出，要求边缘国知识分子承担起思考和解决本国问题的责任并不意味着边缘国知识分子因此封闭自己的视野而完全忽略中心国的理论。因为，只有了解并熟悉中心国的理论和思想，只有正视世界的"中心—边缘"结构，才有可能去寻求打破这一结构的方案，才有可能使边缘国自觉地终止智力依附。边缘国的发展问题总是承受着国际关系中的"中心—边缘"结构与国内的"中心—边缘"结构双重压力，特别是在这个"中心—边缘"结构中存在着边缘国的中心与中心国相互勾结的问题，这就使边缘国的发展处于极其不利的地位。

　　因此，只有当边缘国的知识分子在全球的视野中去认识其自己国家的问题，才能切实地了解其国家在世界"中心—边缘"结构中的地位，才能认识其国家的中心与中心国是如何相互勾结和实现利益输送的，才能真正地在打破"中心—边缘"结构的方向上去寻找其国家发展的道路。也就是说，边缘国知识分子显然需要了解中心国的理论和思想。但是，这种了解不应服务于智力依附，而是应该告别智力依附。如果畏惧智力依附而专注于对本国所遇到的那些问题进行表面理解，放弃了对中心国理论与思想的把握，不仅不能告别智力依附，反而会在中心国的理论和思想面前缺乏抵御能力，从而在无形中又陷入了智力依附中。这就是普雷维什所告诫拉美经济学家的：绝不能因为存在着智力依附并抱着告别智力依附的愿望而变成排他的个体主义，"相反，只有在全面认识大国所阐发的理论知识的基础之上，拉美经济学家才能完成这一任务。"①

　　一些激进的依附论学者认为，边缘国与中心国之间是一种敌对的关系，因而，边缘国的理论建构也应与中心国的理论针锋相对。正是由于这一原因，一些依附论学者在经济政策方面的主张表现得非常偏激，他们要求边缘国割断与中心国之间的联系，即跳出"中心—边缘"结构去制定独立发展的国家策略。也就是说，他们要求边缘国知识分子在理论建构方面完全撇清与中心国理论之间的关系。这显然是错误且荒唐的主

① R. Prebisch. *The Economic Development of Latin America and its Principal Problems*. New York：United Nations Department of Economic Affairs，1950.

张。在国家间普遍联系已经成为事实的今天，任何一个国家都不可能封闭国门搞建设，知识分子也不可能闭门造车。关键的问题是，边缘国的知识分子不应为了个人利益而不顾其国家的发展需要，而是应当把个人利益的实现放在国家的发展之中。这样的话，他就不会满足于搬弄中心国的理论和思想，而是会从自己国家的发展需要出发去开展智力活动。

事实上，学习并把握中心国的理论，甚至接受西方教育，都不必然为智力依附张目，而是出于培养自身理论鉴别能力的需要，这也是开展理论创新的必要准备。我们已经看到，从"中心—边缘"的视角去为拉美国家提供智力服务的普雷维什就是如此。他曾深受中心国理论的影响，然而，当他从拉美发展的现实需要出发时，则对他曾经信仰的理论表示怀疑，并最终给予有力的抨击。中心国所宣扬的理论以及基于这些理论而形成的政策不适应于边缘国的发展需要，而且这种不适应已经是显而易见的了。林毅夫就曾坦言："作为一名来自发展中国家的知识分子，就像中国古典小说《西游记》中去西天取经的唐僧那样，我过去总相信西方发达国家拥有一部真经，只需学会，带回国来应用，就可以帮助自己的祖国实现现代化，走向繁荣昌盛，使中国重新屹立于世界发达国家之林。"然而，中国的现实"却让我对在国外学到的那一套逻辑严谨、看似完美的现代经济学理论体系在中国的运用产生了疑惑"。[1] 回想普雷维什在 20 世纪类似的独白，"为对付那次萧条的极不利的反响所迫，我不得不逐步抛弃我年轻时在大学里接受的新古典派理论"[2]，我们可以想象，林毅夫所经历的这种思想冲击大概是许多边缘国知识分子都在不同程度上经历过的。尤其是受过中心国理论教育或培训的那些知识分子，如果他们能够从自己本国的发展去进行思考和理论建构的话，可能都会有所体验。

对于边缘国知识分子而言，智力依附其实构成了一个保护圈，走出这个保护圈，必将意味着要放弃一些诱人的个人利益。特别是当处在这

---

[1] 林毅夫：《从西潮到东风——我在世行四年对世界重大经济问题的思考和见解》，余江译，北京：中信出版社，2012，中文版序 XVI。
[2] ［阿根廷］劳尔·普雷维什：《外国资本主义：危机与再造》，苏振兴、袁兴昌译，北京：商务印书馆，1990，第 22 页。

个保护圈中的知识分子能够形成一个利益集团时，出于国家发展需要的独立思考和理论创新本身，就意味着被这个利益集团边缘化，从而受到排挤和压制。所以，要想承担起为国家发展提供智力服务的责任是需要勇气的，甚至需要不畏被剥夺发声的权利。正是由于这个原因，在边缘国中，屈服于智力依附而且可能为智力依附作出贡献的知识分子在相互吹捧中也总是能够得到众人的追捧，能够挤进边缘国的中心，能够得到权贵的青睐和政治经济精英的提携，能够获得荣誉和地位，从而使个人利益得到最大程度的实现。在这种情况下，一些坚决抵制"智力依附"的边缘国知识分子就不得不在国内"中心—边缘"结构的边缘处艰难地行走。美国社会学家米尔斯（C. Wright Mills）说过，知识分子"不是怀着沮丧的无力感面对边缘地位，就是选择加入体制、集团或政府的行列，成为为数不多的圈内人，这些圈内人不负责任、自行其是地做重要的决定"①。所以，边缘国知识分子必然面对着某种艰难的抉择：要么甘愿停留在边缘处；要么努力挤入中心地带。前者不仅要沮丧地面对边缘化处境，甚至可能是游走于不同的边缘处。借用萨义德的两个词语，这些知识分子很可能成为"边缘人"（marginal），甚至是"流亡者"（exile）或"被流放者"（expatriate）②。

"边缘者"或"流浪者"大概是边缘国知识分子应有的角色。首先，知识分子只有处于"边缘"或"流浪"的不稳定状态，才能"时时维持着警觉状态，永远不让似是而非的事物或约定俗成的观念带着走"③。也就是说，不会让中心国宣扬的理论带着走。这样的知识分子也就不会以自我利益追求为智力活动的目标。其次，当知识分子放弃了自我的利益追求时，也就离开了心灵的故乡，"对于一个不再有故乡的人来说，写作

---

① ［美］爱德华. W. 萨义德：《知识分子论》，单德兴译，北京：生活·读书·新知三联书店，2002，第 24 页。米尔斯的原文可参见 Mills, Charles Wright. The Social Role of Intellectuals. In Irving Louis Horowitz eds. *Power, politics and people: the collected essays of C. Wright Mills*. New York: Oxford University Press, 1963.

② ［美］萨义德：《知识分子论》，单德兴译，北京：生活·读书·新知三联书店，2002，第 44 页。英文版参见 Edward W. Said. *Representations of the Intellectual: The 1993 Reith Lectures*. New York: Pantheon Books, 1994. P47.

③ ［美］爱德华. W. 萨义德：《知识分子论》，单德兴译，北京：生活·读书·新知三联书店，2002，第 26 页。

成为居住之地。"① 所以，那些甘愿成为"边缘者"或"流浪者"的知识分子无须在圈子内竞相角逐，他们会从庸俗的事务中解脱出来，从而以写作为家。而且，这是创造性的而非跟风式的写作。与之相反，那些努力在"中心—边缘"结构内群雄逐鹿的知识分子则会"接受简单的处方、现成的陈腔滥调，或迎合讨好、与人方便地肯定权势者或传统者的说法或做法"②。再次，居于边缘的知识分子由于经历着不同的生活安排，往往能够从不同的角度审视同一件事，"同时以抛在背后的事物以及此时此地的实况这两种方式来看事情，所以有着双重视角，从不以孤立的方式来看事情。"③

所有这些，都是那些边缘国中向中心奋进的知识分子不可能做到的。因为，那些把自我的利益放在第一位的边缘国知识分子即使也从事研究工作，却未真正清楚自己所采用的是何种思考和研究的视角，他们仅仅明白的是如何利用所谓"学术"或"理论"使自己跻身于中心，他们不愿意去做真正深入的思考，而是简单地搬弄现成的理论或思想，从而发现搬弄中心国的理论或思想是成名的捷径。尽管他们的作品中处处包含着相互冲突的言辞和观点，但他们却以此而成功地跻身于边缘国的中心，并获得了自己希望追逐的地位和利益。总的说来，只有作为"边缘者"和"流浪者"才能更为深切地体验到"中心—边缘"结构给他本人带来的痛苦，才可能在"去中心化"的道路上有所建树。我们说边缘国不应在世界"中心—边缘"结构中迷信中心国的模式，而需要通过独立的思考和理论建构去消除智力依附，需要依靠自己的力量去打破"中心—边缘"结构以走出发展困境，这一点对边缘国知识分子群体中的"边缘者""流浪者"来说，是非常适用的。正是这些"边缘者""流浪者"，有着强烈的打破"中心—边缘"结构的意愿和要求，他们努力以自己的智力活动服务于自己的国家，努力帮助自己的国家走出边缘化的境地。

---

① ［美］爱德华. W. 萨义德：《知识分子论》，单德兴译，北京：生活·读书·新知三联书店，2002，第 53 页。

② ［美］爱德华. W. 萨义德：《知识分子论》，单德兴译，北京：生活·读书·新知三联书店，2002，第 25 页。

③ ［美］爱德华. W. 萨义德：《知识分子论》，单德兴译，北京：生活·读书·新知三联书店，2002，第 54 页。

第二节 世界"中心—边缘"结构中的创新垄断

在世界"中心—边缘"结构的形成之日，也就产生了中心国对技术创新成就加以垄断的问题。由于中心国在世界"中心—边缘"结构中的独特地位，决定了它总能汇聚起全世界的优秀人才，并总是处于技术创新的前列。出于在国际竞争中维护国家利益的需要，中心国通过知识产权保护制度的建立而实现创新垄断。起初，创新垄断主要存在于中心国之间，随着边缘国加入世界知识产权保护体系后，中心国在创新垄断的前提下也以技术援助的名义对边缘国转让那些过时的落后技术，并在这种技术转让过程中实现理论特别是价值观的输送。然而，边缘国在此过程中往往是无奈地接受了中心国的技术与价值观，并无条件地向中心国奉献自己的智识与技术成果。在很大程度上，边缘国往往是因为缺乏自信而向中心国奉献其知识与技术的，目的只是希望得到中心国的承认和肯定。在全球化、后工业化进程中，人的共生共在的主题愈加突出，而中心国依然坚守着创新垄断模式，这已经对人类社会的共生共在造成了严重威胁。

一、 世界"中心—边缘"结构形成中的创新保护

在世界的"中心—边缘"结构中，中心国对边缘国的剥削和边缘国对中心国的依附可以说存在于它们之间的每一重关系之中：在经济方面，中心国剥削边缘国的经济剩余，积极鼓吹所谓正统的经济理论，而边缘国也会将其视作救国之神明；在政治方面，边缘国受到中心国所宣扬的民主理论的迷惑，深陷于对中心国的政治依附之中；在智识方面，边缘国知识分子囿于中心国所编织的神话，深陷于智力依附之中。在所有这些方面，中心国对创新的垄断（包括硬技术垄断和软知识垄断）都发挥了重要作用。

对生产技术的创新垄断大幅提高了中心国的生产力，也增加了其剥削边缘国剩余的能力。对军事技术的创新垄断使得中心国独占最先进的

军事技术，可以用军事威慑换取一些边缘国的言听计从，或用军事打击摧毁那些一意孤行的边缘国。对传播技术的创新垄断为对边缘国的理论宣传和政治干预提供了有力保障。虽然美国的"窃听门"事件也让其他中心国成员暴跳如雷，但在这一过程中，人们似乎将中心国监听边缘国的同样做法抛诸脑后。关乎健康与生命的药品也被中心国以专利保护的名义而拒绝知识和技术共享。不仅是硬技术，那些软知识同样受到了中心国的保护。当然，我们经常看到中心国似乎大度地进行技术传播或技术援助，而在其背后则隐藏了披着"技术"外衣的理论、观念和意识形态的扩散。

在世界的"中心—边缘"结构中，中心国显然拥有了相对于边缘国的创新优势。这是因为，中心国强大的经济实力诱使全世界的创新人才向它那里汇聚，而边缘国却因为人才的流失而永久地失去了创新能力。显然，中心国以其在世界"中心—边缘"结构中的优势地位而轻易地就能够将人类智力的成果据为己有，从而增强它在贸易或谈判中换取利益、骗取利益、掠取利益的实力。如果说中心国在其他方面的垄断都是对曾经的或现有的"资本"的控制，那么在创新方面的垄断则保证了中心国在经济、社会发展中的未来的领先地位，并以此将边缘国置于永远依附于它的地位上。创新垄断是在世界"中心—边缘"结构中产生的一种科学技术以及知识生产成果扩散方面的消极现象，反过来，也是中心国用来维护和巩固世界"中心—边缘"结构的重要措施之一。

在西方国家，私有观念似乎是天成的，它在农业社会的历史时期中就已经有了对财产和知识的私人占有冲动。因而，在西方国家的历史上，我们似乎就能够发现一些对知识或智力创新加以保护的迹象。在中世纪，"各王国都为能给自己带来新方法或新技术的人提供特权……从发明的角度来说，创新就是用垄断体系在一种技术实践上创造绝对的权利，从而为王国的统治带来好处。各王国都利用垄断特权来吸引和留住其领土上有用并且流动的人才。"[①] 到了 1474 年，威尼斯共和国制定了第一个专利

---

① ［澳］彼得·达沃豪斯：《知识的全球化管理》，邵科、张南译，北京：知识产权出版社，2013，
第 79 页。

法，这种做法也逐步在欧洲扩散开来。尽管类似的专利制度通常是被作为奉行重商主义的国家政策的一个部分看待的，但总体看来，此时的创新保护是作为一国内部的一种特权出现的，并不存在于国家的外向关系之中。到了 18 世纪中后期，这一情况发生了重大变化，专利等相关知识产权问题开始出现在国际关系当中。因此，有学者将 18 世纪晚期之后的一个世纪称为"多国专利时代"①。

如果说此前的知识产权保护是通过制止本国其他人对创新者权利的侵犯而鼓励技术创新的话，那么到了 18 世纪中期，尤其是在工业革命浪潮引发了世界范围的竞争狂潮时，知识产权保护的问题也就突破了国家的边界，进入了国家间的关系之中。工业革命是资本主义世界化的起点，同时，工业革命也激发出知识生产的热情。资本主义世界化代表了突破国家边界的开放维度，而在知识生产中出现的创新垄断则反映了产权保护的封闭维度。这一点看似矛盾，但在实质上却是符合资本主义发展逻辑的。一方面，资本越过国家的边界向外扩张；另一方面，对知识产权的保护又维系了其获得超额利润的优势。这就是资本主义世界化的两个面相。

显然，在资本主义世界化过程中存在着争夺海外市场、争夺殖民地等竞争，但也正是这种竞争，驱动了对创新垄断的追求。当然，这种对创新垄断的追求起初是存在于率先进入资本主义时代的国家间的。因为，那个时候的边缘国尚未获得直接享用创新产品的能力，更不用说去与中心国在创新方面开展竞争了。或者说，此时的世界"中心—边缘"结构主要还是经济方面的，而在创新方面，日后的边缘国还处在外围，还未被中心国纳入自己的创新垄断结构之中。但是，在世界"中心—边缘"结构生成的过程中，对创新的垄断显然也对其做出了贡献。正是知识与技术方面的创新，使中心与边缘间的地位变得越来越明晰。

谢尔曼（Brad Sherman）和本特利（Lionel Bently）在《现代知识

---

① 有学者对专利历史进行了六个阶段的划分：无专利、前专利、国家专利、多国专利、国际化专利和亲专利时代。（［瑞典］奥弗·格兰斯坦德：《创新与知识产权》，载［挪威］詹·法格博格等编：《牛津创新手册》，柳卸林等译，北京：知识产权出版社，2008，第 265 页。）

产权法的演进：英国的历程（1760—1911）》① 中所表达的观点是，大致是从 1760 年代开始，出现了知识产权保护的要求。从历史上看，正是在 1760 年，英国出现了一场关于文学财产的争论。但是，就这场争论来看，还是发生在英国国内的产权保护要求。然而，18 世纪中期的文学财产保护要求不仅担心英国国内其他人对某项著作权的侵犯，也开始担心其他国家对英国人著作权的损害。更为重要的是，来自文学著作权保护的要求也随着技术革新浪潮的涌动而扩散到了专利方面的保护。也正是从这个时候开始，人们关于本国技术创新可能被他国"窃取"的担心也开始不断增强。所以，关于文学财产权的争论在英国引发了一场更大范围内的关于智力劳动保护的讨论。于此之中，包括保护创新技术的专利制度也就应运而生。在一定意义上，我们甚至可以认为，正是在英国出现了专利制度，能够通过这项制度实现创新垄断，才最终确立了英国在世界"中心—边缘"结构中的中心地位。

英国的专利制度起源是较早的，1623 年的《垄断法》（Statute of Monopolies）中就有了专利方面的规定。在实践上，甚至早在 16 世纪就有了授予专利的做法。但是，授予专利一直是王室授予发明人以特权。作为一种授予特权的行为，明显地具有不稳定性的特征，更为重要的是，王室授予这种特权的行为被理解成对被授予特权的人的一种恩惠。也就是说，王室并没有义务去授予发明人以专利权。在这一问题上，《垄断法》具有转折的意义，根据这项法律，专利授予权从王室转移到了政府部门。当然，在现实中，这种权力的转移并不是由《垄断法》的颁布而一步完成的，而是经历了一个较为漫长的时期。

到了 18 世纪中期，随着以国家为主体的技术保护要求的不断增长，才使专利保护变得严肃起来。"知识产权过去一直被认为是'授予的特权'而明确地被认为是反垄断规则的例外……国家可以授予特权，但绝不是有义务授予。转变为'权利'一词则表明维护知识产权是国家的义

---

① ［澳］布拉德·谢尔曼、［英］莱昂内尔·本特利:《现代知识产权法的演进：英国的历程（1760—1911）》，金海军译，北京：北京大学出版社，2012。

务。"① 从间歇性的和不稳定的恩赐性王室授予到确定的国家义务的转变，这通常被解读为国家主动为本国创新者的利益而做的谋划。然而，这种专利保护的实质却是为了国家利益的需要。当专利保护只是王室的授予行为时，它是最接近"专利"的本来含义的。② 因为，这种专利制度的目标只是为了鼓励个人的创新行为，刺激国家的技术进步；而当现代国家将其确立为一种法律制度和国家的义务时，"专利"的本来含义就被扭曲了。专利保护的目的变成了吸收各国创新人才为本国技术创新做贡献，同时防止本国先进技术外流到其他国家。这就是创新垄断。

正如格兰斯坦德（Ove Granstrand）所说的，"事实上，专利垄断权成为以限制垄断特权为特征的'垄断法令'的一个例外。这些皇室授予的特权逐渐退化了，英国议会想要终结这些特权，但又显然意识到鼓励技术进步的极端重要性。"③ 也就是说，如果英国国会以及政府想限制皇室的权力，就应当取消专利制度（就像荷兰在1869年废除专利法一样）。然而，面对技术的"极端重要性"，英国将授予专利权的权力从王室转移到了政府，这就为基于创新垄断的国家利益的实现铺平了道路。在这一时期，英国政府授予的专利数迅速增长，在18世纪40年代授予了80项专利，50年代则增加到100项，到了70年代又增长到了300项。④ 这样的专利增长通常被正面地解读为专利制度对技术创新的刺激作用，而其另一面则是对技术扩散（包括国内和国际的技术扩散）的限制。以瓦特的蒸汽机为例，1775年，瓦特蒸汽机的专利在原有基础上又被延长了25年的期限，瓦特因此在更长的时间内拒绝开放其发明。有学者就此指

① ［美］苏珊·K·赛尔：《私权、公法——知识产权的全球化》，董刚、周超译，北京：中国人民大学出版社，2008，第5页。
② 专利是"'专利特许证'（letters patent）的简称，最早来自拉丁文'Litterae Patentes'。在中世纪的欧洲，它主要是指不加密封即可公开阅读的一种皇家信件，用来授予持有者的某种权利、特权、头衔或职位。'专利'一词源自拉丁文'patere'，意为'公开'"。（［瑞典］奥弗·格兰斯坦德：《创新与知识产权》，载［挪威］詹·法格博格等编：《牛津创新手册》，柳卸林等译，北京：知识产权出版社，2008，第264页注释1。）
③ ［瑞典］奥弗·格兰斯坦德：《创新与知识产权》，载［挪威］詹·法格博格等编：《牛津创新手册》，柳卸林等译，北京：知识产权出版社，2008，第264页注释2。
④ ［英］克利斯·弗里曼、罗克·苏特：《工业创新经济学》，华宏勋等译，北京：北京大学出版社，2004，第43页。

出，这种拒绝"阻碍了金属行业超过一代的发展。如果他的垄断在1783 年就到期的话，英国很早就会拥有铁路了"[①]。

在英国国内如此，放眼世界，也同样如此。例如，当时的英国禁止出口蒸汽机及其零件，也禁止相关技术人员出国。如果将有关秘密私自运往国外的话，就会受到严厉的惩罚。回顾历史，尽管许多学者将英国领先的原因归功于其独特的社会经济结构，例如罗伯特·艾伦（Robert Allen）就指出，"工业革命期间出现的那些宏观性发明起初只能在英国独特的社会经济环境中得到应用，并获利丰厚，一旦移至其他国家使用时则表现出'水土不服'的症状，不能持续获利。"[②] 事实上，对技术创新的垄断才是其他国家"水土不服"的真正原因。因为，技术垄断延迟了技术扩散。想象一下，如果没有这种垄断的话，技术创新成果得以扩散的时滞就会很短，新技术也就会很快在世界范围内遍地开花，各国也会根据本国特点而对新技术进行相应的改良。然而，正是因为创新垄断的存在，技术在传播中的时滞被人为地拉长了。结果是，为一些国家成长为超级中心国赢得了时间。以蒸汽机为例，至 19 世纪，以蒸汽机为动力的轮船代替了帆船而成为英国远洋运输的主力军，"英国的远洋商船队是当时世界上规模最大的商船队，其船只数和吨位数同其他国家的商船队相比均占压倒性优势。"[③] 相应地，相关技术通过各种渠道扩散到其他中心国（更不用说边缘国家了）的时间，都有着不同程度的延迟。一些国家在亲眼见识了从英国漂洋过海的蒸汽机动力船的威力时才开始效仿，一些国家是在购买了英国的相关产品后才开始了自己的模仿和研发之路。

当然，也有我们熟知的塞缪尔·斯莱特（Samuel Slater）等人的例子，在英国严控创新技术外流的形势下，他们凭借记忆而用自己的大脑将技术秘密带到美国，从而引发了美国的工业革命。尽管技术垄断已经

[①] 转引自惠普尔（Whipple, R.）的观点，参见［美］苏珊·K·赛尔：《私权、公法——知识产权的全球化》，董刚、周超译，北京：中国人民大学出版社，2008，第 14 页。

[②]［英］罗伯特·艾伦：《近代英国工业革命揭秘》，毛立坤译，杭州：浙江大学出版社，2012，第203 页。

[③]［英］罗伯特·艾伦：《近代英国工业革命揭秘》，毛立坤译，杭州：浙江大学出版社，2012，第273 页。

造成了技术扩散这样、那样的延迟，但这时的英国人似乎仍不满意。因为，他们所期望的不是延迟扩散，而是完全不扩散。艾伦在《近代英国工业革命揭秘》中对此所作的评论是："这样一来，工业革命的成就便传播到了世界各地，英国在工业革命初期特有的竞争优势至此已不复存在，而破坏这种竞争优势的人恰恰就是英国人自己。"[①] 这说明，艾伦作为一个英国人所表达的是对新技术扩散的深深遗憾。其中，所包含的一个愿望就是，如果历史可以重写，他们将会更加严格地保护这些创新，以维持自己特有的竞争优势。

到了 19 世纪中期，系统化的现代知识产权法逐步确立，对创新的保护和垄断也就以制度的形式建立了起来。正如谢尔曼和本特利所指出的，现代法（19 世纪中期以后）与前现代法（19 世纪中期以前）"之间最重要的一个差异，是将该法律组织起来的方法……在前现代法中，并不存在任何诸如该法律应当如何进行编排之类的明确共识：没有任何一个思维方法开始占据优势而成为组织模式。相反，那时存在着许多相互对抗的，并且从我们现代眼光看来彼此格格不入的组织形式"[②]。由于法律具有了组织的意象，对法律的编排也就反映出了某种组织模式。或者说，法律本身就意味着某种组织形式。因而，也就有了空间形态。正是这种空间形态，包含了"中心—边缘"结构。

不仅如此，法律自身也以中心与边缘的形式出现了。那种为了提高确定性、可预测性、可控性的法律编排形式逐渐跃升为中心，成了现代法的主导形态，而那些"相互对抗的"法律形式则被边缘化了。在"中心—边缘"结构视角中，这种现象是不难理解的，如果法律内部依旧保持某种相互竞争的形态，显然无法高效地回应现实，更不用说去控制现实了。只有当法律也具有了"中心—边缘"的构型，甚至当这一中心成为主导性的支配力量，才能更高效地处理现实中的事务。同时，"现代知识产权法倾向于更为抽象（abstract）和具有前瞻性（forward looking）。

---

① ［英］罗伯特·艾伦：《近代英国工业革命揭秘》，毛立坤译，杭州：浙江大学出版社，2012，第436 页。

② ［澳］布拉德·谢尔曼、［英］莱昂内尔·本特利：《现代知识产权法的演进：英国的历程（1760—1911）》，金海军译，北京：北京大学出版社，2012，第 4 页。

特别是，前现代法的形态在很大程度上是对法律的运行环境做出被动回应而确定的，而在现代法的立法起草过程中，则不仅考虑到其所调整的对象，而且也关注法律在实现这些任务时自身所采取的形态。"① 从被动回应到主动预测并加以控制的演进过程，表明国家越来越有能力以现代知识产权法为工具去保护国家利益了。

二、 在创新垄断中强化世界的"中心—边缘"结构

19 世纪 70 年代后，第二次工业革命的发生以及世界经济的萧条等助长了保护主义的兴起，现代知识产权保护制度也就是这个时候在许多国家中建立起来的。1883 年《保护工业产权巴黎国际公约》得以签署，大英帝国在帝国范围内完成了建立统一专利法的尝试②。在知识产权保护史上，"二战"后美国的崛起及其在知识产权方面的迅猛发展，促使世界知识产权组织于 1967 年成立。1973 年欧洲专利协定得以签订……所有这些，都是尽人皆知的大事件。这些事件表明，知识产权保护是发生在国家间的，而且参与到这些事件中的各个国家似乎也是平等的。事实上，在这些事件背后却存在着巨大的不平等。原因就是，这些事件发生在世界的"中心—边缘"结构之中，所保护的是中心国的国家利益，是服务于中心国的知识和技术垄断的。

此前，对知识和技术的垄断大都发生在同处于世界"中心—边缘"结构中的中心国之间，边缘国在这一方面几乎处于集体失声的状态。但是，随着知识产权保护意识以及法律制度在 20 世纪向世界的推广，一个让边缘国认同和支持中心国实现知识和技术垄断的国际体系生成了。比

① ［澳］布拉德·谢尔曼、［英］莱昂内尔·本特利：《现代知识产权法的演进：英国的历程（1760—1911）》，金海军译，北京：北京大学出版社，2012，第 4 页。

② 达沃豪斯指出，大多数发展中国家的专利法都不是根据本国情况因地制宜的产物，而是移植了曾经宗主国的模式。"专利法主要的移植模式，在 19 世纪末至 20 世纪初是由殖民运动及其军事威胁所带来的强行输入，而在 20 世纪的最后 25 年，则是美国及欧洲部署的经济与贸易高压措施"，帝国力量之触角非常之长，连太平洋上的小小岛国也没有幸免，"虽然专利制度与这些小岛国风马牛不相及，但在这些国家的法律体系中，由殖民时代继受而来的专利法却以惯性的力量运作着"。（参见［澳］彼得·达沃豪斯：《知识的全球化管理》，邵科、张南译，北京：知识产权出版社，2013，第 221—224 页。）

如，以前述的蒸汽机扩散为例，我们所看到的只是中心国之间由于竞争而建立起了垄断，所表现出来的是技术在中心国之间传播和扩散的迟滞现象。[①]　然而，随着边缘国加入这个知识和技术垄断体系，世界的"中心—边缘"结构得到了进一步强化。然而，学者们却很少关注创新垄断对世界"中心—边缘"结构的强化功能。在《近代英国工业革命揭秘》中，艾伦在努力炫耀英国工业革命的伟大功勋时，是在极力掩饰世界的不平等，试图否认作为超级中心的英国向其他中心国技术扩散的迟滞现象及其消极影响。

根据艾伦的看法，"西欧和北美地区的铁路建设进度几乎和英国保持着同步推进的态势"，接着他又说道，"即便是在俄国和印度这类工资水平相对较低的落后经济体，截至 19 世纪晚期也相继建成了大规模的铁路运输网。"[②]　这似乎是在说中心国的创新垄断并没有在世界的发展中产生迟滞效应。事实上，正如拉美学者所揭露的，这是一个完全错误的判断。我们看到，1949 年，普雷维什在其被称为"拉美经委会宣言"的《拉美的经济发展及其主要问题》一文中指出，传统国际分工格局是建立在一个诱人的却完全错误的假设之上的。"根据这个假设，科技进步的好处，要么通过降低价格，要么通过增加相应的收入，会在全社会（the whole community）以相同的状况扩散开来。"事实不是这样的，"如果'社会'（the community）在这里仅仅指的是大的工业国家，那么科技进步的好处确实会逐步扩散到所有的社会群体和阶级。但是，如果将社会一词进行扩展，将世界经济的边缘国家也包括在内，这种概化做法里就隐含着一个严重的错误。生产率提高所带来的巨大利益扩散至边缘国的部分与那些大工业国的人所得到的利益是不可同日而语的。"[③]

---

① 有研究统计了英国博尔顿瓦特公司在 1775 到 1825 年间来自外国的蒸汽机订单，我们可以看到，其中的绝大部分国家都可谓是后来的中心国家，而刚果、印度、巴西等地区虽然也有订单，但他们在当时仍处于殖民统治之下。（参见 Tann, Jennifer, and Michael J. Breckin. The International Diffusion of the Watt Engine, 1775—1825. *The Economic History Review*. 1978，31（4）：P541—564.）

② ［英］罗伯特·艾伦：《近代英国工业革命揭秘》，毛立坤译，杭州：浙江大学出版社，2012，第274—275 页。

③ R. Prebisch. The Economic Development of Latin America and its Principal Problems. *Economic Bulletin for Latin America*. 1962，7（1）.

根据中心国的逻辑，技术革新带来了生产率的大幅增加和价格的相应下降，在国际贸易中，对原材料的需求也显著提高，以出口原材料为主的国家就能在此过程中获得所谓的比较优势。同时，初级生产部门的价格下降相对缓慢，因而，边缘国在此之中是获益者。然而，普雷维什的研究却得出了完全相反的结论，那就是边缘国的贸易条件存在着走向恶化的趋势，而不是像中心国所宣称的那样会在长时期内获得好处。根据普雷维什的意见，如果边缘国被中心国的逻辑所蒙蔽的话，就会止步于初级生产，满足于通过这些看似在国际市场上具有一定竞争力却没有多少技术含量的初级产品获得收益，从而失去技术革新的需求和动力。

在普雷维什的"贸易条件恶化论"提出之后，由于在结论上与产生于中心国的经济学理论完全不同，因而遭受了诸多批评。但是，普雷维什坚持认为，"中心国保留了其工业技术进步的所有利益，而边缘国却将其自身科技进步的部分成果转移给了中心国。"确实如此，当边缘国在世界"中心—边缘"结构中加入了世界知识产权保护体系后，中心国技术进步所取得的成果被保留在中心国本土，边缘国难以从中分一杯羹。相反，边缘国技术进步所取得的有限成果却要被中心国攫取一大部分，甚至边缘国会主动地积极地向中心国无条件地奉献知识和技术的成果。这不仅包括技术进步所取得的经济成果，也包括社会发展所取得的智力成果。当下中国学者极力希望到所谓 SCI 或 SSCI 等期刊上发表论文，并希望得到中心国对其智力成果的承认，就是一个最好的例子。他们中的大多数并不是心怀自信地向中心国展示中国与自己的智力，而是不自信地谋求中心国的承认。也就是说，中心国总是无条件地向边缘国输出其价值观和意识形态，而边缘国由于缺乏自信，往往需要把知识和技术成果等真实货色呈现给中心国，以期得到中心国对其能力的肯定。

为了解决对初级产品出口的过分依赖问题，拉美在 20 世纪 50、60 年代采用"进口替代工业化"策略取得了一定的成效。然而，在 70、80 年代又陷入了对中心国更深的依附之中。在对这一问题的反思中，"依附论"学者发现，普雷维什及其拉美委员会的"进口替代工业化"策略之所以会使拉美再度陷入对中心国的依附之中，恰是因为没有认真对待边缘国在技术上依附于中心国的问题。这就是多斯桑托斯所指出的："统治国对依附国拥有技术、贸易、资本和社会政治方面的优势（在不同历史时期拥有上述范围内某些方面的优势），从而使它们得以对依附国强加条件，进行剥削并掠走其国内生产的部分盈余。"① 也就是说，虽然中心国与边缘国的依附关系是由包括贸易、资本、技术、政治等各类因素决定的，但在不同时期，中心国在对边缘国实施剥削时所依赖的工具是不同的，边缘国在这些方面所表现出来的对中心国的依赖也有着程度上的不同。

根据多斯桑托斯的分析，在殖民时期主要存在着"殖民地商业—出口依附"；而自 19 世纪末开始，则确立起了"金融—工业依附"；到了二战后，逐渐确立起了"技术—工业依附"。所以，拉美在 70、80 年代再度出现的对中心国的依附主要是一种"技术—工业依附"。多斯桑托斯具体地分析了这种依附关系："我们就可看到依附性关系给发展带来的第三种结构性限制，即工业发展决定性地受制于帝国主义中心实施的技术垄断。我们前面曾提到，不发达国家发展工业所需的机器和原料依赖于进口。但是，这些生产要素并不能在国际市场上自由获得。它们都受专利权的保护，而专利权一般都属于大公司。它们不是把机器和材料当作简单的商品出售，而是要求为使用那些机器和材料支付特许使用费，或者，在多数情况下把这些商品转变成资本，以它们自己投资的形式引进。"②

由于边缘国在本国工业发展中对新技术表现出了很强的渴求，包括专利保护在内的各种技术垄断行为也就成了中心国在与边缘国贸易中的谈判筹码，它们往往对技术收取高于其本身价值很多的使用费。即便如此，这种即时的收费也仅仅是剥削的一部分，甚至是最不重要的一部分。更重要的是，中心国将技术以资本的形式投入边缘国，以此获得长期收益。多斯桑托斯将这些行为与现代地租进行类比，严厉地批评道："对这些服务的估价过高，在许多情况下并不存在服务仅仅是对商标和专利垄断的结果，与现代的地租形式很相似，换言之，这是一种向真正的生产

---

① ［巴西］特奥托尼奥·多斯桑托斯：《帝国主义与依附》，毛金里等译，北京：社会科学文献出版社，1999，第 302—303 页。

② ［巴西］特奥托尼奥·多斯桑托斯：《帝国主义与依附》，毛金里等译，北京：社会科学文献出版社，1999，第 315 页。

参与者征收租税的纯法律上的权利，就是说，把一般生产盈余转移到那些通过垄断人类知识产权进行投机的无所事事者手中。"①

除此之外，还有一个更严重的问题，"那些在统治中心被更先进的技术替换下来的机器，就这样作为资本运往依附国去装备设在那里的子公司。"② 换句话说，一方面，中心国不断研发新技术；另一方面，却不忘用淘汰的技术换取短期和长期的利益。这样一来，无论边缘国制定了什么样的赶超计划，无论通过什么样的努力去追赶先进国家，也不可能改变其边缘地位。我们知道，加尔通曾举例说，"旧时代的通讯/交通方式与生产方式（经济方面）、破坏方式（军事方面）以及创新方式（文化方面）一道，都可以——有时以二手货的形式——卖给这一垂直贸易/援助结构里的边缘国。中心国的飞机和船舶更快捷，用起来更直接，看起来更可靠，也确实能够吸引更多的乘客和货物。当边缘国追赶上来的时候，中心国已经在通讯卫星领域领先了好多年了。"③ 也就是说，边缘国所享受的只是中心国剩下来的残羹冷炙，而且经常以施舍的样子出现。

中心国向边缘国转让技术，边缘国通常满意地接受（其实是不得不接受）这些施舍，从而有了"技术援助"这个优雅的名称。中心国往往宣称，通过技术援助向边缘国提供了无偿的或优惠的服务，完全是为了帮助边缘国发展技术和提高生产力，而在实际上，这些"援助"只不过是施舍给边缘国的一些残羹冷炙。更加值得注意的是，技术"援助"中的一个通行做法是，中心国委派相关技术与管理人员到边缘国中传授经验，培训边缘国的有关人员，或者邀请边缘国人员到中心国学习先进经验。这样一来，也就形成了一种师徒关系。对此，加尔通从中读出的是，"如果中心一直提供老师，并定义了什么东西才值得被传授（从基督教的信条到科学技术的教义），而边缘一直提供学生，这就形成了一种带有帝

① ［巴西］特奥托尼奥·多斯桑托斯：《帝国主义与依附》，毛金里等译，北京：社会科学文献出版社，1999，第325—326页。

② ［巴西］特奥托尼奥·多斯桑托斯：《帝国主义与依附》，毛金里等译，北京：社会科学文献出版社，1999，第315页。

③ Johan Galtung. A structural theory of imperialism. *Journal of Peace Research*. 1971，8（2）：P81—117.

国主义味道的情形。"①

　　所以，技术援助似乎不仅是垄断者所做出的某种施舍，而且是通过施舍的方式向边缘国输送中心国的理论与文化。技术垄断使边缘国的技术水平永远滞后于中心国，而技术援助在施舍已经落后的技术的同时又附加了理论和文化上的奴化教育，以至于世界的"中心—边缘"结构被经营得牢不可破。也许人们会怀有某种"小人之心"，以为在接受了中心国的技术后可以进行因地制宜的改造，即实现某种改良和革新，并在此基础上逐渐超过中心国。其实，这只能是极其幼稚的"小人之心"。因为，多斯桑托斯已经指出了这一点的不可能性，"如果改变一下机器的技术规格使之适合本国的知识，那么本国的工程师也能在很大程度上取代这种技术援助。但是，我们的工程师无疑是接受了跨国公司教科书的系统训练，形成了一种完全受这些被认为是'放之四海而皆准'技术模式影响的知识、志向和行为类型。"② 所以，伴随技术援助或技术转移而来的价值观早已形塑了边缘国的"知识、志向和行为类型"，早已限定了边缘国发展的一切可能，在这里，并不存在多少改良和革新的空间。

三、 在世界"中心—边缘"结构中看创新垄断

　　在世界的"中心—边缘"结构中看创新垄断，可以看到对创新的保护走过了这样的历程：起初是在一国内部保护创新者的权利；然后，进入国际关系的领域，反映在中心国的竞争之中，是出于国家利益而对创新加以保护；再后，随着边缘国加入世界知识产权保护体系，创新垄断成了中心国剥削与遏制边缘国的工具。在今天，我们满眼所见的都是中心国的创新垄断，而边缘国在这一创新垄断面前除了等待中心国可怜的施舍别无选择。边缘国缺乏创新人才，即使它培养出了创新人才，也会轻易地流向中心国。边缘国为了吸引人才，可能会竭尽所有对那些回流

---

① Johan Galtung. A structural theory of imperialism. *Journal of Peace Research*. 1971，8（2）：P81—117.
② ［巴西］特奥托尼奥·多斯桑托斯：《帝国主义与依附》，毛金里等译，北京：社会科学文献出版社，1999，第 327 页。

的人才给予特别优厚的待遇。这样的话，又极度地伤害了那些生成于本土的人才，让他们削尖脑袋到中心国去镀金，以至于边缘国陷入了创新人才匮乏的恶性循环之中，不仅导致回流人才无法获得创新的土壤，而且已有的人才储量也会急速流失。这就是世界"中心—边缘"结构中边缘国的劣势地位，而中心国的创新垄断又在不断地强化边缘国的这种劣势。

20世纪后期以来，全球化运动正在对既有的资本主义世界化格局作出挑战，表现出突破世界"中心—边缘"结构的冲动。然而，中心国为了维护资本主义世界化所带来的世界格局，为了巩固其在世界"中心—边缘"结构中的优势地位，在创新垄断方面也开始了一轮新的"创新"，以求在既存的创新垄断中继续实现自己的利益。

在资本主义世界化进程中，形成了一份在国际知识产权史上具有里程碑意义的国际公约，即1883年的《保护工业产权巴黎国际公约》（简称《巴黎公约》）。《巴黎公约》往往被认为是国际法的典范之作，因为它"没有为成员国创建实体法，同时，也没有将新的法律强加于成员国之上。在很大程度上，他们只是对成员国间所形成的共识的反映，这些共识在成员国国内法律中就已经被认为是正当合法的"①。考虑到《巴黎公约》第一批签署国家（比利时、巴西、萨尔瓦多、法国、危地马拉、意大利、荷兰、葡萄牙、塞尔维亚、西班牙和瑞士等11国）和产生的原因（为吸引和保证更多国家参加在维也纳举行的国际发明博览会），这一公约是得到中心国或近中心国的国家所认同的，因而具有某种平等的特征。然而，到了1993年，当世界知识产权保护体系可以把大多数边缘国纳入进来时，这一公约则呈现出另一种面目，即成为中心国剥削边缘国为自己谋取利益的手段。

达沃豪斯（PeterDrahos）认为，世界贸易组织在1993年通过的《与贸易有关的知识产权协议》（简称TRIPs）标志了知识产权保护新阶

---

① Gana，Ruth L. Has Creativity Died in the Third World：Some Implications of the Internationalization of Intellectual Property. *Denv. J. Int'l L. & Pol'y*. 1995，24：P109—144.

段的开启。① 在美国的主导下，TRIPs 协定为中心国构筑起创新垄断"新帝国"迈出了决定性的一步。与曾经企图建立全球专利制度的大英帝国相比，这一"新帝国"的高明之处在于，以国际组织与国际协定的名义将中心国与边缘国同时纳入一个看似平等的国际框架之中，而其实质则是"强国将本国的法规模式通过法规新殖民化的过程强加于弱国"②。TRIPs 协定"通过扩大知识产权所有者对权利的垄断范围，使得信息和技术价格大幅增加，并且要求各国在加强对知识产权保护上发挥更大的作用"③。

正如我们一再强调的，当知识产权保护成为一种国家义务时，那些授予特定个人或公司的知识产权都蕴含了一种国家垄断力量，而在世界"中心—边缘"结构中，存在于中心国的这种垄断力量不仅仅表现在某个中心国与某个边缘国的关系中，也不仅仅表现为几个中心国的联合垄断，而是借助于形形色色的国际组织去把更多的中心国和边缘国网罗到同一个体系中，并为这个体系确立起"中心—边缘"结构，分别把中心国与边缘国安排在不平等的位置上。TRIPs 协定的许多签署国"在签订协议时并未充分地意识到 TRIPs 的影响。他们在谈判前和谈判中都受制于发达国家的经济胁迫。此外，他们同意以签订 TRIPs 换取经济合作与发展组织的承诺，即放宽发展中国家农业产品的市场准入和纺织品出口"④。正如赛尔所看到的，亦如签署类似国际协议的情况一样，其背后充满了欺骗、威胁和交换（威逼加利诱）。

一般说来，中心国总是通过各种正式的和非正式的国际协定去隐藏自己的阴谋，这是因为，这些协定从构想、起草、制定、谈判、通过和签署的整个过程，通常都受制于某个中心国或某几个中心国组成的联盟，

---

① 达沃豪斯曾对知识产权的历史做了三个时期的划分：国内阶段，19 世纪末期的国际阶段和 20 世纪 80 年代以来的全球阶段。（参见 Drahos, Peter. Thinking strategically about intellectual property rights. *Telecommunications Policy*. 1997, 21（3）: P201—211.）

② ［澳］彼得·达沃豪斯：《知识的全球化管理》，邵科、张南译，北京：知识产权出版社，2013，第 224 页。

③ ［美］苏珊·K·赛尔：《私权、公法——知识产权的全球化》，董刚、周超译，北京：中国人民大学出版社，2008，第 10 页。

④ ［美］苏珊·K·赛尔：《私权、公法——知识产权的全球化》，董刚、周超译，北京：中国人民大学出版社，2008，第 10 页。

TRIPs 就是美国联合日本和欧洲的产物，所以，他们在其中注入了为己牟利的内容，并轻而易举地隐藏了他们那些不可告人的秘密。在几乎所有国际协定的签署中，中心国都会向边缘国描绘一幅协定将会带来的大好蓝图。TRIPs 协定就包含着这样的叙述："对知识产权的保护和施行应有助于促进技术革新、技术转移和技术传播，有助于生产者和技术知识使用者的互惠，其实现的方式应有助于社会与经济福利，并有助于权利与义务的平衡。"[①] 许多边缘国正是在这些描述的蒙蔽下在协定上签了字，以至于"未能充分地意识到 TRIPs 的影响"。

中心国的另一个伎俩就是交换或利诱，事实上，这并非即时的利益交换，而是用对边缘国的未来的利益承诺换取此时边缘国的妥协。至于诱导了边缘国签署相关协定后的事情，诸如那些非正式的口头承诺是否能兑现，往往是由边缘国自认倒霉而去加以消化的事了。当然，也会有一些正式的文字承诺，但这些承诺往往都不会兑现。因为，这些文字与他们所签署的国际协定一样，也是任由中心国把持的。不仅如此，在协定签署后发挥作用的漫长时期中，中心国还会充分地利用这些协定为自己谋利。当国际协定成为中心国实现利益的障碍时，中心国就会采取这样的行动：要么对协定作出有利于自己的解释，要么要求修订协定，要么干脆绕开协定，甚至会通过运用其政治、经济乃至武力等展示其肌肉的方式加以解决。

我们知道，美国一直是一个主张贸易自由的国家，而知识产权保护显然是与自由贸易的理念直接冲突的。但是，为什么美国会在 20 世纪末强势推进基于贸易的国际知识产权协定呢？"考虑到直到 1982 年美国国内知识产权保护执行措施一直是相对比较宽松的，所以美国倡导全球性的承诺来加强知识产权保护让人颇感意外。"[②] 不过，在世界"中心—边缘"结构中去看，这一点又在意料之中。虽然经济自由主义在 20 世纪 80 年代再度流行起来，然而自由主义在全球的扩展所反映的只是中心国

---

① Agreement on Trade-Related Aspects of Intellectual Property Rights，Apr. 15，1994，*Marrakesh Agreement Establishing the World Trade Organization*，Annex 1C.

② ［美］苏珊·K·赛尔：《私权、公法——知识产权的全球化》，董刚、周超译，北京：中国人民大学出版社，2008，第 13 页。

要求全世界向自己敞开利益输送之门的要求。这种所谓的"自由贸易"，在世界"中心—边缘"结构中从来都不会是自由平等的。因此，虽然表面上中心国在全球范围内推行知识产权保护与自由贸易相冲突，但在实质上，却是为中心国的利益服务的。在这一点上，二者是相辅相成的。

我们看到，在TRIPs协定的开篇中就冠冕堂皇地写道："为了减少对国际贸易的扭曲与阻碍，并考虑到促进有效而充分地保护知识产权的必要性，同时保证实施知识产权的举措和程序本身不构成对合法贸易的阻碍；鉴于此，制定如下新的规则和原则。"① 从这个文本中可以清晰地看到，中心国不会理会这种知识产权保护与自由贸易之间的表面矛盾，而是依然打着保护贸易的旗号推进知识产权保护。除了保护贸易的说辞，中心国还重复着知识产权保护会刺激创新等陈词滥调。所以，关于中心国在其国内宽松实施知识产权保护而在国际上强势推动知识产权保护也就是不难理解的事了。也就是说，那无非是在维护创新垄断。这也再一次证明，中心国向边缘国积极推行的制度或政策（例如民主制度、发展模式）与其国内所实施的制度政策之间并不一致。易言之，中心国在事实上没有完全按照自己的模样去塑造这个世界，而是在其国内实施一套措施，在面对边缘国时实行另一套措施。

从近代以来的社会发展看，每一次技术革新浪潮都伴随着知识产权保护方面的重要举措。创新垄断是起始于第一次工业革命的，而在第二次工业革命中，创新垄断则在世界"中心—边缘"结构中转化为剥削边缘国的手段。现在，人类进入全球化的新阶段，信息技术、生物技术、空间技术等方面的新的技术革新浪潮的涌动，对知识产权的保护提出了新的挑战。20世纪80年代开始的全球化、后工业化运动改变了原有的技术传播途径，并在某种意义上无视世界"中心—边缘"结构的制约，从而使中心国意识到，这很可能意味着他们所享有的传统优势即将失去。虽然边缘国"厂商逐渐增强的其传统工业品渗入远地市场的能力让发达国家不得不比以前更依赖他们在生产知识产品方

---

① Agreement on Trade-Related Aspects of Intellectual Property Rights，Apr. 15，1994，*Marrakesh Agreement Establishing the World Trade Organization*，Annex 1C.

面的比较优势"①，但是，中心国此前牢牢控制着边缘国的状况已经开始松动。尽管中心国联盟内部也存在竞争，而在面对边缘国时，他们依旧作为一个整体而存在。其原因在于中心国群体希望联合起来以从边缘国那里获得足够的利益。所以，在中心国感受到前所未有的挑战时，他们立刻推动 TRIPs 的签署，试图以此去巩固中心国在世界"中心—边缘"结构中的优势地位。

当然，中心国拥有技术优势，所以，要求以贸易的形式向边缘国转让技术，认为这一转让技术的方式能够有效地保护中心国的利益，反之，则会使中心国的利益受到损失。在 TRIPs 中就有着相关表述："不通过进口或经许可的方式而使用外国技术，通常会给技术出口国带来沉重的经济损失。"② 也就是说，在中心国拥有技术优势的条件下，边缘国能够通过贸易的方式获得什么技术？都需要得到中心国的许可。哪些技术可以转让，哪些技术不能转让，都由中心国来决定，而不是由边缘国的需求所决定。这显然是一种霸权逻辑，而且也是维护霸权的做法，更不用说进口技术所要花费的高昂费用在边缘国这里能否承担得起了。

于此之中，我们还看到，中心国所考虑的仅仅是自己的利益，至于全球化条件下的人类共同利益，则被弃置不顾。比如，中心国要求减少温室气体排放，但在碳排放技术方面又做了垄断，或者要求边缘国通过贸易的方式购买他们的碳排放技术。这无疑是一种在经济上扼杀边缘国的做法。显然，其目的是非常明确的，那就是要维护中心国在世界"中心—边缘"结构中的位置不变。另一方面，从历史上看，中心国的这些要求也不具有合理性。"在蒸汽机技术的早些年里，英国禁止出口蒸汽机及其零件和技术人员。美国却不顾一切地进口所有这三类……对美国来说，当时经济发展所处的阶段，最好的政策就是不去严格执行外国的知

---

① Reichman, Jerome H. TRIPS Component of the GATT's Uruguay Round: Competitive Prospects for Intellectual Property Owners in an Integrated World Market. *Fordham Intell. Prop. Media & Ent. LJ*. 1993，4.

② Reichman, Jerome H. "TRIPS Component of the GATT's Uruguay Round: Competitive Prospects for Intellectual Property Owners in an Integrated World Market. *Fordham Intell. Prop. Media & Ent. LJ*. 1993，4.

识产权。"[①] 美国起初是盗取了英国的先进技术，等到美国在技术创新方面实现了突破时，却开始积极推进知识产权保护，臆测边缘国也会如此偷盗自己的先进技术。

总的说来，中心国享有三项对创新的绝对垄断权：产出、支持与合法化。首先，中心国由于网罗了全世界的创新人才而获得了较强的创新能力，这就垄断了创新的产出。19世纪后半叶和20世纪的美国就是通过各种渠道从全世界引进技术与人才而成就了自己非凡的创新力。其次，中心国拥有全世界最先进的硬件条件（例如实验室），即使边缘国有了某种创新灵感，也因为缺乏足够的物质条件支持而不得不放弃。相反，中心国则具备先进的物质条件以支持创新，这就垄断了对创新的支持系统。最后，中心国通过覆盖全球的知识产权保护制度享有了判断某项新事物是否属于创新的话语权，即只有获得中心国的肯定某种新事物才能被合法地界定为创新，否则，就被视为应当被扼杀的新事物。

在这种条件下，边缘国知识分子往往不遗余力地想获得中心国的认可和承认，而想要获得中心国对自己某项创新知识的肯定，就需要恭恭敬敬地把自己的创新成果奉献给中心国，以便在得到中心国知识产权保护的情况下也使自己的那份利益得到实现。实际上，这种知识产权保护制度完全是服务于中心国创新垄断的要求的，其设置也妨碍了全球在共同问题前开展广泛的合作。在全球化的条件下，人类已经成为一个共生共在的共同体，风险和危机不会承认世界"中心—边缘"结构，越来越多的问题需要全人类携起手来去共同应对。在这种情况下，中心国拒绝合作并通过知识产权保护削弱人类应对风险和危机的能力，显然是不明智的做法。

---

① Merges，Robert P. Battle of Lateralisms：Intellectual Property and Trade. *BU Int'l LJ*. 1990，8.

第五章

产生于世界中心的世界体系论

第一节　世界体系论对"中心—边缘"的定义

20世纪70年代，依附论由盛转衰，并迅速让位于一个受依附论影响很深的理论——世界体系论。世界体系论沿袭了普雷维什和依附论所使用的"中心—边缘"概念，对世界体系做出了更为精细的分析，并通过改造"中心—边缘"概念提出了"半边缘"的概念。世界体系论致力于阐释世界体系得以产生、巩固和发展的过程及其原因，通过分析世界范围内的劳动分工，有力地解释了剩余价值如何向中心国汇集的问题。但是，世界体系论所使用的"中心—边缘"概念又不同于普雷维什以及依附论所使用的这一概念，甚至可以说，世界体系论对这一概念进行了根本性的改造，赋予了这一概念完全不同的性质，以至于这一概念失去了原有的批判力，从而表现为一组描述性的概念。这说明，产生于世界中心地区的世界体系论虽然与产生于世界边缘地区的依附论使用了同一个概念，但二者的理论倾向是不同的，因而，概念的内涵也不同。依附论在使用世界"中心—边缘"结构概念时包含了打破这一结构的要求，而世界体系论在使用这一概念时仅仅从属于描述和解释的需要。而且，在描述和解释的背后，潜含着提醒中心国维护中心地位的内涵。所以，可以认为，世界体系论是一种要求维护世界"中心—边缘"结构的理论。

一、 从"依附论"到"世界体系论"

在普雷维什那里，"中心—边缘"概念是一个解释框架，这个解释框架中包含了打破"中心—边缘"结构的追求。自普雷维什引入了这一概念后，他所领导的拉美经委会一直围绕着世界"中心—边缘"结构去思考使拉美经济脱困的策略，特别是经过了拉美经委会的一批学者的阐释，"中心—边缘"概念在拉丁美洲的思想界以及政策实践中产生了广泛的影响。20世纪60年代，由于经济下行，普雷维什等人基于世界"中心—边缘"判断而提出的拉美发展策略遭受重创。但是，作为一个解释框架，"中心—边缘"概念被另一批学者继承了下来，并在此概念的基础上发展出了一个分析世界政治经济格局的重要思想流派——依附论。可以说，依附论学派是在20世纪有着广泛世界影响的拉美本土学派，尽管该学派内部也存在着诸多理论分歧，但他们都努力使用"中心—边缘"概念去分析问题，有着一种把拉美与世界联系在一起认识问题的视野。所以，依附论突破了拉美的地理空间，使"中心—边缘"概念得到了传播，并成为一个研究世界体系的重要视角。

不过，到了70年代后期，依附论开始呈现出由盛转衰的迹象。尽管直到今天依然有大批学者在使用或借鉴依附论的分析方法和理论成果，也有一些学者致力于延续和发扬依附论学派的思想，但就全球影响力而言，依附论在70年代后迅速让位于另一个受到其思想影响的理论——世界体系论。作为一种理论，世界体系论并非生长于拉丁美洲这样一个边缘地区，而是诞生于美国这个世界中心国家，并具有——至少它号称具有——一种世界性的总体视角。世界体系论也广泛地使用了"中心—边缘"概念来描述世界体系的构成状况，并将其作为一个分析框架来解析世界体系中的剥削与被剥削关系。但是，在对世界体系论所使用的"中心—边缘"概念进行仔细考察和分析后，我们发现，它与依附论以及普雷维什所使用的"中心—边缘"概念有着本质不同。事实上，当"中心—边缘"概念从作为世界边缘地区的拉丁美洲移植到作为世界中心地区的美国时，其内涵中所蕴含的批判力和解释力消退了。

世界体系论声称自己是致力于"一体化研究"的，并宣布其分析方法具有"长时段""大视野"和"世界体系视角"等特点。事实上，这是一个在理论来源和分析方法方面都极其混杂的思想流派。一般认为，世界体系论有着非常广泛的理论来源，包括经典马克思主义、帝国主义理论、年鉴学派、发展理论等等。但是，根据夏农（Thomas Richard Shannon）的意见，"与世界体系论联系最为直接的思想流派就是依附论（dependency approach），世界体系论实际上就是依附论的直接衍生物（direct outgrowth）。"[①] 不仅夏农这样认为，许多评论者也都断定世界体系论是依附论的翻版或再版。个中缘由就是，世界体系论与依附论都用"中心—边缘"概念去解读世界。世界体系论显然受到了依附论学派的巨大影响。但是，如果仅仅因为世界体系论也把"中心—边缘"概念作为解读世界的钥匙而加以利用就断定其是依附论的衍生物或复制品的话，这种观点可能就过于简单了。其实，它们在理论性质上是不同的，不仅分别产生于世界的边缘地区和中心地区，而且，理论目标也不同。

20 世纪 60 年代，在普雷维什及其拉美经委会的理论与政策受到各方抨击时，依附论学派得以产生。这一学派运用了普雷维什的"中心—边缘"概念及其分析框架，但也表现出了一种更为明显的马克思主义倾向，并逐步形成了某种将政治社会分析与经济分析相结合的综合性视角，以寻求弥补拉美经委会的"进口替代工业化""贸易条件恶化论"等政策策略在理论上的不足。依附论与普雷维什及其拉美经委会的理论都有着明确的边缘国立场，都反对传统的、现代化的、从中心国出发的分析视角，都希望通过"中心—边缘"概念对既存的国际格局作出重新解读，以求从中找到边缘地区为什么没有取得中心国所许诺的或者说中心国理论所预示的那种发展成就的原因。然而，在边缘国如何从边缘地位走出来的问题上，普雷维什以及他所领导的拉美经委会给出的"进口替代工业化""拉美一体化"等政策建议并未取得预期成功。同样，依附论在对普雷维什及其拉美经委会的政策实践作出了批评后也未找到出路。某种

---

① Thomas R. Shannon. *An Introduction to the World-System Perspective*, Westview Press, 1989. P15.

意义上，依附论学派更多地停留在了理论批判方面，如果说普雷维什及其拉美经委会在使用"中心—边缘"概念对世界体系的现状作出批判后提出了打破"中心—边缘"的一系列政策建议，那么依附论只选取了可以作为批判武器的"中心—边缘"概念去开展更为激烈的批判，并对普雷维什及其拉美经委会的政策策略进行了批判，而在如何打破世界"中心—边缘"结构的问题上，依附论则陷入了迷思。

到了 70 年代，依附论学派的观点似乎出现了某些重心转移，从运用"中心—边缘"概念进行激烈批判转向了对边缘地区发展的关注，大致形成了两种观点：一种观点是要求从世界"中心—边缘"结构中走出来，即通过"脱钩"而寻求自身发展的道路；另一种观点似乎是要在默认世界"中心—边缘"结构的前提下走一条"依附性发展"的道路。萨米尔·阿明是"脱钩"（delinking/break）论的代表。阿明是这样阐释脱钩论的："脱钩"旨在"拒绝使本国的发展战略听命于'全球化'……'脱钩'思想所给的含义完全不是'闭关自守'的同义语……不是拒绝参与世界科学与思想潮流的同义语。"① 但是，仅仅在科学和思想方面与世界联系在一起，而在经济与社会的发展中脱离世界，又如何可能呢？所以，即使是在依附论内部，"脱钩"的主张也招致了许多批评。费尔南多·卡多佐和恩佐·法莱托等人则属于"依附性发展"论的代表。虽然这一主张的持有者们对"依附性发展"的理解不尽相同，但他们都表现出对世界"中心—边缘"结构的无奈和妥协倾向，希望在这一世界结构中谋求一种依附性的发展，而且认为边缘国在一体化的世界中也只能获得依附性的发展。

的确，自工业化开始的历史进程可以理解成持续而稳定地走向世界一体化方向的过程。事实上，每过一段时间，我们都会发现，世界一体化程度都得到了大幅增强。民族国家的边界正日益淡化，人类再也无法复归于农业社会那种地域分离的状态了。在这种情况下，边缘国无论在哪个方面都不可能与一个互动的世界脱钩。相反，世界"中心—边缘"

---

① ［埃及］萨米尔·阿明：《论脱钩》，载《国外社会科学》，1988 年第 4 期。英文版参见 Amin, Samir. A Note on the Concept of Delinking. *Review* (Fernand Braudel Center)，1987，10（3）. P435—444.

结构也是一个必须直面的现实。但是，世界"中心—边缘"结构也未见得就是一个不可改变的现实，而是可以在"去中心化"的追求中加以否定的。所以，默认这一现实而谋求依附性发展，同样是错误的。总之，依附论学派的上述两种观点都是不可行和不能行的。正是这一点，为世界体系论的出场提供了表演空间。

夏农在综述世界体系论时指出，"世界体系论克服了依附论的错误：持续地被纳入世界经济体系将导致边缘社会一直维持在一个'依附'的边缘地位；'发展'也只能是'依附性发展'。这一观点暗示了成功工业化只能通过脱离世界体系而获得。"[①] 我们看到，"依附性发展"和通过"脱钩"求得发展实际上是存在着某种一致性的，那就是，认为中心与边缘的地位是固定的，而不是可以变动的。世界体系论正是要纠正这一错误。20世纪60年代以后东南亚一些国家迅速崛起的现实似乎让人产生了某种印象：以为一国在"中心—边缘"中的位置是可以改变的。无论这是不是一种假象，都让人感受到依附论的解释框架已经丧失了解释力。正是在这一情况下，沃勒斯坦的写作动机得以提振，并以《现代世界体系》一书宣布了"世界体系论"的诞生。

世界体系论区别于依附论的一个重要特点在于研究方法。依附论学者所采用的是平面比较的研究方法，而不是到更久远的历史中去寻找边缘地区落后的原因。与依附论不同，世界体系论则要求对"中心—边缘"的差别做出历史性的解释，即认为有着"中心—边缘"结构的世界体系的形成是根源于较早的历史发展的。依附论学者们认为，边缘落后的原因并不是现代化理论所认为的某种内部发展的落后，边缘的不发达恰恰是中心的发达不可或缺的组成部分，它与中心的发达隶属于同一个历史进程。这是带有一定辩证思维的世界体系解读，可以说是非常深刻也非常准确的判断。但是，它毕竟是在一个平面或特定时段中寻找边缘落后的原因，而不是从历史发展过程中去看问题。也就是说，依附论学者基本上没有对这个由中心和边缘构成的世界体系进行历时态的历史分析，

---

① Thomas R. Shannon. *An Introduction to the World-System Perspective*（Second Edition），Westview Press，1996. P210—211.

没有去把中心与边缘在历史上的位移等问题当作一个重要议题加以探讨。所以，依附论学派面对世界"中心—边缘"结构而提出的各项策略都无法收到预期的成效。

与依附论不同，世界体系论倾向于对既定的社会现象进行历史分析。沃勒斯坦之所以这样做，可能得益于 20 世纪 70 年代美国社会科学中的一种回归马克思主义历史分析的风气。所以，当美国学者遭遇来自拉丁美洲的依附论时，立即就发现了其中缺乏历史分析的缺陷。的确，依附论对世界"中心—边缘"结构的描述也包含着把整个世界看作统一体系的内涵。正是这一点，成了世界体系论赖以生成的生长点。在一定意义上，可以认为，依附论传播到美国后促成了世界体系论，世界体系论是在对依附论的继承和改造中形成的。事实上，有了依附论的既有解释框架只要增添一个历史维度，就建构起了世界体系论。沃勒斯坦也正是这样做的。

1974 年，沃勒斯坦发表了《现代世界体系》第一卷，学术界一般认为这是"世界体系论"创立的标志。在为《现代世界体系》第一卷 2011 年版所作的序中，沃勒斯坦大致描述了他的思想演变过程。根据沃勒斯坦的描述，在准备写作《现代世界体系》时，他仍然沉迷于现代化理论的魅惑之中，他的最初写作规划是想通过研究 16 世纪一些国家的兴起去理解 20 世纪另一些国家兴起的原因。显然，这是一种"所有国家都将遵从相似的演进路线"的假设，而基于这种假设的研究思路恰是现代化理论的基本的和主要的形态。它即便不是现代化理论的古典形态，也是现代化理论在发展中形成的一种变体，而且在理论研究中占据了主流地位。沃勒斯坦认为，这种现代化理论是抽象的，要求跨越时间纬度与历史背景，从而将不同国家强行拉入同一个假想的线性发展路径中。

沃勒斯坦承认，正是这种观念支配了他最初的研究思路，致使他假设 16 世纪那些国家（后来的中心国）获得发展的原因是可以（能）解释 20 世纪那些新兴国家的发展的。在此基础上，他努力证明当前落后的国家也可以（能）依据同样的路径在未来获得同样的发展。然而，正是依附论的理论观念和独特视角让沃勒斯坦在思想上发生了大转变：他不仅放弃了最初的研究假设和研究思路，还向现代化理论发起了严厉而有效的批判；不仅在理论上接受了依附论的观点，还在这种观点的影响下最终形成了世界体系的分析单位和研究方法。沃勒斯坦坦陈："我赞同像萨米尔·阿明和安德烈·贡德·弗兰克等所谓依附论者的观点，他们认为，'传统'与'现代'二者同时产生。"[①] 的确，这是依附论中最具有代表性的观点，即认为落后与发达国家并不是前后相继地存在于某一个线性发展道路上的，而是并存于同一个历史进程中。从沃勒斯坦的这些描述中可以猜想到，他被依附论的观点所震撼，从而改变了自己的研究思路，从逐一考察不同国家的最初设想转向了考察不同国家并存的世界，并最终形成了世界体系论。

依附论能够迈出拉丁美洲而走向世界，表明它的理论影响力不断扩大并被世界所接受。但是，在走向世界的同时，它也走向了衰落，在它激荡了沃勒斯坦的头脑并催生出世界体系论之时，则把自己对世界的影响力消耗殆尽；在把世界"中心—边缘"概念传递给世界体系论的同时，则把自身的理论缺陷暴露在了世界学术界面前。此后，尽管还不能说依附论走向了沉寂，但其理论影响力发挥作用的范围与持久度都让位给了世界体系论。一些早期的依附论学者（如弗兰克、阿明和多斯桑托斯）也自然或不自然地转向了世界体系分析，他们或者吸收了世界体系论的某些理论成果，或者接受了世界体系论的某些标志性概念，或者借鉴了世界体系论的某些研究方法。

当然，在学术界存在着把依附论与世界体系论混同的做法。其实，它们之间的区别还是非常明显的。尽管沃勒斯坦一再强调他的世界体系论不是一种理论而是一种分析方法，[②] 但在那些采用了世界体系视角的依附论学者与以沃勒斯坦为代表的世界体系论之间，还是有着很大的区别。就"中心—边缘"概念及其解释框架的应用而言，事实上存在着从依附论向世界体系论转变的轨迹。可以说，世界体系论是继依附论而兴

---

① Wallerstein I. Prologue to the 2011 Edition. In *The modern world-system I：capitalist agriculture and the origins of the European world-economy in the sixteenth century，with a new prologue*. Univ of California Press，2011. xviii.

② ［美］伊曼纽尔·沃勒斯坦：《世界体系分析》，载［美］沃勒斯坦：《沃勒斯坦精粹》，黄光耀、洪霞译，南京：南京大学出版社，2003，第162页。

起的一种新的理论。在一段时间内，随着世界体系论的世界影响日益扩大，一些依附论学者出于维护依附论的需要而吸纳了世界体系论的某些理论元素，这其实是一种常见的学术现象。在这之中，也有一些依附论学者转而信奉世界体系论，这也同样是可以理解的。

我们还应看到，发源于拉丁美洲（边缘地区）的以西班牙语和葡萄牙语（曾经的中心地区语言，通过殖民扩张而成为殖民地的官方语言）为主要书写语言的依附论在逐渐让位于兴起在美国（当前的世界中心）的以英语（世界的主导语言）为表达语言的世界体系论时，一些学者希望搭乘世界体系论的时髦快车，也是这个世界中非常自然的现象。也许正是这一原因，使得许多依附论学者为了保持自己的学术声望而转投到世界体系论的门下。这在某种意义上，恰恰是可以用普雷维什以及部分依附论学者早已揭示的话语霸权或"智力依附"来作出解释的。

二、 世界体系论的中心、边缘与外围

依附论虽然是在世界体系中去把握"中心—边缘"结构的，但其分析单位则是民族国家。依附论先在世界"中心—边缘"结构中确定民族国家的地位，然后再分析边缘国家落后的原因，并提出边缘国家的发展策略与路径。与依附论不同，世界体系论则努力把整个世界作为分析单位——至少它声称如此，是要在世界体系的历史中寻找发展路径。所以，可以认为世界体系论弥补了包括依附论在内的各种理论关于发展问题的不足。但是，世界体系论又受到了依附论的影响，是在依附论所取得的理论成就的基础上发展起来的。作为一种继起的理论，世界体系论努力去修补依附论，并在发展的问题上尝试作出自己的理论创新。这在一定意义上反映了思想的进步。总体看来，在沃勒斯坦的几乎所有著作中，随处可见依附论的影响。其中，最为重要的就是一直扣住了"中心—边缘"概念[1]（沃勒斯坦在其中创造性地加入了"半边缘"这个概念和分

---

[1] 沃勒斯坦也曾将"中心—边缘"概念的发明归功于普雷维什，参见 Immanuel Wallerstein. *The Modern World System IV：Centrist Liberalism Triumphant*，1789—1914. University of California Press，2011. Xiii.

类，不管"半边缘"这个新概念是否合理，都表明它是来自依附论又发展了依附论的）而进行理论阐述。同时，沃勒斯坦在研究视角和分析路径等方面，又进一步丰富了"中心—边缘"概念的内涵。

在《现代世界体系》中，沃勒斯坦阐述了中心与边缘之间在经济结构、劳动分工与劳动控制、国家力量、文化构成等多方面所存在的显著差异。其中，最为人们津津乐道的就是他关于现代世界体系中的中心、半边缘和边缘在国际劳动分工中所处的不同位置的分析。沃勒斯坦正是通过这种分析而对不同的劳动控制形式作了具有信服力的解释。具体地说，沃勒斯坦将历史上的各种劳动控制形式铺展在了现代世界体系之中，指出"'奴隶制'和'封建制'在边缘地带；工资劳动者和个体经营者在中心地区；我们将看到的分成制佃农在半边缘地带。"[①] 沃勒斯坦还着力探讨了不同地区采取特定劳动控制形式的复杂原因及其结果，尤其通过对不同劳动分工与劳动控制形式的分析而去弄清剩余价值是如何实现向中心地区集中的问题。

沃勒斯坦之所以将视线集中在劳动控制方式上，他的解释是："资本主义世界经济是建立在世界范围内的劳动分工上，在这个经济体系的不同地区（我们称之为中心、半边缘和边缘地区）分别被指派承担不同的经济角色，发展出了不同的阶级结构，因而采用了不同的劳动力控制模式，并且从这一体制的运作中获利是不平等的。"[②] 正是资本主义世界经济导致了不同地区间的不平等，致使边缘地区采用了奴隶制的和封建制的劳动控制形式。中心地区之所以能够采用相对自由的劳动方式，之所以既发展了畜牧业又解决了粮食短缺的问题，之所以能够发展货币租佃制和工资劳动制，"根本原因在于，资本主义世界经济正在形成"[③]。

中心地区因为建立起了资本主义世界经济，才能够在发展畜牧业以满足市场需求时而不会遭遇粮食短缺的问题。那是因为，边缘地区能够

---

① ［美］伊曼纽尔·沃勒斯坦：《现代世界体系》，第一卷，郭方等译，北京：社会科学文献出版社，2013，第89页。

② ［美］伊曼纽尔·沃勒斯坦：《现代世界体系》，第一卷，郭方等译，北京：社会科学文献出版社，2013，第170页。

③ ［美］伊曼纽尔·沃勒斯坦：《现代世界体系》，第一卷，郭方等译，北京：社会科学文献出版社，2013，第101页。

源源不断地为中心地区补充粮食。由于边缘地区承担了中心地区的部分农业劳动，中心地区的一些劳动力从早先的农业活动中解放了出来。另一方面，由于中心地区所采用的不是边缘地区的那种需要大量监督人员的劳动控制方式，更多的劳动力得以解放了出来，并成为中心地区发展工业的人力资源。相比之下，边缘地区的劳动控制形式则是"奴隶制"的和"封建制"的。不仅农业生产占用了大批劳动力，而且劳动监督也消耗了大量的劳动力，以至于在经济和社会发展中都处于劣势地位。

根据沃勒斯坦的考察，在16世纪的一些边缘地带（如东欧和西班牙统治下的美洲）实行的是"封建制"，但这种封建制与中世纪欧洲典型的封建制又有着本质不同。所以，沃勒斯坦所说的"封建制劳动方式"指的就是这种"强制性商业作物劳动制"（coerced cash-crop labor）。这一制度中的农民是被法律强制要求劳作的，但他们是为世界市场而非地方经济而从事生产的，制度的运作也是由市场的供求关系所决定的。因此，这是一种在本质上属于资本主义性质的组织和劳动形式，是从属于资本主义世界经济的，是与典型的封建制不同的劳动方式。在对这种"封建制"劳动进行了定义后，沃勒斯坦指出，中心与边缘是资本主义世界经济体系中共存的两类主体。他还引述了弗兰克的话说，"弗兰克在谈到现代世界时说：'经济发达与不发达是一个问题的两个方面。二者都是世界资本主义体系内部矛盾的暂时表现和必然结果'"[①]。

正是因为中心与边缘同属于一个体系，所以，中心与边缘的发展同属一个历史进程，由边缘向中心的利益输送也才成为可能。反过来说，也正是因为有了这种利益传送机制，才造就了稳定的"中心—边缘"结构。如此一来，"剩余产品完全不成比例地流入中心地区，满足那里的人们的需要。企业的直接利润，正如我们将看到的，在中心地区诸群体、国际贸易群体和地方当局官员（诸如波兰贵族和西班牙美洲的官吏及委托监护者）中瓜分。人民大众被迫从事劳动，而这种劳动制度又为国家及其司法机构所规定、限定和推行。当有利可图时，奴隶制往往大行其

---

① ［美］伊曼纽尔·沃勒斯坦：《现代世界体系》，第一卷，郭方等译，北京：社会科学文献出版社，2013，第94页。

道,但当这种靠极端严酷法律的维持变得得不偿失时,一种表面自由但实际上法律强迫的劳动制,就在生产商品粮的领地上推行开来。"① 不同的劳动控制形式正是这样在由中心安排的分工下"各司其职",并在现代世界体系的"中心—边缘"结构中运行着。

从沃勒斯坦对劳动控制形式所做的细致分析中我们可以看到,世界体系论在使用"中心—边缘"概念时,是努力将这一概念放置在更广泛、更细致的历史分析之中的。这种分析的细致性可以从沃勒斯坦如下的提问中窥见一斑:"人们有理由认为……中心地带统治着边缘地区。但中心地带太大了。是热那亚的商人和银行家在利用西班牙呢,还是西班牙帝国主义者吞并了部分意大利?是佛罗伦萨支配里昂,还是法国统治伦巴底?或是二者兼而有之?"② 这正是沃勒斯坦所要探究的。尽管沃勒斯坦的分析方法和言辞表述常常让论题显得非常繁复,甚至有时前后矛盾,但是,对于中心剥削边缘、边缘依附中心、世界中心从荷兰移向英国再转到美国等等这样的简单化表述,沃勒斯坦显然是不满意的。在空间层面,沃勒斯坦所要努力寻找并界定的是各历史时期中的中心与边缘,他希望确认究竟哪些区域是中心抑或边缘,而不是简单地以某个民族国家的名称来称呼。同时,沃勒斯坦还希望为包括中心、半边缘和边缘在内的世界体系确定边界,并试图确认这些边界如何随着时间而变动。当然,这要回到沃勒斯坦对"现代世界体系"一词的界定中。

沃勒斯坦一再强调,"世界体系"中的"世界"一词并不是"全球"的同义语,尽管以欧洲为中心的现代资本主义世界体系是全球性的,也是全球中的主导体系,但在它之外还有其他体系存在。另一方面,现代世界体系又是逐步扩张的,不断地将外围地区纳入体系之中,并使它们成为围绕着中心的边缘。沃勒斯坦认为,直到16世纪末,欧洲世界经济体系并不包括印度洋地区,也不包括远东地区(除了某一时期的菲律宾)和奥斯曼帝国,甚至可以说不包括俄罗斯。沃勒斯坦特别指出,并

---

① [美]伊曼纽尔·沃勒斯坦:《现代世界体系》,第一卷,郭方等译,北京:社会科学文献出版社,2013,第96页。
② [美]伊曼纽尔·沃勒斯坦:《现代世界体系》,第一卷,郭方等译,北京:社会科学文献出版社,2013,第112页。

非所有与中心区有贸易往来的地区都能被归入体系中，问题的关键不在于贸易的数量，也不在于贸易的构成，甚至不在于利润的获取，而在于贸易的性质以及这种贸易是不是世界经济的重要的和不可或缺的组成部分。举例而言，尽管15世纪的日本与葡萄牙人之间也存在着贸易往来，尽管16世纪的俄罗斯也是用原材料去换取西方的制成品，尽管西欧在与亚洲的贸易往来中也攫取了大量利润，但是，并不能据此就认为这些地区已经在世界体系之内了。相反，它们仍处于体系之外，属于外围，而不在"中心—边缘"结构之中。

沃勒斯坦的标准是，处于世界体系之内的中心与边缘之间所进行的主要是生活必需品的贸易而非奢侈品的贸易。这是因为，相对于消费剩余的奢侈品而言，作为生产剩余的必需品贸易受经济波动的影响较小，贸易关系也相对稳定，这样的世界体系才可能是稳定的和长久的。至于原材料与制成品间的交换是否属于世界体系内的贸易，沃勒斯坦认为不能作出简单化的判断。根据沃勒斯坦的意见，要将原材料与制成品的交换判定为发生在"中心—边缘"结构之中，还需要另外两个附加条件，即"保持原材料低价进口的政治经济能力及在中心国家的市场上与其他中心国家的产品进行竞争的能力"[1]。否则，英国也会因为曾作为其他地区的原材料供应地而被称为边缘地区了。在利润方面，与中心剥削边缘相比，中心从外围区的获利既是有限的也是暂时的，"关于营利性的讨论还是清楚地表明在外部领域通过贸易获利的局限性。毕竟利润就是掠夺所得，经过一段时间掠夺就自我毁灭。而在统一的世界经济体框架内的剥削却在自我加强"[2]。

依附论学派在谈论世界"中心—边缘"结构时并未在"边缘"与"外围"之间作出区分。所以，我国学者在翻译依附论学派的相关著作时，有将边缘译成外围的做法。沃勒斯坦则明确地对边缘和外围作出了区分。除了基于贸易的性质作出这种区分，他还从国家机器和城市市民

---

[1]　［美］伊曼纽尔·沃勒斯坦：《现代世界体系》，第一卷，郭方等译，北京：社会科学文献出版社，2013，第219页。

[2]　［美］伊曼纽尔·沃勒斯坦：《现代世界体系》，第一卷，罗荣渠等译，北京：高等教育出版社，1998，第425页。

阶层等方面去考察边缘地区与外围地区的不同。比如，他认为俄罗斯尽管在 16 世纪与英国等中心国之间有着贸易关系，却属于世界体系的外围区。沃勒斯坦关于边缘地区（periphery）与外围地区（external arena）差异的特别关注和细致分析是非常重要的，这可以说是沃勒斯坦对"中心—边缘"概念作出的新定义，也是对现代世界体系的正确解读。正是沃勒斯坦的这种解读，使人们更加清晰地看到世界体系不断扩张的特征。也就是说，由于沃勒斯坦对边缘和外围作了区分，才让人们看到，中心并不满足于仅对边缘的剥削，而是不断地吞并外围地区，不断地将外围地区纳入世界体系中来，以扩大世界体系中的边缘地区范围。就此而言，世界体系论所呈现的世界体系要比依附论更有层次感。

三、"中心—边缘"概念性质的变化

至此，我们已经看到，以沃勒斯坦为代表的世界体系论从普雷维什和依附论那里借用了"中心—边缘"概念，并在理论建构和思想叙述中加以广泛应用。但是，综观世界体系论的文献，却很难说"中心—边缘"概念是它的核心概念，这一概念并不像在普雷维什和依附论中那样，是作为一个基本解释框架而存在的。霍华德（Michael Charles Howard）在评价沃勒斯坦的世界体系论时说道："'不发达'和'依附'在沃勒斯坦的书中并不占中心位置，而且由于他对世界经济中所有要素间普遍存在的相互依赖关系的重视，'不发达'和'依附'已黯然失色。"[1]"发达""不发达""依附"等概念在世界体系论中的这种应用状况其实也反映在了"中心—边缘"概念上。虽然沃勒斯坦广泛地使用了这一概念，但在理论体系中所给予这个概念的地位，则要比在普雷维什和依附论那里低得多。当然，在学术界，一提到"中心—边缘"概念，人们总会首先想到沃勒斯坦。可以认为，沃勒斯坦对于"中心—边缘"概念在世界学术论坛上的传播方面的贡献要远大于普雷维什和依附论。之所以如此，是

---

[1]［英］M. C. 霍华德：《马克思主义经济学史：1929—1990》，顾海良等译，北京：中央编译出版社，2003，第 176 页。

由话语的"中心—边缘"结构所决定的。因为普雷维什和依附论学者大都来自拉美，拉美在世界体系中的边缘地位决定了其在世界话语体系中的边缘地位，他们对科学的贡献往往会被严重低估。作为一位美国学者的沃勒斯坦则不同，虽然他更多的时候似乎是不经意地使用了"中心—边缘"概念，却让这一概念赢得了世界学术界的普遍关注。

其实，在沃勒斯坦的著作中，"中心—边缘"概念主要发挥的是描述性功能，而且，他在使用"中心—边缘"概念时有着泛历史主义的倾向。这是因为，沃勒斯坦在考察现代世界体系的生成过程时将其推及前现代的历史阶段。在沃勒斯坦看来，现代世界体系的孕育期可以确定为"延长的 16 世纪"（1450—1640）。也就是说，他不是在资本主义世界化之后来看世界体系中的"中心—边缘"结构，而是将其向前推了将近三个世纪。沃勒斯坦既然将"中心—边缘"概念用来描述前现代历史阶段的世界体系，也就不可能看到前现代与现代社会在结构上的差别。比如，沃勒斯坦在分析 16 世纪的通货膨胀这个在他看来是欧洲现代世界经济得以生成的关键因素时说道："通货膨胀是重要的，这既是因为它是强迫人们储蓄的机制，进而也是积累资本的机制，也是因为它通过这一体系将利润进行了一种不平均的分配，使它们不成比例地集中于我们所说的正在形成中的世界经济中心地区，这些中心地区是从'旧'发达地区（'old' developed areas）的边缘（its periphery）和半边缘（its semiperiphery）中分离出来的。"[1]

可见，沃勒斯坦是到历史中寻觅现代世界体系的踪迹的，他这样做是缺乏历史观的表现。虽然沃勒斯坦的著作总给人一种通过历史来证明其论点的印象，但他在研究以及理论叙事的方法上不是历史地看问题，而是对特定历史阶段中产生的现象作了泛历史主义的理解。其实，世界之所以呈现出中心与边缘的区别，是资本主义世界化的结果。正是资本主义世界化中的市场开拓和殖民化，才造成了一个具有"中心—边缘"结构的世界体系。在前现代的历史阶段中，地域性的社会在结构是一种

---

[1] Immanuel Wallerstein. *The Modern World System：Capitalist Agriculture and the Origins of the European World Economy in the Sixteenth Century*. New York：Academic Press，1974. P84.

立体结构，而不是平面铺开的"中心—边缘"结构。由于各个地域性的社会分散地存在于不同的地方，而且它们之间很少联系，并没有构成一个统一的世界体系。所以，当沃勒斯坦认为前现代也存在着"中心—半边缘—边缘"时，实际上是在一定程度上模糊了前现代与现代的界限。

正是因为沃勒斯坦所持的是一种泛历史主义的观念，所以他才会认为人类早在"延长的16世纪"就已经逐步进入了世界体系，并认为在这个世界体系中存在着中心与边缘不断变换位置的位移。在这样做的时候，他轻易地就把大国崛起和衰落的过程强行地放置在世界体系之中去加以解读了，并把分散的、个别的、偶然的事实解读成了世界体系中的历史现象。结果，他所得出的结论就是：过去的中心可以转化为边缘，而过去的边缘则可以走进中心。如果我们不对世界体系的生成时间作出判断的话，的确会同意沃勒斯坦的解读，会认同沃勒斯坦的观点，相信原先的中心变成了边缘，或原先的边缘变成了中心。而且，欧洲与美国之间在世界体系中的位置变动也证明了沃勒斯坦的判断。

在一些边缘国家中，一旦经济社会发展取得了某些进步后，就会觊觎所谓"大国"地位，就会跃跃欲试，甚至会宣布自己已经崛起和正在走向中心。比如，在中国多年前就出现过一个所谓的《大国崛起》电视片，明示或暗称自己正在崛起为大国。这在很大程度上是受到了沃勒斯坦的引导，或者，是与沃勒斯坦一样产生了相同的错觉。在前现代的历史上，并不存在世界体系，因而，也并无中心国与边缘国的差别，更不存在边缘国向中心跃迁的案例。世界的"中心—边缘"结构是在资本主义世界化过程中生成的，是工业化的产物。如果说英国、荷兰、葡萄牙、西班牙等开拓了资本主义世界化之路，也给人造成了它们曾经依次成为世界中心的幻觉，那是世界体系尚未生成或尚不稳定情况下的历史现象。在现代世界体系生成之后，其实世界的中心并未改变。

事实上，正是因为世界体系本身的历史性没有得到定义，才使沃勒斯坦的这种观点得到了广泛的传播和被学者们普遍接受。实际情况并非如此。在现代化进程的很长一段时间中，在资本主义世界化形成稳定结构的过程中，并不存在一个统一的世界体系。因而，也不存在世界"中心—边缘"结构。直到19世纪中后期，世界体系都未定型。也只是在这一条件下，一个国家才有崛起并建立世界体系的机遇，才能够把自己变成世界的中心而把其他国家变成层层分布开来的边缘。一旦世界体系定型并拥有了"中心—边缘"结构，一个或一些国家再想成为世界体系中的中心是极其困难的。第一次和第二次世界大战以及冷战，都说明那种试图成为世界体系中心的国家未能成功。如果说世界的"中心—边缘"结构在全球化、后工业化进程中出现了改变的机遇，那也将是一场"去中心化"的运动，而不是中心转移的过程。

由此可见，当沃勒斯坦对世界体系及其"中心—边缘"结构的概念作了泛历史主义解读后，就必然会把理论判断建立在一些历史假象的基础上，从而对人们造成误导，让一些国家以为可以在既定的世界体系中改变自己的位置，即跃迁到中心。如果这种认识转化为国家策略的话，对于这个世界来说，将是非常危险的。就"中心—边缘"概念来看，从普雷维什到依附论学派，都是将其作为批判工具而加以使用的，即用来揭示既存世界体系的不平等，并包含某种要求打破世界"中心—边缘"结构的追求。然而，到了沃勒斯坦这里，"中心—边缘"概念的批判性消失了，被说成世界体系原本就有中心与边缘的区别，或者说，世界体系本来就应当拥有"中心—边缘"结构。沃勒斯坦进而认为，世界体系不应被界定为资本主义世界化的产物，而是有着更为悠久的历史。这样一来，沃勒斯坦似乎是给人提供了一条通过自我发展而竞逐中心的道路，让人们以为，每一个国家都可以实现向中心的跃迁，或者，可能被边缘化。在某种意义上，这是以一种特有的方式再一次诠释了达尔文主义。至少可以说，是准确地表达了资本主义精神的。

可见，虽然都使用"中心—边缘"概念去描述世界体系的结构，但在普雷维什和依附论那里，这种描述是批判性的，从属于打破"中心—边缘"结构的目的。特别是在普雷维什以及他所领导的拉美经委会那里，为了改变"中心—边缘"结构中边缘国的经济、政治以及社会困境，提出了一系列政策措施。依附论是在对普雷维什及其拉美经委会的批评中成长起来的，但所批评的是普雷维什及其拉美经委会的不彻底性，在普雷维什及其拉美经委会的那些政策未能有效改变拉美国家边缘地位这一点上，依附论给予了激烈的批评。在理论倾向上，应当说依附论在使用

"中心—边缘"概念时表达了更为激进的打破"中心—边缘"结构的追求。在世界体系论中,情况发生了根本性的改变,世界体系中的"中心—边缘"结构被默认为不可改变的事实,即便某个或某些国家在中心与边缘之间发生了位移,也没有使世界体系的中心与边缘发生改变。

另一方面,一些依附论学者主张用"中心—边缘"的概念来描述世界体系,反对用"发达""欠发达""不发达""发展中"等概念去描述世界体系的状况,认为这些概念会对边缘国的政策和策略造成误导。然而,在世界体系论这里,则把中心与边缘还原成了发达、欠发达等。比如,蔡斯-邓思(Christopher Chase-Dunn)在简述现代世界体系时就曾说道:"在当前的体系中,所谓的"先进"(advanced)国家或"发达"(developed)国家组成了中心,而'欠发达'(less developed)国家则处于边缘。"① 这显然是与普雷维什和依附论所使用的"中心—边缘"概念不同的。在某种意义上,可以认为,世界体系论在使用"中心—边缘"这个概念时,由于丧失了概念的批判力,虽然他们也向当前的世界体系发出了责难,但在事实上,却包含着某些维护这一体系的内涵。遗憾的是,学术界往往没有看到依附论与世界体系论之间的这种不同,而是根据它们都使用了"中心—边缘"概念去判定它们在理论上是一致的,或者说,认为世界体系论只是依附论在美国的翻版或再版。这样一种评论可以说代表了学术界的普遍看法:"由于世界体系论在大多数方面都只是依附论在北美的因地制宜/调整的产物(adaptation),所以在理论建构的方面很难将二者区分开来。"②

就理论可以成为话语的构成因素而言,它们也同样是存在着中心与边缘的。一般说来,产生于中心地区的某种理论是可以原封不动地照搬到边缘地区的。在话语的"中心—边缘"结构中,边缘话语通过调整自身而去迎合和适应中心话语也是常见的。但是,边缘话语中心化的情况则是极少出现的,即使边缘话语中的一些因素引起了中心的关注,甚至

---

① Christopher Chase-Dunn & Peter Grimes. World-Systems Analysis. *Annual Review of Sociology*, 1995, 21. P387—417.
② Daniel Chirot and Thomas D. Hall. World-System Theory. *Annual Review of Sociology*, 1982, 8. P81—106.

加以采纳了，也会对它进行根本性的改造。只有在这些因素被改造得与中心话语的精神相一致时，才会得到应用。所以，当作为一个分析框架的"中心—边缘"概念从作为世界边缘地区的拉丁美洲迁移到作为世界超级中心的美国时，必然会发生质的变化。如果它未被改造和不发生性质上的变化，也就不可能在美国存活下来。因为，如果那样的话，它必然会受到作为世界中心的主导性话语的封杀。所以，作为一个分析框架的"中心—边缘"结构概念在被世界体系论移植到美国时，就不再具有其原先的理论品质，而是成了一种能够适应美国话语的"因地制宜的产物"。简言之，当"中心—边缘"概念从边缘迁往中心，从边缘地区学者那里转移至中心地区学者的手中，其中的批判力的弱化甚至丧失也是由世界的"中心—边缘"结构决定的。

在"中心—边缘"从富有批判力和解释力的概念转化为一种死板的和形式化描述性词语后，原先在这一概念的基础上所建立起来的理论目标也就丧失了，以至于世界体系论可以用来编造一个又一个大国如何崛起的故事，向人们展示一些国家或地区是如何在把他人打入边缘的过程中确立自己的中心国地位的。也就是说，在世界体系中存在着中心与边缘，但边缘是可以通过自身的努力而成为中心的。中心如果处置不当，也可能会变成边缘。对中心与边缘所作的这种描述，一方面，激发了边缘国向中心跃迁的梦想，哪怕是采用竭泽而渔式的发展也在所不惜；另一方面，提醒中心国不要麻木，要时时刻刻地实现对边缘国和边缘地区的驾驭和控制，以保住自己的中心地位不变。尤其是要对半边缘地区给予充分的关注，因为，"在经济的很多（但不是全部）方面，半边缘地区居于中心与边缘地区之间。这特别体现在经济体制的复杂性方面、经济收益的程度（既包括平均水平，也包括限度）方面，尤其是劳动控制形式方面。"[①] 所以，半边缘地区随时都有可能挤进中心区。要维护中心国的地位不变以及中心地区的秩序不受挑战，即便不是将半边缘打入边缘，也要尽力将其稳定在半边缘的位置上。

---

① ［美］伊曼纽尔·沃勒斯坦：《现代世界体系》，第一卷，郭方等译，北京：社会科学文献出版社，2013，第97页。

在沃勒斯坦的著作中，"半边缘"的概念应当说是他所发明的新提法。也正是这个概念的发明，使世界体系论的理论性质变得清晰了。因为，对于普雷维什和依附论而言，没有必要去考虑半边缘的问题，或者说，半边缘对于打破世界的"中心—边缘"结构没有可资考虑的意义。相反，对于世界体系论而言，半边缘的地位就显得非常重要了。如果说中心与边缘都是相对稳定的话，那么半边缘则是处在变动中的。也就是说，半边缘既能够成为既有世界体系稳定的中坚力量，也可能成为既有世界体系动荡的根源，中心与边缘之间是否发生位移，都会集中地反映在半边缘的变动之中。所以，沃勒斯坦需要发明"半边缘"这个概念，需要在理论上给予半边缘以充分的重视。

沃勒斯坦肯定半边缘在中心与边缘之间起到连接作用，可以对世界体系的稳固性发挥重要的和独特的作用。至于半边缘这一新分类的出现，沃勒斯坦解释道："半边缘地区不是一种统计学上划分点的技巧，也不是一个剩余下来的类别。半边缘地区是一个世界经济必需的结构因素，这些地区起着类似于中间商群体在一个帝国起的作用。"[1] 阿瑞吉（Giovanni Arrighi）则提出以国民生产总值为标准来划分"中心""半边缘"和"边缘"。总体看来，沃勒斯坦并不喜欢量化标准，对同为世界体系论者的阿瑞吉的这种划分标准也是不同意的。沃勒斯坦更强调中心、半边缘和边缘的质性区分。但是，20世纪西方（尤其是美国）的社会科学研究较为推崇量化的方法，既然沃勒斯坦提出了中心、半边缘和边缘的区分，就不可避免地出现类似阿瑞吉的量化区分。这样一来，就等于是以量化的经济标准去划分中心、半边缘和边缘了。这肯定是与世界体系论的奠立者沃勒斯坦的观点不甚一致的，却又是根源于沃勒斯坦的半边缘概念进行的。可见，半边缘概念的提出不仅包含着对世界体系进行更为细致分层的要求，而且直接导向了对量化方法的应用。

这样一来，"中心—边缘"结构中存在的中心国（地区）对边缘国（地区）的剥削、掠夺和压制也就被完全掩盖了。正是掩盖了这一点，才

---

[1] ［美］伊曼纽尔·沃勒斯坦：《现代世界体系》，第一卷，郭方等译，北京：社会科学文献出版社，2013，第423页。

能够合乎逻辑地推导出边缘向中心跃迁的可能性。相反，如果考虑到中心对边缘的剥削、掠夺和压制的话，那么人们就不会再相信边缘能够向中心跃迁了。为什么沃勒斯坦要从边缘中区分出边缘和半边缘，依附论学派的著名代表萨米尔·阿明从现象上给予了揭示。阿明指出，"边缘在世界体系中所担负的职责的多样化也就不言而喻了，这种多样化的特点使人们总是特别想对边缘加以分类"。沃勒斯坦的"半边缘"概念就是这种分类的表现，但根据阿明的意见，"我看不到阿里奇提出的分成三类的主张有什么特别的好处。我宁愿在两极化的单义项中去分析世界体系……与世界资本主义的这一整体理论化相联系，对具体情况（而不是人为分组）的具体分析提供了建立抽象的一般理论的基础。"① 也就是说，边缘显然会有着多样性的表现和存在形式。这种多样性不仅仅是由于边缘地区在民族国家的意义上数量众多而引起的多样性形式，而且也是中心采用多样性的剥削、掠夺和控制手段所造成的。无论边缘在表现形式上如何具有多样性，但与中心的关系却是单一性的，它们之间所构成的就是一个简单的中心与边缘的关系。即便存在着半边缘的经验事实，但在时间的维度中，半边缘也总会被打入边缘，而不是向中心跃迁。即使半边缘地区的经济发展以及 GDP 超过了中心国（地区），但其在政治和话语方面，依然受制于中心国（地区）；无论表面上说了什么和做了什么，实际上依然承认和接受中心国（地区）的霸权，甚至会出于一时的利益考虑而为中心国（地区）的霸权鸣锣开道。

总之，尽管中心与边缘是互动的，但这种互动并不会表现为向对方的转化。在此意义上，沃勒斯坦的半边缘概念其实模糊了世界"中心—边缘"结构的性质，在某种意义上，可以说是从属于维护当今世界体系的需要的。这一点也许是潜藏于所有中心国学者的意识深处的，即使他们在研究中努力表现出某种所谓的"客观"或"中立"，但透过他们的文字，我们依然能够感受到这种无处不在的维护当今世界体系的潜意识。至少，我们可以说，即使沃勒斯坦本人也声称是在批判当今世界体系，并提出了对

---

① ［埃及］萨米尔·阿明：《世界一体化的挑战》，任友谅等译，北京：社会科学文献出版社，2003，第72—74页。

未来的某种模糊想象，但就其理论结果而言，他的半边缘概念则会——事实上已经——被他人用于维护既存世界体系，或者说，去替"中心—边缘"结构作辩护，而不是提出打破这一结构的要求。在全球化的今天，这种理论倾向是极其有害的，会将中心与边缘引入更强烈的对立和冲突之中，从而加重全球风险，其后果也许是人类所不堪承受的。

第二节　世界体系论及其分析单位

沃勒斯坦在提出世界体系论时声称，他自己实现了社会科学研究方法的变革，即实现了一种研究对象和研究方法上的转变，那就是从传统的以民族国家为分析单位的研究向以世界体系为分析单位的研究。根据沃勒斯坦的看法，他自己的这种以世界体系为分析单位的研究是整体主义的和一体化的。但是，虽然沃勒斯坦在谈到自己的研究方法时一再强调自己的整体主义和一体化研究，但就其《现代世界体系》的文本看，他其实并没有像自己所声称的那样做到这一点。在逻辑上，沃勒斯坦对分析单位所做的这一调整没有实现对以民族国家为分析单位的近代社会科学研究的扬弃和超越，而是仍然表现出了一种机械论的思维路线。在全球化的条件下，沃勒斯坦以世界体系为分析单位而形成的所谓"整体主义"，无论是在理论建构还是在实践方案的选择方面，都不能提供正确的研究方法。

一、　世界体系论的分析单位

斯克莱尔在《资本主义全球化及其替代方案》中指出，"在某些意义上，沃勒斯坦及其学派完全有权声称其一向具有全球性——毕竟，还有什么比世界体系更具全球性的呢?"[①] 的确如此，当今学术界在讨论全球

---

① ［英］莱斯利·斯克莱尔:《资本主义全球化及其替代方案》，梁光严等译，北京:社会科学文献出版社，2012，第47页。

化的问题时，是经常从沃勒斯坦的世界体系论中寻找灵感的，甚至有许多学者是直接从沃勒斯坦出发的。显然，"世界体系"这个概念本身就包含着一种全球视角，或者说预示着一种全球观念。世界体系论也一直声称它拥有一种世界性的视角——一种不同于民族国家框架的传统分析单位的新的分析方法。但是，以沃勒斯坦为代表的世界体系论其实并不具有一种真正的全球观念，也未能形成一种真正的全球视角。就沃勒斯坦的《现代世界体系》看，其许多地方依然是用传统的分析民族国家的理论和方法去分析"世界体系"这个新的分析单位的。就沃勒斯坦的"世界体系"概念所指来看，更像是民族国家的扩大版，是把"世界体系"作为一个覆盖了全球的民族国家来看待的。虽然在沃勒斯坦叙事的文字表面，我们看到的是他对民族国家的激烈批判，但在理论的深层中，所包含的仍然是一个民族国家的视角。

我们知道，沃勒斯坦在写作《现代世界体系》时，最初也是打算在民族国家的分析框架中去开展理论思考的。后来，受到依附论等思想的影响，他转向了对民族国家分析框架的批判，并最终开始了他的所谓"世界体系分析"。但是，从理论成果看，他的这一转向并不成功。之所以如此，是因为自政治学作为一门学科兴起后，就一直是在民族国家的语境下开展叙事的。沃勒斯坦虽然表现出了极力挣脱这一语境的愿望，却无法取得突破。沃勒斯坦希望与民族国家的传统视角划清界限的强烈愿望也只是表现在了用"世界体系"代替"民族国家"的概念，而在理论的深层，却依然隐含着民族国家的内涵。正是由于这个原因，沃勒斯坦并未成为全球化理论的开创者，相反，他的世界体系论却成了替那些统治和支配世界的中心国进行辩护的理论，或者说，在其理论中存在着这种可能性。

我们知道，全球化运动兴起于 20 世纪 80 年代，关于全球化的思想探索和预测甚至在 70 年代就已经展露了出来。沃勒斯坦的重要著作也是在这一时期创作的，而且他所关注的是"世界体系"的主题，也表现出了要求用"世界体系"代替"民族国家"的强烈愿望，致使一些学者将全球化的理论思考与沃勒斯坦的名字联系了起来。其实，全球化所表现出来的是"去中心化"的趋势，所提出的是打破世界"中心—边缘"结构的要求，而沃勒斯坦在把"中心—边缘"结构的概念用于分析世界体系时，却没有提出打破这一结构的构想，而是着力去描述这一结构生成与变动的历史。所以，世界体系论是与全球化理论无关的。

在科学研究中，"分析单位"往往是一个重要的工具。选取哪一种分析单位，不仅决定了分析的范围与对象，而且，当某个分析单位被选定时，也就意味着要放弃其他的分析单位，某些问题也就自然会被排除在考察范围之外。更重要的是，对所选取的分析单位的合理性进行论证的过程已经包含了研究者的观点，或者说，在一定程度上已经预示了研究者即将给出的结论。沃勒斯坦对其世界体系论的思考与阐述也是从分析单位出发的。如果不是对传统的诸如民族国家等分析单位的有效性产生怀疑，沃勒斯坦也许就不可能将分析单位转向比民族国家范围更大的世界体系，也就不可能形成他的"世界体系论"学说。

自 20 世纪 50 年代起，沃勒斯坦大致用了 20 年的时间研究非洲国家的独立运动。在关于非洲问题的种种争论面前，沃勒斯坦逐渐认识到，通过"部落""殖民地""独立国家"等等这些旧的分析单位是无法获得对非洲问题的完整认识和理解的，更不用说去理解拉丁美洲的那些与西方强国有着更为长久的交往互动关系史的国家了。沃勒斯坦发现，由于既有分析单位的限制，当时关于非洲问题的大部分争论都没有什么意义。所以，沃勒斯坦要求跳出传统的"部落""殖民地""独立国家"等分析单位，以终结既有的关于非洲问题的各种争议。这就是沃勒斯坦在 70 年代提出世界体系论之前的理论探索进程。

的确，当我们把世界体系作为分析单位并从这一视角去看问题时，就会发现，许多看似属于民族国家内部的问题却恰恰是由民族国家在世界体系中的地位引发的。由于资本主义对世界的征服已经将工业社会的发展带入一个新的阶段，基于近代早期启蒙思想及其国家理论而建立起来的政治学已经不能适应对世界体系中的边缘国政治的分析和解读了。所以，沃勒斯坦在其非洲研究中首先体会到的是，把"部落"作为分析单位来研究非洲问题是不可能形成正确结论的。他说："有些人以'部落'之类的组织为单位，在分析其运作时完全忽略这样一个事实：在殖民形势下，'部落'的统治机构谈不上什么'最高权力'，它们受制于一个更大的实体的法律（和习惯），这个实体就是殖民地，'部落'的统治机构只是这个实体的不可分割的一部分。"①

　　然而，分析单位从"部落"向"殖民体系"的转向只是第一步。因为，虽然民族国家的独立终止了殖民体系，但在殖民地消失的地方却形成了世界体系中的边缘国，这些边缘国的内部政治和社会都依然受到中心国的制约，无法摆脱中心国的支配和干预。鉴于此，把民族国家作为分析单位是无法破解边缘国内部发展的诸多病症的。沃勒斯坦指出，对于像非洲这样的地区而言，即使结束了殖民地状态而转变成了民族国家，也只是获得了名义上的所谓"独立"，它们的国家及其统治机构依然谈不上拥有什么实质意义的主权，而是受制于一个更大的体系，是这个更大体系中不可分割的一部分。而这个更大体系则是由其中的中心国主导的，边缘国不仅在更大体系的事务中没有发言权，甚至在处理自己的国内事务方面也缺少自主权。所以，把民族国家作为科学研究中的分析单位恰恰是不科学的。正是认识到了这一点，沃勒斯坦对民族国家分析单位作了批判，并在批判中转向以"世界体系"为分析单位的理论探索进程。

　　在沃勒斯坦对非洲独立运动以及独立前后的一系列问题进行研究的过程中，他联想到了16世纪的一些国家的兴起，希望通过比较去更好地理解20世纪中期所发生的独立浪潮，并去描绘其发展前景。沃勒斯坦最初的研究假设是，16世纪兴起的一些国家与20世纪新兴的国家有着共同点。由于有了这一假设，沃勒斯坦试图通过跨国比较找到这些共同点。但是，沃勒斯坦很快就发现，他的假设是与现实不相符合的。这让沃勒斯坦感受到以民族国家为分析单位去开展研究工作是没有出路的。由于最初理论探索的失败，沃勒斯坦对民族国家的分析单位产生了怀疑，从而有了抛弃这种把民族国家作为分析单位的想法。事实上，当沃勒斯坦产生了抛弃民族国家分析单位的念头后，不仅把目光转向了世界体系，而且也发现"世界体系"可以对现代化理论构成致命的挑战，从而彻底终结现代化理论。

---

① ［美］伊曼纽尔·沃勒斯坦：《现代世界体系》，第一卷，郭方等译，北京：社会科学文献出版社，2013，第5页。

从逻辑上看，如果在国家间的比较研究中引入历史维度的话，即把不同的国家定位在历史上的不同阶段，也是可以得出一些具有说服力的结论的。但是，这种研究工作很容易落入现代化理论的窠臼。因为，现代化理论正是假设所有国家的发展都遵循同样的轨迹，是通过国家间的比较去确认不同国家在同一个线性发展轨迹上所处的不同位置的。所以，现代化理论往往是把这样一种结论强行地塞给我们：发达国家或先发展国家的经验是现代化的典范，具有普适性，可以用来指导那些欠发达或后发展国家。沃勒斯坦关于非洲研究的失败使他自己意识到这种研究的问题所在，他说："此时，我显然被卷入了某种发展图式和颇为含糊的发展阶段的概念之中。这反过来又引出了两个问题：划分阶段的标准是什么？跨历史时期的这些分析单位是否具有可比性？……看来我已经陷入了一个巨大的概念泥沼中。由于缺乏合理的测量工具，要摆脱这个概念泥沼又是非常困难的。一个人怎么能说 17 世纪的法国在某种意义上相当于 20 世纪的印度呢？"[①] 因此，沃勒斯坦对所谓发展"阶段"划分的有效性提出质疑，认为通过考察几个发达国家的历史并将这些历史人为地切割为几个阶段的做法是非常可疑的。

正是这样，沃勒斯坦开始反对现代化理论所确立的那种具有普遍性的"发展图式"，反对把这种发展图式推荐给欠发达国家。他甚至批评这种做法是"靠不住"的、"荒诞"（absurd）的。正是对现代化理论和以民族国家为分析单位的研究方法的质疑，让沃勒斯坦努力去重新确定合理的分析单位，那就是，将非洲及其他所有国家都视为世界体系的组成部分来加以考察，而不是将民族国家本身作为分析单位来看待。对此，沃勒斯坦自己的评价是："正是基于这种认识，我彻底抛弃了以主权国家（sovereign state）和那个含糊概念——民族社会（national society）——为分析单位的思想。我认为，这二者都不是社会体系，而人们只能在社会体系内谈社会变化，在这种结构中，唯一的社会体系是世界体系。"[②]

---

① Immanuel Wallerstein. *The Modern World System：Capitalist Agriculture and the Origins of the European World Economy in the Sixteenth Century.* New York：Academic Press，1974. P7.

② ［美］伊曼纽尔·沃勒斯坦：《现代世界体系》，第一卷，郭方等译，北京：社会科学文献出版社，2013，第6—7页。

在此问题上，沃勒斯坦一反现代化理论的传统，认为只有那些能够自立自足的体系才能够成为分析单位。在世界体系的"中心—边缘"结构中，任何一个国家都不可能成为这种独立自主的体系。因而，也就不可能成为科学分析的单位。沃勒斯坦把世界体系称为一种"社会体系"，这实际上包含着沃勒斯坦对世界体系的一种认识，即不是把民族国家视为一个独立自主的社会体系，而是把世界体系看作一个具有完整性的社会体系。沃勒斯坦解释道："成为一个社会体系的特征在于这个事实，它包含的生命力在很大程度上（largely）是自立自足的（self-contained），它发展的动力在很大程度上是内在的。"① 尽管沃勒斯坦也意识到，"在很大程度上"（largely）这一表达是模糊的，"读者可能会感到，使用largely 这个词是一种学术上的含糊其词。我承认我不能使其量化。可能也没有人能做到这一点，因为这种定义是基于一个违反事实的假设而作出的：无论什么原因，如果该体系与所有外部力量都断绝了联系（但这从未发生过），该定义就意味着，这个体系仍然会以同样的方式继续运行着。"② 应当说沃勒斯坦确实抓住了一个合理的分析单位所应具有的最为关键的特征，那就是，只有考察一个自立自足的有机整体才有可能理解这一整体本身以及整体的各个组成部分。相反，如果分析单位不是自立自足的，或者说，这样的分析单位仅仅依靠其内部的结构与行动而无法存续，那么还将其作为分析单位来对待，就是值得怀疑的了。

世界"中心—边缘"结构中的民族国家就是如此，尤其是其中的边缘国，它们的存续是仰赖中心国的庇护，它们的国内经济发展受到世界经济波动的影响，它们的政治运行需要得到中心国的认可和肯定，甚至它们在言说与自我表达能力方面都要依靠中心国的话语霸权的支持。显然，边缘国对中心国的高度依附是一个无须怀疑的事实，因而，在一个具有"中心—边缘"结构的世界体系中，把民族国家作为分析单位是很成问题的。显而易见，民族国家的简单加总并不等于整个世界，即使我

① Immanuel Wallerstein. *The Modern World System：Capitalist Agriculture and the Origins of the European World Economy in the Sixteenth Century*. New York：Academic Press，1974. P347.

② Immanuel Wallerstein. *The Modern World System：Capitalist Agriculture and the Origins of the European World Economy in the Sixteenth Century*. New York：Academic Press，1974. P347.

们单独地研究了世界上的所有国家，也无法形成对整个世界体系的清晰认识。这是因为，许多民族国家的行为以及行为背后的原因、动力和造成的影响，都只有被放置在世界体系的视角下才能加以理解。也就是说，尽管有些现象是发生在和存在于民族国家中的，但在实际上，却是由于整个世界体系的变动而引发的，而不是民族国家自身演变的结果。所以，如果缺乏对世界体系的认知，缺乏对某个国家在世界体系内的地位与作用的理解，就不可能对该国的历史与现实作出正确的认识和解读，也就不可能为其未来的发展开具灵验的药方，相反，则很有可能落入现代化理论的陷阱之中。

沃勒斯坦认为自己早期的研究思路就是中了现代化理论的圈套。当意识到了这一点的时候，他就尝试从现代化理论的这一陷阱中走出去，并试图从对分析单位的界定入手去重新确立研究视角。在确定了只有自立自足的"社会体系"才能成为分析单位的原则后，沃勒斯坦在历史的纵轴上考察了这种"社会体系"的状况，并发现人类历史上有着两种"社会体系"：一种是在农业社会拥有完全劳动分工和单一文化的"地域性体系"；另一种是拥有单一劳动分工和多元文化的"世界体系"。随着农业社会向工业社会的转变，拥有完全劳动分工和单一文化的"地域性体系"已经消失了，而拥有单一劳动分工和多元文化的"世界体系"又可以分为拥有统一政治统辖的"世界帝国"和缺乏统一政治的"现代世界体系"。事实上，沃勒斯坦对世界帝国体系与现代世界体系也作了历史次序的排列，认为世界帝国体系在历史的发展中逐渐为现代世界体系所替代。这样一来，沃勒斯坦的所谓"社会体系"其实就是"现代世界体系"。在他看来，只有"现代世界体系"才构成了一个严格的和合理的科学分析单位。

二、 民族国家观念对科学分析的束缚

沃勒斯坦对作为分析单位的民族国家的质疑是非常激烈的，他自认为自己"彻底抛弃了"以民族国家为分析单位的现代化理论，并成功地代之以世界体系的分析单位和研究方法。沃勒斯坦甚至认为，这是他自

己向传统研究发起的一场公开的挑战。沃勒斯坦是这样描述自己的这一贡献的："世界体系分析不是一个关于社会世界或关于部分社会世界的理论。它是对一些方法的抗议……正是在科学宣称的权利基础上，即在有关系统地认识社会现实的可能性的权利基础上，世界体系分析对现行的研究方式提出了挑战。"① 但是，在对沃勒斯坦的世界体系分析进行仔细考察后，我们发现，沃勒斯坦远没有像他所声称的那样"彻底抛弃"民族国家的视角。相反，在他的世界体系分析中，依然不时地重拾民族国家的分析视角。也就是说，尽管沃勒斯坦希望告别现代化理论，却依然经常性地受到现代化理论的纠缠，在很多情况下，他在理论叙述中总是不自觉地重拾民族国家的分析单位，甚至有的时候没有意识到他所谓的"世界体系"分析单位其实只不过是民族国家的扩大版本，只是一个范围和体量更大的分析单位而已。

沃勒斯坦曾指出，"在我思索方法的历险中，我认为关键性的事项是'分析的单位'，这就是为什么人们要说'世界体系分析'。其假定是分析的适当单位为世界体系，至少在一开始，我用世界体系这个词指的是某种不同于现代民族国家的东西，某种比民族国家更大的单位。"② 应当承认，把民族国家作为分析单位是现代化理论的基本特征，它在诸多方面都是很成问题的，特别是对发展中国家的实践所产生的误导，是非常有害的。就此而言，沃勒斯坦试图终结现代化理论的这一研究方法包含着一种可贵的探索。但是，当沃勒斯坦对处于主流地位的现代化理论发起挑战的时候，显然没有做好充分的准备，而是简单地用"世界体系"去代替"民族国家"作为分析单位。我们知道，民族国家经历过从布丹开始的全部现代思想和理论的思索，有着非常清晰的轮廓、制度和运行机制，而沃勒斯坦所提出的这个替代性的分析单位却是非常模糊的。沃勒斯坦仅仅意识到"世界体系这个词指的是某种不同于现代民族国家的东西，某种比民族国家更大的单位"，而作为一种立论，这在科学上显然是

---

① ［美］伊曼纽尔·沃勒斯坦：《世界体系分析》，载［美］沃勒斯坦：《沃勒斯坦精粹》，黄光耀、洪霞译，南京：南京大学出版社，2003，第 129—130 页。

② ［美］伊曼纽尔·沃勒斯坦：《紧握舵柄：论分析的方法和单位》，载［美］沃勒斯坦：《沃勒斯坦精粹》，黄光耀、洪霞译，南京：南京大学出版社，2003，第 187 页。

理据不足的。

在对沃勒斯坦世界体系论的考察中，我们发现，不仅是在沃勒斯坦开始创作的初期，而且在他此后的几乎全部论述中，所呈现给我们的一直是一个关于"世界体系"的模糊形象，"世界体系"只能说是沃勒斯坦强行塞给我们的分析单位。事实上，在科学研究中，当我们面临分析单位的选择问题时，不仅仅意味着我们要选择一个合理的观察和分析"对象"，更意味着我们应当选取一个与该"对象"相适应的观察和分析"视角"。在全球性的问题上，我们不仅要在概念上拥抱"世界体系"，更要选取一种契合"世界体系"这一分析单位（对象）的世界体系分析"视角"。沃勒斯坦世界体系论的问题就在于，他虽然不断强调我们应该在分析单位（对象）上从"民族国家"转向"世界体系"，却没能真正确立起一种世界体系的分析"视角"。尽管在概念的使用上，沃勒斯坦著作中的"世界体系"一词以压倒性的优势完全战胜了"民族国家"，人们也确实因此而熟悉了"世界体系"这一词语，但在理论深处，我们发现沃勒斯坦在许多时候只是把一些民族国家的观念强行塞入了"世界体系"的概念框中了。其结果就是，沃勒斯坦难以避免地经常性落入民族国家的分析视角中，以至于他的世界体系论并不能为我们呈现出一个足够清晰的真正的世界体系形象。

沃勒斯坦是把资本主义看作现代世界体系生成的原因的。他认为，资本主义从一开始就不是民族国家的特征，而是世界体系的一个属性。或者说，资本主义注定是要突破民族国家和它的政治统治限制的。根据沃勒斯坦的这一看法，现代世界体系在性质上是属于资本主义的。从资本主义形成和发展的历史进程看，沃勒斯坦的这一看法是合乎现实的。但是，当沃勒斯坦讨论"资本主义"的"生产关系"时，则表现出了逻辑矛盾。比如，沃勒斯坦这样写道："问题的关键在于，能够界定某个体系性质的'生产关系'应当是整个体系的'生产关系'，而这一时期的体系是欧洲世界经济。自由劳动的确是资本主义的决定性（defining）特征，但并不是说所有生产单位都使用自由劳动。自由劳动是在中心国用于技术工作的一种劳动控制形式，而强制劳动是在边缘区用于技术性不太强的工作。"①

我们在沃勒斯坦的这段论述中可以清晰地看到，他是在世界体系与民族国家这两种视角间穿梭的。一方面，他谈论的是世界体系的生产关系；另一方面，他又同时分别去谈论中心国与边缘国不同的生产关系。当沃勒斯坦集中地去谈论生产关系中的自由劳动问题时，他对中心国与边缘国的状况作了区分，认为世界体系中的中心国存在着自由劳动，而边缘国采取的则是强制性劳动。既然"自由劳动的确是资本主义的决定性特征"，却又同时说只有中心国才存在着自由劳动，这无异于说自由劳动不是"整个体系的生产关系"，而是存在于中心国的生产关系。这样一来，也就只有中心国才是资本主义的。那样的话，按照排中律的要求，世界体系也就不能被视作为资本主义的了。可见，这里所表现出来的逻辑矛盾不仅是把生产关系区分为中心国的和边缘国的，而且在世界体系是否属于资本主义的问题上陷入了自我矛盾之中。

结果，沃勒斯坦也就违背了他事先确立的"界定某个体系（即世界体系）性质的'生产关系'应当是整个体系的生产关系"的立论前提，而且，由于沃勒斯坦把自由劳动确定为资本主义的决定性特征，进而也必然会导出只有中心国才能被称为资本主义的结论。这无异于否定了"现代世界体系是资本主义性质的"这一总体判断。这可以看作是沃勒斯坦自己对其世界体系观的否定。也就是说，沃勒斯坦并未能够坚持一贯地把世界体系作为分析单位，而是在分析中陷入了世界体系与民族国家的患得患失之中。斯克莱尔就指出了沃勒斯坦认识视角上的这一问题，认为沃勒斯坦的世界体系论尽管在名称上表现出了试图走向某种全球性视角的努力，但在本质上却是国家中心主义的。"除了其一直强调的国家间焦点（inter-national focus），世界体系模型中并没有明显的'全球'维度（global dimension）。沃勒斯坦本人很少使用'全球化'一词。对他来说，该模型的经济方面所依据的是被划分为中心、半边缘和边缘国的国家间劳动分工。其中的政治方面，在大多数情况下都是与反体系运动

① Immanuel Wallerstein. *The Modern World System*：*Capitalist Agriculture and the Origins of the European World Economy in the Sixteenth Century*. New York：Academic Press，1974. P127.

和'超级大国之争'紧密相连的。……尽管我们看到世界体系模型中有许多意见和观点确实包含着超越国家中心主义（state-centrism）的尝试，但世界体系论者关于全球（the global）的所有观念都是被嵌入这个基于民族国家体系的世界经济当中的。"[1]

需要指出，斯克莱尔在这里将沃勒斯坦的整个世界体系论说成是国家中心主义的理论未免显得有些偏激，而且也是不准确的。因为，沃勒斯坦不仅声言要抛弃民族国家的视角，而且他关于中心与边缘的划分本身就是在世界体系中做出的。事实上，他也有着诸多超越了民族国家视角的理论阐述。但是，我们又不能说斯克莱尔的批评是无的放矢的，因为，沃勒斯坦的《现代世界体系》这一鸿篇巨制的确是游移于世界体系与民族国家两个分析单位之间的。在沃勒斯坦需要举证的时候，几乎不加思索地去描述那些本属于民族国家范畴的因素。对此，斯克莱尔甚至作出了这样的猜测："情况也许是这样：对美国国家的影响力和残酷无情有很强烈意识的美国激进社会科学家，难于完全放弃国家中心主义。"[2] 这显然是一个激烈的批判，而且批判对象已经不限于沃勒斯坦个人，而是指向了许多美国学者。

不过，我们也不能不承认，许多西方——不仅美国，也包括英国以及欧洲大陆——学者都难以摆脱传统的国家主义思维框架的束缚，在开展科学研究的过程中，他们所持的基本上都是民族国家的视角。在这个问题上，有着意识形态方面的原因，那就是，对于那些来自中心国的为中心国利益服务的研究者而言，只有坚持民族国家的分析视角，尤其是坚持从作为强大的民族国家的中心国出发的视角，才可能用其研究成果去进一步巩固这个由中心国控制着的世界"中心—边缘"结构。另一方面，即使不去讨论上述怀有某种特殊利益取向的研究者，即使一些中心国学者（例如沃勒斯坦）确实希望超越民族国家的视角，并试图采取一种世界性的视角，他们也往往受到既有的思维传统的限制而很难成功地

---

[1] Leslie Sklair. Competing Conceptions of Globalization. *Journal of World-Systems Research*, 1999, 2. P143—163.

[2] ［英］莱斯利·斯克莱尔：《资本主义全球化及其替代方案》，梁光严等译，北京：社会科学文献出版社，2012，第49页。

站在世界体系的视角上。在世界"中心—边缘"结构中，中心国家所取得的成功已经在中心国学者的成长经历中烙下了深深的印记。在某种程度上，这种印记其实也已经突破了中心国的疆域，传播到了边缘国知识分子的脑中，并在那里获得了一批忠诚的拥趸。所以，斯克莱尔在全球化的背景下所看到的沃勒斯坦的那些问题是具有普遍性的。

不管沃勒斯坦的主观愿望是怎样的，如果从世界体系论关于"中心""半边缘"和"边缘"的描述去看的话，就可以发现，这一理论明显地包含着有利于中心国经营世界体系的内涵。的确，在沃勒斯坦所论述的现代世界体系中，中心国强大的国家力量是一个千真万确的事实。与中心国相对应的广大边缘地区虽然面积广袤、人口众多，但其政治、经济力量则是非常弱小的，更不用说有着独立思考和话语能力了。在此情况下，让中心国学者自觉地抛弃民族国家的视角而在世界平等的观念下去建立一种新的视角，显然是不可能的。就此而言，沃勒斯坦要求超越民族国家的视角，要求把世界体系作为分析单位的尝试，已经是难能可贵的了。然而，在全球化的背景下去看沃勒斯坦的这一方法上的创新，又是不值一提的。

我们还应看到，沃勒斯坦曾深受现代化理论的影响。如前所述，在他最初的理论活动中，曾试图运用现代化理论去分析非洲问题。只是在沃勒斯坦发现现代化理论的分析方法存在着严重的解释力不足的问题时，才开始对现代化理论的民族国家视角产生怀疑，并最终对民族国家的分析单位作出激烈的批判，要求把世界体系作为一个分析单位。在沃勒斯坦身上，挣脱传统与自我创新之间表现得非常艰难，这是完全可以理解的。如果用 20 世纪后期才开始逐步生成的全球化观念去完全否定沃勒斯坦及其创立世界体系论的尝试，也显然不是一个客观的历史态度。所以，我们既要看到沃勒斯坦在民族国家和世界体系这两个分析单位之间的游移不定，又要看到他呼吁用世界体系的分析单位（对象）去替代民族国家的分析单位（对象）方面的时代价值。最为重要的是，在某种意义上，沃勒斯坦的世界体系论已经开始有了触摸全球化的内涵了，至少是可以给人以这种联想。

三、 依然是机械论的"整体主义"

在现代社会科学研究中，一般说来，存在着两个基本视角，即从个体的人出发和从整体的人出发。但是，在方法论的意义上，从整体的人出发仅仅是一个视角却没有形成明确的分析单位，而从个体的人出发则已经在分析单位与分析视角上形成了统一。所以，从现代社会科学研究的总体看，以个体的人为分析单位并从个体的人出发所开展的研究工作更显得具有科学性，而从整体出发的研究往往因为分析单位不明而在科学性方面常常受到人们的怀疑。事实上，民族国家的分析视角是由个人主义视角演化而来的。因为，民族国家无非是个体的人的放大。所以，当沃勒斯坦希望把分析单位由民族国家转为世界体系的时候，可能会有两种结果：第一，是从个体的人出发的思路的再一次放大，即把民族国家放大为世界体系；第二，是整体主义，即从整体的人出发，只不过是在世界体系的整体中把"人"的概念掩藏起来了。或者说，需要在逻辑回溯中经过多阶推算才能涉及人。

在沃勒斯坦这里，"整体主义"和"一体化研究"都是他自我标榜的。传统的整体主义并没有形成明确的分析单位，所提供的只是相对模糊和不确定的观念。所以，当沃勒斯坦明确宣布世界体系是一个分析单位时，所表明的是他与传统的整体主义的不一致。从我们上述分析来看，他事实上并没有摆脱个体主义逻辑的纠缠，而是沿用了那个生成于个人主义的分析视角继续前行。也正是由于这个原因，他的论述表现出了诸多矛盾。所以，我们认为，世界体系论所存在的这些问题应归结为沃勒斯坦理论上的不彻底性。也就是说，仅仅提出用世界体系的分析单位去替代民族国家的分析单位在理论上是不彻底的。正如我们已经指出的，作为分析单位的民族国家得以建立是根源于整个近代以来的思想史的，它有着来自启蒙时期的深厚的理论根基。在这种情况下，如果不对个人主义的全部理论作出深入的分析和合理的扬弃，是不可能实现对民族国家这一分析单位的否定和超越的。

再者，沃勒斯坦在宣布把世界体系作为分析单位后就急忙标榜自己所持的是整体主义的方法，所进行的是一体化研究，这在一定程度上可以说是对整体主义的误解。因为，整体主义并不取决于它作为出发点的"单位"在规模上有多大，而是把整体看作是不可分割、不可还原的存在。即使整体包含着各种各样的要素，那么其要素也是分有整体的质的，是从属于整体的存在与发展的。当沃勒斯坦分析世界体系的"中心""边缘"和他所谓的"半边缘"时，当他需要描述"中心""半边缘"和"边缘"的差异时，显然并不是在整体主义的思路上进行思考的。由此看来，沃勒斯坦虽然努力把分析单位从民族国家转移到世界体系上来，而在分析视角上，则没有实现相应的转变，他依然是偷运着民族国家——也就是个人主义——的分析视角。沃勒斯坦并不像他自己所宣称的那样是整体主义的，或者说，他所声称的"整体主义"并不是真正的整体主义，而是一种机械论的整体主义观。

我们看到，沃勒斯坦在阐释他的世界体系论的思想时声称自己反对任何理论预设。然而，在他的实际理论活动中，在用世界体系的分析单位去替代民族国家的分析单位时，却为自己预先确立了一个理论目标，那就是"我找到了一种典型的单位，而不是各种单位中的单位。我可以把主权国家的变化作为世界体系演变和交互作用的结果来解释。"[1] 正是基于这种认识以及理论目标，他在所有的理论分析中都无视——甚至是刻意忽略——民族国家演变的事实及其规律，而是把所有国家的所有变化都解释为世界体系演变的结果。在沃勒斯坦的眼中，"国家不'发展'，只有作为整体的现代世界体系的发展。"[2] 或者说，在急于抛弃民族国家的分析单位的强烈愿望的促使下，也为了急于与现代化理论过多地看到国家的发展相区隔，沃勒斯坦根本就不承认国家的发展，即从来不把国家视为一个有着独自运行和发展的系统，而是将其作为世界体系的构成部分，认为国家的发展完全是世界体系演变和交互作用的结果。

如果是这样的话，我们是不是可以推导出这样的结论：是世界体系

---

① Immanuel Wallerstein. *The Modern World System：Capitalist Agriculture and the Origins of the European World Economy in the Sixteenth Century*. New York：Academic Press，1974. P7.

② ［美］伊曼纽尔·沃勒斯坦：《是社会的发展还是世界体系的发展?》，载［美］沃勒斯坦：《沃勒斯坦精粹》，黄光耀、洪霞译，南京：南京大学出版社，2003，第142页。

孕育了民族国家？先有了世界体系，后来才有了民族国家？这显然是与史实不相符合的，民族国家产生于世界体系之先是一个不容怀疑的历史事实，正是先有了民族国家，而且民族国家显示出了无所不能的力量，才开始了对世界的征服，才把分散的广大地区逐步纳入一个互动的体系之中，并成为世界体系。所以，沃勒斯坦可能是为了逻辑的原因而忽视了历史，放弃了理论建构需要使历史与逻辑相一致的原则。正是由于这个原因，我们很难说沃勒斯坦的理论是整体主义的。即便我们承认他所宣称的"整体主义"是真实的，也必须说那是一种机械论的整体主义。从社会科学的发展看，自19世纪开始，由于辩证法的出现，整体主义的所有理论建构都必须得到辩证法的支持，也就是需要遵从历史与逻辑相一致的原则。由于沃勒斯坦要求在逻辑上彰显自己所宣扬的世界体系分析单位，从而选择了过度贬斥民族国家的做法，甚至把民族国家的一切统统解释为世界体系变动的结果。这是与民族国家通过征服而造就了世界体系的历史不一致的。这种用世界体系否定民族国家的做法显然是片面的和极端化的理论倾向，没有任何辩证法的因素，因而，也就不可能是整体主义的理论。

沃勒斯坦的世界体系论至多也只能说是一种机械论的整体主义理论，正是这种机械论的整体主义，使沃勒斯坦在分析现代世界体系时总会得出一些表面上看似客观实则错误的结论。沃勒斯坦曾试图通过对东西欧发展史的比较去解释现代世界体系"中心—边缘"结构生成的原因，他最后的结论是："要么是东欧变成西欧的'面包篮子'（breadbasket），要么相反。不管是哪一种方案，都是当时的'形势所需'（needs of the situation）。微弱的优势决定了两种方案中的哪一种会胜出。"[1] 这似乎是说，既然现代世界体系的生成过程也是"中心—边缘"结构的生成过程，那就会要求一些国家去充当中心或者边缘。在东西欧之间，要么是东欧作为中心西欧作为边缘，要么是西欧作为中心东欧作为边缘。这种解释表面上看来确实是具有说服力的，似乎是指出了历史发展的客观必然性，

---

[1] Immanuel Wallerstein. *The Modern World System*：*Capitalist Agriculture and the Origins of the European World Economy in the Sixteenth Century*. New York：Academic Press，1974. P99.

而在实际上，却掩盖了问题的本质，甚至可以认为是在为中心国开脱。因为，这种表述似乎是说，中心国之所以成为世界体系的中心，并不是根源于它的资本主义扩张和对世界的军事征服，而是历史发展中的"天择"，是因为历史发展到了现代而出现的一种自然选择。换言之，现代世界总会出现中心或边缘，至于谁充当中心或边缘，则是历史的选择而不是由于人（民族国家）的行为造成的。

这种表述看似符合世界体系的自然发展史，而其背后的潜台词却是：中心与边缘的差距是世界体系自身演变的结果，而不是中心国努力建构的结果，更不是资本主义世界化过程中的军事入侵、政治压迫和经济掠夺的结果。我们认为，虽然世界体系的"中心—边缘"结构表现为历史发展的结果，但这种历史却是那些日后成为中心国的国家用行动写出来的。也就是说，在世界体系生成的过程中，率先进入工业化进程的国家通过军事、政治、经济活动而建立起了世界的"中心—边缘"结构，造就了世界体系中的国家间不平等关系。对于这样一个不平等、不公正的世界，中心国有着不可推卸的责任。以我们现在经常谈论的大气污染、全球变暖等为例，从历史上看，它正是在中心国几百年的发展中积累下来的。即使就当下而言，也是由于中心国的高消费造成的。然而，中心国却凭借着自己的话语霸权，强制性地要求边缘国减排，似乎中心国在这一问题上又站在了道义的制高点上，而边缘国则成了偷偷摸摸进行排放的罪犯。

可是，当沃勒斯坦把中心与边缘都归于世界体系的形成史时，轻轻松松地就把中心国的全部军事侵略、政治压迫和经济掠夺史一笔抹杀了。因而，也就可以逃脱制造出世界不平等、不公正的全部责任了。虽然这是历史罪责，但是，如果无视这种罪责的话，中心国在今天就会在任何一个问题上都站在道德的制高点上，并用来支持它们——好像是道义的而实际上则充满罪责——的话语霸权。所以，沃勒斯坦在把世界体系作为分析单位后并没有实现对世界体系的科学理解。而且，尽管沃勒斯坦努力在历史的维度上去描述世界体系的生成，却没有把世界体系完整地、真实地呈现给我们。在一定程度上甚至可以说，沃勒斯坦所呈现给我们的只是一个关于世界体系的假象。

　　可见，当沃勒斯坦表现出了对世界体系所做的结构化分析的过度依赖时，就会忽略——甚至为了预先设定的理论目标而刻意去模糊——世界体系中的民族国家行为，尤其是其中的中心国的行为及其责任。这可以说是科学研究中的一个值得汲取的教训，当我们过于重视结构本身时，就会忽略结构内的构成主体及其行为责任。例如，在探讨腐败的问题时，如果我们过多地将其归结为制度上的和权力结构上的原因时，也就会忽视制度条件下的人的个体原因。世界体系显然有一个历史生成的过程，而且它是一个客观进程，现代世界体系就是一个摆在我们面前的客观现实，我们在其生成史中也是能够解读出其发展逻辑的。但是，这并不意味着我们可以把作为世界体系组成部分的民族国家的所有行为都视为世界体系演变的结果，特别是不应将世界体系中那些不平等、不公正的现实完全归因于其生成史，而是要看到那些今天处于世界体系中心的国家在这个体系生成过程中所做过的事情，并让他们看到也承认今天所拥有的军事和政治强权、经济优越地位和话语霸权等都是通过无数罪行换取的。这样的话，它们就不会在维护这个世界体系的"中心—边缘"结构中显得理直气壮了，更不用说在每一件事情上都站在道德的制高点上了。

　　现在，人类正处在全球化、后工业化进程中。全球化的中心任务就是要打破世界的"中心—边缘"结构，如果中心国的话语霸权被认为是建立在道德制高点上的话，那么全球化就极有可能被引入歧途。相反，如果让中心国的话语霸权与道德制高点相脱离的话，就有可能扫清世界体系去中心化道路上所存在着的各种观念上的障碍。斯克莱尔在讨论全球化的概念时有过这样的评价："许多热心于全球化概念的人发现，有关它的论述大部分都具有过多的结构主义色彩，也过分抽象，这些论述集中关注那些与人无关的客观的（impersonal）全球性力量，而这些力量是不容个人置喙的。这方面的例子包括沃勒斯坦的世界体系论，尽管它在表面上看来有着明显的全球化倾向。"① 所以，当沃勒斯坦用世界体系去代替民族国家而作为分析单位时，表面看来是一种理论和方法上的创

_____

① Leslie Sklair. *Globalization：Capitalism and Its Alternatives*. New York：Oxford University Press. 2002. P2.

新，实际上却与众多以民族国家为分析单位的理论一样，依然属于机械论的范畴。在全球化、后工业化进程中，科学研究应当寻求去中心化的可行路径，应当把建构一个平等、公正的世界体系作为目标。因而，应当摆脱所有以某种形态的客体性存在为分析单位的做法。社会科学研究在全球化、后工业化进程中的重要任务就是，应当着重认识世界体系的运行机制，并从这种运行机制中发现所有实体性存在开展平等合作的可能性，而不是计较于把某个实体性的存在作为分析单位。

另一方面，沃勒斯坦这种基于貌似客观性的分析而得出的结论不仅有着为中心国开脱的嫌疑，同时也似乎是要让人们接受这样一种观念，那就是，无论处在世界体系的中心还是边缘，都无非是一种命定的事实。如果是这样的话，那么世界"中心—边缘"结构就是不可改变的了。即便某个处于边缘的国家由于某些偶然的原因而走进了中心，或者，某个中心国由于某个偶然的原因而滑落边缘，都不可能改变世界体系的"中心—边缘"结构。尽管目前中心国与边缘国中的某个具体国家的位移现象（沃勒斯坦也对现代世界体系中的"中心""半边缘"和"边缘"的位移现象做了细致而深入的描绘与分析）未能撼动现代世界体系的"中心—边缘"结构，但这并不意味着"中心—边缘"结构是不可改变的。它所表明的仅仅是通过边缘国向中心国跃迁的策略是无法打破"中心—边缘"结构的，还可能会进一步巩固这一不平等的结构。因为，这些位移现象仍然发生在"中心—边缘"结构之中，甚至经常性地落入现代化理论的窠臼之中。

当然，我们并不是说沃勒斯坦赞成和认同"中心—边缘"结构。在阅读沃勒斯坦的著作时，我们能够强烈地感受到他为自己所确立的目标，事实上，他的《现代世界体系》一书的主基调也正是批判"中心—边缘"结构中的剥削与被剥削关系。但是，由于沃勒斯坦没能一贯坚持他所推荐的世界体系观，没能建立起真正的世界体系分析视角，以至于他的一些论述与结论给我们传达了这样的观念：世界"中心—边缘"结构是客观的、自然的，也是不可改变的。这样一来，沃勒斯坦也就不可能提出打破"中心—边缘"结构的明确要求了。换句话说，从世界"中心—边缘"结构中的具体国家的位移现象没能打破这种"中心—边缘"结构的事实中，我们不应导出世界"中心—边缘"结构是命定的和不能打破的这样一种判断。相反，我们认为，人类全球化、后工业化进程中的一个首要任务就是要打破世界"中心—边缘"结构，或者说，打破世界"中心—边缘"结构是我们必须明确提出的任务和要求。只有当我们首先确立起了这一任务，才能在进一步的追求中找到合适的策略。否则，在没有认识到世界"中心—边缘"结构的情况下，在没有明确提出打破世界"中心—边缘"结构的任务时，我们的任何努力都可能是徒劳的，都可能进一步巩固世界"中心—边缘"结构。这反而会让我们更容易得出世界"中心—边缘"结构是命定的和不可改变的这样一种错误结论，人类也就可能因此而在世界"中心—边缘"结构及其思维中陷入一个死循环。

我们今天正面对着一个全新的任务，那就是，不把既有的世界体系当作一个一成不变的历史遗产全盘继承下来，而是要努力去建构一个新的世界体系，这个新的世界体系将是一个不再有"中心—边缘"结构的世界体系，而是一个真正平等的世界体系。在这里，中心对边缘的任何形式的剥削和压迫，都将彻底终结。事实上，因为"中心—边缘"结构的解构，也不可能再有中心对边缘的剥削和压迫了。总之，全球化、后工业化在世界体系演进史上的表现将是一个去中心化的过程，会因为世界"中心—边缘"结构被打破而获得一个全新的世界。正是在我们意识到了这种打破世界"中心—边缘"结构的任务时，才不得不对沃勒斯坦的世界体系论进行分析。也正是通过对沃勒斯坦的世界体系论的分析，我们才清晰地看到他的世界体系论是具有某种抽象的形而上学特征的。

沃勒斯坦在谈论"中心—边缘"结构时更多地是以经济为考察视角的，因此，中心国与边缘国的差异在他的理论中也就被锁定在经济方面了，其他方面的差异则被忽略了。所以，沃勒斯坦虽然把分析单位从民族国家转移到了世界体系，而在研究路径和思维方式上没有改变。如果说诸多把民族国家作为分析单位的理论在民族国家之外留下了空间，让人们可以去观察和考察国家间的关系并提出各种各样的意见，那么，由于沃勒斯用世界体系这个更大的分析单位代替了民族国家，也把"留白"之处填满了，以至于其理论的机械论倾向显得更加明显。在科学发展史上，这实际上是18世纪机械论盛行之时的理论色彩，而沃勒斯坦的世界体系论在获得这种色彩时，未免大大地落后于时代了。我们承认，世界体系是以往学者都未发现或未开拓的研究对象，但对于这个研究对象的一切解读，都应实现研究视角和方法上的创新。沃勒斯坦显然没有承担起这项使命，反而退回到了 18 世纪。也正是由于这个原因，机械论的一切缺陷也都反映在了沃勒斯坦的世界体系论中了。由此看来，沃勒斯坦的世界体系论为全球化研究留下的是一个前车之鉴。

第三节　世界体系论的经济主义取向

虽然沃勒斯坦声称自己的世界体系论研究方法是整体主义的，但实际情况并非如此，他是在经济主义的视角中去分析世界体系的。其实，沃勒斯坦是将理解民族国家的"经济决定论"简单地移植到了对世界体系的分析中，从而把世界体系的复杂关系简化为或解释为一种经济关系了。这样一来，他实际上是把经济因素看作世界体系得以产生和运行的一种决定性的、首要性的、基础性的因素，至于政治的、文化的因素，在世界体系中要么只起辅助性的作用，要么只是经济变动的结果。所以，沃勒斯坦的世界体系论在实质上是一种具有明显经济主义取向的理论。如果考虑到世界体系要比一国内部的情况更为复杂的话，在那种用来解释民族国家存在与发展的经济决定论已经不再适用的时候，却用来理解世界体系，显然是不合适的。所以，沃勒斯坦是不可能对世界体系作出正确解读的。特别是在今天这样一个全球化、后工业化时代，世界体系论所反映出来的经济主义线性思维不仅不能正确地把握复杂的世界体系，反而会对打破世界"中心—边缘"结构的行动产生阻碍作用。

一、经济主义视角中的世界体系

20 世纪 70 年代，世界体系论甫一出笼就得到了学术界的青睐，许多学者为其大唱赞歌，认为有了一个关于国际关系的新的解释框架，甚至欣喜地享受着因为世界体系论的提出而获得了让人耳目一新的国际关系新景象。其实，应当把世界体系论看作受到了依附论的启发而提出的，因为它借用了依附论的最为重要的"中心—边缘"概念，只不过沃勒斯在"中心—边缘"之间加上了一个"半边缘"，以告诉人们世界体系包含着"中心—半边缘—边缘"的结构，基于这一结构所做的分析也似乎能够对现代世界体系的产生、巩固和变动的过程及其原因作出更加客观、形象和合理的描述。

的确，与依附论相比，世界体系论的诸多分析都显得更加细致入微。诸如对国际劳动分工和劳动控制方式的构成、相互作用及其动态变迁等所做的分析，都使世界体系论显示出了很强的理论魅力。然而，也许是因为沃勒斯坦希望让自己关于国际分工的论述更具说服力，也许是因为他过多地将注意力放在了劳动分工与控制方式上，以至于让世界体系论表现出了一种经济主义倾向。

正是世界体系论所具有的明显的经济主义理论倾向，使它不能真实地反映世界体系的存在与运行状况。当然，沃勒斯坦曾声称自己从事的是"一体化研究"和"整体分析"，并认为自己的世界体系论所提供的就是一种新的分析方法，是对传统的学科分立式的研究方法发起的抗议和挑战，但在事实上，他在自己的世界体系论的建构中所使用的却是严格的经济主义分析方法。在关于世界体系的分析中，沃勒斯坦也基本上是运用经济学的概念去开展自己的理论阐述的。根据斯考克波尔（Theda Skocpol）的评论，沃勒斯坦使用的恰恰是自由主义经济学家们常用的概念[①]。应当说，沃勒斯坦也看到了政治、文化等因素在现代世界体系的产生与发展中所发挥的作用，但他却努力把这些复杂关系简化为经济变量，或者，从经济的视角出发去对这些复杂关系作出解释，将这些因素解释为经济变化的某种结果，甚至有时在肯定了其他因素的重要性后，

---

① 斯考克波尔说："奇怪的是，尽管沃勒斯坦看起来特别关注世界资本主义主要地区的阶级结构，但事实上，在我看来，他在解释世界体系的经济变迁时用到的恰恰是自由主义经济学家通常使用的那些变量，却忽略了马克思主义的一个基本观念，即生产关系与剩余分配是任何经济体系运行与发展的关键。"参见 Skocpol, Theda. Wallerstein's World Capitalist System: A Theoretical and Historical Critique. *American Journal of Sociology*. 1977，82（5）：P1075—1090.

又立刻赋予经济因素以更高的地位。可以认为，沃勒斯坦的世界体系论是一种经济主义取向的理论，他对世界体系所做的是一种经济主义的解读。这显然是片面的，因而，也就不能准确地把握世界体系的真实情况。

沃勒斯坦有着自己所钟爱的一套概念体系，他首先从"社会体系"（social system）的概念出发，认为"社会体系"是一种自立自足的有机体，并有着其自身特定的边界、结构、规则与生命周期，认为只有这种自立自足的"社会体系"才能（应当）成为社会科学研究的分析单位。根据沃勒斯坦的这一看法，单个国家不是自立自足的有机体，因而不能成为独立的分析单位。沃勒斯坦认为，他所说的"社会体系"包括"世界体系"（world system）和其他高度自主的相对较小的局部体系。但是，由于高度自主的相对较小的局部体系已不复存在，当前仅存的"社会体系"也就只有"世界体系"了。沃勒斯坦将"世界体系"划分为三种类型：已成为过去式的、作为政治统一体的"世界帝国"（world-empires）；正在进行的、作为经济统一体的"世界经济"（world-economy）；未来的作为可能形态的"社会主义世界政府"（socialist world government）。

在沃勒斯坦的概念体系中，"现代世界体系"（the modern world-system）一词基本上可以被视为"（现代）世界经济"一词的同义语，它们都是指15、16世纪之后的世界，或者说，是在"延长的16世纪"期间逐渐形成的现代世界。这两种说法只是侧重点有所不同：使用"现代世界体系"一词，是为了强调分析单位的整体性与合法性，以区别于传统的以民族国家为单位的分析方法；使用"世界经济"一词，则是为了指明这一现代世界体系的本质特征，即它的经济属性。当沃勒斯坦采用"世界经济"一词时，目的是要强调现代世界不同于前现代时期的"世界帝国"的特征。在沃勒斯坦看来，现代世界体系主要是经济性的而非政治性的，它并不像之前的世界帝国那样存在着由某个政治中心来统治其疆域的状况，恰恰相反，现代世界能够超越任何法律意义上的政治单位或主权范围，是通过经济联系（主要是不同的劳动分工与不同的劳动控制形式）实现了世界的一体化。并在一体化的世界体系中确立起了不平等的"中心—边缘"结构，以实现剩余价值向中心地区的持续流动。

在《现代世界体系》第一卷的理论叙述部分中，沃勒斯坦似有无奈地说道:"另一种体系(指现代世界体系)中则不存在这样一种单一的政治体系统治着所有的,或真正统治所有的空间。为了方便起见和由于缺少一个更好的名词,我们用'世界经济'(world-economy)这个名词来描述后者。"① 尽管这里所说的是"为了方便起见",实际上却反映出沃勒斯坦的理论倾向,那就是对现代世界体系的经济属性的过度强调。即把"现代世界体系"简化成了"世界经济",而把现代世界体系的其他方面都舍弃掉了。沃勒斯坦的这一做法反映在他对世界体系的历史划分上,就可以看到明显的逻辑上的不一致性。因此,沃勒斯坦也招致了许多批评。

具体地说,沃勒斯坦认为世界体系经历了政治性的"世界帝国"与经济性的"(现代)世界经济"两个阶段。15、16 世纪之前的世界体系以"世界帝国"的形式出现,而现代世界体系则以"世界经济"的形式出现。根据这一历史划分,就会产生诸多无法回答的问题:世界帝国是不是纯政治性的?征服与掠夺是否完全没有经济目的?现代世界体系是否仅仅存在着经济学意义上的"中心—边缘"结构?在比比皆是的军事征服与经济掠夺背后难道就没有政治压迫和话语霸权吗?事实上,16 世纪之后的现代世界体系与之前的"世界"一样,都是出于利益的目的而开展军事的和政治的活动,前现代的军事征服和政治压迫也不会仅仅满足于开疆拓土和统治更大的地盘,而是由其背后的利益要求所决定的。在一定程度上,我们可以说,根本就不存在所谓的前现代的"世界帝国"时期和现代的"世界经济"时期这样的阶段划分。世界帝国与世界经济其实都只存在于现代世界体系之中,也就是说,世界帝国与世界经济都是现代化的产物。在 16 世纪之前,世界其实分割成了地域性的空间,根本就没有出现世界体系。世界体系只能被理解为脱域化的产物,是在资本主义世界化过程中才形成了世界体系。正是因为世界体系的生成,才有了所谓的"世界帝国"与"世界经济"。

沃勒斯坦对世界历史有着明显的误读。比如,他认为,"世界经济

① [美]伊曼纽尔·沃勒斯坦:《现代世界体系》,第一卷,郭方等译,北京:社会科学文献出版社,2013,第 422 页。

（a world-economy）是现代世界的发明创造，其实也并非完全如此。历史上曾存在过世界经济（world-economies），但它们总是变化为帝国的形式，如中国、波斯和罗马。"[①] 我们说，把中国、波斯和罗马说成是"世界帝国"完全是一种现代观念的臆构，只是在资本主义世界化促使世界体系生成后，人们才反过来看到了那些帝国所拥有的强大的征服能力。就历史上的实际情况而言，这些帝国无论多么强大，无论征服了多少土地，也只是地域性的，更不用说还有大面积的区域仍然处在帝国之外，有时甚至与帝国没有什么关系。所以，这样的帝国根本不可能以世界帝国的形式出现，把它们说成是"世界帝国"，显然是言过其实了。我们认为，只有在现代化的意义上，起先是英国，然后是欧洲的许多国家，再后是美国，才可能被称为"世界帝国"。另一方面，就真正意义上的"世界经济"而言，可以说是在二战后的民族解放运动中才逐渐出现。是因为民族国家纷纷建立了起来，国家的独立和主权得到了承认，才为世界经济的出现提供了前提。尽管这种世界经济依然是发生在世界的"中心—边缘"结构中的，但世界经济活动中的平等与自由至少在表面上得到了某种程度的承认。

如上所述，当沃勒斯坦在"现代世界体系"与"世界经济"之间画上了等号之后，也把学术界通用的"资本主义"概念引入他的世界体系分析中来了，并对"资本主义"这一概念作了他自己的定义。沃勒斯坦认为，"资本主义和世界经济（world-economy）（即单一的劳动分工以及多元政治和文化）是一枚硬币的正反两面，一个并不会导向另一个。我们仅仅是在用不同的特征去定义同一个不可分割的现象。"[②] 沃勒斯坦对"资本主义"作出超越一个国家范围的新定义，同时也表达了对传统的或学术界普遍流行的"资本主义"概念的不满。在沃勒斯坦看来，包括正统马克思主义者在内的许多学者通常把经济看作是国家结构的内部因素，尽管在形式上它可以突破国家的疆域与其他国家或地区发生联系，却不

[①] ［美］伊曼纽尔·沃勒斯坦：《现代世界体系》，第一卷，郭方等译，北京：社会科学文献出版社，2013，第14页。

[②] Wallerstein, Immanuel. The Rise and Future Demise of the World-Capitalist System: Concepts for Comparative Analysis. *Comparative Studies in Society and History*. 1974, 16 (4): P387—415.

认为那是经济的实质性特征，这种传统认识片面地把资本主义看作一种国家属性，是存在于国家之中的一种生产方式或意识形态。

沃勒斯坦反对这种关于资本主义概念的传统理解，他认为资本主义从一开始就不是民族国家的属性，而是世界体系的一种特征。"从一开始，资本主义就是世界经济体系内的事情，而非民族国家的事情。"[①] 根据沃勒斯坦的意见，资本主义在其产生之日就注定要突破政治边界的限制。所以，沃勒斯坦在把"现代世界体系"与"世界经济"相等同之后，又在"世界经济"与"资本主义"之间画了等号，认为经济上的资本主义的扩张性是现代世界体系和世界经济的生成原因。他说："资本主义作为一种经济模式是基于这个事实，经济因素在一个大于任何政治实体能够完全控制的竞争场所中起作用。这给了资本家们一种以结构为基础的策略自由。这使得世界体系的持续经济扩张成为可能。"[②] 表面看来，沃勒斯坦的这一解释是合理的，资本主义——特别是资本的扩张本性造就了世界体系，也开辟出了世界经济。但是，就这三种形式在现代史上的位置而言，其实是不能在它们之间画上等号的。更为重要的是，沃勒斯坦在三者之间画上了等号之后又进一步认为现代世界体系及其"中心—边缘"结构是由经济决定的，这显然是站不住脚的。

显然，沃勒斯坦希望把马克思主义对社会的经济理解运用到对世界体系的考察中去，这在学术上应当说是具有积极意义的。但是，对于经济的决定性作用是不能作出教条主义的理解的。就国家间的关系而言，由于不存在一个民族国家内部的那种权威机构和治理体系，世界体系中的经济运行其实是无法得到某种治理能力的保障的。事实上，经济在世界体系中也绝不是决定性的因素。所以，在得到了马克思主义语境支持的条件下，沃勒斯坦试图对世界体系作出经济主义的解读虽然在表面上具有理论上的合理性和解释力，但在国际关系的实践中，并不能提供有启发意义的行动方案。就现实而言，在世界体系的"中心—边缘"结构

---

① ［美］伊曼纽尔·沃勒斯坦：《世界资本主义体系的兴起和未来衰亡：比较分析观》，载［美］沃勒斯坦：《沃勒斯坦精粹》，黄光耀、洪霞译，南京：南京大学出版社，2003，第112页。

② ［美］伊曼纽尔·沃勒斯坦：《现代世界体系》，第一卷，郭方等译，北京：社会科学文献出版社，2013，第422页。

中，恰恰是政治霸权、话语霸权甚至军事霸权在发挥着主导性的作用。在世界体系中，一个国家可以在经济上取得骄人的成绩，但是，如果它在政治上、话语上受制于霸权国家，甚至经常性地受到军事上的胁迫，那么它的经济成绩只能是短暂的，甚至是虚假的。由此看来，沃勒斯坦对世界体系的经济主义解读是与现实相距甚远的。

在沃勒斯坦的世界体系论中，"现代世界体系""世界帝国""世界经济"和"资本主义"是最为基本的概念，沃勒斯坦的世界体系论也正是建立在这几个基本概念之上的。但是，沃勒斯坦对这些概念的解读却是不恰当的，通过这些概念建构起来的世界体系观也是错误的。从根本上看，这是在历史观的方面存在着错误。

首先，我们认为，仅仅存在着一种世界体系，那就是在资本主义世界化进程中生成的世界体系。在时间点上，这一进程大致开始于 15、16 世纪。在此之前，其实并不存在世界体系。虽然沃勒斯坦也将 15、16 世纪看作一个重要的时间节点，但他在这个时间节点上却要区分出前现代的世界体系与"现代世界体系"，这显然是对历史的误读。

其次，在历史研究中，中国、波斯、罗马等的确被称作"帝国"，但它们并不是世界体系中的帝国，而是地域性的。作为世界体系中的帝国，恰恰是在资本主义世界化过程中出现的。在这些帝国出现的过程中，通过资本征服、政治压迫和军事掠夺而为世界确立起了"中心—边缘"结构，在使自己成为中心国的同时也把许多国家转化成边缘国并形成了一种全面的剥削与依附的关系。所以，世界帝国并不是前现代的，反而是在 15、16 世纪之后出现的。

第三，"世界体系"与"资本主义"是可以用来描述现代世界史的概念，或者说，现代世界史就是一部世界体系化的历史，也是资本主义的扩张史。如果将这些概念与"世界经济"的概念相混同，并将马克思主义关于一国内部的经济决定论（实际上，把马克思主义理解成经济决定论也是错误的，恩格斯就曾激烈地反对这种理解）直接移植到对国际关系的分析中，显然是一个简单的同时也是错误的做法。

由于沃勒斯坦的世界体系论存在着这些错误，所以，他并不能真正理解 15、16 世纪以来的历史是如何进行演变的，也不能真正理解中心国是如何在世界的"中心—边缘"结构中实现对边缘国的剥削和压迫的。因而，他更不理解世界经济的发展必然会提出打破这个世界体系的"中心—边缘"结构的要求。

二、 经济主义分析掩盖了什么

既然沃勒斯坦把"世界经济"与"现代世界体系"相混同，也就必然会在对现代世界体系所做的分析中注重对经济因素的强调。相应地，也就会忽视诸如政治、文化、军事等因素，或者说，当谈及其他因素时，沃勒斯坦是将它们简化为或转化为经济因素而后再去分析世界体系的，以求论证经济之于现代世界体系的首要性。在此，我们可以将沃勒斯坦关于现代世界体系经济属性的论证概括为三个方面：逻辑上的基础性、时间上的先在性以及结构上的重要性。

沃勒斯坦说："它（现代世界体系）是'世界经济'，因为该体系内各部分间的基本（basic）联系是经济性的，尽管这种联系在一定程度上因文化联系和我们最终将看到的政治格局——或联邦结构——而得到加强。"[①] 这就是说，在逻辑上，现代世界体系内的基本联系是经济联系，只有在此基础上才能建立起其他方面的联系。在沃勒斯坦看来，不仅在逻辑上，而且在时间的延展上，世界体系内的联系也首先是经济联系，是在有了经济关系之后才出现了其他方面的联系。可见，沃勒斯坦眼中的现代世界体系是因为经济上的联系才得以生成的，此后出现的政治与文化联系尽管加速了世界体系的形成，甚至让这一世界体系变得更加稳固了，但它们所发挥的作用都只能被视作经济的辅助作用，是作为经济的辅助因素而存在的。因而，世界体系中的政治、文化等方面的联系只能在让现代世界的经济体系得以持续长存方面才是值得关注的，对于某个单一政治中心统治的世界帝国的形成来说，则没有意义。

沃勒斯坦关于世界体系的这一认识显然是不实的，事实上，在世界

---

① ［美］伊曼纽尔·沃勒斯坦：《现代世界体系》，第一卷，郭方等译，北京：社会科学文献出版社，2013，第13页。

体系生成的过程中，先是英国，后是美国，都曾经或者正在作为世界帝国而存在。沃勒斯坦之所以会无视这一现实，是因为他把政治的、文化的因素都看作不甚重要的因素所致。在沃勒斯坦眼中，现代世界体系完全是经济性的，除了经济，没有任何一个其他方面的力量可以把它的触角深入世界体系的每一个角落；就政治而言，没有哪个政治中心能够将其政治权力的触角伸得如经济触角那样长。沃勒斯坦的这一看法似乎是可以接受的，但是，我们知道，杜勒斯早就提出了"和平演变"的设想，而且其手段并不是资本及其他经济活动，反而恰恰是寄于政治、文化等，对此沃勒斯坦不应丝毫不知。引申而言，沃勒斯坦也会对一些经济发展较好的边缘国造成误导，那就是以为自己的经济发展取得一定成就后就可以企望世界帝国的位置，或者，只要将 GDP 搞上去，就可以实现对既存的世界帝国的置换。

　　上述可见，沃勒斯坦努力赋予经济因素在世界体系结构上的重要性。沃勒斯坦认为，经济因素不仅在逻辑上是基础性的，也不仅是在时间上是先在性的，而且在世界体系的结构上也是最为重要的。所以，沃勒斯坦极力淡化其他因素在现代世界体系中的作用。在谈论"社会体系"这个在沃勒斯坦看来是唯一可以作为分析单位的概念时，他说道："我们认为社会体系的特征便是其内部存在劳动分工，这导致各部门或各地区依赖于同其他部门或地区进行经济交换，以源源不断地、稳定地满足本地区的内部需要。这种经济交换的进行不需要共同的政治制度，甚至更明显地不需要同样的文化。"① 从现实来看，如果经济因素在世界体系结构上具有如此重要的地位，为什么美国如此热衷于向全球推广它的价值观？为什么频繁地在各大洋进行军事演习？这说明，美国的领导人比沃勒斯坦更清楚什么因素在世界体系的运行中更能够发挥基本的和主导的作用。

　　沃勒斯坦之所以会显得对一些基本事实都不承认的状况，是因为他对经济因素的强调而使自己变得具有了某种学究气，以至于陶醉于自己的思想行进中而放弃了对现实的感知。但是，如果从沃勒斯坦的论证逻

① ［美］伊曼纽尔·沃勒斯坦：《世界资本主义体系的兴起和未来衰亡：比较分析观》，载［美］沃勒斯坦：《沃勒斯坦精粹》，黄光耀、洪霞译，南京：南京大学出版社，2003，第 98 页。

辑看，他不仅不具有学究气，反而让人怀疑他是在做一项非常务实的替中心国家辩护的理论建构活动。因为，沃勒斯坦在要求人们把对于世界体系的关注重心放在经济因素上之后，紧接着就强调不同地区之间的"经济交换"。我们知道，只要谈到经济交换的问题，人们立马就会想到平等和自由的原则。因为，就经济交换这个概念来说，其中就确定无疑地包含着自由和平等的内涵。如果我们接受了沃勒斯坦关于世界体系是一个经济体系的观点，从而让我们的视线被沃勒斯坦引向对经济交换的关注，就必须承认国家间的经济交往是自由和平等的。那样的话，中心国对边缘国的经济剥削和掠夺也就被掩盖了。这一点实际上构成了沃勒斯世界体系论的理论实质，也是他的理论活动目标。

所以，当沃勒斯坦谈论政治与文化等因素时，往往轻描淡写地一笔带过，即使需要对这些因素发表意见时，也仅仅谈论不同地区之间在政治、文化方面的差异，而不是去讨论不同地区之间在政治与文化上的互动与联结。这似乎是说，在世界体系中的各构成单元中，只有在经济上是因为交换而相互联系在一起的，而在政治上和文化上，所表现出的只是差异而不是联系。这样一来，政治上的、文化上的以及话语上的霸权也就被一笔抹杀了。这显然是不真实的，因为，在世界体系中，政治上和文化上的差异虽然是一个事实，但这种差异往往在现实中并没有得到中心国的认同和尊重，反而是在政治上对边缘国进行压迫和干预，并且引发了各种各样的冲突。其中，话语霸权发挥着让人难以置信和难以理解的作用，从21世纪初的诸多所谓"颜色革命"来看，从许多处在极其边缘位置的国家的所谓"民主化"进程来看，恰恰反映出了话语的力量。

从近代史看，不仅是政治上的冲突，而且军事上的冲突也从来没有停歇过，整个世界体系从来也没有处于真正安宁的状态。如果说现代世界体系中的经济联系是主要的和基本的关系，那么这样的世界体系就应当是安宁的，应当是"比较优势""自由贸易""互惠互利"所昭示的和平景象才对。然而，我们所见的却恰恰是另一幅景象：中心国与边缘国之间在经济上的交换从来不是在平等和自由的基础上进行的。是什么因素决定了中心国与边缘国之间的不平等？是什么因素把边缘国置于不自由的地位上？显然主要是政治，然后辅之以文化上和话语上的霸权。这说明，在对一个封闭性的社会——一国社会的分析中是可以把视线首先放在经济基础上的，可以从经济关系的角度去认识这个社会的其他各种关系，即经济基础决定上层建筑。但是，对于世界体系而言，就不能认为经济关系具有决定性的意义，更不应仅仅看到经济关系而有意识地忽视其他关系。在世界体系中，政治关系往往发挥着某种决定性的作用。

总之，沃勒斯坦把政治关系放在从属的位置上，甚至有意识地在世界体系中淡化政治关系，这是与事实不相符的。所以，会掩盖中心国对边缘国进行政治压迫和干预的事实与意图。今天看来，当中国在经济上崛起时，一些中心国——特别是美国——并没有选择在经济上与中国开展平等和公平的竞争，更不用说在经济上开展广泛合作了，反而更多地使用了政治和军事的手段，采取各种各样的遏制策略，甚至明目张胆地挑起中国与周边国家的领土之争，以便从中渔利。即使使用了经济手段（如反倾销调查、贸易制裁等），也往往是基于政治和军事恐吓而做出的，或者说，背后是有政治与军事威胁作后盾的。进一步讲，从中国周边国家的情况看，"颜色革命"从来也不是以经济的形式出现的，反而恰恰是政治渗透和话语强制的结果。

沃勒斯坦对世界体系的这种经济主义解读是具有代表性的，即使在对全球化进程进行分析时，也存在这类学术现象。我们看到，弗里德曼在其《世界是平的》一书中所给出的一个典型案例就是"生产外包"，并声称"外包"是碾平世界的一大动力。显然，弗里德曼是在撇开了政治的前提下去证明中心国对边缘国的资本输出以及生产外包是如何让边缘国在经济上、就业上以及生活水平上获益的。事实上，世界体系中的国与国之间的关系首先是一种政治关系，经济关系以及几乎所有经济活动，都是建立在政治关系的基础上的，是通过政治开辟道路的。当然，边缘国在与中心国交往的过程中也许会运用经济优先的策略，或者要求经济优先的原则得到中心国的承认，但在实质上，这种经济优先的策略以及主张也完全是一种政治策略。至于中心国，一方面，它（们）经常会用"自由贸易""比较优势""现代化"等一系列的经济用语和谎话迷惑边缘国，以减少边缘国对中心国的敌对和反抗，但在这些话语霸权与文化输出的背后则是强大的政治恐吓和武力威慑；另一方面，当边缘国不听话的时候，中心国就会直接地撕下面具，根本无须用经济策略去掩盖它（们）的政治霸权，而是赤裸裸地运用政治恐吓和军事讹诈的手段直接对边缘国实施颠覆。

当然，沃勒斯坦为了表明他关于世界体系的描述是客观的，也不能不承认政治的、文化的因素在现代世界体系中所发挥的作用。所以，他也有一些虽然勉强但对政治、文化等有所提及的论述。比如，他说现代世界体系中的"各部分间的基本联系是经济性的，尽管这种联系在一定程度上因文化联系和我们最终将看到的政治格局——或联邦结构——而得到加强"[①]。在此，沃勒斯坦承认政治对经济的影响，却只承认政治具有某种辅助性的影响，只在巩固世界体系方面发挥作用。这说明，沃勒斯坦希望在世界体系中找到一个主导性的因素。为此，他也确实在现代世界体系的生成史方面做了细致的考察，但他的历史梳理是在经济主义取向下进行的。或者说，沃勒斯坦是在把现代世界体系视为"世界经济"的同义语这一无须论证的前提下才提到了其他因素。

在沃勒斯坦的叙述逻辑中，政治的、军事的因素都只在世界体系的形成中发挥辅助性的作用，这在他对曾经作为世界体系中心的欧洲近代史的叙事中反映得非常清楚。在沃勒斯坦看来，世界体系在欧洲的生成是一个完全由经济决定的过程。沃勒斯坦以问答的形式说道："在欧洲世界经济体系出现的同时，也兴起了西欧绝对君主制，但它是其原因还是其结果呢？"紧接着，他就对这一问题作了回答，认为西欧绝对君主制的出现是经济发展的结果，"资本主义世界经济似乎已要求并且为中央集权和对内部控制的加强这一长期进程提供了便利，至少在中心国家是如此"。[②] 我们已经指出，考察一国的历史时，经济的决定性作用是应当得到承认的，如果沃勒斯坦所指的是某个具体的西欧国家，这一观念是可以成立的。但是，如果就整个西欧来作出这样的判断，可能就需要对历史作出具体分析了。

----

① ［美］伊曼纽尔·沃勒斯坦：《现代世界体系》，第一卷，郭方等译，北京：社会科学文献出版社，2013，第13页。

② ［美］伊曼纽尔·沃勒斯坦：《现代世界体系》，第一卷，郭方等译，北京：社会科学文献出版社，2013，第151—153页。

然而，沃勒斯坦却直接把这种判断运用于解释世界体系的生成过程了，并简单地得出经济因素是世界体系中首要性的和决定性的因素这一结论。这样一来，他就把对现代世界体系的描述重心转向了经济分工和劳动控制方式的方面了。结果，他给我们提供的其实是这样一个可以推导出来的结论：中心国虽然早于边缘国建立起了强大的国家机器，而且这种国家机器也为中心国的经济扩张提供了政治支持，使中心国对边缘国的经济剥削成为可能。但是，边缘国之所以处在相对于中心国的弱势地位上，在根本上是由于它的经济分工和劳动控制方式的落后造成的。因为边缘国在劳动控制方式上依然沿用奴隶制的和封建制的方式，从而使其经济运行的成本大大地高于中心国，以至于丧失了在世界体系中与中心国竞争的能力，结果，也就无法改变它们在世界体系中的边缘地位。

从普雷维什到依附论学派，在分析世界"中心—边缘"结构时都努力从中去发现中心国是如何运用政治、军事和经济手段去剥削边缘国所创造的财富，即要求在对这一秘密的揭示中去寻求应对之策。尽管普雷维什和早期的依附论学派都没有明确地以世界体系作为分析框架，但他们在使用"中心—边缘"的概念时是默认了世界体系这一前提的，认为中心国与边缘国之间所存在着的关系是被结构化到了世界的"中心—边缘"结构之中的，中心国恰恰是在这个"中心—边缘"结构之中实现了对边缘国的剥削和掠夺，而边缘国所创造的财富也正是在这个"中心—边缘"结构之中自动地向中心国流动。然而，沃勒斯坦却在对世界体系生成历史的经济主义解读中把世界的"中心—边缘"结构说成是由世界经济的变动造成的，把中心国与边缘国在世界体系中的位置说成是由经济决定的。由此也可以看到世界体系论的理论目的与普雷维什以及依附论学派不同。

我们一再指出，沃勒斯坦是从普雷维什和依附论学派那里借用了"中心—边缘"的概念，认为世界体系是拥有一个"中心—边缘"结构的。但是，由于沃勒斯坦在世界体系中所看到的仅仅是经济因素，因而，他在谈论这个"中心—边缘"结构时，也就只剩下了经济意义上的解读，政治的、文化的因素都被消解了。吉登斯在谈到沃勒斯坦时就曾指出了他的这种经济主义观的不足："世界体系理论强烈关注经济影响……以经济标准来划分的核心、半边缘和边缘地区，并不能使我们对权力的政治与军事集中加以阐明，这种集中并非总是能与经济的差异完全吻合。"① 这无疑一语切中沃勒斯坦的要害之处。总之，世界体系的运行是非常复杂的，经济关系以及一切经济活动都只是显露于外的表象。在世界的"中心—边缘"结构之中，所包含着的是政治上的压迫、军事上的干预、经济上的剥削和文化上的入侵等众多的方面，如果在世界体系的分析中持有经济决定论的话，就会对中心国在世界体系中所扮演的角色加以掩饰或美化。

三、 经济主义分析方法的适用性问题

尽管沃勒斯坦的世界体系论有着明显的经济主义倾向，但他却一再宣称自己所做的是一种综合的、整体主义的分析。他说："世界体系分析的论点非常简明。三个认定的人类互动的领域——经济的、政治的和社会或社会文化的领域——不是独立的社会活动领域。它们没有独自的'逻辑'。更重要的是，它们的约束、选择、决定、准则和'合理性'的相互结合是那样的紧密，以致没有任何有用的研究方式可以按照经济、政治和社会的分类把'这些因素'分开。"② 在论及政治与经济的关系时，沃勒斯坦也解释道："当然，事实上我坚持认为政治和经济两个变量是存在于一个单一领域中的。我拒绝接受下述论点，即政治领域具有自主性，或它是由在某种程度上不同于——甚至独立于那些支配经济领域的法则支配的。我在书中坚持一种整体主义的分析方法（holistic analysis）。"③ 沃勒斯坦甚至自我辩解道，他在将"政治"与"经济"加以区分时只是出于方便分析的需要，是为了让读者能够更加清晰地看到问题的全貌。可是，阅读他的《现代世界体系》，却发现他的这些说辞是不实

---

① ［英］安东尼·吉登斯：《现代性的后果》，田禾译，南京：译林出版社，2011，第61页。

② ［美］伊曼纽尔·沃勒斯坦：《世界体系分析》，载［美］沃勒斯坦：《沃勒斯坦精粹》，黄光耀、洪霞译，南京：南京大学出版社，2003，第168页。

③ ［美］伊曼纽尔·沃勒斯坦：《现代世界体系》，第一卷，郭方等译，北京：社会科学文献出版社，2013，第6页，2011年英文版第一卷序言。

的。他并未贯彻他自己所谓的整体主义分析方法，而是自始至终都表现出明显的经济主义倾向。

在讨论欧洲在"延长的 16 世纪"期间的劳动分工时，沃勒斯坦一方面强调，"经济决策和政治决策原则上是分不开的，或者说是不能分开讨论的"。但他同时又说："资本主义世界经济的特征是：经济决策要首先适合于世界经济舞台，政治决策要首先适合于较小的合法统治结构，即世界经济内部的国家（民族国家、城市国家、帝国）。"[①] 这在某种意义上显然是要否定国际政治的存在。而且，这并不是他的一个具体观点，而是贯穿于他的全书的基本观点和方法。事实上，沃勒斯坦一直是在此基点上展开他的世界体系讨论的，在几乎每一项论述中都一直赋予经济因素高于一切的地位。

就《现代世界体系》一书而言，沃勒斯坦所使用的是标准的经济主义分析方法。但是，也正是在这本书中，沃勒斯坦提出了整体主义分析方法的构想，并在学术界产生了广泛影响。我们看到，沃勒斯坦经常陷入他所声称的整体性研究方法与经济主义分析方法之间的矛盾。从逻辑上去认识沃勒斯坦的这一矛盾，情况也许是这样的，沃勒斯坦在希望把握世界体系的整体情况时是把整体主义作为他的某种追求的，但是，由于他仅仅是提出了整体主义的方法论构想，并未对他许诺的这种方法作出深入和成熟的思考，更没有得到相应的语境支持。所以，在实际操作的时候，选择了把经济因素作为分析切入点的路径，受到了近代以来已经成熟的经济决定论思维方式的支配。

我们已经指出，就一国而言，经济关系是基础，其他因素都需要最终建立在经济基础之上，而就世界体系来看，经济因素反而成了被决定的因素。然而，沃勒斯坦恰恰把这个逻辑颠倒了过来，在对世界体系的分析中滥用了经济决定论。其实，在当今的社会科学研究中，即使对一国内部的问题进行分析，经济主义的分析方法也开始变得可疑了。在这种情况下，把经济主义的分析方法运用到本来就不适用于经济分析的国

---

① ［美］伊曼纽尔·沃勒斯坦：《现代世界体系》，第一卷，郭方等译，北京：社会科学文献出版社，2013，第 73 页。

际关系领域，更是无法接受的。

我们知道，随着工业社会发展到了其成熟阶段后，领域分化的进程基本完成，对公共领域、私人领域和日常生活领域的分别研究显然需要不同的视角和不同的方法，以至于经济主义的分析方法的局限性显露无遗。20世纪后期以来，社会科学之所以变得声名狼藉，在很大程度上就是因为学者们仍然习惯于按照旧的思维传统滥用经济主义的分析方法，以至于很难形成令人信服的结论。辩证法所追求的是具体问题具体分析，在对社会不同领域的研究中需要拥有不同的方法。这一点恰恰被学者们忽视了。不仅经济主义的分析方法，而且诸如定量研究等方法也是如此，在某些领域是适用的，而到了其他领域，却成了导致科学研究混乱的原因。也就是说，社会的发展决定了近代早期形成的诸多传统研究方法已经不再具有普适性了，而是需要根据具体的研究对象而做出方法论上的创新，需要针对具体的研究对象而去选择或发明新的研究方法。

就沃勒斯坦提出的世界体系论而言，显然是前人未能深入触及的课题和研究对象，因而，也就需要在方法上做出创新。可是，沃勒斯坦没有这样做，而是偷懒了，即直接地搬用了经济主义的分析方法。所以，沃勒斯坦关于世界体系的认识显得非常不真实，甚至表现出了某种为既有世界体系进行辩护的学术倾向。也许沃勒斯坦可以辩解说，他是要对世界体系作出客观描述，是希望用经济主义的分析方法达致对世界体系形成史的科学理解。但是，面对既有的世界体系我们应当做什么？进一步地说，是让边缘国都安于它们在世界体系中的位置还是努力改变现状？是让边缘国重走中心国的老路子还是走自己独特的道路？是让边缘国在既有"中心—边缘"结构中挣扎还是提出打破"中心—边缘"的要求？一旦提出这些问题，显而易见，我们是不能仅仅满足于认识世界体系的形成过程的，而是需要在认识世界体系形成过程的同时，去寻求改变这个不合理的世界体系的路径。这样一来，经济主义分析方法就会面对无情的拷问。

应当看到，沃勒斯坦对分析方法是做过思考的，他也试图在这方面作出创新。我们也承认，沃勒斯坦提出的整体主义分析方法其实也包含着综合性分析的可能性。沃勒斯坦在评论社会科学研究时甚至说过，"当人们研究社会体系时，社会科学内部的经典式分科是毫无意义的。人类学、经济学、政治学、社会学以及历史学的分科是以某种自由派的国家观及其对社会秩序中功能和地缘两方面的关系来确定的……我不采用多学科的方法（multidisciplinary approach）来研究社会体系，而采用一体化的研究方法（unidisciplinary approach）。"① 在沃勒斯坦写作《现代世界体系》时，社会科学研究中正流行着跨学科研究，沃勒斯坦在批判传统跨学科研究的同时也表达了他所追求的"一体化研究"的愿望。这说明沃勒斯坦并不是一位愿意"随大流"的学者。

的确，从社会科学研究中的所谓"跨学科研究"看，更多地是从多个学科中去东采西撷，往往满足于形式上的中和，而不是建立在对每一个所涉及的学科都做出深入理解的基础上。事实上，各种各样的所谓"跨学科研究"并未摆脱专业化学科分类的限制，往往表现出来的是某一领域的专家觊觎其他领域的研究议题，依据自己所掌握的专业知识和所形成的专业视角去对其他领域的问题发表意见。沃勒斯坦显然是看到了这一点，所以，他认为，"跨学科研究（multidisciplinarity）在表面上试图超越学科，但在实际上，它通常只是强化了它们。那是因为'跨学科研究'这个词本身，就预设了分立的学科分类的合法性及其意义，因为它主张将不同知识综合起来。也就是说，其背后的假设就是，分立的知识是存在的。"② 鉴于对跨学科研究的这种认识，沃勒斯坦提出"一体化研究"的设想也就是自然而然的了。但是，沃勒斯坦在对现代世界体系进行分析时却没有做到这一点，没有把"整体主义分析"和"一体化研究"贯彻在他的世界体系论之中，这说明他在研究方法上有创新的设想，但他却没有与其设想相应的创新能力，更没有创新行动，而是陷入了庸俗的经济主义分析窠臼。

沃勒斯坦的《现代世界体系》第一卷于 1974 年出版。在某种意义上，这部著作不仅提出了世界体系研究的课题，也促进了关于世界体系

---

① ［美］伊曼纽尔·沃勒斯坦：《现代世界体系》，第一卷，罗荣渠等译，北京：高等教育出版社，1998，第 8 页。

② Wallerstein, Immanuel. *Unthinking Social Science*：*The Limits of Nineteenth-century Paradigms*. Philadelphia：Temple University Press. 2001. P224.

研究的方法论反思。此前，普雷维什和依附论学派事实上也一直持有着世界性的视角，所研究的也是世界体系，但在研究方法上却表现出了很大的随意性。在沃勒斯坦写作《现代世界体系》的时候，包括依附论在内的许多学者都开始谈论研究方法的问题了，比如，作为依附论代表人物的阿明在20世纪70年代也明确地表达了对研究方法的反思，"尽管从某种特殊角度，如从传统的大学学科的角度（经济学、社会学、政治学等）可以在一定程度上接近社会事实，但社会的科学却只有一种，因为社会事实是统一的，它从来不分'经济'事实、'政治'事实和'思想'事实等。"① 这一观点在很大程度上与沃勒斯坦所构想的整体主义分析方法是一致的。

就依附论学派的思想发展看，也大致是在这个时期开始更为明确地追求一种包含政治、经济和文化在内的综合性分析。就此而言，沃勒斯坦提出整体主义分析和一体性研究的构想是具有科学史上的合理性的，反映了时代的要求。遗憾的是，沃勒斯坦没有在其著作中真正地运用这一方法，而是受到了经济主义分析的纠缠。所以，在沃勒斯坦的视野中，总是基于经济因素而去确定"中心""半边缘"和"边缘"，以至于把世界"中心—边缘"结构中的复杂现实简单化了。正是由于这一原因，沃勒斯坦无法准确地去揭示世界"中心—边缘"结构的真实情况，更不可能真正揭示世界"中心—边缘"结构中国与国之间所存在的政治压迫、经济剥削和军事掠夺的秘密。不仅如此，反而走向了替中心国策略辩护的方向。

沃勒斯坦的《现代世界体系》是有着世界影响的，特别是沃勒斯坦这样一位来自世界中心地带的学者在使用普雷维什和依附论的基础性分析框架时，促进了"中心—边缘"概念的传播。在"中心—边缘"概念的扩散史上，必须承认沃勒斯坦所发挥的巨大作用。正是因为沃勒斯坦通过他的《现代世界体系》而对"中心—边缘"概念作了传播，使相关研究能够在"中心—边缘"概念所代表的视角中去认识世界和分析国家

---

① ［埃及］萨米尔·阿明：《世界规模的积累》，杨明柱等译，北京：社会科学文献出版社，2008，第4页。

间的关系。但是，在沃勒斯坦的作品中，所构想的研究方法与实际使用的研究方法之间的不一致也造成了消极影响，他的经济主义分析使他所描述的世界体系及其形成史成了一个单色的世界。更为严重的后果是，在实践上则可能导致边缘国在努力向中心跃迁的过程中做出错误的策略选择，那就是，把全部精力都放在经济发展方面，以为单凭经济发展策略的运用就可以改变世界的"中心—边缘"结构。

从 20 世纪后期以及新世纪的世界体系运行状况看，虽然边缘国因为注重经济发展的策略而在这些地区的人民生活水平、就业等方面取得了良好的业绩，但在改变世界"中心—边缘"结构方面却没有取得实质性的进步。目前，在全球化、后工业化运动扑面而来的情况下，整个世界呈现出高度复杂性和高度不确定性的状况，边缘国不安于边缘位置的要求与中心国极力维护自己的中心地位的要求之间，孕育着各种各样的潜在冲突，以至于世界陷入了动荡之中。在这种情况下，如果还坚持用经济主义的分析方法去认识世界的话，就会把许多决定了世界运行的因素排斥在视野之外。那样的话，一场巨大的危机可能就会在不知不觉中降临到这个世界上。所以，在我们拥有了世界体系的观念和视角后，更应学会运用综合性的分析方法来认识和把握这个世界。就此而言，沃勒斯坦的一些他自己没有实行的研究方法构想是有着启发意义的。

今天，我们正处在全球化、后工业化进程中，这是打破资本主义世界化进程中所造就的既有世界"中心—边缘"结构的一次重大机遇，它要求我们在认识世界体系时必须运用多维视角，必须对世界体系作综合性的分析。只有这样，才有可能找到对世界"中心—边缘"结构加以解构的可行性路径。所以，我们需要对沃勒斯坦的经济主义分析方法作出批评，目的就是要寻找世界体系分析的新方法。只有这样，边缘国改变现状的努力才能在理论探索的过程中被引向正确的方向。在中国崛起的过程中，我们已经不再是单纯地在国家边界范围内开展经济、社会建设，而是面对一个复杂的、多元的世界，也就是说，我们需要在世界体系中开展各个方面的活动。这样一来，我们就需要正确地认识和把握世界体系，以求我们在各个方面的政策和策略都是有着客观依据的。在这里，我们对沃勒斯坦世界体系论的经济主义分析作出评述，目的就是要指出他把传统的民族国家边界内的理论研究方法运用到了世界体系的分析中去所犯下的错误。对于中国学者来说，世界体系是一个刚刚向我们开放的话题，我们的研究方法训练和理论传承都明显地具有"地方模式"的色彩，这很可能会妨碍我们对世界体系作出科学的把握。因此，我们指出沃勒斯坦研究方法上的缺陷，是希望将其作为我们观察和研究世界体系的镜鉴。

第六章

世界"中心—边缘"结构解构的幻象

第一节　"地球村"概念的提出

在全球化、后工业化进程中，"地球村"是一个非常流行的词语。事实上，它已经成为一个用以理解当今世界的学术概念。这个概念是由麦克卢汉提出来的。由于麦克卢汉的作品主要是以文学的形式呈现出来的，没有对这个概念加以明确定义，以至于这个概念流行后，人们往往是在这个概念的表层含义上去加以理解和使用它的。其实，这个概念包含着更多和更深的内涵。就现实而言，"地球村"的出现并没有改变世界的"中心—边缘"结构，反而使"中心—边缘"结构中的压迫力量得到了增强，而且作用形式也更加直接。应当看到，麦克卢汉所提出的"地球村"是一个比喻性的概念，它对于直观地描绘全球化有着便于理解和把握的价值。但是，也正是这一优势，使麦克卢汉从"地球村"出发而回到农业社会的"村落"那里去了，再一次在人类社会进步的转折点上塑造出一个空想主义的思想体系。

一、"地球村"的真实含义

早在"全球化"一词得到广泛使用之前的 20 多年，"地球村"一词就已经开始流行，这在很大程度上得益于马歇尔·麦克卢汉（Marshall

Mcluhan，1911—1980）这位加拿大学者。麦克卢汉曾经创造了许多名言警句，而"地球村"就是他所使用过的词语中流布最广的一个。麦克卢汉也许不是这一语词的发明人，却是这个语词最为重要的使用者与推广者。20世纪80年代后，随着全球化进程的启动，人们才惊异地发现麦克卢汉早在20多年前就用"地球村"一词预告了全球化运动即将到来。因而，人们发现了麦克卢汉，学术界也迎来了"麦克卢汉热"。不过，亦如我们经常看到的，在学术研究中，当某个概念变成流行语后，总是面临着被误用甚至滥用的窘境。人们往往不去探究某个流行语产生的背景以及产生之初的真实含义，往往不去分析它的合理性以及在当前的适用性，往往不是抱着怀疑和批判的态度去审视它，而是望文生义，仅仅凭借其字面含义去猜想术语的意涵。这是一种在学术研究中普遍存在的抄近道的做法。

今天，"地球村"一词已然成为尽人皆知的词汇，许多学术著作或文章的标题中也赫然印着"地球村"一词。然而，他们中的一些人甚至不知道这一语词的缘起，仅仅是跟风式地借用这一流行语，以博取读者的眼球，一些学者甚至臆造出"地球村的公民"等荒唐的妄想。其实，在麦克卢汉那里，"地球村"类似于近代早期的"乌托邦"，所表达的是麦克卢汉对传统的迷恋，是一个现代版本的乌托邦。因为，麦克卢汉是在工业社会的技术发明中看到"地球村"的，他实际上对在这个社会中起着决定性作用的基础性结构——世界"中心—边缘"结构——视而不见。虽然麦克卢汉也常用"中心"和"边缘"这对语词，却对"中心—边缘"结构作了非常狭隘的理解，甚至有时对它作了完全错误的解读。麦克卢汉盲目乐观地认为人类已经融入了一个村落式的家庭之中，已经在对美好"地球村"的大声欢呼中放弃了探寻"去中心化"的道路。这显然既不合乎事实也不合乎逻辑。

据麦克卢汉的儿子埃里克·麦克卢汉（Eric McLuhan）回忆，麦克卢汉早在20世纪20年代就创造性地使用了"地球村"这一语词来描述当时的无线电所产生的影响。[①] 在 50 年代的许多著作中，麦克卢汉也多次使用了类似的概念。当然，正是他在 1960 年的《理解新媒介研究项目报告书》（Report on Project in Understanding New Media）（《理解媒介》一书的雏形）、1962 年的《谷登堡星汉璀璨》以及 1964 年的《理解媒介》中对"地球村"的使用而让这一概念变得流行了起来。此后，麦克卢汉甚至以"地球村"作为书名与他人合作过一些著作。例如，1968 年的《地球村里的战争与和平》（War and Peace in the Global Village）以及 1989 年出版的《地球村：21 世纪世界生活与媒介的转换》（The Global Village：Transformations in World Life and Media in the 21st Century）就是颇具影响力的著作。

麦克卢汉一生著述颇丰，而且创造了大量的新词新语。但是，正如莱文森（Paul Levinson）指出的，在所有麦克卢汉创造的格言警语中，只有"地球村"是最幸运的一个，哪怕是"媒介即信息""冷媒介与热媒介"等流行语也比不上它。"它（地球村）流布广泛，在报刊、广播和电视评论中频频出现，论者常常是信手拈来、挥洒自如。其流布历史 30 年有余。"[②] 尤其是 20 世纪 80 年代以后，随着"全球化"等类似术语的广泛使用，"地球村"的概念引起了人们更多的关注，人们（包括许多学者）不加分析地热烈拥抱这个概念，不加区分地用其指称全球化现象。他们完全不去考究麦克卢汉的"地球村"到底意指什么，仅仅根据"地球村"这一合成词本身进行臆想，甚至在此基础上进行扩充，大谈"地球村落""地球村民"甚至"地球村的公民"等词语。

作为一名英美文学教师，麦克卢汉总是喜欢用散文或戏剧的语言表达他关于社会科学议题的思考。而且，由于受到了乔伊斯和庞德等文学

---

① Eric McLuhan. *The source of the term "Global Village"*. McLuhan Studies，Issue 2. http：//projects. chass. utoronto. ca/mcluhan-studies/v1_iss2/1_2art2. htm. 埃里克·麦克卢汉还指出，其父亲的"地球村"的提出可能受到了詹姆士·乔伊斯（James Joyce）的《芬尼根的守灵夜》（Finnegans Wake）或温德姆·路易斯（Wyndham Lewis）的《美国和宇宙人》（America and Cosmic Man）的影响。路易斯在 1948 年出版的《美国和宇宙人》中写道，"地球已经变成了一个大的村庄（village），在这里有着遍布各地的电话和快捷又安全的飞机"。

② ［美］保罗·莱文森：《数字麦克卢汉——信息化新纪元指南》，何道宽译，北京：社会科学文献出版社，2001，第 95 页。

家的思想与文风的影响，他的写作也充满了模糊朦胧的诗意。麦克卢汉在许多地方声称，他的研究方法是"只探索，不解释"，"我的书只构成探索的过程，而不是终极发现的产品。我的目的是把事实作为探针，作为洞察的手段，作为模式识别，而不是把事实作为传统而枯燥的分类数据、范畴和容器来运用"①。对他而言，创造出一个新奇的、疯狂的、能够刺激读者神经的、振聋发聩的概念，也就完成了他希望做的工作。麦克卢汉很少对某个他所提出的概念进行精雕细琢，更不愿意去阐述其确切的含义，而他对此给出的理由或借口是，清晰阐释反而不利于概念本身。"他认为高度概括、令人震惊的文字是要戳醒梦游症似的读者，相反，反复雕琢、字斟句酌的文字只会使读者昏昏欲睡，使其思想迟钝。"②

　　"地球村"一词就是如此，麦克卢汉从未赋予这个概念以确切的定义，而且他从来也未打算如此去做。在所有提及"地球村"之处，都是被作为整个句子的一个不重要的成分而加以使用的。例如，以下表述可以说典型地反映了他是如何使用"地球村"这个词语的："但有一点是肯定的，那就是电磁波的发现已经重新塑造了所有人类事物的同步'场'，从而使人类大家庭存在于'地球村'的状态下"③，或者类似"这是一个地球村的新世界"④。换言之，麦克卢汉从未以"地球村是……"这样的句式来尝试为其下定义。模糊的"地球村"一词在麦克卢汉的表述中充其量是描述性的，而不是规范性的。在其成名作《理解媒介》第一版的序言中，麦克卢汉这样说道："经过三千年专业分工的爆炸性增长以后，经历了由于肢体的技术性延伸而日益加剧的专业化和异化以后，我们这个世界由于戏剧性的逆向变化而收缩变小了。由于电力使地球缩小，我

---

① ［加］埃里克·麦克卢汉，弗兰克·秦格龙编：《麦克卢汉精粹》，何道宽译，南京：南京大学出版社，2000，第 359 页。
② ［加］菲利普·马尔尚：《麦克卢汉——媒介及信使》，何道宽译，北京：中国人民大学出版社，2003，第 169 页。
③ ［加］马歇尔·麦克卢汉：《谷登堡星汉璀璨——印刷文明的诞生》，杨晨光译，北京：北京理工大学出版社，2014，第 97 页。
④ ［加］马歇尔·麦克卢汉：《理解媒介——论人的延伸（增订评注本）》，何道宽译，南京：译林出版社，2011，第 114 页。

们这个地球只不过是一个小小的村落。"①

　　然而，在成为聚光灯下的"明星学者"后，面对读者的质疑，在《理解媒介》再版时，麦克卢汉撰写序言的风格有了某种罕见的转变。正如该书编者戈登（Terrence Gordon）所指出的，麦克卢汉的第二版序言"旨在回应读者对第一版的反应，以澄清各种误解。麦克卢汉欣然让步，用明快的字眼解说读者渴望他阐述的警语诸如'媒介即讯息'，这样的解说不见于他的其他著作中。无疑，他的让步是很不情愿、无可奈何的"②。即便如此，"地球村"的概念仍未获得"解说"和定义。在麦克卢汉看来，每一次清楚地阐释——用简明确切的语言界定某一概念，尤其是"地球村"这类隐喻性的概念——都可能限定了其语言中所暗含的广阔内容。

　　尽管麦克卢汉从未清楚阐释过"地球村"一词的确切含义，从其行文的字里行间中，我们还是可以总结出其"地球村"的一些组成要素。事实上，这些要素也是麦克卢汉本人所坚持的。麦克卢汉如此使用概念的方式显然是受到了其老师理查兹（I. A. Richards）的影响。或者说，他与他的老师一样，都认为词语本身并没有意义或者没有唯一的意义，而是受其特定的语境影响。他们对读者的期望是，面对文本，"如果上下文复杂，读者一边读，一边多多少少下意识地在脑子里摆弄着那些意义。"③ 因此，对于麦克卢汉的"地球村"，我们需要结合其具体的行文来理解，如果脱离其特定的文本而望文生义，就违背了麦克卢汉本人的初衷。

　　需要指出的是，许多学者之所以不加分析地使用、滥用甚至无限扩展麦克卢汉的"地球村"概念，并不是因为他们清楚地了解麦克卢汉所声称的"只探索、不解释"的风格，而是因为他们缺乏必要的学术严谨性，往往是对这个十分畅销的流行语信手拈来，不探究麦克卢汉使用

---

① ［加］马歇尔·麦克卢汉：《理解媒介——论人的延伸（增订评注本）》，何道宽译，南京：译林出版社，2011，第5页。
② ［加］马歇尔·麦克卢汉：《理解媒介——论人的延伸（增订评注本）》，何道宽译，南京：译林出版社，2011，第8页。
③ ［加］菲利普·马尔尚：《麦克卢汉——媒介及信使》，何道宽译，北京：中国人民大学出版社，2003，第37页。

"地球村"的本来含义。其实，当我们认真分析麦克卢汉的"地球村"概念时，就会发现，"地球村"至少包含如下几个要素：时空缩小、深度卷入、即时回应、相互依存、责任意识。

首先，为大多数人所熟知的"地球村"概念是指技术变革所带来的时空规模的缩小。这也是许多学者看到这一词语时首先联想到的，也是他们随意使用这一概念时脑海中所浮现出的想象图景。甚至，生活在当下的人们无须去阅读麦克卢汉的著作，仅凭"地球村"这一语词给人的直观印象，或者通过人们之间的口口相传就能领会这一点，即"地球村"是指时间与空间的大幅缩小。"就我们这颗行星而言，时间差异和空间差异已不复存在。"[1] 麦克卢汉甚至指出，在"地球村"的意涵中，不仅空间规模在量上不断缩小，甚至空间这个维度本身就被废弃了，"许多分析家被电力媒介误导，因为从表面上看他们具有拓展人的空间组织的能力。然而实际上，他们废弃了（abolish）而不是拓展了空间的一维。借助电力媒介，我们到处恢复了面对面的人际关系，仿佛以最小的村落尺度恢复了这种关系。"[2] 不过，关于技术变革的这些表层观念显然不是"地球村"的全部内涵，尽管它是基础性的，尤其在麦克卢汉的观念中，它甚至可能是决定性的。

虽然"地球村"的概念甚为流行，但借用了这一概念的许多学者大都只是在这个最为表象的意义上对待这个语词的。要知道，如果麦克卢汉在提出"地球村"时仅仅停留在这个最为粗浅的层面上，也就根本不可能期望这个概念得到流行。"地球村"的概念还指向了"深度卷入"。技术变革带来的时空缩小让地球上任何两点之间的瞬时连接成为可能，人类被卷入了一场参与运动之中，"在电力时代，我们的中枢神经系统靠技术得到了延伸。它既使我们和全人类密切相关，又使全人类包容于我们身上。我们必然要深度参与自己每一个行动所产生的后果。我们再也不能扮演读书识字的西方人那种超然物外和脱离社会

---

[1] ［加］马歇尔·麦克卢汉：《理解媒介——论人的延伸（增订评注本）》，何道宽译，南京：译林出版社，2011，第4页。

[2] ［加］马歇尔·麦克卢汉：《理解媒介——论人的延伸（增订评注本）》，何道宽译，南京：译林出版社，2011，第288页。

的角色了。"①

同时，这种参与不是单向的，而是双向互动的。这就引出了"地球村"的第三层含义——"即时回应"。"今天，行为及其反应几乎同时发生。事实上，我们似乎生活在神奇的一体化世界中"②，"在口语社会中，社会组成部分的相互依存是在社会总体结构中原因和效果的即时互动的结果。这是一个村庄的特征，或者，由于电子媒介，这也是地球村的特征。"③

进而言之，这种即时回应是以"相互依存"的方式出现的，也就是说，"地球村"的第四个特征就是"相互依存"。麦克卢汉甚至将"相互依存"作为《谷登堡星汉璀璨——印刷文明的诞生》中一节的标题而加以使用。他说："全新的、电子的相互依存关系将整个世界重新构建为一个'地球村'。"④

最后，与深度参与密切关联的是责任意识，"一切社会功能和政治功能都结合起来，以电的速度产生内爆，这就使人的责任意识大大提高"。麦克卢汉为此所举的一个例子就是："正是这一内爆的因素，改变了黑人、少年和其他一些群体的社会地位。从交往得到限制的政治意义上来说，要遏制这些群体已经不再可能。"⑤

可见，要完整地理解"地球村"的概念，上述五个方面都不能缺位。

---

① ［加］马歇尔·麦克卢汉：《理解媒介——论人的延伸（增订评注本）》，何道宽译，南京：译林出版社，2011，第 5 页。所谓电力时代，何道宽指出，麦克卢汉的"电力技术/时代（electric technology/age），相当于现在通用的电子技术/时代……麦氏这本书问世于 1964 年，电子技术/时代尚未通用"。

② ［加］马歇尔·麦克卢汉：《理解媒介——论人的延伸（增订评注本）》，何道宽译，南京：译林出版社，2011，第 5 页。

③ ［加］马歇尔·麦克卢汉：《谷登堡星汉璀璨——印刷文明的诞生》，杨晨光译，北京：北京理工大学出版社，2014，第 85 页。

④ ［加］马歇尔·麦克卢汉：《谷登堡星汉璀璨——印刷文明的诞生》，杨晨光译，北京：北京理工大学出版社，2014，第 97 页。

⑤ ［加］马歇尔·麦克卢汉：《理解媒介——论人的延伸（增订评注本）》，何道宽译，南京：译林出版社，2011，第 5 页。

二、"地球村"并未改变"中心—边缘"结构

细致地看，麦克卢汉"地球村"一词的上述几个方面内涵是层次递进的，有着密切的逻辑关系。尽管麦克卢汉从来不打算用严谨的学术语言去明确表述这种逻辑关系，但我们从他的文字叙述中还是不难窥探到回旋于他脑际的这种逻辑：技术变革带来了交流沟通的便捷，使时空规模大大地缩小了，以至于在这个地球村中没有人可以独立于事外，每一个人都被深度卷入了地球村的生活之中。人们之间的关系也处于一种高度的依存状态，地球村中发生的每一件事都影响着每一个人，从而要求人们必须参与到地球村的生活过程中来。空间规模的缩小又为人们"深度参与"地球村事务提供了技术支持，也使参与行动能够得到即时回应。这样一来，参与本身就意味着责任，即需要对自己的参与行动负责。所以，地球村中的村民应当拥有"责任意识"。然而，地球村的概念中这些内涵非常模糊也非常脆弱，是经不起任何推敲的。

首先，虽然技术革命把人类置于一个地球村之中，但技术变革的效应不会在全球范围内迅速而均匀地扩散开来。技术变革总是首先发生在世界的中心，然后才扩散到边缘。而且，从中心到边缘是有着时滞的。也就是说，技术变革与技术扩散依然是发生在世界"中心—边缘"结构之中的。中心国由于吸收了全世界的创新人才与技能，从而拥有了技术变革的能力，并主导了技术变革的进程。发生在中心国的技术变革又总是服务于利益需要的，中心国总是努力把一切技术变革的成果用之于或转化为利益实现。这样一来，出于利益实现的需要，并不是所有新技术都能够无障碍地快速向边缘国传播。事实情况往往是以相反的形式表现出来的，即中心国在掌握了新技术后，总是严密地控制这些新技术，不愿意也不允许新技术在全球扩散，而是要永远地把边缘国置于技术劣势的地位上，以使边缘国对它的依附不发生改变。以专利为代表的技术垄断就是为了保持中心国的创新领先地位和技术优势地位而设置的，而且已经成为一个非常有效的工具。所以，极力阻碍技术创新与扩散，不仅是中心国防御边缘国追赶它的手段，而且也是中心国牟利的手段。中心

国总是通过售卖或投资次级先进技术去剥削边缘国，通过援助或输送技术及其专家去灌输那些表面利于边缘国实则利于中心国的价值观，而且在技术输出的过程中转嫁环境污染等问题。我们承认，技术变革确如麦克卢汉所说的那样缩小了地球的时空规模，但是，由于地球村中保留了"中心—边缘"结构，中心国的技术垄断妨碍了技术变革成果及时且均匀地在全球扩散。这反而使中心国可以凭借着垄断的新技术实施对边缘国的监视、窥探、剥削和入侵，甚至将新技术用作控制边缘国的更为有力的武器。

第二，对于"地球村"的生活而言，电子技术确实让许多人有了参与的机会，但这仅仅是参与技术的演进，而不是参与体制的变革。在国际社会中，从参与的可能到参与的现实（有多少个边缘国能够实际参与），再到参与的实质（发声并不一定被倾听），复到参与的平等（参与并不等于享有决策权），这之间有着多么大的鸿沟？不用去做出严肃的实证研究也可以给出一个明确的答案。存在于地球村中的世界"中心—边缘"结构决定了中心国总是能够牢牢地把持着国际事务的处置权，边缘国在这个国际秩序中，要么听命于中心国，要么受到中心国的压制、排斥甚至封锁。即便从一国内部的事务来看，时下流行的参与治理理论也受到"中心—边缘"结构的制约，以至于公民的平等参与权变得无法真正实施。在某种意义上，一个国家在民主化的过程中向往的所谓参与在很大程度上只是一个被画出来的馅饼。只要我们的世界存在着"中心—边缘"结构，无论是在国际社会还是一国内部，"参与"都只是一种不切实际的奢望，或者是一种空想，或者是一种神经麻醉剂。所以，在世界的"中心—边缘"结构中，"地球村"无非是被缩小了的剥削和压迫空间，虽然人们之间的相互依存是一个事实，但处于中心地位的国家或人群总是无视人们相互依存的事实，而是利用这个已经大大地缩小了的空间去把人们变得更加不平等，并在这个不平等的落差中进一步地去炫耀控制力量，使剥削和压迫显得非常合理，又比人类历史上的以往任何时候都更为惨烈。

第三，当麦克卢汉说"地球村"里的行为能够收到"即时回应"的效果时，他在脑中浮现的也许是传统村落中的一声呐喊迅即被所有村民听到并迅速得到了回音的景象。"我们到处恢复了面对面的人际关系,仿佛以最小的村落尺度恢复了这种关系。这是一种深刻的关系,它没有职能的分配和权力的委派。有机的东西到处取代了机械的东西,对话代替了单向的讲授。"① 然而,这可能是对现实的又一次误判,或者说,是对一些小事件的过度解读和过分遐想。麦克卢汉举了一个例子来说明这种状况:一群牛津大学的本科生给英国著名诗人约瑟夫·鲁德亚德·吉卜林(Joseph Rudyard Kipling)发送了一份电报,仅仅在几分钟之内,他们就收到了"Thanks"的回电。麦克卢汉对此的解读是,"最显赫的大人物与青年亲切交往"②,他们之间的社会距离消失了。麦克卢汉的著作中充满了此类的小短文或小故事,他似乎是在宣称,自己就是那个能够窥一斑而知全豹的人,而且坚信这些被常人所忽视的小事件终将形成燎原之势。他的许多论断都源于他的这种判断。然而,他没有看到,在世界"中心—边缘"结构中,所谓的"即时回应"的双向对话更多地是以"单向讲授"的形式出现的。关于这一点,加尔通的判断可能要更为真实,那就是,"如果中心一直提供老师,并定义了什么东西才值得被传授(从基督教的信条到科学技术的教义),而边缘一直提供学生,这就形成了一种带有帝国主义味道的情形。处在边缘的卫星国也清楚,鼓励中心来授课并将其视为一种榜样是讨好中心的最好方式,边缘也能从这种虚心求教的策略中得到诸多回报(如果边缘尝试着对中心说教,那么他得到的只会是入侵)。"③

第四,地球村中的所谓"相互依存",所传达的只是一种平等的假象。我们通常说,边缘依附于中心,但在一定程度上,当我们在最广泛的意义上使用"依存"一词时,我们当然也可以说,中心也依赖边缘,正如黑格尔所揭示的"主人"与"奴隶"的辩证法一样。这是因为,没有边缘,中心就缺少了剥削与压榨的对象,中心自然也就不可能获得当

---

① [加]马歇尔·麦克卢汉:《理解媒介——论人的延伸(增订评注本)》,何道宽译,南京:译林出版社,2011,第288—289页。

② [加]马歇尔·麦克卢汉:《理解媒介——论人的延伸(增订评注本)》,何道宽译,南京:译林出版社,2011,第289页。

③ Johan Galtung. A structural theory of imperialism. *Journal of Peace Research*. 1971,8(2). P81—117.

前的地位。其实，中心与边缘本身就是一种辩证关系，没有边缘，也不可能有中心。依附论学派等拉美学者的研究就是要努力证明边缘国的不发达并不是中心国发达的前置条件，而是在中心国发展过程中派生出来的一种现象，即边缘国本身就是中心国发展的产物，"不论过去或现在，造成不发达状态的正是造成经济发达（资本主义本身的发展）的同一个历史进程。"① 因此，中心国与边缘国的生成同属于一个历史进程，都以对方的生成为自己产生的前提，也都以对方的存在为自己的存在的前提。但是，如果据此就简单地声称二者是一种"相互依存"的关系，那显然是在掩盖问题的实质。在世界"中心—边缘"结构中，即使中心与边缘是彼此依存的关系，那也一定是不平等的依存关系，中心处于绝对的强势和优势地位，他们主导着这一结构的现状与未来，而边缘则是被动的，无法就自己的发展主题开展真正独立自主的行动。边缘国的存在与发展都是受制于中心国的，受制于中心国的消费热情、资本输出、贷款、技术"援助"或者军事威胁等等。

最后，麦克卢汉认为，电子时代所造就的"地球村"已经是一个"处处是中心，无处是边缘"的时代了，这其实是一个错误的判断。在没有消除"中心—边缘"结构的情况下，"地球村"只不过是把原先从中心到边缘的广大平缓地带消灭了，从而使中心与边缘间的落差显得更大了。在这种情况下，空谈"责任意识"也是没有任何意义的，反而会成为中心国剥削边缘国的另一个有力武器，而且是打着道德旗号的武器。例如，在大气治理的问题上，中心国要求边缘国减排，承担起所谓的环保责任，却只字不提这类污染产业集聚于边缘国的原因。中心国曾经凭借着现今在边缘国的这些产业实现了经济的飞跃，而今天却将其输出到了边缘国。考虑到这一点，让边缘国去承担大气治理的责任，无疑是在保护环境的名义下限制边缘国的发展，中心国在此过程中又通过环境保护技术的输出等获得了实实在在的利益。因此，即便要在世界"中心—边缘"结构中谈论"责任意识"，也应当更多地去考虑中心国的责任。他们首先应当

---

① ［德］弗兰克：《不发达的发展》，载查尔斯·威尔伯主编：《发达与不发达问题的政治经济学》，高铦等译，北京：中国社会科学出版社，1984，第151页。

承认，正是过去与当前的不平等造成了人类生存环境恶化的局面，并为之负责。只有当中心国为历史以及现实负责，才有可能让"地球村"中的每一个村民都做到对未来负责。可见，高尚的"责任意识"在"中心—边缘"结构中沦落成了法律之外的另一种道德武器，中心国在难以用国际法形塑这个世界时又举起了这一道德的旗帜，占领道德的制高点，并号召各国提高所谓的责任意识，共同承担相应的责任。更为重要的一点是，在世界"中心—边缘"结构中，关于责任的确认、制定、解释与裁判权都被中心国所把持，"地球村"中的其他村民，都是在中心国的强制之下去承担责任的。

总之，从世界"中心—边缘"结构的视角看，麦克卢汉的"地球村"并不是一个人人平等的村落。虽然"世界缩小为一个小小的地球村"，并且这个小村落在表面上让人感受到人们之间的依存性有所增强，也让人们能够都参与到村中事务中来，并在参与中获得责任意识，然而，实际情况并不是这样的。地球村不仅没有抹平世界"中心—边缘"结构，反而使世界"中心—边缘"结构因空间的压缩而积聚起了更大能量，使中心国掌握和控制边缘国的能力倍增。麦克卢汉曾富有诗意地比喻道："文艺复兴时期，首次环绕地球的航海，给人一种拥抱和占有地球的感觉。最近宇航员环绕地球的飞行也是一样，它改变了人对地球的感觉，使之缩小到黄昏漫步时弹丸之地的规模。"[1] 如果拨开覆盖在地球村上的这层薄薄的纱幕，就会看到，真实的历史是，首次环绕地球的航海确实让中心国获得了拥抱和占有地球的感觉，发现了它之外的存在，并将那种存在转化为它的边缘，从而建构起世界的"中心—边缘"结构，也让边缘国因为被践踏和被占有而了解到自己并不是独立于世界之外的。宇航员环绕地球的飞行（1962年）同样如此，尽管其所延伸的技术发展在20世纪80年代以后确实为世界的"去中心化"提供了可能与契机，尽管麦克卢汉"处处是中心，无处是边缘"的感觉也代表了人类的梦想，然而，他在60、70年代所提出的关于"地球村"的判断仍是非常天真的想法。

———————————

[1] ［加］马歇尔·麦克卢汉：《理解媒介——论人的延伸（增订评注本）》，何道宽译，南京：译林出版社，2011，第391页。

遗憾的是，麦克卢汉在 1980 年辞世了，如果他切身经历了而不仅仅是设想了或预测了 20 世纪末至今的全球化，也许他的观点会有所变化，以他"只探索，不解释"的精神，相信会有新的探索和新的观点。

三、 历史快车后视镜中的"地球村"

"部落化—非部落化—重新部落化"是麦克卢汉的又一个重要的表达式，在某种意义上，麦克卢汉的"地球村"是与他的"重新部落化"的观点相重合的。麦克卢汉基于媒介的视野而将人类历史划分为三个时期。在他看来，文字——尤其是拼音文字的出现将传统社会中生动的口语转化成了冷冰冰的视觉符号。文字书写由于突显了人的视觉功能而强化了人的线性思维，从而导致人的整体感官的失衡。其结果是，开启了人类的非部落化进程，而印刷术的出现，又加速了这一非部落化的进程。麦克卢汉认为，电子媒介却能让人类回归感官平衡的部落时代，它不像机械时代的媒介那样，总是延伸人的某一种或某几种器官。电子技术所延伸的是人的整个神经系统，所复归的是人的整体性思维。这也就是重新部落化的进程。

麦克卢汉关于未来的构想都是在批判非部落化/机械时代的基础上展开的，"地球村"概念所包含的一些条目就是服务于此的。麦克卢汉的判断是，在部落化的传统社会中，人类生活于村落的形态之中，人人都能参与到村落事务之中，任何声响都能瞬时收到回音，相互依赖的人们互帮互助，而且村民对于自己的行为负有责任……这是一幅村落之中的美好生活景象，而现代的非部落化的进程摧毁了这一切，时空遭到了爆炸性的扩张，专业化将人类肢解分割成碎片。随着"地球村"的构想得以成型，麦克卢汉认为，我们所要走向的"地球村"，是在时空、参与、回应、依赖与责任等方面的回归，即实现所谓的重新部落化。我们发现，尽管捡拾到了麦克卢汉"地球村"概念的学者都坚称，与传统社会相比，他们所称的未来的回归将是一种更高层次的回归，而在他们的理论建构中却没能反映出这种所谓的"更高层次"。

麦克卢汉曾经批评《西方的没落》的作者斯宾格勒（Oswald Spengler）等人"痴迷于部落的传统，渴望回到集体无意识的昏迷状态"①，声称自己的观点是"这一次重新进入部落生活的夜晚时，却非常清醒，毫无睡意。这就是我们当代人对'无意识'的觉醒"②。然而，他的理论主旨却依然是对传统心向往之。在这一点上，麦克卢汉其实与他所批判的斯宾格勒如出一辙，同样"痴迷于部落的传统"。其实，对传统社会的向往，是许多研究和批判工业社会的学者所秉持的基本心态，他们将这种心态也放置在了自己的学术研究中，尤其是放置在了对未来的理论建构中，希望人类能够重回到传统社会的温情中去。麦克卢汉也未能走出这一思想建构的窠臼，而是不止一次地表达了他对传统社会的这种痴迷，时时处处地表达"全体部落人和谐相处"③的向往，认为"部落世界的城市和家庭，可以被视为言语、神话和人类共同渴望的具体化"④，相信"我们全新的电气文化正是基于部落文化塑造着我们的生活"⑤。

同许多具有批判精神的学者一样，麦克卢汉也对工业社会进行了无情的批判，而且是从媒介这一新的视角出发去展开批判的。例如，他关于轮子、道路、纸张、文字、印刷术等介质所造成的"专门化的、分割肢解的"社会的批判，都是不循学术或理论批判旧章的做法。事实上，这也产生了让人耳目一新的感受。但是，在构想未来时，麦克卢汉亦如其他学者一样，习惯性地经常回头张望。究其原因，一方面，他们对工业社会的分析批判都是基于同农业社会的比较中得来的，以至于在构想未来的社会模样时，由于缺乏真正的想象力而诉诸过去的传统。我们认为，如果希望去理清工业社会的弊端，去对农业社会与

---

① ［加］马歇尔·麦克卢汉：《理解媒介——论人的延伸（增订评注本）》，何道宽译，南京：译林出版社，2011，第 132 页。
② ［加］马歇尔·麦克卢汉：《理解媒介——论人的延伸（增订评注本）》，何道宽译，南京：译林出版社，2011，第 51 页。
③ ［加］埃里克·麦克卢汉，弗兰克·秦格龙编：《麦克卢汉精粹》，何道宽译，南京：南京大学出版社，2000，第 364 页。
④ ［加］马歇尔·麦克卢汉：《理解媒介——论人的延伸（增订评注本）》，何道宽译，南京：译林出版社，2011，第 145 页。
⑤ ［加］马歇尔·麦克卢汉：《谷登堡星汉璀璨——印刷文明的诞生》，杨晨光译，北京：北京理工大学出版社，2014，第 98 页。

工业社会进行历史比较，显然是一种有效的分析方法，因为它可以使我们更加清晰地看到工业社会的基本特征。不过，这应当仅仅是出于批判现实的需要，绝不意味着在描绘未来社会的图景时需要回归于传统。我们需要认识到的是，批判与建构所遵循的方法应当有着本质上的不同。

另一方面，对未来的设计总是缺乏现实的可资借鉴的模板，以至于他们不得不求助于传统。而且，不是以传统为参照，而是直接地按照传统去进行构想，错误地把传统作为"蓝本"，有的时候甚至是直接地复制这个"蓝本"。换言之，许多学者之所以要回归传统，是因为这些传统在历史上确实发生过和存在过，他们需要借助这种切实的、看得见的、摸得着的（事实上，他们也从未真正触及历史，只是道听途说罢了）实体来设计未来的蓝图。他们好比是普通的建筑设计师，只有看着既有的建筑才能绘制出新的图纸，并根据这些图纸去建设未来。没有既有建筑的辅助，他们会觉得无所适从。这在本质上是缺乏想象力的表现。考虑到麦克卢汉等"地球村"的向往者们都是如此，更不用说那些有着沉重传统包袱的国家了。在这些国家中，学者们甚至会因为传统包袱的沉重而不敢提出回归传统的思想，而往往是直接地要求按照传统去行动和生活。

对于工业社会的批判总是走向对农业社会传统的迷恋，这似乎是一个"魔咒"。在工业化、城市化的脚步甫一举起时，空想社会主义就是要在对农业社会的诗意憧憬中去描绘一种理想的社会形态。随着工业社会的向前迈进，每一个具体的时代中都有着基于历史进步新成果的回顾性描绘。事实上，这些迷恋传统的学者总是与过去保持着一种剪不断、理还乱的复杂关系。他们一方面去传统中寻找自己的设计灵感，而另一方面，对于自己的每一次灵光闪现，又都要到传统中寻根溯源，并兴奋地宣称，这种观念是可行的、早已存在了，或者辩称，传统佐证了他的观点。对此作出了最为清晰注解的就是麦克卢汉如下的表述："部落世界的城市和家庭，可以被视为言语、神话和人类共同渴望的具体化。即使在我们当前的电力时代，许多人也渴望这一无所不包的策略，为自己分离的存在谋求意义。"① 当他们不断地回顾传统时，又总会"惊异"地发现，原来传统的那个世界就是我的心之所向、神之所往，是"人类共同渴望的具体化"。所以，我们在近代以来的这部理论建构史中，总是看到，愈是批判现实的人，愈发向往农业社会的生活以及社会形态。这是因为，他们愈是深刻地认识到了工业社会对人的分割肢解，就愈发要求在传统中"为自己分离的存在谋求意义"。"地球村"的概念本身就是要将正在逐渐缩小的"地球"放置到传统社会的"村落"中去，以为地球缩小成为一个村落后就会复现村落中的一切。

麦克卢汉自己并不回避他对传统的迷恋，甚至用"后视镜"去比喻他的这种迷恋。他说："我们透过后视镜看现在。我们倒退着步入未来……我们面对一种全新的情况，我们往往依恋……不久前的客体。"② 莱文森据此指出，麦克卢汉的"地球村观念本身当然也是一面后视镜。换言之，他参照过去的村落，去求解电子媒介的新世界（村落比城市古老，因而是遥远的过去，而不是'晚近'的过去。他认为遥远的过去是后视镜的首要地盘和领地……）"③。可见，麦克卢汉不仅将这种回顾传统的做法上升为自己的一种认识和分析方法，更是将传统视为自己的梦想所在，以及为梦而行的出发地。然而，借用麦克卢汉的"后视镜"比喻，我们所看到的则是，回顾传统的做法存在着其固有的难以克服的缺陷。正如"后视镜"也存在盲区一样，我们不可能透过它看到传统的全貌。正如我们只会在变道时通过后视镜来确定安全一样，迷恋传统的学者事实上也只是在需要的时候才利用传统去佐证自己的观点。这种有选择性的观察显然只是根据自身的理论叙述需要而对传统的裁剪。今天，为了弥补普通后视镜的盲区问题，广角后视镜或大视野后视镜得到了普遍应用。然而，这种后视镜中的成像却是扭曲变形的。同样的，由于我们不可能回到过去而进行亲身体验，透过后视镜看到的也只是扭曲变形的影像而

---

① ［加］马歇尔·麦克卢汉：《理解媒介——论人的延伸（增订评注本）》，何道宽译，南京：译林出版社，2011，第145页。
② 转引自［美］保罗·莱文森：《数字麦克卢汉——信息化新纪元指南》，何道宽译，北京：社会科学文献出版社，2001，第247页。
③ ［美］保罗·莱文森：《数字麦克卢汉——信息化新纪元指南》，何道宽译，北京：社会科学文献出版社，2001，第249页。

已。这就是许多概念被学者们误用滥用的原因。因为他们往往是透过后视镜去进行观察和行动，镜中扭曲的影像让他们误以为这些概念（例如民主、公共行政、全球化等）在遥远的古老传统中就早已存在了。因此，后视镜中的影像永远只是辅助物，它绝不是我们正在走向的未来。如果说人们只有在倒车的时候才会重点依靠后视镜的话，当我们对后视镜中的影像过于关注时，其实也就是在开历史的倒车了。

我们看到，麦克卢汉在 20 世纪 60、70 年代也受到过"中心—边缘"概念的吸引，并富于洞见地指出："直到不久前，我们的制度和安排，包括社会的、政治的、经济的制度和安排，都只是一个单向的模式。……沉迷于老式的、机械的、由中心向边缘扩展的单向模式，再也不适合我们当今的世界。电的作用不是集中化（centralize），而是非集中化（decentralize）。"① 当然，对于一个喜欢借用概念和善于创造概念的学者来说，麦克卢汉关注"中心—边缘"这一语词倒也不显得奇怪。可惜的是，这一语词——同其他语词一道——也未能逃脱厄运，在麦克卢汉的笔下，也遭遇了滥用。因为，他同样使用"中心—边缘"的概念去描述罗马帝国、拜占庭帝国等帝国时期的历史，以至于"中心—边缘"——如同其他语词一样——在麦克卢汉的笔下再次失去了历史感，成了一种跨越所有历史阶段的无所不能的认识视角和分析手段。

从麦克卢汉留下的著作中，我们可以看到，他总是幻想通过这种滥用语词的手法去打通历史，其结果却恰恰是破坏了历史。在麦克卢汉的后视镜中，人类的整个历史被纳入了"中心—边缘"的框架之中，以至于他并没有理解"中心—边缘"是在工业社会的平面中才出现的世界结构，而前近代的所有社会都是一种立体状态，是不可能生成"中心—边缘"结构的。既然认识不到这一点，麦克卢汉也就无法实现对工业社会更为深入的批判，也就不可能找到终结"中心—边缘"结构的出路。尽管麦克卢汉也认为，在"中心—边缘"单向结构终结之后应当出现一个"处处是中心，无处是边缘"的互动世界，但他显然过分低估了世界的

---

① ［加］马歇尔·麦克卢汉：《理解媒介——论人的延伸（增订评注本）》，何道宽译，南京：译林出版社，2011，第 51 页。

"中心—边缘"结构的坚固程度，或者说，低估了这一结构里中心者的能力。所以，他错误地认为我们可以瞬间实现这种从"中心—边缘"到"无中心"的转化，而新媒介就能够促成这一瞬间的内爆。"我们专门化的、分割肢解的'中心—边缘'结构的文明，突然又将其机械化的碎片重新组合成一个有机的整体，而且这一重组又是瞬间完成的。这是一个地球村的新世界"①，至于这种描述在历史的实际进程中具有多大的实现可能性，麦克卢汉显然未作认真的思考。其实，"去中心化"的任务将是艰巨的，错误估计这一困难的程度显然不利于我们去完成这项任务。在这一问题上，"地球村"的概念并不能抹平世界的"中心—边缘"结构，甚至无助于我们打破世界的"中心—边缘"结构。

在 20 世纪中，麦克卢汉是一位毁誉参半的传奇学者，他所提出的"地球村"概念为他赢得了荣誉，而且，在全球化的进程中，越来越多的人喜欢把这个概念当作一个流行词语来使用。但是，当我们习惯于谈论"地球村"和使用"地球村"这个概念时，需要看到它背后依然包含着一个世界"中心—边缘"结构。如果我们仅仅看到地球村的生成而没有看到其背后的"中心—边缘"结构被加强的事实，就可能对全球化这场伟大运动作出错误的判断，就可能使人类走向后工业社会的进程变得曲折。在某种意义上，我们认为，"地球村"只是全球化进程呈现给我们的一个历史表象，在其背后，包含着更加繁重的否定工业社会的任务。其中，终结工业社会发展进程中所造就的世界"中心—边缘"结构就是首当其冲的一项任务。

第二节　"外包"能否碾平世界

《世界是平的》作者弗里德曼从全球跨国外包中解读出一个"平的世界"正在出现，认为外包引发了一场革命，而且这不仅是一场经济革命，

---

① ［加］马歇尔·麦克卢汉：《理解媒介——论人的延伸（增订评注本）》，何道宽译，南京：译林出版社，2011，第 114 页。

也是一场社会革命，是造就全球性自由和平等的重大革命。其实，在当今世界的"中心—边缘"结构中，外包只不过是资本主义世界化的一种新的表现形式，只是将一国内部的专业化、分工、比较优势论、竞争—协作等等这些工业社会的逻辑推广到了国际范围。事实上，跨国外包不仅是基于国际分工的一种利益分配机制，也是中心国以边缘国作为缓冲垫而实施的一种转嫁危机和应对危机的机制。就其本质而言，外包所包含的仍是中心国对边缘国的压迫和剥削，毫无平等可言，并不是——也不可能是"碾平世界的动力"。外包所代表的国际分工新形式不仅没有带来平的世界，反而巩固了世界的"中心—边缘"结构。所以，外包并不意味着中心国与边缘国的合作，而是中心国实施对边缘国奴役的新形式。

一、"外包"只是分工范围的扩大

托马斯·弗里德曼（Thomas Friedman）的《世界是平的——21世纪简史》一书所议论的是一个"全球化"议题，本书问世后引起了激烈的反响。一方面，它所包含的观点影响了大批商业精英甚至一些国家政要；另一方面，它也受到了来自各个方面的批评。一些人认为这是一本观点肤浅的、充满偏见的、由一个个小故事拼凑起来的故事书，甚至也有一些人把矛头直指作者，认为弗里德曼是一个崇尚资本主义和自由主义的满身铜臭气的作者。但是，我们必须承认，《世界是平的》是一本引起了广泛关注的著作，正是它的出现，引发了一波重新认识我们所生活的这个世界的新思潮。单就这本书引来的《世界是弯的》[①]、《世界是尖的》[②]、《世界是平的吗？》[③] 等针锋相对的著作来看，就应当对弗里德曼

① Smick，David M. *The world is curved：Hidden dangers to the global economy*. Penguin，2008. 中译本：［美］戴维·斯密克：《世界是弯的：全球经济潜在的危机》，陈勇译，北京：中信出版社，2009。
② Florida，Richard. The World is Spiky. *The Atlantic Monthly*. 2005，296（3）.
③ Aronica，Ronald，and Mtetwa Ramdoo. *The world is flat？：A critical analysis of New York Times bestseller by Thomas Friedman*. Tampa，FL：Meghan-Kiffer，2006. 中译本：［美］罗纳尔多·阿罗尼卡、姆特瓦·罗杜：《世界是平的吗？——与弗里德曼〈世界是平的〉针锋相对的观点》，惠新华、龚艺蕾译，北京：群言出版社，2006。

的功绩给予很高的评价。但是，我们也应看到，批评者只把火力集中到了弗里德曼及其著作上来，却没有对他及其著作所代表的那种极其流行而又极端错误的观念作出深度分析。

世界是个什么样子？对这个问题的回答肯定包含着一种世界观。在世界观的问题上，人类已经走出了争论"世界是物质的"还是"世界是精神的"那个时代，而是学会了通过对系统化的知识体系的分析来作出判断。"世界是平的"显然也是要展示给我们一种世界观。但是，这个世界观是由什么样的知识体系构成的？就是一个需要通过对其所包含的知识体系的分析来加以把握的问题。弗里德曼声言，就像当年哥伦布发现"地球是圆的"一样，他发现了"世界是平的"，并罗列了碾平世界的十大动力。其中，在他看来，科学技术与商业模式是把地球碾平的基本力量。于此之中，弗里德曼尤其推崇的是商业外包，认为商业外包"创造了一个可以将知识工作和知识资本自由传送的平台。这一平台可以将各种工作任务分解、分配、生产并最后组合到一起。这给我们的工作，尤其是那些依赖智力的工作，带来了崭新的自由"[①]。

在近代以来的市场经济发展中，随着社会化大生产的分工模式逐步健全，专业化的组织通过外包的形式将部分业务委派给其他公司是一种非常流行的专业化模式，而且也已经有了较长的历史。弗里德曼对外包这一专业化生产或服务模式则给予了新的解读，认为一些国家的公司将部分工作任务委托给其他国家的公司的跨国外包是当今世界的一项"重大变革"，这种外包创造了一种前所未有的自由平台。在此意义上，他声称世界已经变成平的了。的确，在今天的世界上，我们随处都可以看到外包这一商业形式，无论是在国际还是国内，各种公司企业组织都努力借助外包的方式去提高生产率和拓展市场。在外包的驱动下出现的"离岸经营""全球供应链""内包"（弗里德曼语）等商业模式又反过来促进了全球范围内的国际分工，增强了专业化的水平。但是，所有这些，都是根源于市场经济的逻辑的，都是工业社会发展中既合乎逻辑也合乎历

---

① ［美］托马斯·弗里德曼：《世界是平的——21世纪简史》（3.0版），何帆等译，长沙：湖南科学技术出版社，2008，第6页。

史的正常现象，丝毫不具有革命的意义。

我们知道，工业化进程也伴随着资本主义世界化，除了通过武力征服进行海外殖民和开拓海外市场外，商业活动也是资本主义世界化的一个基本途径。在商业活动中，生产经营的专业化本来就包含着外包的逻辑，只不过这一逻辑在 20 世纪被更加充分地展示了出来而已。也就是说，根源于分工和专业化的外包跨越了国界，被推进到了世界范围。资本主义世界化的历史，就其形式而言，就是世界性分工协作的历史；就其结果而言，则是确立世界"中心—边缘"结构的进程。如果说局限于一国内部的分工和专业化没有把一个国家变成平的国家，那么国际层面的分工和专业化也不可能造就一个全球性的平的世界。事实上，率先发展起来的资本主义国家内部就存在着贫富差距，虽然有了政治上的平等人权设定，但在现实的社会生活中，人们之间的不平等却是一个事实，率先发展起来的资本主义国家内部从来都不是一个平的世界。现在，即使分工和专业化跨越了国家边界，也不可能成为碾平世界的动力。这是由资本主义的内在逻辑决定的，资本主义世界化不仅没有造就出一个平的世界，反而把全球都结构化到了世界"中心—边缘"结构之中，形成了由中心国与边缘国所构成的世界格局。

当然，在资本主义世界化运动初期，中心国与边缘国之间所存在的是加工制造业与原材料供给之间的分工；后来，随着金融资本在市场经济中的作用的不断增强，中心国通过直接或间接的在边缘国进行投资来掘取利润；再后来，中心国将部分技术含量低、高污染、高消耗和低附加值的工作"外包"（倒不如说是"丢弃"）给了边缘国家。这就是跨国外包的生成路径。弗里德曼所津津乐道的外包无非是一种特殊的专业分工，是中心国设计和主导的一种分工形式。然而，他却无视中心国在外包低端产业时一直把持着高端产业，而是声称这种外包创造了一种前所未有的自由平台。实际上，这其中毫无自由可言。真正的自由平等应当是一国有权决定采用或不采用某种形式的产业或工作任务，而在既有的"中心—边缘"结构中，边缘国显然没有这种能力，他们不得不被动地接受中心国安排的这种国际劳动分工。在这种情况下，就其结果来看，无论边缘国取得了发展（往往是有限的和短暂的发展）还是遭受了衰落

（有时却是全面的、长久的衰退），都只是中心国所主导的不平等经济体系的一种反映，而不是边缘国自主努力的结果。

一个最为简单的例证就是，边缘国不可能决定外包的形式与内容，不可能决定本国从事外包工作的人员的工资待遇、工作时间、工作流程。所有这些，都是由中心国的公司所决定的。正是来自中心国的企业、公司等，将承担外包工作的人员培训成他们所希望的那样：尽可能地道的英文、标准化的操作流程，除此之外，还要施以严苛的绩效考核体系等等。中心国的公司希望：在工作方面，国外的承包人员能与本国劳动者同样出色，甚至更加出色，而在待遇方面，他们只需支付相当低廉的工资。这种外包何来平等和自由？事实上，也正如"外包"（outsource）一词所显示的那样，这个概念本身就与平等自由存在着天然的对立，他明显地划分出了自我与他者和中心与边缘。中心根据自己的需要分解工作，并将非核心工作"外包"给边缘地区的人来承担。其中，包含着中心对边缘的单向压迫和剥削。因而，根本不可能带来平等。

弗里德曼极力证明外包造就了一个平的世界，但他又声称自己是"比较优势论"的信奉者，宣称自己是"基于比较优势的自由贸易理论"来看世界的。弗里德曼不止一次地高调宣称自己是"一个笃信自由贸易的美国人"，是"李嘉图理论的信徒"，甚至一再地呼喊"李嘉图是对的，李嘉图是对的，李嘉图是对的"[1]。的确，比较优势论为跨国外包提供了理论支撑，"如果每个国家专门生产自己具有比较优势的产品，然后用各自的产品进行交换，贸易双方都会从这种交换中获得好处，各国总体的国民收入水平都会提高。所以，如果这些印度的科技人才所做的工作发挥了他们的比较优势，他们会用其收入购买美国具有比较优势的产品——从康宁公司的玻璃到微软视窗操作系统——即使有些印度人和美国人在这个过程中要经历工作的调整。但两个国家都从整体上受益，最近几年印美贸易的巨额增长可以证实这种来自贸易的收益。"[2]

---

[1] ［美］托马斯·弗里德曼：《世界是平的——21世纪简史》（3.0版），何帆等译，长沙：湖南科学技术出版社，2008，第205—207页。

[2] ［美］托马斯·弗里德曼：《世界是平的——21世纪简史》（3.0版），何帆等译，长沙：湖南科学技术出版社，2008，第206页。

　　应当承认，在资本主义世界化的过程中形成的这个世界中，以比较优势论为代表的经济理论已经在中心国成功的全球教育和价值输出中深深地植入了边缘国的每个人的头脑之中，以至于来自中心国的跨国外包可以畅行无碍地在全球推行。因此，边缘国的人们不仅轻易地接受了这种劳动分工，甚至为此而欢欣鼓舞，表现出一种乐意为之的状况。《世界是平的》中的主人公——印度商人拉奥（Jaithirth Rao）——为自己能够成为美国财务工作的承包商而感到兴奋，并为自己终于找到了自己的价值增值所在而深感自豪。也就是说，那些能够获取承包项目的人们深信，他们这样就可以在全球分工中找到自己的位置，并为此而激动不已，认为这就是他们活着的价值所在。在某种意义上，这就是比较优势论的功能所在，它成功地做了知识麻痹的工作，并在现实中切实地发挥了作用，使边缘国不仅接受而且渴望来自中心国的外包项目。

　　在世界的"中心—边缘"结构中，中心国为了掩饰其对边缘国的剥削，必然要用一种理论让边缘国相信它在外包的过程中可以受益。所以，中心国总是千方百计地粉饰比较优势论，向边缘国一一列举外包所能带来的各种利益。弗里德曼就努力用各个"故事"去证明外包带来的自由、平等和共赢的和谐场景，试图把中心与边缘之间的不平等完全掩盖下来。弗里德曼说道，早期，受过良好教育的印度人只有挤进美国社会才能获得不错的工作和生活；而今天，"在这个平坦的世界里，他们可以留在印度，拿到在当地来看相当丰厚的薪水，并且不必远离自己的家庭、朋友和亲人，也不必去适应新的文化和饮食。"[①] 可见，中心国俨然把外包的分工模式当作一种商品向全球推销，他们赞美潜在的消费者（"你们完全可以胜任这项承包工作"），吹嘘商品的效用（"承包对你们有百利而无一害"），目的就是要将边缘国的成员直接纳入世界的"中心—边缘"结构之中。这是在比较优势论的理论逻辑中发展出来的新做法，也更加证实了比较优势论，从而让边缘国相信它在承包来自中心国的外包项目时展现了自己的优势，获得了那份凭着自己的优势而应得的利益，更加相

----

① ［美］托马斯·弗里德曼：《世界是平的——21世纪简史》（3.0 版），何帆等译，长沙：湖南科学技术出版社，2008，第 24 页。

信比较优势论给他们带来了实惠。边缘国的成员不仅在看到自己的所谓比较优势时显得自信，而且相信因为自己的比较优势而使世界显现出了平的特征。

的确，在外包到来之前，边缘国中的边缘者处于失业状态，处于被边缘化甚至被遗忘的状态，而外包给他们带来了工作和"可观"的收入，受到了赞美和尊重，能够接受培训，而且可以参与全球性生产分工。对于这些生活在边缘的人们而言，外包使他们满足了生理需求、安全需求、情感需求、尊重需求和自我实现需求，因而热烈欢迎这种新的国际分工。这就是全球性外包受到欢迎的原因所在。但是，我们也必须看到，以外包为标志的新的劳动分工依然是一种分工，只不过它的范围从地区性市场扩展到了国际范围，即扩展到了全球市场。这种范围的扩大并不意味着分工的性质发生了改变，中心国与边缘国间的不平等也没有因此而出现变化，更不可能通过这种分工消除不平等。如果无法触动世界的"中心—边缘"结构的话，边缘国在这种外包之中的受益其实只是一种假象，一旦产业结构和技术需求发生了变化，在边缘国之间的竞争激化的条件下，曾经拥有的比较优势就会完全消失，立马就会陷入大量失业的困境之中，甚至会导致整个社会的全面危机。在此过程中，中心国则可以携带着所获得的利润而逍遥观望。所以，当弗里德曼说外包是"碾平世界的动力"时，其实是夸大其词的，甚至是一种欺骗。

二、"中心—边缘"结构中的"外包"

20 世纪后期开始流行起来的国际外包是在世界"中心—边缘"结构中展开的。如果说世界的"中心—边缘"结构在此前所具有的利益分配功能主要反映在国际贸易、移民、财富转移等方面，即通过国际贸易、移民、财富转移等方式使财富从边缘国向中心国流动，那么外包则开启了一个新的利益分配机制，可以让中心国在外包的名义下明目张胆地剥削和掠夺边缘国创造的剩余价值，而且这种占有剩余价值的方式也更加直接。其实，除了外包（在弗里德曼眼中，外包只是"碾平世界"的几大动力之一），还有离岸经营、全球供应链等商业模式，都可以在世界

"中心—边缘"结构中让中心国将劳动密集型的、高消耗、高污染、低附加值的产业转移到边缘国，将这些产业的负效应尽可能地留在边缘国，而将绝大部分的剩余收归中心国所有。表面看来，这种国际利益分配机制似乎表明：中心国所得剩余是由"看不见的手"决定的，是市场经济自然分配的结果，而不是中心国的剥削和掠夺。正是这种幻象，让边缘国在承受了剥削的时候还感到自己是最大的受益方，从而对外包持有非常积极的欢迎态度。

由此可见，新古典主义经济理论为中心国对边缘国的剥削提供了正当性证明。正是这一经济理论中的"价值增值""比较优势""专业分工"等，为世界"中心—边缘"结构中剥削的合理性作了非常有效的辩护，从而让人们相信，只要每个人（国家）都将精力花费在你最擅长的方面，就能获得你应得的利益。那些处在边缘的人们（个人、企业或国家甚至种族），虽然不能够从事创造性的工作，但有着自己的体力和简单劳动能力，在接受低端工作的过程中也同样能够获得自己的那份收益。

事实并非如此，或者说，外包并不仅仅包含着这么简单的逻辑。因为，外包经营活动是在"中心—边缘"结构中进行的，一旦我们把世界的"中心—边缘"结构因素引入对外包的考察中来，就会发现，外包的过程存在着严重的不平等。如果比较同一劳动在中心国与边缘国所取得的报酬的话，其性质立马就变得非常清楚了。我们看到，路透社首席执行官汤姆·格洛瑟（Tom Glocer）对弗里德曼说道，"这些雇员（班加罗尔的记者）都有会计专业的背景并且接受过路透社的培训，但是他们的工资水平、福利和休假完全和当地标准一样"，"你会发现班加罗尔的工作质量和在伦敦、纽约没什么两样。唯一的区别是，班加罗尔的租金和工资支出是在西方国家的 1/5"，"我想我们能够把低端的报道放在世界上其他地方，做得更有效率"。如此一来，"这会使得路透社乐意保留下来的那些记者更加注重高附加值的深度报道，也有利于他们实现自身的价值。"[①]

---

① ［美］托马斯·弗里德曼：《世界是平的——21世纪简史》（3.0 版），何帆等译，长沙：湖南科学技术出版社，2008，第 15—16 页。

正如马克斯·韦伯在《新教伦理与资本主义精神》中所阐述的那样，资本主义将追逐资本利润和以此为目的的活动视为职责所在。所以，将低端工作外包给边缘国的逐利行为也被中心国和边缘国视为合理的，甚至被宣扬为一种商业创新。中心国毫不避讳地直言道，这种外包低端工作就是为了压缩成本以获取更大的利润。当中心国公开谈论"印度工资水平低"时，他们将边缘国的工资水平当作一个与自己毫无干系的客观事实，并利用这种事实为自己牟利，全然不去考虑造成这种工资水平低的真正原因。更为关键的是，这种"资本主义精神"已然被边缘国所接受，以至于他们从来也不会对这一新的分工形式产生怀疑。总之，当作为分配机制的"中心—边缘"结构深入人心后，中心不仅扬言外包等机制对边缘国有利，对最终产品有利，对消费者有利，也从不避讳谈论这些机制对自己的有利之处，似乎于外包之中的剥削和掠夺都是理所当然的。至于那些承担外包的所谓"代工企业"是不是血汗工厂，则不在它们的视线之中。即便那些"人权"观察者，也对此视而不见。在人权组织对边缘国所有人权问题的批评和谴责中，从来也未见过涉及"代工企业"的人权记录。

世界"中心—边缘"结构不仅包含着一种利益分配机制，而且还包含着中心国向边缘国转嫁危机和利用边缘国应对危机的机制。一般说来，中心国会将围绕在其周围的边缘国当作缓冲垫来抵挡外界危机的冲击力。也就是说，在出现危机的时候，边缘国往往成为中心国不受危机困扰的缓冲带。面对危机，边缘国就像吸水海绵一样将危机的冲击力吸收掉，从而使中心国则得到了保护。正是由于这一原因，中心国总是不遗余力地吸纳外围国家并将其转化为边缘国。对于中心国而言，有着一组围绕着它的边缘国是有着诸多益处的。一方面，中心国可以通过"中心—边缘"结构对边缘国进行"合法地"剥削。世界"中心—边缘"结构中的利益分配机制决定了，围绕某一中心国的边缘国数量越多，中心国可以剥削的对象也就越多。相应地，它获取边缘国生产的剩余也就越多。另一方面，世界"中心—边缘"结构中的危机应对机制也可以使中心国实现危机的合理应对。在"中心—边缘"结构中，边缘国承担了屏蔽、淡化甚至化解危机的职能。如果危机是产生于中心国的话，边缘国还可以成为中心国转嫁危机的地方。在此意义上，围绕某一中心国的边缘国数量越多，也就能够形成越完整的对中心国的保护网，使中心国不再遭受危机之苦。

对外包的考察可以看到，它不仅使中心国的资本收益突破了区域市场的诸多瓶颈，而且成为中心国实施危机转移的一项重要策略。在一个区域性的市场中，无论是竞争还是垄断，都会导致某些难以化解的危机。外包活动使危机有了出口，即可以通过外包而把危机转移到边缘国去。比如，中心国一度遭遇了环境污染的危机困扰，随着外包活动的广泛开展，环境污染的危机被有效地转移到了边缘国。从西方科技公司业务外包的案例中也可以看到，它们开始开展外包活动时正陷入世纪之交"千年虫"危机的恐慌之中。此时，这些公司意识到，那些低端业务"不能让西方公司具备很强的竞争优势"，所以他们"特别希望能把这项工作以尽可能低的费用外包出去。他们说，'我们只是想安然度过该死的2000 年!"[①]。

的确，外包的动力正是来自危机，几乎每一项外包活动的开展都是中心国的公司在面临危机时而作出的选择。它们通过外包而把边缘国拉进来，从而化解危机。在这一过程中，所有的危机因素都转移到了边缘国，让边缘国去代它承担。这时，边缘国既承担了转嫁过来的危机，又同时为它提供了大量的剩余价值。中心国在外包中所获得的益处还不只是剩余价值和转移危机，在将非核心工作外包到边缘国的过程中，中心国有了更多的精力去汇聚精英人才和致力于那些具有创造性的核心工作，从而使中心国能够持续地保持在世界"中心—边缘"结构中的优势地位。

此外，外包也是中心国在经济危机面前有效解决裁员难题的良好策略，或者说，它至少为中心国解决裁员问题开拓了可以闪转腾挪的空间。我们不难想象，如果所有工作都留在中心国，危机来临时，由于中心国的法律规定和工会的强大组织力，中心国公司就会面临巨大的裁员压力。法律和道德的双重压力甚至可以让一个企业陷入毁灭的境地。但是，如

---

① ［美］托马斯·弗里德曼:《世界是平的——21 世纪简史》(3.0 版)，何帆等译，长沙:湖南科学技术出版社，2008，第 103 页。

果将非核心工作外包到边缘国，这一难题就迎刃而解了。由于中心国的精英所承担的是核心工作，他们在经济危机中就能理直气壮地免受被裁员的危险，中心国也不会再被是否裁掉本国员工的问题所困扰。另一方面，在中心国出现就业压力的时候，那些被外包的业务则可以随时收回，以保证中心国自身的充分就业。

当然，这还只是一个理论上的推断，从外包兴起至今的实践来看，一般说来，中心国的企业往往是把外包项目从一个国家转移到另一个国家，而不是直接地收回到自己的国家中来。即便如此，中心国的政府也可以通过各种各样的调节手段迫使企业把这些外包项目收回到国内来。相比之下，边缘国的外包业务承担者就只能任由中心国公司宰制了。中心国公司可以对其大幅裁员甚至将边缘国的承包商作为一个整体踢出公司的业务链。在此过程中，中心国公司只需承担少量的遣散费用就能解决问题。在中心国公司这样做的时候，无须为了失去某一个承包商而担忧，待经济形势好转后，还会有许许多多个边缘国的公司急切地想成为其业务链条上的一环。同样的事情如果发生在中心国内的边缘群体身上，中心国的公司就会陷入无休止的法律诉讼和纠纷之中，也可能因此陷入政治斗争的漩涡之中。边缘国的外包承担者就不会如此。在边缘国这里，面临裁员，由于工会缺乏组织力，也由于本国法律和国际法律没有给予边缘国民以足够的保障，他们是不可能像中心国的同行那样维护自己的权益的。特别是对于边缘国的所谓"农民工"而言，收拾行囊返回老家也就结束了。

电影《外包》（outsourced，国内译为"世界是平的"）的故事结尾给我们展示了这样一种危机应对机制：当美国公司发现电话服务在中国比在印度的成本更低时，立即决定抛弃外包到印度的电话服务中心，转而将其迁至中国，而这一决定的代价只是为印度当地的员工额外支付一个月的工资。然而，影片却在这一结尾中营造了一个极其欢乐的气氛。影片声称，这一举动由于再一次压缩了成本而对美国公司是有利的。与此同时，对印度当地的员工也是有利而无害的。他们为此给出的理由是，印度员工已经接受了良好的培训，即使被这家国际公司炒掉，也会在短短的一周之内被驻扎在印度的其他国际公司争相雇佣，承担起他们的外包业务。用一周的更换工作时间换来了一个月的额外报酬，何乐而不为？所以，影片中的印度员工在得知这一消息后异常兴奋。这就是那些高傲的中心国学者为全世界描绘出的一幅中心国与边缘国的双赢图景，也是他们为边缘国描绘的一幅"在平时收获比较优势、在危机时也能获得好处"的美好幻境，这显然也是弗里德曼本人的观点。暂且不论这一欢乐场景在现实中是否属实，有一点却被无可置疑地证实了，那就是，在由中心国主导的世界"中心—边缘"结构中，边缘国的承包商、代工企业和人民都是可以任意驱使和任意宰杀的羔羊。外包的主动权完全掌握在中心国那里，剥削、掠夺、转嫁危机直至最后被遗弃，等等，都是由中心国及其企业根据自己的利益实现状况而决定的。

外包是资本主义剥削体制在国际范围内的展开，又发挥了粉饰资本主义剥削体制的作用，使资本主义的剥削看起来不再像早期那样通过"血"与"火"去开辟道路，而是具有了"文明"的面目。如果说早期的资本主义世界化过程是通过武力征服而开拓海外市场、进行海外殖民的话，那么外包的确显得文明多了。但是，这种文明却是在资本主义世界化所建构起来的世界"中心—边缘"结构中呈现出来的，在性质上，与资本主义世界化过程中的开拓海外市场和进行海外殖民是相同的。

当然，外包依然可以被看作一种剥削技术的创新，而且带来了剥削体制的变化。在外包之前，世界"中心—边缘"结构中的资本主义剥削体制的演进经历了两个阶段，第一阶段是通过武力的方式直接地掠夺边缘国的财富；第二阶段是通过国际贸易、贿赂边缘国政府、技术转移等多样化的手段去掠夺边缘国的财富。随着外包的兴起，边缘国的承包商成了中心国企业的组成部分。虽然分别处在中心国和边缘国的不同国家，却可以同属一个企业，因而，也就可以在企业内部的名义上直接进行剥削（当然，他们说这是利润分配，而不是剥削）。但是，在此过程中，实际上是把边缘国的财富掠夺到中心国去。边缘国的承包商之所以乐意于帮助中心国去剥削自己的同胞，是因为中心国的公司能够为他们提供"稳定"的订单、"丰厚"的工资待遇、"免费"的培训、令人期待的晋升等等，通过这些利益诱饵，边缘国的承包商也就乐意于效忠中心国的公司了。比如，在一些边缘国中如果出现了抵制"日货"的声音，那么日产汽车的承包商立即就会坚定地站出来表明他们是站在日本国一方的，他们比日本国的国民都更加护卫日本国的利益。

所以，外包在边缘国培植起了一大批自愿效力于中心国的人员，他们不再被人视作"汉奸"，而是戴上了各种各样的光环，成为人们羡慕并希望效仿的偶像。这样一来，边缘国中再也不可能产生仇视、憎恶和抗拒中心国的力量，中心国的一切敌对因素都从根本上被消灭了。

三、 外包没有改变剥削的性质

当弗里德曼说"世界是平的"时，我们的理解是，他所指向的绝不是一个平等的世界。即便说是平等的世界，也只是在"世界的竞技场已经被夷为平地"① 这个意义上而言的。弗里德曼要展示的是一个人们可以更平等更自由地参与到竞争之中的世界，在这个世界到来时，美国面临着只有"冷战"可以相比的挑战。弗里德曼说：如果说美国历史上有哪段时间与现在的情形相像的话，那便是1957年左右，当时是冷战搞得最激烈的时候……而今天美国面临的挑战则是所有的墙都被推倒，很多人可以在世界舞台上与我们更加直接地竞争的事实……那个时代的主要目标是建立一个强大的国家，而现在这个时代的主要目标则是使每个个体都具有强大的竞争力。"② 作为自由主义的信奉者，弗里德曼极力渲染竞争的意义。在《世界是平的》这本书中，一方面，弗里德曼向边缘国讲授世界是如何变平的，边缘国现在可以与中心国平起平坐，可以自由地开展竞争，并告诉边缘国，外包等新型分工模式就是边缘国可以平起平坐地与中心国开展竞争的证据，正是这种竞争，边缘国的工人已经因为自己的聪明和廉价成本而从中心国工人那里抢走了工作；另一方面，弗里德曼说，"作为一个美国人，我关心我的国家"③，所以，他积极鼓

---

① ［美］托马斯·弗里德曼：《世界是平的——21世纪简史》（3.0版），何帆等译，长沙：湖南科学技术出版社，2008，第6页。

② ［美］托马斯·弗里德曼：《世界是平的——21世纪简史》（3.0版），何帆等译，长沙：湖南科学技术出版社，2008，第301页。

③ ［美］托马斯·弗里德曼：《世界是平的——21世纪简史》（3.0版），何帆等译，长沙：湖南科学技术出版社，2008，第303页。

动美国人民树立危机意识，做出全面变革，在竞争的时代中拔得头筹，努力"占领世界在平坦化过程中开辟出的新的制高点"[1]。

这就不免让我们生疑，既然是平的世界，又怎么会有制高点呢？所以，弗里德曼所宣称的"平的世界"其实还是一个拥有"中心—边缘"结构的世界。在某种意义上，他偷换了概念，即把"竞争"等同于"平等"了。实际上，在近代以来的民族国家框架下，一国内部的竞争经常是被等同于平等的。现在，弗里德曼只不过是将此推广到了全球范围，即把全球范围内的跨国竞争也等同于国家间的平等了。因此，被弗里德曼粉饰为全新的碾平世界的强大动力的外包等形式，其实就是把一国内部的"竞争—协作"机制推广到世界范围的做法。这些所谓的新模式在本质上依然属于工业社会的"分工—协作"模式，都是先分解工作，然后委派各个任务到不同的部门或国家，招募符合特定要求的员工完成特定工作，最后将所有任务汇总并产出最终产品。至于如何进行工作分配，是由效率和利润追求决定的。

在外包中，由于边缘国的工人出于生计上的要求而乐于花费大量时间和精力从事那些繁琐的重复性工作，而且，由于边缘国的工人在工资水平上相当低廉，跨国外包的形式在效率和利润上都能为中心国的公司带来更多的剩余价值。或者说，在中心国内部，当市场经济的发展使竞争的空间被填得过满时，通过外包的方式而把竞争转移到边缘国家去。这只是为了获得超额利润，而不是要创造一个平等的世界。但是，在弗里德曼的笔下，这些模式被包装成国际"合作"的范本，宣称外包促使边缘国以一种新的平等的形式参与到了全球的生产供应链之中，为最终产品的生成贡献了自己应有的力量，也在作出这种贡献的同时享受了物美价廉的产品。的确，边缘国人力资源的超低定价使产品的价格变得非常低廉，但我们所看到的则是，同样的产品在中心国的售价与在生产了这些产品的边缘国的售价是不同的。比如一个品牌叫"苹果"的电子产品，在生产了这些产品的边缘国中，其售价往往数倍于中心国。这说明

---

[1]　［美］托马斯·弗里德曼：《世界是平的——21世纪简史》（3.0 版），何帆等译，长沙：湖南科学技术出版社，2008，第 301 页。

边缘国并没有从自己的廉价劳动中获得价格低廉的产品,反而在这种售价的落差中把自己所创造的财富再一次转移到了中心国。

从近代以来的社会发生过程看,最终彻底摧毁了等级社会的启蒙思想是以对平等的追求作为最高目标而提出的,而且,在意识形态的意义上,这也是始终不渝的追求。无论是在人与人之间,还是在群体、国家之间,人们都是把平等作为一个最高的价值目标。应当承认,近代以来的社会一直是在追求平等中进行制度安排和社会建构的,但在实际行进的历史过程中,人们造就的却是一个有着"中心—边缘"结构的世界。即便是在平等和自由的原则下运行的市场经济中的"无形之手",也都一直在以每一项行动去增强着世界的"中心—边缘"结构,更不用说社会治理的"有形之手"时时处处都在强化着世界的"中心—边缘"结构了。在建立了健全市场经济的国家——中心国中,作为市场经济的运行机制的"竞争—协作"一直都在"中心—边缘"结构中发挥着作用,不仅没有碾平中心国的社会,反而使"中心—边缘"结构变得更加稳固。现在,通过外包而把"竞争—协作"机制推及全球,难道就能够发挥出碾平世界的作用吗?事实上,外包并不能带来一个平的世界。所以,当弗里德曼说外包是把世界碾平的力量时,显然是不可信的。

弗里德曼认为外包是国际"合作"的典范,这其实是对合作的误读,或者说,是把"协作"夸大为了合作了。在弗里德曼同美国政治理论家迈克尔·桑德尔(Michael Sandel)的交谈中就可以看到桑德尔的批评意见:"桑德尔教授认为,我所说的'合作'可能在别人看来只是对能在印度雇用廉价劳动力的美称。"[①] 这不仅仅是桑德尔的感受,也是我们阅读《世界是平的》时所感受到的。我们知道,合作是基于平等和信任的行动,在某种意义上,它应当是人类未来的组织与行动方式。在今天,我们所看到的各个领域中的集体行动一直是以协作的方式进行的。弗里德曼用"合作"一词去置换"协作"时,是与各种各样流行的做法一样的,是一种有意识地混淆"协作"与"合作"的做法(当然,这两个词语在

---

① [美]托马斯·弗里德曼:《世界是平的——21世纪简史》(3.0版),何帆等译,长沙:湖南科学技术出版社,2008,第186页。

作为话语霸权和主流语言的英语中都经常会被混同，西方人还没有意识到它们之间的差异。或者说，英语本身就无法做出这种区分）。弗里德曼在做出这种混淆时，还要辩称说："在旧世界中，价值通常都是在单个企业从上而下垂直创造的，很容易看出谁在上、谁在下，谁是剥削者或被剥削者。但是当世界开始变平，并且价值创造日益水平化时（通过多种合作形式，个人拥有更多能力），谁在上、谁在下，谁是剥削者或被剥削者就变得非常复杂了。一些旧的政治哲学已经不再适用。"[①]

的确，与资本主义社会的初始阶段相比，现在的剥削机制有了新的特征，在国际分工中，不再以赤裸裸的掠夺方式进行，而是有着复杂的表现形式。但是，这丝毫没有改变剥削的性质。在某种意义上，这反而是在更加稳固的"中心—边缘"结构中进行的，具有更强的制度化剥削特征。无论是在何种意义上，把这种剥削与被剥削的关系说成是合作关系，都是强词夺理的做法。当然，全球范围的"分工—协作"让边缘国家获得了一种世界范围的存在感，边缘国因为自己能够参与到全球性的生产供应链之中而欢欣鼓舞。可是，外包等所代表的所谓的新的全球"分工—协作"机制依旧是由中心国主导的，是中心国将边缘国强行纳入世界分工体系之中的新发明。如果说边缘国在主观上表现出了热衷于进入这个世界"分工—协作"体系的话，那也只能说这是由世界"中心—边缘"结构所决定的，是因为边缘国梦想着在这个世界"中心—边缘"结构中实现从边缘向次边缘的跃迁。

弗里德曼将这种"分工—协作"模式鼓吹成合作，其实是服务于中心国的意识形态证明之需要的，或者说，这只是一种宣传。然而，边缘国却对这种宣传持有非常积极的欢迎态度。从弗里德曼的《世界是平的》在边缘国的畅销事实中可见，边缘国不仅因为参与到了全球性生产供应链中而欢欣鼓舞，而且也自觉地随着中心国的指挥棒去扭动自己的腰身。这就是弗里德曼所说的："就在我们创造出这个全新的更加水平的竞争场地时，西方的公司和个人很快就适应了这一新事物，而从前一直被排除

---

① ［美］托马斯·弗里德曼：《世界是平的——21世纪简史》（3.0版），何帆等译，长沙：湖南科学技术出版社，2008，第187页。

在外的 30 亿人也突然发现，他们可以自由地加入竞争并和其他人开展合作了。"① 从 20 世纪 80 年代以来的现实看，"自由地加入竞争"是边缘国乐意为之的。即使意识到了这只是一个发生在世界"中心—边缘"结构中的剥削体系，边缘国也渴望着在这种被剥削的过程中受益。实际上，边缘国往往没有意识到这些，而是看到了外包表面上的巨大魅惑力。在积极地寻求被剥削的过程中，边缘国误以为自己已经成功地抢夺了原本属于中心国劳动者的工作，误以为自己终于成功地找到了自己的所谓比较优势。

其实，对于边缘国而言，遵从竞争的理念只能使边缘国无限期地掉进模仿中心国发展模式的陷阱中。如果边缘国因为能够参与某种世界性的工作流程中而骄傲的话，进而言之，如果边缘国以为这种参与已经意味着可以挑战中心国的地位了，那么他们的发展将不仅不可能复制中心国曾经走过的道路，反而会畸形化，走向歧途。其原因就是，既定的国际分工是由中心国主导的，中心国深知这种分工的每一个环节中包含着什么样的利益，会按照什么样的比例进行利益分配。而且，中心国非常清楚地知道如何从那些划分给边缘国的工作中去"合理合法地"再攫取边缘国应得的那部分利益。边缘国如果以追赶中心国为目标的话，只会在赶超中心国的征程中不断落后。这就是《世界是平的》中拉奥的一段话所点明的："如果你生活在像美国这样处在科技前沿的国家，那就很难预测未来会发生什么。但是如果你是在印度，那就比较好预测了。10 年后，我们将从事美国人现在在做的事情。我们可以预测未来，但我们却落后于你们。美国人总是处在技术创新的浪尖，你们决定着未来的方向。"②

在拉奥的眼中，边缘国的未来是可预测的，中心国的今天就是边缘国明天的模样，而中心国明天的模样却是未知的。这是对"中心—边缘"结构中的"竞争—协作"机制的解读，在"中心—边缘"结构未被打破

---

① ［美］托马斯·弗里德曼：《世界是平的——21 世纪简史》（3.0 版），何帆等译，长沙：湖南科学技术出版社，2008，第 163 页。

② ［美］托马斯·弗里德曼：《世界是平的——21 世纪简史》（3.0 版），何帆等译，长沙：湖南科学技术出版社，2008，第 13 页。

之前，中心国为"竞争—协作"机制谋划好了一切。无论边缘国如何参与全球性事务，其发展路径与发展结果都是中心国早已设定好的，因而是完全可以预测的。其实，只要这个"中心—边缘"结构存在，这种可预测的结果也是虚幻的，是根本无法实现的。因为，当边缘国努力以中心国为发展目标而忘记探索自己的发展模式时，当不同的边缘国由于争相向中心国跃进而彼此之间丢失信任时，中心国就能坐收渔翁之利并持续保持领先的位置。正是基于这样的现实，弗里德曼才敢狂妄地断言："美国仍将胜出。"[①] 也就是说，即使全球化进程为"去中心化"提供了重大机遇，但是，只要"中心—边缘"结构不被破解，只要所有国家还沉迷于中心国主导的"竞争—协作"机制当中，中心国仍然会在未来的国际竞争中胜出。这就是弗里德曼等人极力鼓吹竞争的真实目的。总之，《世界是平的》一书并不希望世界真正变成平的，而是希望美国在一个不平坦的世界中继续保持尖峰位置。

---

① ［美］托马斯·弗里德曼：《世界是平的——21世纪简史》（3.0 版），何帆等译，长沙：湖南科学技术出版社，2008，第 261 页。

第七章

全球化背景下的历史性机遇

第一节 全球化运动行进中的概念解读

自 20 世纪 80 年代人类进入全球化、后工业化进程起，许多学者就认识到这是一场伟大的历史性社会转型运动。事实上，在进入新世纪后，一场伟大的社会转型运动的迹象更加显现出来。正如近代早期发生了从农业社会向工业社会的转型运动一样，这是一次从工业社会和后工业社会的转型运动。然而，我们也看到，在知识界存在着对全球化概念的诸多错误解读。可以认为，对全球化概念的错误解读是极其有害的，一方面，它扭曲了全球化运动；另一方面，它又带来了反全球化的各种各样的抗议行动。为了促进全球化运动健康发展，我们首先需要对全球化的概念作出准确的定义。实际上，全球化是一场发生在后工业化进程中的运动，它与工业化时期的资本主义世界化有着完全不同的性质和目标。资本主义世界化是一场确立世界"中心—边缘"结构的运动，而全球化恰恰是要打破世界的"中心—边缘"结构，是要建构起一个真正平等的世界。

一、"全球化"的概念及其现实运动

20 世纪后期以来，特别是进入新世纪后，"全球化"的概念成为一

个广为追捧的热词。我们认为，全球化一词的流行既然意味着一个新视角、一种新观念的确立，学术研究以及理论建构应当将其作为一个新的起点。然而，我们对全球化的概念却存在着诸多误读，以至于对现实中正在发生的全球化运动也存在着诸多错误的认识。1997 年，贝克（Ul-rich Beck）在《什么是全球化?》一书中写道："毫无疑问，全球化是过去和未来数年里使用（滥用）最多、界定最少、最容易被误解、最模糊并且政治上最有影响的（标语和有争议的）词语。"① 就现实而言，这确是实情。造成当前这种全球化概念模糊又复杂的局面的原因有很多，有些学者在未事先澄清全球化概念的前提下就匆匆进入全球化的议题，望文生义地谈论全球化问题，以至于"全球化"一词成了学术标签而被随处使用。

总体看来，西方学者希望把全球化作为资本主义世界化的延续来看待，希望在全球化进程中进一步强化西方在各个方面的霸权。更多的学者却接受了这种话语霸权，表现出了一种智力依附，不加怀疑地接受了中心国所宣传的全球化概念，而不是基于全球化的现实去做出独立自主的认识和解读，从而放弃了通过思维和行动创新去应对全球化、后工业化挑战的努力。这对于科学以及实践都是非常有害的，其中，包含着把全球化运动引向维护和强化中心国利益的方向上去的可能性，即改变了全球化运动的真实性质。事实上，全球化是一场全新的社会运动，它发生在后工业化的历史性社会转型运动中。全球化与后工业化是联系在一起的，或者说，它们是同一场运动的两个面相。全球化的正确方向应是消解而不是延续资本主义世界化所造就的世界"中心—边缘"结构，是要在去中心化追求中建构起一个更加平等的世界。

在全球化、后工业化时代，一切观念似乎都不再具有恒定不变的特征，概念亦如此。在全球化、后工业化时代，人们崇尚对概念的自我解读。这样一来，就使得一切努力去获得某个概念的确切定义或共识性含义的追求都变得不再可能，似乎也无须如此。正如对"后现代"等语词

---

① ［德］乌尔里希・贝克:《什么是全球化?》，常和芳译，上海：华东师范大学出版社，2008，第 23 页。

的定义存在着这样的悖论一样：如果给"后现代"下一个明确的、独一无二的或主导性的定义，可能会被认为是在诋毁"后现代"。同样，关于"全球化"的定义也存在着类似的问题。就"全球化""现代性""后现代性"等概念而言，无论在内涵还是外延上，都存在着不确定性。因此，一些学者甚至认为，"全球化"的概念就应当呈现出莫衷一是的图景，这才符合全球化概念的本义。

事实上，对"全球化"的概念，确实存在着各种各样的解读。关于全球化的历史，有人说全球化与生俱来①，有人提出"原型全球化"（proto-globalization）②，有人说"古老全球化"（archaic globalization）③，有人谈论"前现代的全球化"（pre-modern globalization）④，有人区分出"全球化的起飞阶段"（the take-off phase of globalization）⑤，有人分析"全面的全球化"（full-scale globalization）⑥，还有人哀叹"全球化的终结"⑦。关于全球化的思想来源，有人谈论帝国时代⑧，有人叙说启蒙时期⑨，有人追述黑格尔与康德⑩，更多的人则引述马克思。对于当前正在发生的全球化运动的实质，有人提出"资本主义全球化"（capitalist globalization）⑪，有人谈论"新自由主义的全球化"（neoliberal globalization）⑫，

① ［俄］根纳季·久加诺夫：《全球化与人类命运》，何宏江等译，北京：新华出版社，2004。

② Moore，Karl，and David Charles Lewis. *The Origins of Globalization*. Routledge. 2009.

③ Bayly，Christopher A. *The Birth of the Modern World*，1780—1914. Malden，MA：Blackwell. 2004.

④ ［英］戴维·赫尔德等：《全球大变革：全球化时代的政治、经济与文化》，杨雪冬等译，北京：社会科学文献出版社，2001。

⑤ ［美］罗兰·罗伯森：《全球化：社会理论和全球文化》，梁光严译，上海：上海人民出版社，2000。

⑥ ［英］简·阿特·斯图尔特：《解析全球化》，王艳莉译，长春：吉林人民出版社，2010。

⑦ 参见［英］戴维·赫尔德、［英］安东尼·麦克格鲁：《引言：危险中的全球化》，载于［英］戴维·赫尔德、［英］安东尼·麦克格鲁主编：《全球化理论：研究路径与理论论争》，王生才译，北京：社会科学文献出版社，2009，第1—11页。

⑧ ［加］斯蒂芬·斯特里特等主编：《帝国与自主性：全球化进程中的重大时刻》，陈家刚等译，北京：社会科学文献出版社，2010。

⑨ ［英］简·阿特·斯图尔特：《解析全球化》，王艳莉译，长春：吉林人民出版社，2010。

⑩ ［挪威］托马斯·埃里克森：《全球化的关键概念》，周云水等译，南京：译林出版社，2012。

⑪ ［英］莱斯利·斯克莱尔：《资本主义全球化及其替代方案》，梁光严等译，北京：社会科学文献出版社，2012。

⑫ ［英］简·阿特·斯图尔特：《解析全球化》，王艳莉译，长春：吉林人民出版社，2010。

有人阐述"美国霸权的全球化"（globalization as American hegemony）①，也有人分析"现代性的全球化"（the globalizing of modernity）②。其实，上述提法都或多或少地造成了对全球化的错误解读。我们认为，全球化是一场在 20 世纪 80 年代开始发生的社会运动，是发生在后工业化进程中的。如果说在从农业社会向工业社会转变的过程中有着一场与之相伴随的资本主义世界化运动的话，那么在后工业化进程中所发生的则是一场全球化运动。所以，就全球化这个概念而言，应当是对这场发生于后工业化进程中的社会运动的描述。

就近代社会的发生而言，是得力于工业化运动的。正是在工业化进程中，近代社会通过资本主义世界化而建立起了一个不限于民族国家的"中心—边缘"结构。或者说，无论是在民族国家内部还是在世界体系上，都因工业化和资本主义世界化而建立起了"中心—边缘"结构。这个"中心—边缘"结构也是以中心拥有话语权的形式出现的，甚至可以说世界"中心—边缘"结构经常性地表现为一种话语霸权。所以，在学术叙事中实现对某个语词权威性和垄断性定义，往往是属于话语中心的一项权力。尽管不是所有的学术概念，但绝大多数学术概念都是经由话语中心所界定的，然后再从中心向边缘甚至向外围传播开来，从而形成了话语体系。不管在哪个学科中，作为话语体系构成部分的基本概念都有着明确的内涵，科学研究者只不过是在话语体系的"中心—边缘"结构中而被话语中心安排到特定的位置上。

存在于世界"中心—边缘"结构中的话语体系决定了几乎所有话语权都掌握在了中心手中，也许学者们会通过自己的努力而挤进话语体系的某个位置上，但实际上，他们所发挥的作用仅仅反映在应用了由话语体系中心所定义的概念方面。或者说，学者们只是通过对那些概念的应用而去传播和宣传那些来自话语体系中心的理论和思想，更不用说学者们的研究成果往往需要到中心国所办的刊物上去发表，表现出急切希望

---

① ［美］G. 约翰·伊肯伯里：《美国霸权的全球化》，载于［英］戴维·赫尔德、［英］安东尼·麦克格鲁主编：《全球化理论：研究路径与理论论争》，王生才译，北京：社会科学文献出版社，2009。
② ［英］安东尼·吉登斯：《现代性的后果》，田禾译，南京：译林出版社，2011。

得到中心承认的心情。总体来看，那些使用概念的人默认了话语体系中心对概念的定义，表达了对话语体系中心的尊重，是在用自己的科学研究和学术活动去帮助话语体系中心营建话语霸权。对于绝大多数科学研究者和学术活动者而言，即便是自己所认为的思考，其实也只是在由话语体系中心编织起的语境中作出重复思考，更多的人在更多的情况下是去作出证明，提供新的并无实质性意义的证据，而不是创新。在话语体系中心营建起的语境中，科学研究者和学者们通常丧失了对所用概念的独立思考，更乐意于接受现成的概念界定，甚至担心对那些基本概念的思考会把自己引入无所皈依的地方去。事实上，从学者们的学术活动现实看，如果脱离了话语体系中心为他们提供的那些基本概念，就会患上失语症和表现出某种智力障碍，甚至会表现得失去了言说和思考的能力。

显而易见，工业社会的既有话语体系是由西方建立起来的。这不仅是因为西方国家率先进入工业化进程，而且是因为西方国家在工业社会中取得了各个方面的伟大成就，从而确立起了话语权。不过，我们需要提出的一个问题是：在全球化、后工业化进程中，西方所拥有的这种话语霸权会一直维系下去吗？"全球化"的概念甫一出现之时，它显然被纳入了既有的话语体系之中了。那些处于话语体系中心的学者试图对这一概念作出不对既有话语体系构成挑战的解读，至多也是把"全球化"这个概念作为既有话语体系的一个新的要素看待的。所以，都会认为全球化是一种亘古以来就有的现象，或者把全球化视作资本主义世界化运动的延续。彼得·高恩（Peter Gowan）就揭露了美国是如何以"全球化"的名义继续保持自己统治全球的地位的："早在苏联国家集团解体之前，全球化（globalisation）和新自由主义运动就在西方社会传播了开来，但美国政府是在90年代才开始积极地推广和普及这些运动，并对这些运动进行了特殊的诠释（articulate），这种诠释使其他国家与美国的政治经济利益捆绑在了一起。"① 由此看来，这样一场发生在后工业化进程中的社会运动一经既有的话语霸权解读，或者说，一旦被纳入既有的话语体系

---

① ［英］彼得·高恩：《华盛顿的全球赌博》，金芳译，南京：江苏人民出版社，2003，前言第 2 页。Peter Gowan, *The Global Gamble: Washington's Faustian Bid for World Dominance*. London and New York, Verve, 1999.

之中，就遮掩了其本真面目。本来，全球化运动是与资本主义世界化运动不同的，它不是要造就世界"中心—边缘"结构，而是相反，是一场"去中心化"运动，但以美国为代表的西方国家却试图把它改造成维护世界"中心—边缘"结构的运动。

可以认为，当西方国家的学者以及政治家们对全球化作出歪曲时，当边缘国的学者们认同他们的解读而表现出智力依附时，肯定会在一个时期内扭曲全球化运动的方向，甚至阻碍全球化运动的行进。因为，把全球化解读成资本主义世界化的延续，所要维护的是当今世界的"中心—边缘"结构，即维护西方国家既有的政治、经济、文化霸权。也就是说，目的是要使全球化运动服务于中心国的利益考量。这无疑会扭曲全球化运动的方向。在这样做的时候，尽管边缘国知识分子会因为智力依附而扮演西方话语霸权的吹鼓手，但在"中心—边缘"结构中生成的经济掠夺和政治压迫毕竟会使边缘国的民众产生反对情绪，而这些反对情绪又会以"反全球化运动"的形式出现。这无疑又会对全球化运动造成阻碍。

事实上，由于对全球化的概念有诸多错误的解读，人们错误地以为"跨国公司"和"国际组织"等力量就是全球化的标志。那些原本对跨国公司和国际组织抱有幻想的人，在受到跨国公司、国际组织等加予他们的各种各样的伤害后，纷纷联合起来走上街头，向全球化宣战。这些反全球化的声音甚至也发生在中心国内部，比如，被认为是"反全球化运动"序幕的1999年"西雅图骚乱"，就直接地将矛头指向了"世界贸易组织"。实际上，包括"西雅图骚乱"在内的各种抗议运动只是指向那些不愿意兑现其承诺的国际组织，而美国媒体却为这类抗议行为贴上了"反全球化"的标签。结果，那些并不了解全球化运动的抗议民众也接受了这一称呼，并在各种抗议行动中赫然打出"反全球化"的口号。这就是概念迷雾的危险性所在。当形形色色的全球化概念充斥在大街小巷的时候，其中一些总会误导民众，让人们视全球化为恶魔。

可见，对全球化的错误解读已经造成了极大的危害。本来，全球化运动是人类后工业化进程中的一场有着深刻历史根源的运动，有着发生的必然性，并必将开拓出人类的未来，而对它的错误解读则带来了各种各样的反对声浪。能否作出对全球化运动的正确认识以及对全球化概念的正确解读，决定了我们能够在何种程度上消除全球化运动的阻碍因素。我们已经指出，在全球化、后工业化时代，希望对概念作出明确定义的做法已经不再流行，但一些新生的概念毕竟是与这个特定历史阶段联系在一起的，应当视为我们正在经历的这个历史阶段中所特有的概念，它们所反映的也正是我们时代中特有的社会现象。

我们同意斯图尔特（Jan Aart Scholte）的意见，一些人"认为全球化就是一个模糊的概念，根本没有必要给它一个确切的定义……这样的态度可能适合政治家和营销商的胃口，但当涉及严肃的社会分析与源于该定义的政策建议时，这种态度就无法令人满意了。定义从根本上决定了该如何描述、解释、评价以及行动"①。但是，我们不能因为"政治家和营销商"会将概念的模糊性服务于他们自己的利益就回到工业社会科学探讨活动的既有模式中去。事实上，我们只要确认了"全球化"这个概念的历史性，而不把古代的人口迁移或商业活动看作全球化的历史源头，就可以杜绝"政治家和营销商"去利用这个概念的模糊性的做法。显而易见，全球化是一场正在发生的历史性社会运动，标志着人类社会从工业社会向后工业社会的转型。只要把握了"全球化"概念的这一历史背景，就能够明确我们的任务，就能够促使我们去积极地搜寻建构未来社会的机遇。我们认为，当前正在发生的全球化运动直接关乎每个国家和每个人所采取的策略和行动方案，而这又直接关乎人类的命运。

二、 不同于资本主义世界化的全球化

鉴于许多学者混同了全球化与近代早期的资本主义世界化这样两场运动，我们对"资本主义世界化"与"全球化"进行区分也就显得非常必要。一方面，这在时间点上是存在于人类历史的不同阶段的两场不同的运动；另一方面，全球化的本质及其所要实现的目标也都不同于资本

---

① ［英］简·阿特·斯图尔特：《解析全球化》，王艳莉译，长春：吉林人民出版社，2010，第44页。

主义世界化，绝不是资本主义世界化的延续。当然，我们也应看到，在全球化运动于 20 世纪后期兴起时，资本主义世界化并没有立即止步，反而在某些方面有加速的势头，作为资本主义世界化造物的世界"中心—边缘"结构甚至得到了进一步增强。但是，我们说这只是一种暂时现象，可以相信，全球化运动将会冲破一切阻力而为自己开辟道路。

其实，在近代早期的工业化进程中，我们也看到大致相似的现象：属于旧世界的因素不仅不会在历史转型的课题提出后而自行消失，反而会在这个过程中开展激烈的反抗，会在一段时间内表现出空前的活跃并变得非常强大。即使其历史合理性已经受到了否定，也会出现短暂的复辟。在全球化运动中，也会呈现新旧因素相互交织和同时存在的情况。因此，许多人混淆了资本主义世界化与全球化也就不难理解了。但是，这种混淆是非常有害的，比如，在资本主义世界化中形成的世界"中心—边缘"结构意味着世界是不平等的，对不平等带来的问题作出抗争，甚至以战争的形式出现是近代数百年来一直存在着的现象。到了 20 世纪后期，由于世界的"中心—边缘"结构空前巩固，转而以恐怖现象出现。对此，人们却归于全球化，认为全球化是这些现象的根源。其实，全球化是一场打破世界"中心—边缘"结构和消除一切不平等的运动。所以，并不是全球化引发了世界的动荡，反而是旧的因素成为动荡的原因。可见，正是因为把全球化解读为资本主义世界化的延续或资本主义世界化的翻版导致了世界的动荡不宁。在这种情况下，我们的任务是要把全球化与资本主义世界化区分开来，全力推进全球化，而不是任由"反全球化运动"的蔓延。

面对全球化，斯蒂格利茨（Joseph Eugene Stiglitz）就曾表示过困惑："全球化原本应该给所有的人带来前所未有的利益，但奇怪的是，全球化却受到了来自发达国家和发展中国家批评的双面夹击。美国和欧洲感受到了外包的威胁，而发展中国家则看到了发达国家利用全球化的经济制度来对付它们。"[①] 斯蒂格利茨之所以看到了这种"奇怪"的现象，

[①] ［美］约瑟夫·E·斯蒂格利茨：《让全球化造福全球》，雷达等译，北京：中国人民大学出版社，2011，第 243 页。

那是因为存在着混淆资本主义世界化与全球化这两场运动的问题，是由于人们没有认识到全球化是一场全新的社会运动，所以才对全球化多有反对。也就是说，由于人们把全球化视作资本主义世界化的延续，所以处于世界中心的国家总是努力借全球化之机而强化资本主义世界化进程中产生的世界"中心—边缘"结构。在对这一"中心—边缘"结构的强化中，边缘国空前地感受到了中心国的压迫；同时，中心国也对"崛起"中的边缘国怀着警惕和敌视的态度。另一方面，根据挪威学者加尔通的分析，在世界"中心—边缘"结构中，存在着中心国的中心与边缘国的中心联盟的问题，因而，无论是中心国的边缘还是边缘国的边缘，都承受着压迫。所以，才会出现这种"两面夹击"。虽然这种"两面夹击"表现为反全球化运动，而实际上恰恰是指向既有的世界"中心—边缘"结构的，只是因为人们把全球化误读为资本主义世界化，才将其理解成反全球化运动。如果人们认识到了真正的全球化运动正是要打破"中心—边缘"结构，那么所有的行为主体（包括中心国与边缘国）就都不再会批评全球化，反而会表现出对全球化的热烈欢迎。

我们认为，20 世纪后期以来的这场全球化运动应当理解为新依附论代表人物多斯桑托斯（Theotonio dos Santos）所说的"真正的全球化"。多斯桑托斯认为，"我们处在人类变革的高级阶段——国际化进程发展成了当代的全球化"，"以批判的眼光看待全球化和新自由主义现象，就使我们可以阐明一种科学严谨的观点以确保一种真正的全球化世界经济的发展。有种具有积极意义的全球化，即世界工人、劳动者和社会进步力量运动的传统；这一传统主张国际社会一统，全球社会一统，撤出疆界，人类不分种族、历史发展阶段和文化状况结成一体。"① 从多斯桑托斯的表述看，他试图把全球化与资本主义世界化区别开来，但他又受到了既有的把全球化作为资本主义世界化运动的延续这一观点的限制，因而只能说这是"当代的全球化""真正的全球化"。多斯桑托斯的这种认识是具有代表性的，那就是把人类社会发展史上的所有"脱域化"运动都称

---

① ［巴西］特奥托尼奥·多斯桑托斯：《新自由主义的兴衰》，郝明玮译，北京：社会科学文献出版社，2012，第 212 页。

作全球化，没有认识到人类不同历史阶段所发生的脱域化运动是具有不同性质的。

应当看到，在对全球化概念的探讨中，一些学者也朦胧地感受到存在着概念界定不清的问题。斯克莱尔（LeslieSklair）就曾指出，"由于大多数人脑子里已经将全球化认同于资本主义体系，因此有必要做一个基本的区分，即将作为总称的全球化与各种形式的全球化区分开来，尤其是将其与资本主义全球化（capitalist globalization）（本书的批判对象）和社会主义全球化（socialist globalization）（本书的辩证主体）区别开来……本书的中心任务是，说明资本主义全球化是全球化的一种历史形式，而不是唯一可能的可行形式。"① 斯克莱尔关于大多数人将全球化与资本主义体系等同的判断无疑是正确的，但他把全球化本身区分为两种形式却是不可取的。我们并不同意所谓"资本主义全球化"与"社会主义全球化"的提法，就资本主义与社会主义这两个概念而言，都应视作工业社会的产物，至少在意识形态上是这样的。全球化意味着的是人类社会的后工业化进程，是对工业社会这个历史阶段的超越。所以，发生在工业化进程中的那场运动应当被合理地认定为"资本主义世界化"，而发生在后工业化进程中的这场运动才是全球化。一旦我们将全球化与后工业化联系起来去加以认识，其性质就变得无比清晰了。

一些学者也试图通过将全球化与相关词汇加以区分的做法去定义全球化的概念，其中较为流行的做法是对"国际化"和"全球化"进行区分。科尔曼（William D. Coleman）等人指出，"我们相信，在思考怎样回答这些问题时，将'国际化'（internationalization）与'全球化'（globalization）加以区分是最为重要的。"② 他们认为，"国际化"虽然探讨的是国家间的交往，但仍然是以民族国家为对象的分析框架，而"全球化"则要超越国家这种传统的地理限制，是"超地域的"。这里的"超"所表达的并非跨越地域，而是要摆脱地域的概念和分析方式所限。

---

① ［英］莱斯利·斯克莱尔：《资本主义全球化及其替代方案》，梁光严等译，北京：社会科学文献出版社，2012，第4—5页。
② ［加］威廉·科尔曼等：《导言》，载于［加］斯蒂芬·斯特里特等主编：《帝国与自主性：全球化进程中的重大时刻》，陈家刚等译，北京：社会科学文献出版社，2010，第3页。

这种区分显然在方向上是正确的，但他们却未能坚持这个正确方向，反而认为，"按照这种方式分析全球化，就会使我们不再坚持人们通常所习以为常的观点，即国际化与全球化之间总是保持着线性的相关性，全球化的扩展伴随着国际化的衰退。相反，我们的研究表明，这些过程一直以来总是同时相互促进的，在过去的两个世纪中，尤其如此。"① 这无疑是受到了实证研究的限制，是从既存和已有的现实出发而断言走向未来和正在发生的会成为历史的延续。既然民族国家是地域性的，而全球化是超越地域的运动，那么合乎逻辑的理解就应当是，全球化在实质意义上的"去中心化"必然会在形式上以"去国际化"的方式来加以表现。这样的话，全球化就不是与国际化"相互促进"。换言之，处在全球化进程中的国家如果依旧以民族国家为中心参与国际事务，就不可能在根本上消解国家疆域的限制性因素，也就不可能促成科尔曼等人认为的那种具有全球意识的全球化。所以，科尔曼等人以"在过去的两个世纪中"的现实去认识全球化仍然是一个错误的视角，必然会对全球化作出泛历史主义的解读，会把全球化视为人类历史上早已发生和存在的一场运动。这样一来，他们试图通过区分"全球化"与"国际化"去澄清全球化概念的学术努力也就无功而返了。

为了定义全球化的概念，斯图尔特做了较为细致的工作，他引入了与全球化相近似的五个流行的概念——"国际化"（internationalization）、"自由化"（liberalization）、"普遍化"（universalization）、"西方化"（westernization）或"现代化"（modernization）以及"非地域化"（deterritorialization）——去分别作出区分。结果发现，"全球化"的本质内涵应当是"非地域化"，这一点是其他四个概念所不具备的。因此，斯图尔特对全球化的概念作出这样的定义："'全球化'指的是社会空间性质的重大变化。超地域——或者我们亦可称之为'世界范围'（worldwide）或'跨国'（transborder）——关系的激增或扩展导致了所谓的'地域主义'

---

① ［加］威廉·科尔曼等：《导言》，载于［加］斯蒂芬·斯特里特等主编：《帝国与自主性：全球化进程中的重大时刻》，陈家刚等译，北京：社会科学文献出版社，2010，第4—5页。

（即社会地理完全为地域性）这一情形的终结。"① 斯图尔特的努力是值得肯定的，但我们必须看到，仅仅在"地域"与"超地域"的空间层面上界定全球化还是不够的。正是由于对地域这个单一空间的片面而又过度的强调，斯图尔特在确定全球化的起点时，也再次回溯到了500年前。关于斯图尔特的概念区分，有一点需要特别指出，斯图尔特的《解析全球化》一书的中文译者将斯图尔特所使用的 universalization 翻译为"世界化"，可是，就该词及其前后文的情况看，它的准确译法应为"普遍化"。因为，不仅斯图尔特并无"世界化"的观念，而且，也只有将 universalization 理解成"普遍化"，才能正确地解读那场发生在工业化进程中的"资本主义世界化"运动。

比较来看，鲍曼（Zygmunt Bauman）同样区分过 universalization 和 globalization，他说："在名义上，它（全球化）取代了那一概念，即'世界化'……'世界化'这一概念传达了建立秩序的意图和决心……'世界化'这一概念是现代强权足智多谋和现代知识界勃勃雄心的汹涌浪潮中创造出来的。"而要取代世界化的"全球化概念所传达的最深刻的意义就在于世界事务的不确定性、难驾驭和自力推进性；中心的'缺失'、控制台的缺失、董事会的缺失和管理机关的缺失。"② 鲍曼对全球化概念的这一把握在方向上可以说是正确的。因此，我们同意鲍曼《全球化：人类的后果》一书的中译本译者将鲍曼此处的 universalization 译为"世界化"，而斯图尔特所言的 universalization 则应当被译为"普遍化"。鲍曼的论述也大体符合我们关于资本主义世界化与全球化的区分。事实上，资本主义世界化的进程正是以建立世界统一秩序和实现中心对边缘的征服、统治为目标；全球化则是一场以造就全球合作为目标的运动，在走向这一目标的过程中，当务之急是要打破世界的"中心—边缘"结构。而且，我们相信，它必将带来一个没有中心与边缘之分的网络式的平等合作的世界。

---

① ［英］简·阿特·斯图尔特：《解析全球化》，王艳莉译，长春：吉林人民出版社，2010，第49页。

② ［英］鲍曼：《全球化——人类的后果》，郭国良、徐建华译，北京：商务印书馆，2011，第56—57页。

三、 正确解读"全球化"的概念

可以说，全球化的概念是当前人文社会科学中争议较多的概念之一。人们对概念的理解不同，相应地，也就对现实行动的方案构想不同。不仅在全球性事务中，就是在一国事务的处理方面，人们的态度也在很大程度上取决于是否对全球化问题给予了充分的关注以及对全球化的概念作出何种解读。斯图尔特认为，"全球化论争的第三方面是关于规范性问题的。简而言之，全球化是好是坏？它改善还是恶化了人类生活条件？它带来的是理想国还是地狱？它会把历史带入进步的顶峰抑或是萧条的低谷？"[①] 斯图尔特在这里其实混淆了两类问题，一类是对既有事实的评价问题；另一类是对未来的规范性思考问题。在我们看来，全球化才刚刚展开，对其进行评价还为时尚早。

如果将全球化比作一个孩子，全球化概念的经验性层面就在于如何认识和评价这个孩子的过去和现在。但是，全球化这个孩子才刚刚出生不久，其未来有着无限的可能，其对于人类社会的贡献还远未可知。它的未来，在很大程度上取决于我们如何培育它，引导它向善的方向发展，而不是任其随波逐流，也不能在它还未长成时就过早地宣判它的死亡。这就是比经验性问题更重要的规范性思考。换句话说，我们是相信全球化的向善力量并努力将其引向美好的未来，还是不加分析地将社会乱象错误地归咎于全球化并将中止这场运动？这一问题对于理论研究者和政策制定者而言，都是非常重要的。回答这一问题，一方面，需要我们对历史与现实作出正确的理解和判断；另一方面，也需要我们对自身的全球化建构能力有着充分的信心，即相信我们能够在认识到全球化是人类后工业化进程中的一场全新的运动时而把它建构成带给人类美好未来的运动。

赫尔德（David Held）与麦克格鲁（Anthony McGrew）曾对全球化

---

① ［英］简·阿特·斯图尔特：《解析全球化》，王艳莉译，长春：吉林人民出版社，2010，第25页。

概念的属性做过一个分类，即全球化可以在三个不同的层面上被解读："作为社会现实的一种描述、作为社会变化的一种解释和作为社会进步的一种观念。"① 我们认为，作为一场尚未完全展开的运动，对全球化的理解和定义应该在"作为社会进步的一种观念"的意义上进行。在概念的规范性层面上，我们需要首先认识到的是，"全球化"与"资本主义世界化"是两场完全不同的历史运动。由于资本主义世界化在 20 世纪 80、90 年代已基本完成，我们可以回过头来对这段历史做完整的描述和分析。从中，我们也就不难发现当前世界的"中心—边缘"结构完全是资本主义世界化的产物。全球化这个产生于 20 世纪中期的新概念的所指则完全不同，它应当被合理地理解成既是一场现实的运动又潜在地包含着人类面向未来的战略性追求。当前，全球化概念在确定性和共识性方面还严重不足，需要人类不断地去充实其内容，更需要人类不断地去通过实践加以建构。

正如斯蒂格利茨所说："问题并不是人们是否应当支持或者反对全球化，而是我们应当如何使全球化发生有益的作用。"② 我们希望拥有一个什么样的全球化，历史就会呈现给我们这样一个全球化。换句话说，在界定全球化概念的问题上，我们在这场正在发生的运动中是有着一定的选择权的，全球化的未来在很大程度上取决于我们对它的认识。如果将全球化视为资本主义世界化的某种延续，我们对未来的思考与建构自然会再次落入工业社会线性思维的窠臼。相反，如果我们将全球化视为不同于资本主义世界化的一场全新的运动，我们就需要通过思维与行动的创新来应对后工业化的挑战，就会自觉地去建构一个全新的世界。

鉴于资本主义世界化造成了世界的"中心—边缘"结构，而当今世界的一切不平等、非正义又都根源于这一结构，当我们怀着对人类命运的深度关切和满怀希望去认识全球化的时候，就应当把全球化当作一场

---

① ［英］戴维·赫尔德、［英］安东尼·麦克格鲁：《引言：危险中的全球化》，载于［英］戴维·赫尔德、［英］安东尼·麦克格鲁主编：《全球化理论：研究路径与理论论争》，王生才译，北京：社会科学文献出版社，2009，第 3 页。
② ［美］约瑟夫·E·斯蒂格利茨：《让全球化造福全球》，雷达等译，北京：中国人民大学出版社，2011，第 19 页。

通过去中心化策略去实现全球合作和全球正义的运动。这样一来，我们首先应当把全球化视作人类社会的一场全新的运动。它不是资本主义世界化运动的延续，因而，不是世界"中心—边缘"结构的进一步强化，也不是近代以来不平等、非正义的进一步扩大化。所以，我们应当将全球化运动的起点确认为 20 世纪 80、90 年代，尽管在全球化运动的行进中依然会存在着旧的因素肆无忌惮横行，也会因为一些霸权的推动而呈现出资本主义世界化的加强，但作为一种历史趋势，全球化必然会开拓出人类社会的后工业化道路。

我们认为，人类历史可以划分为农业社会、工业社会和后工业社会三个基本的历史阶段，在从农业社会向工业社会转变的过程中发生了资本主义世界化运动，而在从工业社会向后工业社会转变过程中，与之相伴随的则是全球化运动。所以，全球化只能被理解为人类后工业化进程中的一场运动。既然人类在资本主义世界化进程中造就了世界的"中心—边缘"结构，那么全球化必然是一场去中心化的运动。对于全球化而言，打破世界"中心—边缘"结构将是它的首要目标，即通过去中心化而为全球范围的合作做好准备。可以认为，在后工业化进程中，将会在相当长的一段时间内，由于工业社会前进中的路径依赖，由于资本主义世界化所凝固下来的意识形态的影响，作为资本主义世界化结果的"中心—边缘"结构依然会携带着某种余威而阻碍全球化进程，有时还会表现出将要卷土重来和重振山河之势，会要求与全球化分庭抗礼。但是，在严格的历史定位问题上，我们认为，全球化应当被视为后工业化背景下的全球化，或者说，是在后工业社会中持续展开的历史运动。当我们这样界定全球化时，就不会一而再、再而三地陷入全球化与资本主义世界化的纠缠之中，从而使对后工业社会的描述和分析有了一个明确的基础。

在全球化研究中，由于存在着将资本主义世界化与全球化相混淆的错误认识，以至于出现了各种各样的误解和偏见。所以，索尔才会断言："20 世纪 70 年代，全球化（globalisation）如一夜春风，从天而降……如今，30 年过去了，全球化带来的结果也清清楚楚地摆在了人们面前。其中，有巨大的成功，也有惨痛的失败。"① 这说明，学者们在全球化面前产生了深深的困惑。索尔的这句话反映了深陷全球化争论之中的绝大多数学者都未能准确地认识到全球化的性质，即使一些学者将全球化的起点恰当地确定在 20 世纪末而不是更遥远的过去，但在工业社会的既定模式不被怀疑的条件下，也会将全球化看作是希望与灾难并存的运动，而不是把它看作建构一个新世界的机遇。正是由于这个原因，西方学者总是在全球化运动中看到并存着"巨大的成功"与"惨痛的失败"。事实上，他们所谈论的所谓"巨大的成功"与"惨痛的失败"都是把工业社会的模式及其理论作为坐标的，是在是否维护了工业社会的意义上作出的判断，是在能否证明了工业社会的某种理论而作出的评价。

我们知道，全球化运动开启之时，也正是凯恩斯主义受到普遍怀疑和新自由主义滥觞之际，因而，能否证明新自由主义就成了学者们的一个标准。斯图尔特甚至创造出了"新自由主义全球化"（neoliberal globalization）的提法，并认为新自由主义与古典自由主义的区别就在于：古典自由主义所阐释的民族国家范围内的自由市场，而新自由主义则把视野扩展到了全球自由市场。这无疑是对全球化的极大曲解，至少也是仅仅在经济学的意义上去认识全球化的，而不是把它看作一场全面而深刻的和具有历史意义的社会运动。同样，我们还看到，斯克莱尔在肯定了全球化是一场具有客观必然性的历史运动时，是用"资本主义"和"社会主义"的定语去界定全球化的，认为近代以来是一场"资本主义全球化"的运动，而正在发生的或即将发生的将是一场"社会主义全球化"运动。这对于社会主义者来说，显然会无比欣喜地接受。但是，如果考虑到全球化将是社会主义理想的实现，资本主义与社会主义的一切争论都将走向终结，那么这种区分显然是没有意义的。我们认为，并不存在着后工业社会的"新自由主义"，同样，也不存在着后工业社会的资本主义和社会主义。正如马克思所指出的，无产阶级只有首先消灭自身才能解放全人类，在后工业化运动中，当社会主义的全部理想得以实现时，

---

① ［加］约翰·拉尔斯顿·索尔：《全球化崩溃》，江美娜、张积模译，青岛：青岛出版社，2009，第 3 页。

也是以消灭了自身为前提的。因而，全球化实际上既是宣布资本主义消亡，也是宣布社会主义运动终结的一场历史运动。这就是全球化运动的实质，也只有这样认识全球化运动，才能想象一个全球范围的合作社会的出现。

在工业社会的数百年凯歌行进中，创造了无比辉煌的历史成就，同时，也把风险给予了我们，即把我们领进了风险社会。进入 21 世纪后，危机事件频发的现实所提供的是这样一个警示，那就是，人类随时可能走向同归于尽。工业社会所带来的所有问题，都需要一场深刻的历史运动去加以解决，而全球化给予我们的正是这种希望。全球化是一场具有客观性的运动，但这种客观性绝不意味着我们在其中不能发挥主动性的作用，相反，它恰恰需要我们的积极建构。这意味着我们应当首先正确地认识全球化运动和准确地界定全球化的概念，从而最大可能地消除工业社会旧观念的阻碍和误导。我们相信，全球化必将打破现今存在的世界"中心—边缘"结构，能够在去中心化策略实现的过程中构建一个平等合作的全球平台。

第二节　在对"全球化"的解读中发现行动目标

作为一场历史转型的社会运动，全球化是在 20 世纪后期开始出现的新的历史现象。然而，如上所述，对全球化的问题，当前存在着诸多错误的解读。正是这种误读阻碍着人们在全球化进程中采取正确的行动，甚至有可能让人们放弃通过思维以及行动的创新去应对全球化挑战的努力。事实上，正是自 20 世纪中期逐渐生成的全球意识促成了全球化运动以及"全球化"概念的提出，就这一概念在 20 世纪后期的流行情况而言，也是与这个时代相契合的。如果说人类历史上的脱域化运动最终造就了世界"中心—边缘"结构，那么全球化将是一场"去中心化"的运动。20 世纪的技术变迁孕育出了去中心化的力量，其量的积累到了 20 世纪后期终于带来了质的变化。特别是互联网技术的出现和广泛应用，预示着人类正在走向去中心化的未来，这也是全球化的目标所在。

一、 反对全球化的"泛历史主义"解读

1998 年，吉登斯（Anthony Giddens）在谈到"全球化"（Globalisation）这个概念时说："仅仅在十年以前，不论是学术著作还是通俗读物都很少使用这个术语。而现在，这一术语已经从无人使用变为无所不在；如果不提到它，任何政治演说都是不完整的，任何商业手册都是不受欢迎的。"① 我们看到，在此后的十多年中，关于全球化的探讨和争论呈现出爆炸性增长的趋势，不仅是对全球化自身的探讨，而且所谓"新全球化""逆全球化""反全球化"甚至是"全球化时代结束了"等众多提法和主张都涌现了出来。尽管这些提法中包含着诸多对全球化的误读，却在客观上促成了"全球化"这个概念的流行。一个概念的流行，特别是在这个基本概念的基础上衍生出概念群落，肯定意味着一个新时代的到来。

就"全球化"这个概念得以流行看，我们正处在这样一个可以用"全球化"这个概念来描述其基本特征的时代。然而，能否正确认识自己所处的时代，决定了人们的行为选择和道路设计。如果把自己的时代看作历史发展的逻辑在此时的延伸，那么所有的努力实际上都只是在维护既有的一切，即使有了改革的愿望，也会满足于对既有生活模式和治理体系做出小修小补的行动。如果认识到全球化是一场全新的运动，意味着人类从此将走向一个全新的历史阶段，就会提出根本性的社会变革要求。所以，正确认识全球化运动是非常必要的，这也应当成为当代学者的一项学术使命。

20 世纪后期以来，在学术界，几乎每一个学科专业和领域的学者都惊奇而又欣喜地发现了全球化这个宏大议题，研究者和实践者纷纷加入这场关于全球化的大讨论之中。然而，也正是全球化这一现象引起广泛关注，导致了对"全球化"的定义出现了非常混乱的状况。我们看到，

---

① ［英］安东尼·吉登斯：《第三条道路——社会民主主义的复兴》，郑戈译，北京：北京大学出版社，2000，第 30 页。

对于"全球化"的概念，几乎每个人都有自己的理解和认识，没有任何共识可言。即使大部分人都承认人类已经进入了全球化进程，但关于全球化进程的起点，却有着完全不同的解读。有人认为全球化是开始于近代早期的一场持续的运动；有的人甚至将其推及至遥远的过去，在中国，甚至有人把"丝绸之路"的开拓当作了全球化的起点。对全球化的这些解读阻碍了人们去探索应对全球化挑战的创新活动。

这是因为，对全球化历史的泛化而不是将其与人类社会的后工业化联系在一起，必然会把人们的思想局限在从历史经验和传统智慧中去发现应对全球化挑战策略的框架之中，以至于不愿在思想和行动方面作出创新的努力。实际上，全球化是人类历史演进过程中的一场全新的社会运动，是人类社会走向一个新的历史阶段的标志。新的历史阶段需要拥有新的全面创新的追求，唯有创新才能应对全球化进程中可能出现的一切挑战。这也是需要确认全球化起点的原因所在。我们认为，只有确定了全球化的起点，才能明确全球化在人类历史长河之中所处的位置，也才能正确地选择以何种思维和行动方式来应对全球化的挑战。

全球化是一个正在发生的历史现象，是在人类社会走过了工业社会的历史阶段后而向后工业社会过渡过程中出现的一场历史性的社会运动。然而，许多学者并不这样认为，在全球化的起点问题上，学者们往往不愿意作出明确的判断，反而在其叙事中呈现出混乱不堪或者漂移不定的问题。关于全球化的起点，许多学者或者直接地或者以隐喻的方式表达了这样一种看法，认为全球化是与人类社会的发展史共在的过程，有的学者从公元前开始谈论全球化的问题，有的学者则试图从对帝国的分析中寻找全球化的源头。所以，我们看到，在各种各样的文本中存在着关于全球化起点的截然不同的解读，或者以 16 世纪，或者以 18 世纪，或者以 19 世纪，或者以 20 世纪作为全球化的起点。即便是那些把 20 世纪作为全球化起点的学者，也在全球化究竟发端于 20 世纪初期、中期还是末期的争论中各执一词。有些学者在这一问题上采取了模糊策略，往往不提全球化起点的确切时间，而是说它是起源于古代的、或近代的、或晚近的一场运动。也有学者认为全球化是源于宗教革命、跨国贸易、工业革命、科技革命、殖民统治、二战结束、冷战结束等等历史事件的一场运动，甚至有人宣布全球化已经结束了。

关于全球化的历史概貌，有的学者认为全球化呈现了线性发展的特征，也有学者认为全球化具有非线性发展的特征，还有学者认为全球化的历史发展具有某种周期性，甚至有学者分析全球化在历史上出现的几次断裂，更有学者谈论全球化的所谓"可逆性"。在研究方法上，几乎所有研究者都意识到需要从全球化这个概念的历史中去准确把握这个概念，即把全球化的概念放在历史与现实的背景中去加以理解和界定。然而，一旦涉及为全球化这场运动的起点进行定位的问题，分歧就产生了，更多的学者认为全球化是在人类历史上早已存在的一场社会运动。我们发现，绝大多数研究全球化问题的学者都是首先接受或创造了某种全球化的概念，然后到历史上去寻找全球化的历史踪迹，似乎人类脱离自己生活的地域的所有流动都被认为是全球化的早期迹象，并据此声称全球化早已存在。所有这些做法，都是对全球化的"泛历史主义"解读，实际上是把整个人类历史等同于全球化的历史了，是关于全球化运动的极其错误的解读。对于这些关于全球化的认识，莱斯利·斯克莱尔（Leslie Sklair）曾批评道："在全球化理论家中有一种时髦，即从所有以前的历史中为全球化寻找证据。"[1] 在这种时髦的感召下，甚至有人认为全球化在古代社会就存在[2]，还有人说全球化是与人类的整个历史共存的[3]。

因《世界是平的》一书而闻名遐迩的托马斯·弗里德曼（Thomas Friedman）就是把全球化当作一个时髦词语来应用的代表之一。在这本畅销书中，弗里德曼说道："全球化经历了三个伟大的时代。第一个时代从1492年到1800年，我称其为全球化1.0版本（Globalization 1.0）。这

① ［英］莱斯利·斯克莱尔：《资本主义全球化及其替代方案》，梁光严等译，北京：社会科学文献出版社，2012，第35页。

② 贝利（Bayly）提出了所谓的"古老全球化"（archaic globalization），意指从古代到17世纪的全球化因素，参见 Bayly, Christopher A. "Archaic" and "Modern" Globalization in the Eurasian and African Arena, c. 1750—1850. In A. G. Hopkins, ed., *Globalization in World History*. New York：W. W. Norton，2002. 卡尔·穆尔（Karl Moore）和大卫·刘易斯（David Lewis）甚至谈论公元前三千多年的全球化因素，参见 Moore, Karl, and David Charles Lewis. *The Origins of Globalization*. Routledge. 2009.

③ 例如，久加诺夫指出，"全球化进程……随着人类历史的开始就产生了……从历史上来说，这一进程开始于人类文明之初。"（参见［俄］根纳季·久加诺夫：《全球化与人类命运》，何宏江等译，北京：新华出版社，2004，第8—9页。）

一阶段肇始于哥伦布远航开启新旧世界间的贸易……第二个时代或可被称作全球化2.0版本（Globalization 2.0），这一时代从1800年左右一直持续到2000年……我们在2000年进入了一个全新的时代：全球化3.0版本（Globalization 3.0）。"① 这显然是把全球化与"资本主义世界化"相混同了，即把资本主义世界化的起点误认为全球化的起点。弗里德曼的这一看法是具有普遍性的，即绝大多数学者都分不清全球化与资本主义世界化这两场性质完全不同的运动，而是把它们等同了起来。

如果说弗里德曼的划分方式缺乏必要的论证，那么斯图尔特（JanAartScholte）关于全球化三个阶段的划分则是建立在逻辑推理的基础上的。他向我们明示了这类划分的原因所在，也让我们得以从中发现这一主张的荒谬所在。斯图尔特区分出的三个阶段分别是：距今500年前（约16世纪）至19世纪——"全球想象的出现"（emergence of global i-magination）、19世纪中叶至20世纪中叶——"早期全球化"（incipient globalization）、20世纪60年代以后——"全面全球化"（full-scale glo-balization）。在斯图尔特看来，人类似乎从一开始就在为全球化的到来做着各种准备，他甚至还简略地提到了公元前5、6世纪的某些宗教在世界范围内的传播，15、16世纪航海家的环球之旅，以及18世纪一些启蒙思想家关于世界政治或商业统一的表述。他认为，正是这类所谓的"全球意识"，为全球化提供了某种思想和观念上的准备。这显然是不实的。因为，历史上的这些事件与当下正在发生的全球化运动有着根本性质的不同。无论是宗教人士在全世界的布道，还是航海家对未知地域的开辟，抑或世界统一的种种遐想，都是从一个特定的中心出发的，目的都是要建立源自某个中心对世界的统治，是要将未知土地以及土地上的人们纳入自己的统辖范围，并从中谋取利益。然而，在全球化进程中，这些观念恰恰是需要加以祛除的。也就是说，这些意识是不可能成为全球化的观念基础的，相反，他们正是工业社会的"中心—边缘"结构得以生成的思想前提，而全球化的目标则是要打破这一"中心—边缘"结构，建

① ［美］托马斯·弗里德曼：《世界是平的——21世纪简史》（3.0版），何帆等译，长沙：湖南科学技术出版社，2008，第8—9页。

构起一个广泛合作的无中心的世界。

在全球化的起点问题上，诺贝尔经济学奖获得者约瑟夫·斯蒂格利茨（Joseph Eugene Stiglitz）也持有类似的错误判断。他认为，"大约150 年前，沟通以及交通运输成本的降低促进了全球化早期雏形的产生。"[①] 这同样是一种对全球化的"泛历史主义"解读。斯蒂格利茨之所以将全球化的起点确定为 19 世纪中期，是出于论证其学术主张的需要。因为，斯蒂格利茨所要证明的是，19 世纪的国家及其政府在民族经济的发展中开始发挥了主导性的作用，从而论证政府在未来的全球化进程中发挥主导作用的必要性。虽然自主主义经济学的几乎所有主张在 20 世纪都是可疑的，但斯蒂格利茨通过这种改写历史的方式去作出证明似乎又没有什么必要，而且，他在提供这一所谓全球化的证据时，并未形成完整的证据链，更何况在逻辑上也是不通的。

也就是说，斯蒂格利茨没有像一个严谨的学者那样去作出既尊重史实又尊重逻辑的严密证明，而是在指出全球化发源于 19 世纪中期之后就急于表达政府对经济运行以及发展的干预是不可怀疑的公理，并认为现在到了建立全球政府的时候，应当通过全球政府的建立去干预世界经济。当然，根据斯蒂格利茨的意见，我们当前处在全球化的一个新的阶段，全球政府或类似于政府的国际组织可以在全球化进程中发挥主导性的作用。在他看来，这是全球化的新阶段。其中，显然包含着这样一个判断，那就是，全球化是一场开始于较早时期的社会运动。从斯蒂格利茨的身上可以看到，对全球化概念的"泛历史主义"解读不仅影响了我们对全球化概念的准确理解，阻碍了我们对当前全球化现实的认识与分析，而且使我们受到历史的羁绊而无法在新出现的问题面前作出正确的选择。我们知道，斯蒂格利茨是以"信息经济学"研究而著称的，他曾对 1997 年亚洲金融危机作了深入研究，并提出了一系列改革方案。但是，他的方案并没有在防范金融危机方面发挥作用，因此，我们还是迎来了 2008 年的全球性金融危机。斯蒂格利

---

① ［美］约瑟夫·E·斯蒂格利茨：《让全球化造福全球》，雷达等译，北京：中国人民大学出版社，2011，第 16 页。

茨在 2001 年获得诺贝尔经济学奖,从而有了更广泛的影响,但是,2008 年的金融危机与他之前的政策主张是否有一定的关联性呢?这可能是一个值得研究的问题。至少可以说,他并没有从亚洲金融危机中找到正确的防范金融危机的对策,在某种意义上,正是由于他对全球化的误读而妨碍了他去寻找正确的出路。

显而易见,当我们面临后工业化进程中的种种挑战时,当我们试图为当前的问题谋求解决之道时,那些对全球化进行"泛历史主义"解读的人必然会在历史所给予的遗产中寻找出路。即便是一些被认为是创新性的解决方案,实质上仍然是在既有的路径中前行的,表现为一种对既有路径的依赖,而不是另辟蹊径的创新行动。还以斯蒂格利茨为例,他是在 20 世纪政府干预的背景下成长起来的,他深切地感受到政府在干预经济与社会方面的巨大能量,在政府失灵并受到新自由主义的广泛诟病的情况下,他所做的主要是两个方面的工作:其一,希望引入信息的向量而强化政府干预,这无非是对凯恩斯方案的修补;其二,认为民族国家政府的干预具有地方性,也因国际政治、经济、贸易等关系的影响而无法达到理想效果,所以,提出建构"全球政府的全球管理",这无非是要把凯恩斯主义扩展到全球。正是第二方面的主张促使他对全球化发表了意见。斯蒂格利茨说:"我们拥有与民族经济形成早期进程相似的'全球化'进程。不幸的是,我们没有世界管理机构对每个国家的公民负责,(没有)用国家政府引导其国有化进程类似的方式来监视全球化进程。"[1] 正是由于他表现出了对凯恩斯主义的信奉,并努力按照凯恩斯主义的思路去从事经济学研究,所做的只是想把凯恩斯主义向前推进一步。所以,在新自由主义大行其道的时刻,斯蒂格利茨虽然表现出了一种与众不同的品质,却没有做出真正创新性的贡献。

政府是近代社会的产物,有了政府之后,就可以把分散的地域集中到民族国家的框架中来,并在民族国家这个封闭的系统中实现有效的管理。这是一个历史事实,但是,打破地域而建构民族国家的过程无论在

---

[1] [美] 约瑟夫·E·斯蒂格利茨:《全球化及其不满》,李杨、章添香译,北京:机械工业出版社,2010,第 16 页。

何种意义上都不应看作全球化运动。民族国家只是在征服、剥削和掠夺的意义上才面向世界，而在管理的意义上，仍然是封闭的。而且，也只有在民族国家相对封闭的前提下，政府的管理才是有效的。全球化恰恰是要打破一切封闭，要直面开放性、流动性等问题。斯蒂格利茨并未真正理解这一点，所以，他依然是在近代国家及其政府的社会控制思路中去思考问题的，他关于建立全球政府或全球性的统一机构的设想，实际上是要把民族国家的政府模式应用到全球，是要让地方性经验凌驾于全球之上，这在基本思路上恰恰是反全球化的。至多，他所说的全球化在实质上只能被理解为资本主义世界化，他的做法，是试图在全球化时代复制资本主义世界化模式。其实，斯蒂格利茨并不理解金融危机是完全不同于资本主义经济危机的一种新的经济现象，因而也就不可能为之开出有效的药方。

如果说工业化是与资本主义世界化联系在一起的，那么全球化则是与后工业化联系在一起的一场全新的运动。近代以来的所有伟大思想家解决的都是工业化和资本主义世界化中出现的问题，如果在全球化和后工业化进程中依旧沿着他们的思路前行，我们是无法找到解决时代问题的方案的。所以，对全球化的上述各种误读不仅对于解决当下的问题无益，反而是有害的。在社会治理方面，如果不是谋求全新的社会治理方案，而是囿于近代话题，围绕着民主参与、透明化等等问题去开展争论，显然不会把改革引向正确的道路。相反，恰恰会把改革引向歧途，以至于不断地错失解决现实问题的良机，致使人类陷入危机事件频发的困境之中。也就是说，后工业化完全不同于工业化的历史进程。在全球化、后工业化进程中，我们面对的是一个高度复杂性和高度不确定性的社会，像斯蒂格利茨那样去谋求全球政府来实现对世界的控制，即使引入了信息技术，也是一个错误的思路。之所以如此，在很大程度上就是对全球化的误读所造成的，是混淆了全球化与资本主义世界化、混淆了后工业化与工业化而引起的。

二、 必须承认全球化概念的历史性

我们已经指出，“全球化”这个新词语是在 20 世纪中期被创造出来的，随后被阐释为一种学术概念，并于 20 世纪 80、90 年代流行了起来。对此，从事全球化研究的学者并未表达过不同意见。但是，一个颇为奇怪的现象是，许多全球化的研究者在论及全球化的起点问题时，总是忽视或者曲解这个概念史上的客观事实，以至于将全球化的起点前溯至 20 世纪以前或更早的时期，由此制造出了各种版本的“泛历史主义”的全球化概念。

根据学者们的考证，在 1944 年，“‘全球化’（globalize）和‘全球主义’（globalism）在一篇论著中被创造出来。而名词‘全球化’（globalization）第一次出现在词典（美式英语词典）中是在 1961 年。”[①] 从事全球化问题研究的一位重要学者戴维·赫尔德（David Held）指出：“直到 20 世纪 60 年代和 70 年代早期，全球化一词才在学术界广泛流行起来。”[②] 而作为一个系统的学术概念和分析工具的全球化，则是由提奥多尔·莱维特（Theodre Levitt）在 1983 年做出的，主要是用来描述全球经济的扩散现象的。[③] 学术界往往认为，罗兰·罗伯森（Roland Robertson）是第一个把全球化概念引入社会学的研究中的，并作出了系统的论述。关于全球化的概念，罗伯森指出：“直到 80 年代初，或者说直到 80 年代中期，学术界还不承认它是一个重要概念。在 80 年代后五年里，它的使用极大地增加了。”[④] 马尔利姆·沃特斯（Malcolm Waters）研究发现：“直到 20 世纪 90 年代初，在出版物的标题中使用表

---

① Scholte J. A. *Globalization*: *A Critical Introduction*. Basingstoke: Macmillan, 2005. Chapter 2. 中译本参见［英］简·阿特·斯图尔特：《解析全球化》，王艳莉译，长春：吉林人民出版社，2010，第 45—46 页。

② ［英］戴维·赫尔德、［英］安东尼·麦克格鲁：《全球化与反全球化》，陈志刚译，北京：社会科学文献出版社，2004，第 2 页。

③ T. Levitt. The Globalization of Markets. *Harvard Business Review*, 1983, vol. 61, no. 3.

④ ［美］罗兰·罗伯森：《全球化：社会理论和全球文化》，梁光严译，上海：上海人民出版社，2000，第 11 页。

示过程的'全球化'一词依然相对罕见。"① 斯图尔特则发现，"全球化"一词最早出现在美式英语中，即 globalization 一词，到了 20 世纪 80 年代以后，才开始在各种语言中出现了相关词汇。②

"全球化"一词无论是作为一个语词还是作为一个学术概念，都是新出现的，并无较为长久的历史。应当说，"全球化"是到了 20 世纪 80、90 年代才是一个在科学研究文献中得到广泛应用的学术概念。但是，我们在此提到的几乎所有学者都无一例外地将全球化的起点追溯得很久远，似乎像白酒一样，窖藏时间越长越值钱。学者们对全球化概念史所进行的考察似乎是与全球化的史实没有什么关系的。许多学者——即使他们清楚地知道全球化概念仅仅是在 20 世纪中叶才出现和在 20 世纪末期才开始流行的——都坚持要追溯到更为久远的历史中去寻找全球化的踪迹，这显然是一个不好的学风。

一般说来，我们应当相信前人拥有足够的智慧发明出能够反映其时代特征的概念，我们没有理由认为前人缺乏这种能力。事实上，在哲学史和科学史上，我们经常看到，前人所创造出来的某些概念往往在历史发展的很长一个阶段后才以现实的社会现象出现。在这种情况下，当我们考察一些学术概念的历史时，甚至需要认识到前人所具有的某种超前意识。总的说来，学术概念是具有明显的时代特征的，一个学术概念被发明并得以流行，恰恰是因为现实提出了用这个概念描述和反映其时代中的某个社会现象的要求。当然，我们也承认，一些学术概念可能代表了一种新视角，可以用来理解历史上早已存在的某种现象。但是，如果是这种情况的话，那些代表了新视角的概念只会在极其狭小的学术圈内才会被采纳，而不会成为跨学科共同使用的概念，更不会成为引发全社会关注的流行语词。显然，"全球化"一词不仅是某个单一学科使用的概念，而且是得到了几乎所有社会科学门类使用的语词，而且频繁地出现在各类媒体上，甚至进入日常用语的范畴。这足以说明全球化是一场发

---

① Waters M. *Globalization* (*2nd edn*). London and New York：Routledge，2001. P2.
② ［英］简·阿特·斯图尔特：《解析全球化》，王艳莉译，长春：吉林人民出版社，2010，第 45 页。

生在当下并影响广泛的社会运动。也就是说,在"全球化"一词产生于20世纪中后期并得以流行的背后,肯定包含着对自此开始的一个时代本质的认识和反映,是要求用全新的思维及其行动去适应全球化和应对全球化进程中所出现的问题的。只是由于近代以来的理论建构太过成功,以至于学者们无法突破其话语限制,才把全球化的历史与工业化的历史相混同了。

事实上,全球化(globalization)这一概念被提出时,也正是"全球"(global)问题涌现之际,许多跨越民族国家边界的全球性问题进入了人们的视野,并引发了各种各样的讨论。准确地说,20世纪中期可以看作全球化运动在思想和观念上的准备阶段,因为在关于全球问题的讨论中逐渐孕育出了全球意识,这种全球意识与斯图尔特等人认为的那种产生于人类早期历史的虚假的"全球意识"有着本质不同,它不是率先发展起来的工业化国家所看到的可以开采、可以掠夺的全球资源,也不是那个可以接受他们的产品的全球市场,而是一个全球联系和互动的世界。这才是真正的全球意识,也正是这种全球意识为全球化概念的提出以及流行提供了观念上的准备。如果说学者们在这种全球意识的生成中扮演了某种积极角色的话,应首先推举加拿大学者马歇尔·麦克卢汉(Marshall Mcluhan),他的著作和思想在这种全球意识的生成中发挥了重要作用。

1991年《牛津新词语辞典》在定义"全球意识"(global consciousness)和"全球变暖"(global warming)这些在当时仍属于新鲜词汇的时候指出,"全球的"(global)一词"在当代主要是指'世界范围的'(worldwide),它受到了马歇尔·麦克卢汉在其1960年《交往的探索》一书中所创造出的'地球村'(global village)概念的影响"①。90年代初,当吉登斯回顾有关全球化的研究文献时,也将麦克卢汉作为一个代表性人物列出②。显然,麦克卢汉是一个先觉者,早在60年代,他就从电子媒介

---

① Sara Tulloch eds. *The Oxford Dictionary of New Words: A Popular Guide to Words in the News.* Oxford University Press, 1993. 相关评述可参见 [美] 罗兰·罗伯森:《全球化:社会理论和全球文化》,梁光严译,上海:上海人民出版社,2000,第12—13页。

② 吉登斯指出,"除马歇尔·麦克卢汉和少数几个作者外,对全球化的讨论主要出现在两类文献中,它们彼此也很不相同。"(参见 [英] 安东尼·吉登斯:《现代性的后果》,田禾译,南京:译林出版社,2011,第57—58页。)

的视角中看到了全球一体化，并富有洞见地探讨了全球结构及其运行机制，对"中心—边缘"、"线性思维"与"整体思维"、"分裂"与"整合"等重大问题进行了富有文采的阐述。尽管麦克卢汉有些不切实际地夸大了电子技术的整合力量，但他所关切的议题范围、其中所蕴含的思想内涵以及他独到的叙述方式，都对全球化研究产生了重要影响。尽管麦克卢汉在他的早期著作中并未使用 globalization 一词，但几乎所有研究全球化的学者都回顾了他的著作，也从未有人怀疑过他的全球研究先行者的角色。所以，我们可以认为，麦克卢汉为全球化的研究以及全球化这个概念的出现做了思想准备。

可是，那些对麦克卢汉表达赞赏的全球化研究者没有真正理解麦克卢汉的价值所在，他们通常引述的都是麦克卢汉关于全球联接性、共时性、依存性、回应性以及参与全球事务等方面的表述。实际上，如果把全球化仅仅理解为地球上不同部分之间联接性的增强，或者是人类相互依存度的增强，就会在逻辑上导向对全球化的误读，就会到更加久远的历史中去寻找全球化的踪迹，诸如宗教传播、商品交换、人口迁徙、王权扩张、地理发现、殖民统治、贩卖奴隶等等都可能被看作全球化进程中的历史事件。这样一来，无异于说人类社会发展的整个历史也就是一部联接性不断增强的全球化历史，当前的全球化运动也就可以被认为是人类历史上一切脱域化运动的继续。如果仅仅在此意义上去认识全球化，就会使这一概念失去其应有的意义，在某种意义上说，发明这一概念也就变得没有什么必要了。

其实，麦克卢汉为全球化提供的最有价值的思想闪光点就在于他对"中心—边缘"式线性思维的批判以及对一个"处处是中心，无处是边缘"世界的呼唤。麦克卢汉说道："直到不久前，我们的制度和安排，包括社会的、政治的、经济的制度和安排，都只有一个单向的模式……沉迷于老式的、机械的、由中心向边缘扩展的单向模式，再也不适合当今的世界了。"① 根据麦克卢汉的设想，应当用一种非线性逻辑取代这种线

---

① ［加］马歇尔·麦克卢汉：《理解媒介——论人的延伸（增订评注本）》，何道宽译，南京：译林出版社，2011，第51页。

性模式与线性思维。"今天在电力时代,我们觉得可以像自由创造非欧几里得几何那样自由地创造非线性逻辑。就连装配线这种使各种制造和生产机械化、分析、序列的方法,现在也在让位于新的形式了。"① 正是这些,才是麦克卢汉所认识到的全球化的本质。也就是说,麦克卢汉是把全球化当作人类的一场新的伟大运动,它与以往所有建构了世界"中心—边缘"结构及其线性思维模式的运动不同,恰恰是一场努力打破不平等的世界"中心—边缘"结构的运动,而且是一场在思维方式上也要实现革命的运动。正是因为麦克卢汉的思想中包含着关于全球化的这些可贵认识,我们才说他为全球化的概念的提出作出了观念上的准备。

三、 全球化的去中心化内涵

不同于已有的关于全球化的认识,我们认为,或者说我们同意麦克卢汉的观点:全球化应当是一场去中心化的运动,其目的是要打破既存的世界"中心—边缘"结构。只有当在这个意义上理解全球化概念时,我们才能为全球化确定出一个客观的、符合历史的和有利于人类未来的起点。客观的历史事实是,随着"全球化"这一词语在 20 世纪中期产生后的不断流行,随着围绕全球化进行的讨论不断积累起来的那些思想和观念,随着新一轮技术变革为全球化提供的技术支持,全球化运动终于在 20 世纪 80、90 年代逐渐铺展了开来。需要特别指出的是,我们主张全球化起始于 20 世纪 80、90 年代,并不是因为——更准确地说,并不主要是因为——这一时期的技术变革缩小了人们之间的距离,从而让人类可以高效便捷地获取信息、表达自我和相互联络。诚然,新技术的这些层面也是重要的,但是,如果仅仅是在这些表层去理解全球化的话,历史上的每一次科学技术革命所带来的时空规模的缩小就都面临着被贴上"全球化"标签的风险。"泛历史主义"的"全球化"概念正是基于这种理解逻辑而产生的。

---

① [加] 马歇尔·麦克卢汉:《理解媒介——论人的延伸(增订评注本)》,何道宽译,南京:译林出版社,2011,第 106-107 页。

之所以说绝大多数谈论 20 世纪 80、90 年代的技术变革的学者都是在上述表象层面上进行理论思考与叙述的，是因为他们满足于技术变革为效率、分工、民主、参与、协作、相互依存等等这些长期以来争论不休的主题带来了得以增强的契机。弗里德曼就认为，20 世纪 80、90 年代逐步发展起来的个人电脑、windows 操作系统和互联网等技术终于将人类纳入了一个共有的系统当中。在这个共有的系统中，人们可以自由地交流和互动。据此，他将这些新技术称为"碾平"世界的两大动力。如果在这个意义上理解互联网等新技术，就会把曾经的"地理大发现""殖民统治"和"资本主义世界化"也合乎逻辑地理解成是将全人类纳入同一个统一的体系当中的运动，并可以认为，这些运动使人与人之间取得了比过去更为直接和紧密的联系。比如，资本主义世界体系就使全球贸易得以开展，并在所谓平等交易、各取所需、比较优势的名义下将人类紧紧地捆在了一起。然而，资本主义世界化不仅没有造就人们之间的紧密联系，反而是在世界统一体系的表象下把不同国家、不同地域的人割裂开来，把人们以及国家安排在世界"中心—边缘"结构之中，从而使人的不平等成为一种极其稳固的模式。

可见，如果从人类被卷入同一个体系的角度来看历史，就会把互联网的出现与应用与资本主义世界化看作同一场运动的不同阶段，也就看不到造就了世界"中心—边缘"结构的运动与去中心化运动之间的区别。正是由于看不到这种区别，弗里德曼才会认为当前的全球化运动——即使具有新的特征——可以追溯至 16 世纪，是开始于近代早期的那场运动的历史延续。在一定程度上，我们可以说，科学技术的发展是有着连续性的历史的，每一项新的科学技术成就都是根源于历史的积累。但是，社会变革的道路则要复杂得多，一方面，社会变革必然是建立在既往社会发展的成果之上的，但在另一方面，社会变革在某个时间点上又会以结构性断裂的形式出现。其实，严格说来，科学技术如果存在着变革问题的话，也有一个从量变到质变的过程。20 世纪 80、90 年代出现的科学技术变革显然是根源于近代以来的科学技术发展的量的积累，但以互联网为代表的新技术的真正价值并不在于弗里德曼声称的将人类纳入了同一个系统之中。互联网的真正价值在于，它自身的形态预示着人类去中心化的可能，它自身的功能则为去中心化提供了技术支持。

麦克卢汉早已从输电网络与铁路系统、飞机与轮子、电报与报纸、电话与书写等新旧媒介的对比中看到了这种去中心化的力量与趋势。根据麦克卢汉的意见，与铁路网相比，输电网就包含着去中心化的力量："铁路系统需要铁路终端和大都会中心，而电力可以一视同仁地输往农舍和办公楼，所以它容许任何地方成为中心。"① 同样，电报技术的流行对传统报纸的"中心—边缘"结构也造成了威胁："地方报纸本来不得不依赖邮政服务和政治控制，其中介就是邮局。可是它们凭借新式的电报服务，很快就逃脱了这种'中心—边缘'型垄断。"② 总的来说，"在电力结构中，就地球这个行星的时空范围而言，不存在什么边缘地区……指挥链型的金字塔结构从电力技术中得不到任何支持。"③ 不仅是金字塔结构，在更广泛的意义上，我们可以说一切具有"中心—边缘"构型的内容都在新技术中无法找到立足点，新技术所预示的是一种去中心化了的形态。

当然，麦克卢汉的表述有些言过其实了，这与他的叙述风格有关。他所看到和经历的这些技术创新，只是包含着去中心化的力量和趋势，还远未真正实现"处处是中心，无处是边缘"的形态。从铁路网到输电网，从轮子到飞机，从电报到报纸，从书写到电报，去中心化力量的不断积蓄终于在20世纪末的互联网技术革新中引发了质变。也就是说，如果我们将麦克卢汉所观察到的这些媒介变迁看作一个量变的过程，那么这一积累过程到20世纪末终于在互联网技术中生根发芽了。遗憾的是，麦克卢汉在有生之年未能亲眼见到互联网的广泛应用，否则，他一定会就"去中心化"的思想进行大书而特书。因为，互联网技术的去中心化力量要远远大于早前的其他技术。我们也必须指出，网络在今天看起来依然是具有中心与边缘之分的，甚至因为互联网和区域网的区分而有着

① ［加］马歇尔·麦克卢汉：《理解媒介——论人的延伸（增订评注本）》，何道宽译，南京：译林出版社，2011，第51页。

② ［加］马歇尔·麦克卢汉：《理解媒介——论人的延伸（增订评注本）》，何道宽译，南京：译林出版社，2011，第288页。

③ ［加］马歇尔·麦克卢汉：《理解媒介——论人的延伸（增订评注本）》，何道宽译，南京：译林出版社，2011，第309页。

"封建"特征，但是，可以相信，在其进一步的发展中，必将是去中心化的。

我们必须接受的一个正在生成和即将到来的现实：先前的中心可能不再是中心，先前的边缘也不再是边缘了。处在流变当中的中心或边缘最终使得稳定的中心不复存在，也就没有了永恒的边缘。网络中的每个节点都可能随时成为中心，生产信息供自己使用，同时为其他节点的服务器提供信息。在随之而来的下一刻，或者几乎同时，这个节点又扮演了边缘的角色，消费着其他节点提供的信息。除非在某个极短的瞬间，我们才可能分清中心与边缘的存在。甚至，即使在那一瞬之间，中心与边缘间的界线也是相当模糊的。简言之，在这样的网络中，"中心—边缘"的对立及其分析方法已经失去了意义，这就是去中心化任务完成后将呈现出的形态。1999 年，熟知网络的保罗·莱文森（Paul Levinson）延续麦克卢汉的论点与风格，在《数字麦克卢汉》一书中借用了布鲁诺（Giordano Bruno）的天文学观点说："无数的星星本身就是太阳，各自带着绕行的行星。因此，每一个星星都是独立的中心，无数中心的宇宙当然就是一个无中心的宇宙……每当我能够坐在联网的电脑前面时，我就置身于一个中心。我这个电脑上的数据行星，可能要超过宇宙中环绕任何恒星运行的行星。"[1]

正是互联网自身所具有的这种"处处是中心"的形态，让以互联网为代表的新技术为社会的去中心化提供了支持。今天，一些国家试图用工业社会的思维方式应对互联网所带来的危机，但总是表现出一种力不从心、难以应付的状况，甚至无法处理和应对那些旧的危机，反而会因其应对方式而制造出了新的危机。这种困境正是由于"中心—边缘"的管理方式与"处处是中心，无处是边缘"的网络形态之间的本质矛盾所带来的。互联网技术乃至整个全球化运动，包含着去中心化的要求，事实上，也在积累着去中心化的力量，而且显现出了去中心化的迹象。在这种情况下，所有那些力图维护"中心—边缘"

---

① ［美］保罗·莱文森：《数字麦克卢汉——信息化新纪元指南》，何道宽译，北京：社会科学文献出版社，2001，第 118 页。

结构的治理过程，都肯定会陷入疲于应付的危机之中。可见，我们现在面临的各种各样的挑战并不是那些根源于历史的治理模式和行为模式能够应对的，反而恰恰因为对旧的治理模式和行为模式的路径依赖而使我们陷入危机之中，并且越陷越深。所以，我们必须认识到，全球化是人类发展史上的一场全新的运动，全球化的起点就是 20 世纪80、90 年代，全球化是人类历史面向未来的一个全新的起点。也唯有如此，而不是把全球化视为源于较早历史阶段的社会运动的延伸，才能够正视全球化，才能够基于全球化的全新要求而重塑我们的思维，重新审视我们在全球化进程中所遇到的各种各样的问题，并从根本上去谋求新的解决方案。其中，首要的观念变革就是，应把全球化提出的去中心化要求作为一切行动的旨归。

20 世纪后期，除了技术变革的因素，另一个不可回避的问题则是"苏东剧变"。当我们把全球化的起点确立为 20 世纪80、90 年代时，必然要看到这一事件所产生的影响。或者说，在我们将 20 世纪后期确认为全球化起点的主张中，是包含着对"苏东剧变"这一历史事件的评估的。我们认为，这一重大事件的意义并不限于苏联的解体，而是世界"多极化"和去中心化的开始。尽管西方国家——特别是美国——利用"苏东剧变"把世界打造成了单极世界，把原先拥有两个中心的世界变成仅仅拥有一个中心的世界，但那肯定是一个暂时现象，也可以说是世界"中心—边缘"结构的极端化现象。在走到了这个极端的时候，必然会朝着相反的方向运动。这是一切事物发展的规律使然。单极的或单一中心的世界的出现是去中心化运动的开始。从"苏东剧变"以来的现实看，虽然暂时建立起了以美国为单一中心的世界，但其世界霸权不仅没有变得更加稳固，反而受到更多的质疑，甚至呈现出受到削弱的迹象。特别是近年来，美国已经无法像冷战时期那样严密地掌控其自身的边缘国了，以至于许多学者认为，"柏林墙的倒塌"让世界变得平坦、自由和高效了。一方面，"美国帝国主权与全球化相融合——老布什称之为'新世界秩序'的最后一个重要的障碍正在被移除。美国不断克服两极性，并不断为下一个阶段的全球化——彻底重建一个在美国领导下的全球秩序创造必要的条件。"① 另一方面，冷战结束又为跨国公司的壮大和国际组织的涌现提供了契机，人和物的流动性的迅速增强、多边贸易和交往自主性的扩大等，都意味着脱离单一世界霸权控制的力量正在积聚，也就是说，包含着去中心化的内涵。如果说"苏东剧变"在时间点上与全球化运动的重合是一个偶然事件的话，那么从"苏东剧变"后的世界格局变化来看，透过其表象所能看到的正是一场去中心化运动，这恰恰是全球化的基本内涵。所以，我们认为，全球化并不能被理解成人类历史的简单延续，而是一个开始于 20 世纪后期的新的行程，它包含着去中心化的策略与任务，其目的是要打破资本主义世界化所造就的"中心—边缘"结构。

第三节　大数据中的思维与社会变革要求

近一个时期，"大数据"成了热词，也成了一个热点话题。舍恩伯格等人的《大数据时代：生活、工作与思维的大变革》一书就是专门论述这一话题的著作，也是当前全球最为畅销的著作之一。然而，关于大数据的问题，我们迫切需要有一个正确的认识，即为大数据作出一个正确的定位。我们认为，大数据是在全球化、后工业化进程中出现的一个新的技术现象，同时也是一个新的社会现象。总体而言，我们需要在工具的意义来认识它，它可以应用于多种不同的目的，所产生的效果也是不同的。舍恩伯格等人声称大数据是一种新的思维方式和社会变革力量，其实这是夸大之辞。相反，我们恰恰需要通过思维方式和社会的变革去寻求正确运用大数据的途径。但是，大数据在加速世界的去中心化过程中发挥了巨大作用，这也说明，全球化、后工业化进程中的几乎一切新的科学技术成果都对工业社会形成冲击，并把人类社会引向一个去中心化的世界。

---

① 乌尔夫·赫德托夫特：《全球化与美国帝国：全球性转折的关键时刻》，载于［加］斯蒂芬·斯特里特等主编：《帝国与自主性：全球化进程中的重大时刻》，陈家刚等译，北京：社会科学文献出版社，2010，第 181—182 页。

一、 作为信息技术发展结果的"大数据"

近年来,"大数据"一词迅速流行了起来,它不仅出现在各种媒体的显赫位置,也成了学术研究的对象,甚至引发出一些思想灵感。可以说,"大数据"已经成了一个妇孺皆知的流行词,甚至被许多人所盗用,一些人只要是在谈论与信息、数据或数字相关的话题,就会冠以"大数据"的名号。应当说,这个概念的流行是源于社会复杂性和不确定性的不断增长,也源于科学技术的进步。科学技术的进步使我们的社会进入了一个数字时代,人们已经习惯于用数字来标识社会生活中的几乎所有因素,这就为"大数据"的视角或观念的确立提供了实践需求。从历史上看,一个热词的流行往往预示着一门科学的出现,甚至会预示着一个社会领域的出现。然而,在此过程中,那个词的原先含义可能已经发生了变化,甚至其原本具有的内涵会全部流失。"大数据"一词原本是用来表示个别领域(如气象学和基因学等)里的数据量超过了现有技术的处理能力的概念,如今则被运用到了几乎所有的领域。所以,"大数据"概念在这一扩散过程中也表现出了和其他流行词同样的状况。

我们应该看到,在一段时期内,在"大数据"视角和观念的确立过程中,对其加以夸大或作出过高评价是难以避免的。正因为如此,也就出现了对"大数据"的各种各样的过度解读。在这种情况下,我们迫切需要理清,"大数据"是否代表了一种新的思维方式,它能否呼唤出一种新的理论范式,或者能否彻底改变我们的社会?我们认为,"大数据"引发社会变革是必然的,但社会变革的方向却是不确定的,或者说存在着多种可能性。从当前的情况看,大数据依然属于工具的范畴,可以被应用于公共事业,为公众谋福祉;也可以服务于私人利益的谋划,或在"帮助""援助"的名义下获取私人利益的更大化。更为重要的是,对于我们社会所拥有的"中心—边缘"结构而言,大数据虽然可以用于打破世界的"中心—边缘"结构,但大数据本身并不能使这一结构发生改变。

在某种意义上，我们可以说大数据正是生成于"中心—边缘"结构中的。比如，在国际社会中，中心国往往会因其先进的科学技术优势而率先获得了处理大数据的能力，会把这种能力用于对边缘国的政治压迫、经济剥削和军事讹诈之中，从而使整个支配边缘国的世界体系变得更加稳固。不仅如此，"大数据"概念的传播也同样遵循着"中心—边缘"结构，事实情况也确实是，"大数据"一词首先在中心国得到追捧并流行了起来，然后才传播到了边缘国。但是，边缘国的人们一接触到这个概念就表现出了比中心国更加强烈的热情，他们纷纷要求自己的国家也努力在这场有关新技术的竞争中抢占先机。也许是边缘国的人们在"大数据"的图景中看到了某种可以超越中心国的机遇，所以把赶超中心国的希望也押在了大数据上。另一方面，中心国发现通过政治和军事的手段去干涉边缘国的事务变得越来越困难，而且贸易保护主义也经常性地与边缘国的民族情感混杂在一起，利用"大数据"去敲开边缘国的国门却显得更加容易。所以，中心国也乐意看到边缘国的人们所表现出来的那种对大数据的狂热。

2008 年 9 月 4 日，《自然》（Nature）杂志刊出了一期以"Big Data"为题的专辑，邀请一些专家就"大数据""大数据带来的挑战"以及"如何应对这些挑战"等问题进行了探讨，这通常被认为是"大数据"一词得以流行的一个重要时间节点。[①] 从此开始，关于大数据的讨论不断升温。2012 年 3 月 29 日，奥巴马政府投资超过 2 亿美元启动所谓的"大数据研究与发展计划"（Big Data Research and Development Initiative），致力于发展大数据处理所必需的工具和技能，以提高政府获取、组织大规模数据并从中获得知识的能力。这也成了公共部门关注大数据的典型案例。麦塔集团（META Group）分析员道格·莱尼（Doug Laney）在一

---

① 也有学者认为，这是"大数据"作为一个专业术语被首次正式提出。如果仅仅在大规模数据的意义上来理解"大数据"的话，可以认为"大数据"一词早在 20 世纪末就已经被提起，证明材料可参见 Cox, M., & Ellsworth, D. Application-Controlled Demand Paging for Out-of-Core Visualization. ［论文集］In *Proceedings of the 8th conference on Visualization'97*. IEEE Computer Society Press, 1997. 另外，需要指出的是，一些学者将"大数据"一词溯源至阿尔文·托夫勒（Alvin Toffler）的《第三次浪潮》，实际上，托夫勒并未在该书中使用过"大数据"一词，而是用了"information overload"等与"大数据"一词近似的提法。

篇研究报告中提出了被人们普遍接受的大数据的"3V 特征",分别是:其一,反映了大数据数量级巨大的规模属性(Volume);其二,表示大数据包含数字、文本数据、位置信息、传感器数据、图片和视频等多种类型在内的多样性(Variety);其三,体现大数据产生和增长速度的高速性(Velocity)[①]。在此基础上,一些研究者又补充了第四个"V",从而有了"四 V",即价值(Value)、变动性(Variability)、脆弱性(Vulnerability)、真实性(Veracity)等。除此之外,一些研究者还认为大数据应当包括复杂性、交互性、共享性、开放性等。

总体看来,正如普施曼(Cornelius Puschmann)和伯吉斯(Jean Burgess)在词源学的意义上考察大数据概念时所指出的那样:"大数据(big data)一词显然是从商业世界中走出来的。这一早期关于商业数据处理技术的词汇所反映的是这样的需求:寻求新的工具以帮助企业更快地传送搜索数据或以更低廉的成本存储更大量的客户数据,但在此后,这个词语的意思却发生了转变,它的核心变成为分析的目的——尤其为了预测建模——而使用收集到的信息。"[②] 也就是说,"大数据"一词不再仅仅表示一些领域或组织的数据规模超出了现有的存储和计算能力,而是承载了比这一困境本身更多的内容和目的,那就是去关注大规模数据在被获取、存储和分析之后所能带来的结果。简言之,"大数据"的所指随着这个词语的流行而从一种难题或现象转变为一个基于某种目的(例如降低成本、增加收益、预测未来等)的工具、资源或策略。当越来越多的人把谈论"大数据"作为时尚时,也就开始从各个方面持续不断地去赋予这个词语以新意,从而使"大数据"有了作为一种革命性的工具甚至是某种革命性的思维的内涵。[③]

---

① Laney,Douglas. 3D Data Management:Controlling Data Volume,Velocity and Variety.〔杂志〕*Meta Group*. 6 February 2001.

② Puschmann,C. & Burgess,J. Metaphors of Big Data. *International Journal of Communication*,2014,8:1690—1709.

③ 马丁·希尔伯特(Martin Hilbert)指出,应当在作为数据的小写的"大数据"(big data)和作为现象的大写的"大数据"(Big Data)之间做出区分,同时也应当与作为工具的"大数据分析"(Big Data Analysis)相区分。"大数据模式(Big Data paradigm)的关键并不在规模不断扩大的数据本身,而在于为了明智决策而对数据所做的分析(在此意义上,"大数据分析"　　（转下页）

维克托·迈尔-舍恩伯格（Viktor Mayer-Schönberger）和肯尼思·库克耶（Kenneth Cukier）在《大数据时代：生活、工作与思维的大变革》一书中就表达了"大数据是一场社会革命和思维革命的标志"的观点。根据这两位作者的看法，大数据带来了"一场生活、工作与思维方式的大变革"，他们用了"更多""更杂""更好"三个词来标识大数据所引发的变革："更多：不是随机样本，而是全体数据"，"更杂：不是精确性，而是混杂性"，"更好：不是因果关系，而是相关关系"。概括地说，两位作者认为：首先，我们要分析和处理的是更大量、更完整的数据，而不是少量数据，在这种情况下，我们不再依靠随机样本，而是需要通过分析全部数据来获取知识。之所以能够做到这一点，是因为不断更新的技术让我们有能力去储存、分析和共享大规模的数据，而且也正是得益于新技术，可以让我们随时随地地测量和收集大量和复杂的数据信息。其次，由于我们面对的是混杂的全样本数据，这就要求我们应当适度放弃对精确性的追求，而应把注意力转向对事物发展的大体方向的把握。也就是说，人类无须像过去那样苛求小样本数据的准确性和精确性，而是需要从宏观视角中根据全部数据去了解事物的全貌。最后，人类不必再煞费苦心地追寻事物发展背后的深层原因，即应该放弃对因果关系的追求，而应转向通过分析大数据的全貌来把握相关性。因为大数据能够为我们提供足够的相关性，足以帮助我们去把握事物的发展趋势，并实现对未来的预测。总之，"大数据时代对我们的生活，以及与世界交流的方式都提出了挑战。最惊人的是，社会需要放弃它对因果关系的渴求，而仅需关注相关关系。也就是说只需要知道是什么，而不需要知道为什么。这就推翻了自古以来的惯例，而我们做决定和理解现实的最基本方

（接上页）（Big Data Analysis）的表述比"大数据"（Big Data）一词似乎更为适切一些）。"参见 Hilbert, M. *Big Data for Development：From Information- to Knowledge Societies*. Jan 15, 2013. http：//dx. doi. org/10. 2139/ssrn. 2205145. 而艾玛纽尔·勒图（Emmanuel Letouzé）等人则提倡"基于发展的大数据"（Big Data for Development）的表述，认为"基于发展目的的大数据（Big Data for the purpose of development）与'传统的发展数据'（traditional development data）以及私人部门和主流媒体使用的'大数据'（Big Data）虽然相关，但在许多方面又有所区别。"参见 Letouzé E. Big Data for Development：Challenges &. Opportunities. *UN Global Pulse*，2012，P47.

式也将受到挑战。"①

在一个"大数据"概念不断升温的时代,《大数据时代:生活、工作与思维的大变革》一书的出版恰逢其时,很快就被翻译成多种语言,得到了大范围的传播。就这本书而言,它确实有着新的立意,虽然许多判断因为缺乏必要的证明而显得过于武断,但基于大数据而对人类社会的发展方向所进行的新的解读,则反映出了作者的创新勇气。不仅是它的社会意义,即便是从学术的角度看,这本书也是具有一定价值的。因为,作者在这本书中表现出了为"大数据"概念得以成立去寻找现实依据的努力,也敏感地捕捉到了许多新的社会现象,还试图去分析现实中一切由大数据所引发的新变动。至少,这本书对"大数据"一词的流行——尤其向其他国家的扩散——作出了贡献。在迅速涌现的谈论大数据论题的文献中,这本书的与众不同之处就在于,它不是把"大数据"仅仅理解为数据规模大、数据种类复杂和数据增长速度快超出了现有技术的应对能力,而是努力从这些表面现象中解读出思维方式的变革,认为大数据包含着思维上的革命性力量,因为"大数据是人们获得新的认识,创造新的价值的源泉。大数据还是改变市场、组织机构,以及政府与公民关系的方法"②。

一些中国学者也认为,"在大数据时代,人类第一次从技术上实现了话语权的平等。由于这一革命性的跨越,以往被限制、曲解和埋没的人民群众的意见和认识突然迸发出来,排山倒海,势不可挡。从博客和微博的相继出现与并行存在,可以看到大数据时代,它是信息产生和传播的一个重要途径,从信息产生,到新闻、报道、舆论等等文化现象的形成,涵盖了知识和文化形成的全过程。"③ 这虽然是对一个时代的描述,似乎与大数据这一工具的出现并无直接关联,但作者是把这个时代命名为"大数据时代"的,不管是否偷换了概念,都洋溢着对大数据的热情。

---

① [英]维克托·迈尔-舍恩伯格、肯尼思·库克耶:《大数据时代:生活、工作与思维的大变革》,盛阳燕、周涛译,杭州:浙江人民出版社,2013,第9页。
② [英]维克托·迈尔-舍恩伯格、肯尼思·库克耶:《大数据时代:生活、工作与思维的大变革》,盛阳燕、周涛译,杭州:浙江人民出版社,2013,第9页。
③ 李德伟等:《大数据改变世界》,北京:电子工业出版社,2013,第131页。

　　2012 年的世界经济论坛在一篇题为《大数据，大影响：国际发展的新可能》的报告中为"大数据"描绘了一个更加美好的未来。报告指出，由于移动设备每天都能够收集到大规模的数据，而发展中国家的民众又占有大量的移动设备，这就要求我们通过对这些数据的分析去了解他们的需求，并在此基础上为他们制定更好的政策。"这些由手机传送来的数据大有用途，这部分地是因为，对于低收入人群来说，手机是他们唯一的联络工具，同时也是因为，我们能轻松地将手机产生的数据链接到个体。这些数据可以为我们描绘出个体使用者的需求和行为图景……就可以为那些生活在贫困中的人提供健康、教育、金融和农业等方面的更好的服务。同时，利用这些手机产生的数据可以让我们更好地了解那些弱势人群，让政府对新情况的出现有更快的反应。"①

　　其实，"大数据"是在全球化、后工业化进程中出现的一种新的社会现象，也是信息技术发展的必然结果。我们看到，工业社会无论是在生产还是生活领域中，都有着强烈的标准化追求，在某种意义上，可以说标准化是工业社会的最基本特征。在标准化追求背后，则隐含着数字化，因为，一切可以制定标准的因素都必须得到数字的支持，而一切能够数字化的因素都可以进行标准化的处理。或者说，标准化离不开数字化，标准化是数字化的表象，而数字化则是标准化的内容。但是，在工业社会的后期又呈现出了一种新的景象，那就是数字化不再从属于标准化，不再亦步亦趋地紧随标准化的脚步，而是走上了独自发展的道路，甚至开辟出了"逆标准化"的道路，那就是为社会的个性化提供了准备。总之，在社会的标准化止步的地方，数字化并未停歇下来，反而加快了前进的步伐。所以，在 20 世纪后期也有许多学者用"数字时代"一词来描绘这个社会。也就是说，人们试图用数字来标识社会生活中的一切，希望把各种社会构成要素都还原为数字。也许正是这一点，促进了信息技术的发展，把人类引入所谓的"信息社会"，并在新世纪把"大数据"呈现到了我们面前。

---

① Big Data，Big Impact：New Possibilities for International Development. *World Economic Forum.* 2012. http：//www3. weforum. org/docs/WEF ＿ TC ＿ MFS ＿ BigDataBigImpact ＿ Briefing ＿ 2012. pdf.

虽然数字化根源于和得益于工业社会的发展，而自 20 世纪后期开始，人类进入了全球化、后工业化进程，一方面，我们已经习惯于用数字去标识一切可以标识的事物，并发展出了诸多数字技术；另一方面，社会却呈现出了高度复杂性和高度不确定性的特征，在应用数字去标识事物时使得数据每日每时都呈几何级数增长。这就要求人类不断刷新数字技术，而人类却又总是感受到数字技术的发展滞后于数据的生产量。所以，"大数据"一词开始流行了起来，这反映了人们面对数据的增长和数字技术的滞后而感受到的无奈，其实也包含着人们要求根据大数据去重新建构思维方式、生活模式和社会行动模式的追求。至少，大数据代表了一个新的概念或提法，已经成了一个尽人皆知的流行语。不过，也正因为它是一个流行语，我们更应当谨慎地审视它，以求正确地评估它以及它所带来的和可能带来的影响，并将大数据的应用纳入科学的规范之中。

鲍曼曾经指出，"一切流行之词往往都具有相同的命运：它们试图透明化的经历越多，他们本身就会越晦涩难解。它们所排挤和取代的正统真理越众，他们就会越快地转化成不容置疑的标准。"[①] 这也同样适用于对"大数据"一词的审视。我们已经进入了高度复杂性和高度不确定性的社会，承认差异和包容个性正在成为这个时代的共识。在这种条件下，"大数据"一词是不应与某种话语霸权联系在一起的，既不应被用于加固既有的"中心—边缘"结构，也不应沿着抹平差异和排斥个性的方向去寻求建构路径，更不应用于扩大任何意义上的数字鸿沟。如果我们把大数据看作是人类进步的新标志的话，那么我们就应当在大数据中寻找打破世界"中心—边缘"结构的可能性，或者说，运用大数据所代表的新技术去作用于人类在全球化、后工业化时代打破世界"中心—边缘"结构的行动。

二、"大数据"是否带来了思维变革

目前看来，就大数据是否带来思维变革的问题，可能并不能给予乐

---

① ［英］齐格蒙特·鲍曼：《全球化——人类的后果》，郭国良、徐建华译，北京：商务印书馆，2001，第 1 页。

观的评价。"半个世纪以来，随着计算机技术全面融入社会生活，信息爆炸已经积累到了一个开始引发变革的程度。它不仅使世界充斥着比以往更多的信息，而且其增长速度也在加快。信息总量的变化还导致了信息形态的变化——量变引起了质变。"① "大数据"的确是在这种变化中出现的，也可以认为大数据的出现意味着人类社会的发展经历了工业社会数百年的积累而进入了质变的过程。但是，"大数据"的出现是否像舍恩伯格等人所认为的那样代表了一种新的革命性思维，却是一个尚待观察的问题，或者说，它取决于我们对它的建构。在《大数据时代：生活、工作与思维的大变革》中，舍恩伯格等人专门探讨了"大数据时代的思维变革"，认为大数据反映了一种新的思维，而且它正在"开启重大的时代转型"。果真如此的话，似乎我们就只需等待着去收获"大数据"这一变革的成果，而不是去自觉地根据人类基本价值实现的需要去加以建构了。其实，正像大数据赖以生成的源头——近代以来的科学技术——一样，大数据依然是社会生活的工具，它是可以被用于提高人的福祉的，但同时，它也可以被用于反人类的行动。如果是这样，就其杀伤力而言，我们甚至可将其与业已存在的大规模杀伤性武器相类比。

从目前人们认识和研究大数据的视角和观点看，其中所包含的和反映的基本上仍然是在工业社会历史阶段中形成的线性思维。就大数据是一种工具而言，它虽然包含着某些突破线性思维的内涵，但思维方式的变革并不是大数据本身所能完成的，而且，也并不意味着人们必然通过大数据和借助于大数据而实现思维方式的变革。现实情况是，人们正是在工业社会的一种延伸的意义上去解读大数据的，既没有像舍恩伯格等人所断言的那样带来了思维方式的变革，也没有根据大数据的要求去对我们社会的基本结构进行反思，更不用说有着打破既有社会基本结构的自觉行动了。无论是在一国内部还是在国际社会中，我们现在所拥有的都是一个具有基础性意义的"中心—边缘"结构，如果说大数据能够引发思维方式变革的话，显然会最终指向这一"中心—边缘"结构，会使

---

① ［英］维克托·迈尔-舍恩伯格、肯尼思·库克耶：《大数据时代：生活、工作与思维的大变革》，盛阳燕、周涛译，杭州：浙江人民出版社，2013，第8页。

大数据成为打破"中心—边缘"结构的利器。但是，在人们缺乏自觉性的情况下，这仅仅是一种可能性。如果大数据被一些人用于维护"中心—边缘"结构的话，那么大数据就极有可能在未来被逐渐消解掉，成为一种暂时出现的社会现象。

上述可见，舍恩伯格等人概括出了"大数据"的三大特征，即"全体数据""混杂性"和"相关性"。从作出这种概括的出发点来看，这显然是其站在效率追求的视角中所看到的表象。而且，其所概括出的这三大特征中也明显包含着要求控制的目的，我们甚至看到，控制的动机是非常强烈的。我们说，人类自 20 世纪后期起逐渐呈现出高度复杂性和高度不确定性的特征，大数据也是产生于这一历史背景下的。表面看来，舍恩伯格等人笔下的大数据是承认社会的复杂性的，但我们在仔细观察中却发现，他们对大数据的研究是出于谋求相关性的目的，在实质上则是为了逃避复杂性，而不是应对复杂性。可以说，舍恩伯格等人所表达的其实依然是工业社会所具有的那种深植于人的思维之中的典型的"化简"追求。

科学研究已经证明，在工业社会的历史阶段中，思维和行动遵循着两个最为基本的原则，那就是"化简原则"和"以不变应万变原则"。在工业社会的低度复杂性和低度不确定性条件下，面对复杂性的"化简"和面对不确定性的"以不变应万变"都是具有合目的性的，也得到了日益进步的科学技术的支持。依据这两项原则而开展的思维和实践活动基本上都是成功的，或者说，取得了令人惊叹的工业文明成就。然而，当人类社会呈现出高度复杂性和高度不确定性特征后，上述两项原则都无法再在思维和实践活动中显示其优势了，相反，却束缚了我们的思维和行动。舍恩伯格等人并未能担负起倡导思维变革的任务，可以说，他们并不知道思维变革应该在何种意义上和在哪个层面上展开，也不知道思维变革所要达到的目标是什么。

根据舍恩伯格等人的看法，只要我们从大规模数据中找到两个事物之间的相关性，并能够从这种关于相关性的知识中获益，就实现了对大数据的驾驭和利用，至于其余的问题都不再需要考虑。也就是说，人类无须再像现代科学那样去追求精确性。对此，他们是这样描述的："我们要做的就是要接受这些纷繁的数据并从中受益，而不是以高昂的代价消除所有的不确定性……拥有更大数据量所能带来的商业利益远远超过增加一点精确性，所以通常我们不会再花大力气去提升数据的精确性。"① 这无疑是说，对于社会的复杂性和不确定性都可以置之不顾，只要在大数据中找到了相关性，并能够从中获得实际利益，就达到了数据处理的目的。这样一来，不仅科学的态度是多余的，而且是否有益于人类社会整体利益的问题也是无须考虑的了，只要找到有效的相关性，就可以使成本降低和使效益提升。总之，实用原则是面对大数据的最高原则。如果这就是大数据思维的核心特征的话，那么所谓大数据思维岂不是与一切专注于眼前利益的鼠目寸光的人的感性思维一样？就此而言，舍恩伯格等人所说的思维变革和大数据思维甚至没有达到现代理性思维的科学水平，而是反映出了一种浅薄的实用主义利益观。它遵循的是工业社会思维和实践的化简原则，但是，却退回到了闭目无视社会复杂性的地步，以为这样就可以使一切都变得无比简单。

为了强调大数据的全样本（即总体数据）分析，舍恩伯格等人对传统的随机样本分析进行了批判。他们认为，传统的随机样本的做法是在人类无法获取和分析大数据的情况下而采取的权宜之计。也就是说，在大数据出现之前，人们无法获得大规模数据，也没有能力有效地分析大规模数据，因此，才退而求其次地选择了随机样本分析。大数据时代的人们具备了获取和分析全体数据的能力，也就不应再守着随机样本分析的老办法。这可以说是面对大数据而提出的一个建设性的意见。

我们应当看到，随机样本分析在人类社会呈现出高度复杂性和高度不确定性的时候确实变得很不可靠了，但大数据所谓的"全数据模式"是否可靠，依然是一个有待回答的问题。其一，在高度复杂性和高度不确定性条件下，无论有着多么先进和高超的大数据处理能力，即使我们确实收集了所有数据并用技术对其进行分析，人类事实上也只能把握点与点之间的相关性，或者把握局部的相关性，如果打算从中发现一般和

---

① ［英］维克托·迈尔-舍恩伯格、肯尼思·库克耶：《大数据时代：生活、工作与思维的大变革》，盛阳燕、周涛译，杭州：浙江人民出版社，2013，第55—56页。

普遍的话，那是不可想象的，如果我们自认为从所谓的全数据分析中获得了普遍规律和趋势，那只能是自欺欺人的；其二，就大数据是大规模数据而言，它不会停留在某个既定的状态中，而是处在不断增长中的，尽管处理数据的技术和能力在迅速提高，但与大规模数据的增长相比，总是滞后的。这就决定了全数据分析也总是落后于现实的。可见，当我们把大数据与社会的高度复杂性和高度不确定性联系在一起思考的时候，思维方式的变革并不是舍恩伯格等人所宣称的那些大数据的表象特征，而是需要我们基于大数据去进行研究的。也就是说，思维变革尚未发生，而是需要我们自觉地去探索和寻找出路的。

在关于"大数据"的研究中，我们感受到一种非常固执的控制导向，其中，最为典型的表现就是研究者和实践者表现出的强烈的"预测"渴望。舍恩伯格等人认为，"大数据的核心就是预测"。这是一个具有普遍性的看法，许多涉及"大数据"的作品中都包含着这样一种追求，甚至有些著作不厌其烦地向我们展示大数据的某些科幻版本，努力让我们相信大数据及其相关技术可以让我们实现对未来的全景预测。从历史上看，在每一次历史转型的时刻，都会涌现出一批空想主义者，为我们提供一些关于未来的诗意描绘，其实，很多观点都是在已经落后于时代的情景和思维中创造出来的。在从农业社会向工业社会转型的时刻，空想社会主义所提供的往往是经他们改造后的农业社会理想版本，并让人感到那是一些比工业社会更美好的乐园。同样，当我们正处在从工业社会向后工业社会转型的时刻，受到空想主义的纠缠也是难以避免的。

就大数据是在全球化、后工业化进程中出现的新生事物而言，是在整个工业社会的发展进程中所没有遇到过的。可是，工业社会的人们长期以来一直有着强烈的要求预测未来的冲动，而且他们相信有了科学而不是算命先生的相术，是能够实现对未来的科学预测的。正是由于这已经成为一种思维定式，当大数据出现后，再一次激发出了人们预测未来的热情，再一次让人们看到了让幻想成为现实的曙光。舍恩伯格等人在《大数据时代：生活、工作与思维的大变革》一书中讲述了许多关于预测的故事，诸如预测机票价格的变动趋势、预测流感的爆发与传播、预测个人的支付能力和消费行为、预测人体和其他系统的异常情况等等。不过，舍恩伯格等人又一再强调，这种预测只是要了解趋势，是为了获得采取行动的依据，至于趋势背后的原因以及基于趋势所做的预测是否可靠，都无须知道，而且也很难知道。"这个预测系统并不能说明原因，只能推测会发生什么。也就是说，它不知道是哪些因素导致了机票价格的波动……这个系统只知道利用其他航班的数据来预测未来机票价格的走势。'买还是不买，这是一个问题。'。"① 这不恰恰是工业社会商业世界运行的逻辑吗？即只关注形式而不求知晓形式背后的原因。

总的说来，舍恩伯格等人的《大数据时代：生活、工作与思维的大变革》所反映出来的依然是一种线性思维。这是因为，他们没有看到大数据是与我们社会的高度复杂性和高度不确定性联系在一起的，而是在寻求确定性的基本思路中去思考应对大数据挑战的措施。正如我们已经指出的，在工业社会低度复杂性和低度不确定性的条件下，只要认识和把握了事物间的相关性和因果联系就能够找到应对措施。但是，这种做法无法满足也不可能满足后工业社会的现实。在信息技术大大压缩了时间，甚至在一定程度上把时间维度剔除了的情况下，舍恩伯格等人用相关性否定因果关系，紧紧抓住相关性不放，并以为这样就能够让复杂和不确定的世界显得简单而确定，这显然是一种过于简单也过于天真的想法。基于这种简单的和天真的想法，如何能够提供切实可行的大数据应对方案，更不用说去预测未来了，即便是根源于近代以来固有的控制追求，也会陷入非常尴尬的境地。

不过，舍恩伯格等人的《大数据时代：生活、工作与思维的大变革》是一部有着最为广泛影响的涉及大数据问题的著作，它的广泛传播也说明：其一，它敏感地反映了大数据这一时代课题；其二，它迎合了我们这个时代中的人的线性思维习惯。也就是说，尽管网络已经成为我们生产、生活和交往的基础性平台，但我们还没有学会网络思维；尽管在高度复杂性和高度不确定性的条件下人类需要的是去谋求人的共生共在的出路，但我们还斤斤计较于个人的利益得失；尽管人类需要用合作行动

---

① ［英］维克托·迈尔-舍恩伯格、肯尼思·库克耶：《大数据时代：生活、工作与思维的大变革》，盛阳燕、周涛译，杭州：浙江人民出版社，2013，第6页。

去应对一切挑战，而我们却更乐意于通过竞争或斗争的方式去开展社会活动。而且，所有这些已经远远落后于时代要求的做法又都得到了制度性设置的鼓励，甚至我们早已因为习惯了这些制度性设置而忘记了所有其他的可能，就像我们已经不知道如果不通过竞选的方式如何能够产生一位总统。所以，在今天，"大数据"一词所包含的更多内容还是用来维护或者去改善工业社会中所生成的一切，用来为个人的以及小群体的利益服务，甚至用来实现对社会更为严苛的控制。既然如此，又如何判断大数据带来了思维方式的变革呢？

总之，舍恩伯格等人所许诺的大数据思维并不是什么新思维，它赖以立基的确定性和可预测性、控制导向、利益导向、技术主义等都表明他们所描述的仅仅是工业社会线性思维的一种延伸。当然，我们承认人类进入了一个包含"大数据"的时代，但我们不能仅仅满足于数据处理和数据分析能力的不断刷新，更不应从这里错误地解读出思维方式的变革。因为，如果我们满足于此的话，就可能在我们面前展出一幅极其惨烈的竞争甚至斗争画面。也就是说，在工业社会线性思维的逻辑下去认识和理解大数据，必然会在人类社会生活的几乎所有层面催生出新一轮的竞争浪潮，不仅国家之间、群体之间而且个人之间都会去抢夺大数据这一新发现的宝藏。如果说争夺领土进而划分势力范围的大规模战争在今天已经结束或被认为过时了，那么互联网所塑造的虚拟世界就会因为这种思维方式而成为各个国家竞相逐鹿的另一个竞技场。"如今，数据已经成为一种商业资本，一项重要的经济投入，可以创造新的经济利益。"[1]"大数据，将成为全世界下一个创新、竞争和生产率提高的前沿。抢占这个前沿，无异于抢占下一个时代的'石油'和'金矿'。"[2]既然大数据预示着商业利益，是在对商业利益的追逐中兴起的一种工具，就必然会引发对这一新事物的狂热追求。

托马斯·达文波特（Thomas H. Davenport）曾表示，数据分析能

---

[1] ［英］维克托·迈尔-舍恩伯格、肯尼思·库克耶：《大数据时代：生活、工作与思维的大变革》，盛阳燕、周涛译，杭州：浙江人民出版社，2013，第8页。

[2] 徐子沛：《大数据：正在到来的数据革命，以及它如何改变政府、商业与我们的生活》，桂林：广西师范大学出版社，2012，第58页。

力是当代公司的核心竞争力，"大部分发达国家的公司有着充足的理由去追求数据分析的战略……愈演愈烈的全球性竞争加剧了这种需要。那些在产品成本方面无法战胜其印度或中国对手的西方公司，可以通过优化商业过程来重占上风。"① 现实是，我们所拥有的是一个具有"中心—边缘"结构的世界，在这个世界体系中，民族国家是划分成中心国和边缘国的，中心国本来就凭借着经济、政治和军事实力控制着这个世界，并通过控制而实施着对边缘国的剥削、压迫。现在，中心国从大数据中看到了新的控制和支配工具，可以通过率先占领这一新兴技术去塑造自己相对于边缘国的新优势。这样一来，基于利益谋划的大数据及其所带来的行动只会成为那些占得先机者赚取巨额利润的工具，在"中心—边缘"结构中，它就是剥削边缘国的工具。

　　事实已经如此，由于中心国已经在工业化道路上取得了丰硕成果，他们拥有着再次抢占先机的优势。当他们率先占据了大数据的中心位置，那么作为一种新技术，大数据的扩散就会遵从"中心—边缘"结构中的技术垄断和扩散模式。"大数据是一次技术革新，技术革新的扩散从来都不是迅即和统一的……由于发展中国家在基础设施、人力资本、经济资源供给和制度框架等方面的匮乏和不利因素，大数据——像此前所有的技术革新一样——将经历一个缓慢而不平等的扩散过程。"② 在这种"中心—边缘"结构的扩散模式下，其他国家依旧是作为边缘存在的，大数据只是在他们的边缘状态上又增添了一个新的面相。也许正是意识到了这一点，中心国才会努力把持大数据的高地，并通过技术转让等方式继续实施对边缘国的控制和支配。面对这一状况，我们认为，问题的关键在于工业社会的思维方式没有被改变。如果我们从根本上意识到大数据这一人类社会的新事物需要有着相应的思维方式与之相伴随，那么自觉地谋求思维方式变革的运动就不会在对大数据的直接观察中进行，更不应声称大数据已经引发了思维方式的变革，而是需要在后工业化的场景

---

① Thomas H. Davenport. Competing on Analytics. *Harvard Business Review*，2006（84）：98—107.

② Hilbert，M. *Big Data for Development：From Information- to Knowledge Societies*. Jan 15，2013. http：//dx. doi. org/10. 2139/ssrn. 2205145.

中去思考思维方式的变革问题。只有当我们在思维方式的变革方面取得了进步，才能从根本上改变大数据技术的用途，才会把大数据转化为打破世界"中心—边缘"结构的力量。

三、"大数据"能否改变社会的基本结构

我们正走进包含着大数据的时代，大数据已经开始影响我们的社会生产和生活的各个方面。然而，与这个时代相适应的真正的大数据思维尚未建立，面对大数据，人们依然拥有和应用着在工业社会历史阶段中形成的线性思维，努力去消解大数据所包含的社会变革要求，甚至试图将其应用于巩固工业社会的基本结构——"中心—边缘"结构。应当说，人们已经意识到了大数据对社会造成的冲击，也在积极地通过大数据去对社会生活做出一些新的安排，但从总体上看，人们仍然是在工业社会的思维习惯中理解大数据，还仅仅是把大数据理解成一种机遇，利用大数据去开展竞争和谋取更多的利益。这样的话，就会引发人类社会长期存在着的不平等和非正义的加剧。

我们知道，在农业社会，人类的一切不平等和非正义都根源于它的等级结构，而在工业社会中，不平等和非正义则是根源于社会的"中心—边缘"结构。现在，大数据的出现是与人类社会的全球化、后工业化联系在一起的，或者说，大数据是全球化、后工业化的标志之一，是全球化、后工业化用以展现这个伟大历史进程的途径之一，它是包含着思维方式和社会变革的要求的。当然，大数据毕竟只是一种新工具，作为工具，它既可以成为引发社会变革的因素，也可以被用来巩固既存的现实。从当前的情况看，在人们面对大数据的一切热情背后，所包含的是因为有了新的手段去实现工业社会长期力所不及的控制而爆发的欣喜，人们努力通过大数据去达成谋利的、有效协作的、加强社会控制的和获取一切竞争优势的等等目的。这样下去，也就会导向对既有的社会基本结构的强化。

就当前的情况看，大数据之所以产生，更新数据处理技术的要求之所以被提出，其直接原因是无处不在的各种传感器、记录仪或监测系统，

它们随时随地记录、存储和上传各种类型的数据，这些数据最终汇总起来就构成了一个大数据，而且对这些大数据的分析是有着明显收获的。在扩大的意义上，每个人都是数据和信息的提供者，都随时随地地生产数据，因而在整体上汇聚成了大数据。正是在此意义上，大数据的研究者认为，人类已经进入了信息自由和信息平等流动的时代，每个人都是信息的提供者，同时也在数据的生成中获益。这确实是我们当前在信息流中所看到的情况。不过，这种信息流的生成有时是人们主动提供和自觉生产的，而有时则是无意识地生产出来或不自觉提供的。即便一些自觉生产的信息，也存在着不自愿提供的情况，而更多的情况是，通过信息搜集和信息处理所获得的信息，往往是人们不情愿提供的，甚至是在毫不知情的情况下被窃取的信息，有时也只是眼睁睁地看着被强掠了的信息。另一方面，这些被汇集起来的信息往往被有着信息收集和分析技术的强大组织所掌握和利用，事实上则成了他们谋取利益的手段。在大数据的语境下，每个信息提供者都作出了自己的贡献，即为大数据的效益作出了贡献，但大数据的收益却被少数人所占有。从个人的角度去看，贡献者是应当得到与其贡献相应的那部分收益的，但事实却是，信息提供者并未从中受益，更不用说大数据能够满足社会的普惠预期了。

如果说大数据意味着一个时代的开启，是社会变革的引信或动力，那么大数据的运行就不应耽于工业社会模式中，也不应从属于工业社会的基本社会结构，而是会显现出对工业社会的运行模式和基本结构的挑战。然而，现实情况却是，大数据带来的有形和无形收益都不是为全社会所共享，而是在工业社会的"中心—边缘"结构中进行分配，原先处于社会中心的人及其人群基于权力、资本以及社会地位等把持了数据猎取和处理的优势，甚至具备数据处理能力的专家也只不过是他们的雇佣者，为他们打工并得到一份可怜的恩赐工资，而绝大多数社会成员依然处在边缘地位上。表面看来，大数据使他们的生活内容和行为方式发生了改变，但实际上，他们的社会地位以及生活质量并未因为大数据而得到改善。

在工业社会的"中心—边缘"结构中，中心对边缘的剥削主要反映在财富方面，根据经济主义的理解，正是为了实现财富上的剥削和掠夺，才有了政治上的压迫，才在政治的合法性追求中出现了由政府执行的社会控制。现在，剥削的触角伸向了信息，即增加了一重对边缘人（群）所生产的信息的占有，而且是通过掠夺和窃取的方式实现的占有。就此而言，显然是与全球化、后工业化中的去中心化要求不一致的，而且恰恰是反向而行的。我们看到，有各种迹象表明，全球化、后工业化进程将是一个"去中心化"的过程，从信息生产和信息传播看，这种去中心化过程的反映就是：每个人都是信息的生产者和传播者，也同时是信息的接收者和处理者，而且都发生在此时此刻。在网络结构互动的平台上，每个人都是一个随机性的节点，在信息的生产者和接收者之间自由转换角色。这是与传统的由中心收集信息或发布信息完全不同的传播模式，是不再有中心与边缘区分的模式。这是一种有着广泛扩散可能性的无中心状态，它将意味着我们的社会打破"中心—边缘"结构，从而为网络结构取而代之。

大数据是出现在全球化、后工业化进程中的一个社会现象，它本应汇聚到去中心化的进程中，成为打破"中心—边缘"结构的力量。然而，现实情况却是，虽然每个人都是信息的提供者，却在信息收益的分配中处于边缘地位，作为社会成员中的边缘者的性质丝毫没有改变。对于大数据而言，边缘者并非自觉地生产信息，他们在信息流动和处理中没有任何自主权，收集、存储、分析进而加以利用的行动都被中心所垄断。这就进一步强化了生成于工业社会的社会"中心—边缘"结构。如果说工业社会的"中心—边缘"结构决定了信息是从中心向边缘单向流动的，那么大数据的信息流轨迹依然表现出了"中心—边缘"结构，至多也只能说是在"中心—边缘"结构的主轴上生成的一种变体，或者说，它是因"中心—边缘"结构而在全球化、后工业化进程中进行自我维护和自我强化。这样评价大数据也许过于偏激了，因为它毕竟是在全球化、后工业化进程中出现的新生事物。不过，我们应该看到，大数据仅仅是工具意义上的新生事物，既可以在全球化、后工业化进程中成为打破社会"中心—边缘"结构的利器，也可以用于巩固社会"中心—边缘"结构，而现实所呈现给我们的恰恰是后一种情况。

在社会治理体系的运行以及社会治理的行动中，公民（众）参与、政府信息公开等出现在 20 世纪后期的新方案都是基于社会以及社会治理体系的"中心—边缘"结构而作出的新设计。以"参与治理"为例，是因为有了中心和边缘才有所谓参与，参与也就是让社会治理体系中的边缘参与到社会治理过程中来，而主持参与、操纵参与的人则是处在社会治理体系中心的行动者。在 20 世纪后期公众参与运动兴起的时候，许多睿智的学者就指出了这一点，而且也出现了许多激烈的批评。然而，在大数据的概念开始流行后，一些人又开始重拾"公民参与""政府信息公开"等话题，声称大数据能够让参与者充分了解政府以及政治运作的信息，从而实现更为有效的参与。试想，如果公共参与的操纵机制不发生改变的话，公众的有效参与又何以可能？

在大数据所造就的政治环境中，就"参与治理"而言，每个公民都确实成了某些政策信息的提供者，政府也确实为信息的采集建立了场所和平台，尤其是大数据的许多技术手段让信息的供给与收集变得更加便捷。但是，就"参与"一词本身必须在"中心—边缘"结构中去加以理解而言，依然是难以避免被操纵的命运。作为公众的一员，你可以非常认真地表达自己的意见和你认为无比重要的信息，但处于社会治理体系中心的政府及其官员可能根本不会把你所提供的信息作为决策的依据，甚至没有对你所提供的信息瞥上一眼，即便公众的声音汇聚成了震耳惊雷，处在社会治理体系中心的政府及其官员也可以凭借着手中的权力加以操纵，让参与行动朝着他们事先确定的方向发展。所以，在社会治理"中心—边缘"结构未发生变化的条件下，大数据是不可能使社会治理得到实质性改变的，反而会成为一项增强"中心—边缘"结构的新技术，从而让集权获得更大的社会控制力量。

从国际社会看，情况也大致相同。我们知道，在现代化进程中，西方一些率先建立起民族国家和率先实现工业化的国家通过资本主义世界化的手段而建立起了世界"中心—边缘"结构，从而把世界分为中心国和边缘国，中心国依据世界"中心—边缘"结构实施着对边缘国的政治压迫、经济剥削和军事掠夺，而且这种世界格局迄今尚未发生改变。大数据出现后，一些学者试图从中解读出边缘国的发展机遇，鼓吹大数据将为全世界带来共同进步。根据他们的看法，大数据能够使边缘国民众的需求得到更好的了解，因为移动设备已经在边缘国得到了普遍应用，这些移动设备能够时刻收集并上传民众的健康、金融、社交等各类数据，只要通过对这些数据的分析，就能更加清晰地了解边缘国民众的需求，进而基于分析结果去为他们提供更好的服务。这看起来确实是一幅美好的图画，让人想起来都无比惬意，但在世界的"中心—边缘"结构中，由谁去执行？中心国愿意这样做吗？边缘国有能力这样做吗？

我们认为，这些言论要么是中心国故意编织的谎言，是用来为他们窃取边缘国的数据并用这类数据去谋利而施展的欺骗伎俩；要么就是那些爱幻想又缺乏思维能力的人的臆语。事实上，关于大数据带来人类福利的各种允诺都是属于前一类谎言。"棱镜门"事件虽然因为斯诺登的叛逃和爆料而引发了公众的关注，但事实上，美国通过大数据实现对全世界的监控早已不是什么秘密了。不仅如此，中心国一直在通过互联网和移动设备采集一切可以采集的信息。他们通过技术转让、技术援助等方式实现了对互联网和移动设备的控制，从中获取数据，并将所获取的数据用于政治的、经济的和军事的目的。普通社会成员都知道，只要接入互联网，大量数据就会源源不断地被传输进中心国的存储设备中，中心国可以随意地处理这些数据。其实，中心国收集边缘国普通民众的信息并不是近几年才发生的事情，这些数据在很早的时候就已经躺在了中心国的存储设备里，只是中心国在早期并没有给予这些普通数据以太多关注，而是把重心放在了边缘国的精英阶层上了。9·11事件的发生开始让中心国把视线转向那些在自己的存储设备中沉睡了多年的大数据，才使边缘国普通民众的数据变得有价值了。这也正是一些大数据研究者所看到的大数据的"价值"特征，他们认为，大数据时代要求人们学会变废为宝，把过去被忽略的数据利用起来，从数据中挖掘价值。"数据化意味着我们把一切都透明化，甚至包括很多我们以前认为和'信息'根本搭不上边的事情……这样，我们就激发出了这些数据此前未被挖掘的潜在价值。"① 从舍恩伯格等人对数据的这种价值的论述中也可以清晰地看

---

① ［英］维克托·迈尔-舍恩伯格、肯尼思·库克耶：《大数据时代：生活、工作与思维的大变革》，盛阳燕、周涛译，杭州：浙江人民出版社，2013，第20页。

到，关于"变废为宝"的建议显然是他们献给中心的一项计策。

虽然"大数据"一词是自2008年开始大范围流行起来的，但美国的"棱镜门"计划在2007年就已启动了。"棱镜门"计划的主要内容就是收集包括电子邮件、网站登录、社交传输中流动的文字、语音、照片、视频等各种类型的复杂数据。无论从数据规模、数据类型、数据增长速度、数据价值的哪个维度看，都俨然是一个大数据的典型案例。由此看来，美国是最先掌握了大数据收集和分析能力的国家，至于2012年奥巴马政府投资2亿美元用于"大数据研究与发展计划"，只说明了美国有着进一步强化这种能力的要求，是为了从数据中挖掘更多有利可图的价值。我们在上述提出了一个判断，指出大数据是全球化、后工业化进程中的一个新的社会现象，在此，我们需要再增加一项判断，那就是，作为技术现象的大数据首先是与美国联系在一起的，是美国首先掌握了大数据技术。所以，我们才看到了大数据是在既有世界"中心—边缘"结构中成为中心国控制和支配世界的工具，不仅没有使世界变得平等，而且也没有为边缘国带来福利，实际上，反而使这个世界变得更加不平等了。

当然，中心国基于大数据的全球活动有时是以政府的名义直接进行的，但更多的时候，则是通过跨国公司的市场行为渗透的。表面看来，世界市场有着"自由""平等"的面相，而在实际上，几乎没有任何一个跨国公司会像它的名称所显示的那样跨越国界，也不可能有置身于国家之外的所谓跨国公司，跨国公司无非是根植于某个国家而向其他国家"跨"出去的组织。也许包括中国在内的许多边缘国的人们都没有意识到这一点，但当美国国会对中国的一家叫作"华为"的公司作出决定时，说明美国最清楚跨国公司是什么样的"经济动物"了，同时也给全世界边缘国的人们上了一堂关于跨国公司性质的课。也许边缘国从来也没有打算控制从自己国家中成长起来的跨国公司，但中心国却从来也没有打算不去控制任何一个跨国公司，而是充分地利用跨国公司去诠释它对世界的支配权。以谷歌公司为例，它曾以拒绝中国政府的网络审查、拒绝向中国政府提供用户搜索信息等为由而退出了中国大陆，美国政府也在申述网络自由、言论自由的名义下就此事件批评中国，甚至要求中国就谷歌退出事件展开调查。在这一事件中，美国政府与谷歌公司都在极力塑造一个言论自由、信息自由的美好形象，力图站在道德制高点上向中国施压。但是，谷歌是不是一个独立的和自由的跨国公司？答案则是否定的。因为，谷歌公司与美国政府之间有着密切的配合，不仅谷歌公司默认了美国政府对它的监控，任由美国政府使用谷歌所获得的全世界用户的数据，而且谷歌公司也会时常主动地向美国政府开放一些特有数据。这就是谷歌公司和美国所主张的言论自由和信息自由的真实状态。

在"中心—边缘"结构中，信息自由就像经济自由一样，只是中心国说于边缘国听的神话。一般说来，作为中心国中心的政府总是通过说服、交换、窃取、强制等方式要求企业传输数据，而在世界范围内，中心国则力图通过同样的方式要求边缘国将其所拥有的信息"自由地"传给中心国。在这样做的时候，中心国政府往往把根植于中心国的跨国公司笼络为自己的帮手。美国前国务卿希拉里·克林顿在 2010 年曾就所谓的"中国黑客"攻击谷歌事件发表声明，要求中国政府展开调查，"那些参与网络攻击的国家或个人应当承担惩罚和国际谴责。在一个网络互联的世界里，对一个国家网络的攻击就是对整个网络的攻击。为了强化这一意识，我们应当建立国家间的行为规范，并鼓励各国对全球网络公域（the global networked commons）给予尊重。"[①] 当前，互联网和移动设备是数据的主要来源地，当它们方便于和有利于中心国从中获利的时候，中心国就会大谈信息自由；如果情况相反的话，中心国就会表现出在信息自由问题上的出奇的沉默。所以，大数据成了一把你争我夺的宝剑，人们希望夺得这把宝剑后而将对方置于控制之下，而中心国在既有的世界"中心—边缘"结构中占据着有利地位，已经实现了对大数据的掌控。但是，中心国并不满足于此，而且要求边缘国持续地、不断地向它

[①] Hillary Rodham Clinton. *Remarks on Internet Freedom*. Washington，D. C.，21 January 2010. http：//www. state. gov/secretary/20092013clinton/rm/2010/01/135519. htm. 同年，《经济学人》的一篇评论文章写道，希拉里使用"the global networked commons"一词，"它是指，网络是一个共享的环境，就像海洋或天空一样，需要国际协作以实现对它的充分利用，而审查制度则污染了这一环境。扰乱信息流动不仅损害了数据的整体性，也是对自由言论的违背和对集会权利的否定……世界贸易组织负责监管货物贸易的自由流动，也许我们也可以诉诸于它去维护电子信息与服务的流通。"参见：New Rules for Big Data. *The Economist*. February 27，2010. http：//www. economist. com/node/15557487.

（们）开放所有的数据。可见，在不打破世界"中心—边缘"结构的情况下，大数据只不过是由中心国操控的一个新的工具。我们看到，美国国防部为贯彻奥巴马政府的大数据计划而拟定的目标就是："提升情景意识以帮助战斗人员和（军事）分析人员，为（军事）行动提供进一步的支持。将分析人员从各种语言文本中获取信息的能力提升一百倍，同时大幅度增加可供分析人员观察分析之用的物体、行动和事件的数量。"[1] 在这里，我们所能看到的是一个什么样的世界前景？

　　总之，大数据是在全球化、后工业化这场社会变革运动中出现的一种新的技术现象，同时也是一种新的社会现象。它作为工具，无疑是一把利器。这就意味着两种应用它的可能性：其一，可以应用于促进变革，以打破世界以及社会的"中心—边缘"结构；其二，被用来维护和巩固既有的世界和社会的"中心—边缘"结构。如果是后者的话，在不远的将来，我们所看到的就将是一场巨大的灾难。然而，当前的情况显示，无论是在一国内部还是在国际社会中，大数据都被用来强化控制体系。对于许多人来说，也都没有从中觉察到危险。正是这一点，可能是人类将要遇到的最大危险。也正是因为这一点，我们急需为大数据这样的流行概念正名，力图将大数据这一技术工具引向增进人类福祉的方向。

---

[1] *Obama Administration Unveils "Big Data" Initiative：Announces ＄200 Million in New R&D Investments*. White House，March 29，2012. https：//www. whitehouse. gov/sites/default/files/microsites/ostp/big _ data _ press _ release. pdf.

主要参考文献

［埃及］萨米尔·阿明:《不平等的发展》,北京:商务印书馆,2000。

［埃及］萨米尔·阿明:《世界规模的积累》,北京:社会科学文献出版社,2008。

［埃及］萨米尔·阿明:《世界一体化的挑战》,北京:社会科学文献出版社,2003。

［英］罗伯特·艾伦:《近代英国工业革命揭秘》,杭州:浙江大学出版社,2012。

［挪威］托马斯·许兰德·埃里克森:《全球化的关键概念》,南京:译林出版社,2012。

Carlos Diza Alejandro. Essays on the Economic History of the Argentine Republic. New Haven:Yale University Press. 1970.

Bayly,Christopher A. *The Birth of the Modern World*,1780—1914. Malden,MA:Blackwell. 2004.

［美］保罗·巴兰:《增长的政治经济学》,北京:商务印书馆,2000。

［英］齐格蒙特·鲍曼:《全球化——人类的后果》,北京:商务印书馆,2001。

［美］E. 布拉德福德·伯恩斯、朱莉·阿·查利普:《简明拉丁美洲史》,北京:世界图书出版公司,2009。

［德］乌尔里希·贝克:《什么是全球化?》,上海:华东师范大学出版社,2008。

［英］莱斯利·贝瑟尔主编:《剑桥拉丁美洲史》,北京:当代世界出版社,2000。

〔澳〕彼得·达沃豪斯:《知识的全球化管理》,北京:知识产权出版社,2013。

董国辉:《劳尔·普雷维什经济思想研究》,天津:南开大学出版社,2003。

〔巴西〕特奥托尼奥·多斯桑托斯:《帝国主义与依附》,北京:社会科学文献出版社,1999。

〔巴西〕特奥托尼奥·多斯桑托斯:《新自由主义的兴衰》,北京:社会科学文献出版社,2012。

〔法〕弗朗茨·法农:《黑皮肤,白面具》,南京:译林出版社,2005。

〔法〕弗朗茨·法农:《全世界受苦的人》,南京:译林出版社,2005。

〔德〕安德烈·冈德·弗兰克:《依附性积累与不发达》,南京:译林出版社,1999。

〔美〕托马斯·弗里德曼:《世界是平的——21世纪简史》(3.0版),长沙:湖南科学技术出版社,2008。

〔美〕乔纳森·弗里德曼:《文化认同与全球性过程》,北京:商务印书馆,2003。

〔英〕克利斯·弗里曼、罗克·苏特:《工业创新经济学》,北京:北京大学出版社,2004。

〔英〕彼得·高恩:《华盛顿的全球赌博》,南京:江苏人民出版社,2003。

Peter Gowan, *The Global Gamble*: *Washington's Faustian Bid for World Dominance*. London and New York, Verve, 1999.

高铦:《第三世界发展理论探讨》,北京:社会科学文献出版社,1992。

〔英〕保罗·哈里森:《第三世界:苦难、曲折、希望》,北京:新华出版社,1984。

韩琦主编:《世界现代化历程(拉美卷)》,南京:江苏人民出版社,2012。

〔英〕戴维·赫尔德等:《全球大变革:全球化时代的政治、经济与文化》,北京:社会科学文献出版社,2001。

［英］戴维·赫尔德、安东尼·麦克格鲁主编:《全球化理论：研究路径与理论论争》，北京：社会科学文献出版社，2009。

［英］戴维·赫尔德、安东尼·麦克格鲁:《全球化与反全球化》，北京：社会科学文献出版社，2004。

［英］M. C. 霍华德等:《马克思主义经济学史：1929—1990》，北京：中央编译出版社，2003。

Irving Louis Horowitz eds. *Power，politics and people：the collected essays of C. Wright Mills*. New York：Oxford University Press，1963.

［挪威］约翰·加尔通:《和平论》，南京：南京出版社，2006。

［英］安东尼·吉登斯:《第三条道路——社会民主主义的复兴》，北京：北京大学出版社，2000。

［英］安东尼·吉登斯:《现代性的后果》，南京：译林出版社，2011。

江时学:《拉美发展模式研究》，北京：经济管理出版社，2007。

［俄］根纳季·久加诺夫:《全球化与人类命运》，北京：新华出版社，2004。

［美］保罗·莱文森:《数字麦克卢汉——信息化新纪元指南》，北京：社会科学文献出版社，2001。

J. AyoLangeley，*Ideologies of Liberation in Black Africa* 1856—1970：*documents on modern African political thought from colonial times to the present*. London，R. Collings. 1979.

李春辉:《拉丁美洲史稿》，北京：商务印书馆，1983。

李德伟等:《大数据改变世界》，北京：电子工业出版社，2013。

林毅夫:《从西潮到东风——我在世行四年对世界重大经济问题的思考和见解》，北京：中信出版社，2012。

［美］罗兰·罗伯森:《全球化：社会理论和全球文化》，上海：上海人民出版社，2000。

［美］W. W. 罗斯托:《经济成长的阶段——非共产党宣言》，北京：商务印书馆，1962。

［加］菲利普·马尔尚:《麦克卢汉：媒介及信使》，北京：中国人民

大学出版社，2003。

〔加〕马歇尔·麦克卢汉：《谷登堡星汉璀璨——印刷文明的诞生》，北京：北京理工大学出版社，2014。

〔加〕马歇尔·麦克卢汉：《理解媒介——论人的延伸（增订评注本）》，南京：译林出版社，2011。

〔加〕埃里克·麦克卢汉、〔加〕弗兰克·秦格龙编：《麦克卢汉精粹》，南京：南京大学出版社，2000。

〔英〕安东尼·麦克格鲁等主编：《全球化理论：研究路径与理论论争》，北京：社会科学文献出版社，2009。

〔英〕维克托·迈尔-舍恩伯格、肯尼思·库克耶：《大数据时代：生活、工作与思维的大变革》，杭州：浙江人民出版社，2013。

Moore, Karl, and David Charles Lewis. *The Origins of Globalization*. Routledge. 2009.

Gunnar Myrdal. *An Approach to the Asian Drama：Methodological & Theoretical*. New York：Random House. 1970.

Waters M. *Globalization（2nd edn）*. London and New York：Routledge，2001.

〔阿根廷〕劳尔·普雷维什：《外围资本主义：危机与再造》，北京：商务印书馆，1990。

RobertPhillipson. *Linguistic Imperialism*. Oxford：Oxford University Press. 1992.

R. Prebisch. *The Economic Development of Latin America and its Principal Problems*. New York：United Nations Department of Economic Affairs，1950.

〔澳〕布拉德·谢尔曼、〔英〕莱昂内尔·本特利：《现代知识产权法的演进：英国的历程（1760—1911）》，北京：北京大学出版社，2012。

Edward W. Said. *Representations of the Intellectual：The 1993 Reith Lectures*. New York：Pantheon Books，1994.

〔美〕爱德华·萨义德：《知识分子论》，北京：生活·读书·新知三联书店，2002。

Thomas R. Shannon. *An Introduction to the World-System Perspective*, Westview Press, 1989.

［美］苏珊·K·塞尔:《私权、公法——知识产权的全球化》,北京:中国人民大学出版社,2008。

［古巴］弗朗西斯科·洛佩斯·塞格雷拉主编:《全球化与世界体系——庆贺特奥托尼奥·多斯桑托斯 60 华诞论文集》,北京:社会科学文献出版社,2003。

Leslie Sklair. Globalization:Capitalism and Its Alternatives. New York:Oxford University Press. 2002.

［美］约瑟夫·E·斯蒂格利茨:《全球化及其不满》,北京:机械工业出版社,2010。

［美］约瑟夫·E·斯蒂格利茨:《让全球化造福全球》,北京:中国人民大学出版社,2011。

［英］莱斯利·斯克莱尔:《资本主义全球化及其替代方案》,北京:社会科学文献出版社,2012。

［加］斯蒂芬·斯特里特等主编:《帝国与自主性:全球化进程中的重大时刻》,北京:社会科学文献出版社,2010。

［英］简·阿特·斯图尔特:《解析全球化》,长春:吉林人民出版社,2010 年。

［加］约翰·拉尔斯顿·索尔:《全球化崩溃》,青岛:青岛出版社,2009。

SaraTulloch eds. *The Oxford Dictionary of New Words:A Popular Guide to Words in the News*. Oxford University Press, 1993.

［美］查尔斯·威尔伯主编:《发达与不发达问题的政治经济学》,北京:中国社会科学出版社,1984。

［美］伊曼纽尔·沃勒斯坦:《沃勒斯坦精粹》,南京:南京大学出版社,2003。

［美］伊曼纽尔·沃勒斯坦:《现代世界体系》,北京:社会科学文献出版社,2013。

徐子沛:《大数据:正在到来的数据革命,以及它如何改变政府、商业与我们的生活》，桂林：广西师范大学出版社，2012。

　　裔昭印编：《世界文化史》，上海：华东师范大学出版社，2000。

　　张宏明：《近代非洲思想经纬——18、19 世纪非洲知识分子思想研究》，北京：社会科学文献出版社，2008。

后　记

　　我们关于"中心—边缘"结构的研究是源于一项人生体悟。在我们生活的世界里，有些人总是受到不平等、不公正的对待，他做出了各种各样的努力，希望改变自己的命运，但所有努力似乎都没有什么用处。我个人也抱怨过命运，但我没有止于抱怨，而是希望理解它，希望通过思考来理解这个现象和回答这个问题。

　　在写作《寻找公共行政的伦理视角》一书时，我通过对官僚制的考察，发现这一组织的基本奥秘就在于它的"中心—边缘"结构。不过，当时只是一个模糊的认识，没有展开论述，只是在书稿完成后，才在序言中用这个观点去解释亚洲金融危机发生的原因。在《行政伦理的观念与视野》一书中，我分析了世界"中心—边缘"结构生成的过程，认为它是在"资本主义世界化"中生成的，是在传统社会的金字塔结构解体后产生了这样一个平面展开的"中心—边缘"结构。由于我是立足于全球化、后工业化的背景下去考察世界"中心—边缘"结构，所以，也对世界的"去中心化"作出一些构想。但是，严肃的研究一直未能进行。必须承认，在我发现了世界"中心—边缘"结构并努力去发表意见的时候，并不知道普雷维什、依附论学派等，虽然也曾读过沃勒斯坦的著作（未读他的《现代世界体系》），但对"中心—边缘"概念却无印象。当张桐入学读博，并提出研究这一问题的打算时，才一下子把我的兴趣激发了出来，因而有了这本书。我们合作发表了十多篇文章，构成了这本著作的基础。

　　其实，世界的"中心—边缘"结构不仅存在于现代国家间的关系中，也是我们的社会中普遍存在的一种现象。我可以举一个例子：在我曾任教的一所大学中，有一座叫作"如论讲堂"的礼堂，我一年至少有 200 个晚上在它的门前散步，看到各种各样的会议和演出在那里举办，但我从来也没有进去过。我就想，为什么我没有资格进去呢？人们可能会觉得，这是一个很无聊的问题，但我从中却发现了一个值得进行学术研究的问题。也就是说，我之所以没有走进这个"如论讲堂"的资格，是由我在这个学校中的边缘地位决定的。因为，这间礼堂中举办的会议和演出都是一些"头面人物"才能参与和观赏的，对于一个处在这个学校边缘的人来说，不可能有进入的机会。当然，我有的时候也会被要求参加一些学校举办的会议，但以我的层次，所参加的会议一般都在"逸夫会议中心"举行；在"如论讲堂"举行的会议，显然都是一些较为重要的会议，我是没有资格参加的。尽管我在散步的时候，进出这个礼堂的人也许会恭恭敬敬地同我打招呼，那可能是因为人品和资历方面的原因而赢得了那种打招呼的礼遇，但就我在这个学校的地位而言，却是边缘性的。所以，我不可能进出这个礼堂。根据传统的分类，构成这个大学的人群可以分为管理人员、教师、学生和后勤服务人员，然而，这个礼堂却提供了另一个分类方法或者说标准。也就是说，这个礼堂是一个界碑，它把这个学校中的人分为两类，一类是处在中心的人，另一类则是处在边缘的人。我不能走进去，是因为我处在这个学校的边缘。前一种分类方法看似非常科学，但与之相比，中心与边缘的分类也许更能揭示其实质。因而，我认为这是一个值得研究的问题。

多年来，我一直想研究这个问题，但一直腾不出手来，以至于这项研究就落到了张桐这里。对于这一主题，我和张桐拟了大致包括三部著作的研究设想，即国家间关系的"中心—边缘"结构、社会治理的"中心—边缘"结构和城市分布上的"中心—边缘"结构。现在呈现给读者的是第一个论题，是由我与张桐合作完成的。第二个论题的写作任务，我的设想是在我的指导下，由张桐完成，是作为张桐的博士论文选题去做的。围绕第三个论题的研究工作，将由张桐自己独立地去做，那应当是在他博士毕业后的事情了。

随着世界"中心—边缘"结构问题的研究展开后，我越来越觉得这是一个很有意思的研究课题，特别是在中国提出了"一带一路"的倡议后，也让我联想到中国在未来的发展进程中将如何去对待既有世界体系的问题。也许许多人会以为中国会向世界的中心跃迁，会为国家地位的提升而感到无比兴奋，而且在未来一段时期，会有人们所期望的表现，但那只是一种表象。所以，我不认为这是一条正确的道路。虽然我们在舆论中经常看到所谓中国崛起的提法，而且这也是每一位中华儿女的情感寄托，但那绝不是建立在理性认识的基础上的。因为，在既有的世界"中心—边缘"结构中，我们并不能乐观地认为中国可以跃迁到世界的中心地带。如果中国的发展不是去自觉地努力打破既有的世界"中心—边缘"结构，而是用自己的发展去增强这个世界"中心—边缘"结构的话，就不可能在自己走进中心的时候而成功地把其他国家挤到边缘去。而且，即使中国跻身于世界的中心，难道中国也要像现在的中心国那样确立起自己的世界霸权吗？想到这一点，可能会让人不寒而栗。因为，不仅在中国希望向中心跃迁的过程中会导致整个世界的动荡，而且在成为霸权国家的时候，也必然面临着各种各样反霸权的力量。那样的话，中国也不可能获得片刻安宁，更不用说中国在向世界中心跃迁的过程中会与既有中心国产生冲突，甚至会引发一场导致世界毁灭的战争。

从 20 世纪后期的世界情况看，随着冷战的结束和单极世界的出现，恐怖主义也悄悄地成长了起来。虽然我们可以疾声声讨恐怖主义活动，但我们也必须承认，恐怖主义恰恰是霸权主义的产儿。在打击恐怖主义的过程中，可以抑制恐怖势力的成长，却不可能从根本上消除它。只要世界存在着霸权主义，恐怖主义就不可能销声匿迹。当前，在打击恐怖主义的活动中，世界上的所有国家都似乎需要"选边站"，要么站在霸权主义一边，要么表示对恐怖主义得以产生原因的认同。事实上，绝大多数国家都站在了霸权主义一边。然而，有谁真正相信这样做就可以从根本上消灭恐怖主义？在我们看来，恐怖主义的根源恰恰是霸权主义，只有根除了霸权主义，才有可能从根本上消灭恐怖主义。至于霸权主义，显然是生成于世界"中心—边缘"结构的。这样一来，根除霸权主义的行动也就只能寄托于打破世界"中心—边缘"结构了。如果说中国在自身的发展中能够为世界作出什么贡献的话，我们认为，首要任务就是致力于打破世界"中心—边缘"结构，而不是自己跻身于世界的中心。其实，中国也只有确立起这一目标，才能拓展自身发展的空间，才不会在发展到了某个阶段的时候被中心国通过某项行动再次打入边缘。而且，当中国致力于打破世界"中心—边缘"结构时，既实现了对霸权主义的冲击，也消除了恐怖主义得以产生的土壤。

可以想象，既有的世界"中心—边缘"意味着一种国际秩序，边缘国因为长期受到中心国的压迫和剥削，肯定希望解构这个秩序，而中心国则会努力维护这个秩序。任何一个边缘国的经济发展、社会进步以及综合实力的提升，都会引起中心国的警觉，会极力加以打压。如果已经获得了一定实力的边缘国希望在既有的世界"中心—边缘"结构中与中心国互换位置，就会陷入直接冲撞的困境中。其实，自20世纪80年代起，人类已经走进了全球化、后工业化进程。全球化、后工业化是一场标志着人类历史转型的社会运动，它意味着人类将从工业社会的历史阶段过渡到后工业社会。既然世界"中心—边缘"结构是工业化的产物，是工业社会建构起来的一种基本的世界结构，那么"中心—边缘"结构的解构动力以及正确路径就是包含在全球化、后工业化运动中的。所以，对于边缘国来说，应当积极地回应全球化、后工业化的要求，从全球化中寻找发展契机，而不是摆出向世界中心跃迁的姿态。这才是一种积极而正确的策略。积极地推进全球化，是走向后工业社会的正确通道，也是解构世界"中心—边缘"结构的可行策略。一旦人类在全球化方面取得积极进展，世界"中心—边缘"结构也就自然而然地走向消失。一个非常简单的道理就是，世界是有中心与边缘的，而全球这个概念则意味着没有中心，或者如麦克卢汉所说的那样：处处是中心。

客观上说，如果说人类已经进入了全球化、后工业化进程的话，如果说全球化、后工业化意味着人类社会一个新的历史阶段的开启，那么在实现了工业社会向后工业社会转型的同时，也必将终结人类在工业化和"资本主义世界化"进程中所建立起来的这一"中心—边缘"结构。也就是说，从客观的历史进程看，人类已经进入了一个"去中心化"的历史进程。在20世纪后期以来的社会发展中，处处都显现出了去中心化的迹象，只不过人们尚未对此加以系统的研究和认真的思考，而是在旧的思维模式中去对新的历史现象作出解释。就此而言，是与历史进步的要求相背离的，而且也必将让人类错失许多发展机遇，甚至会在一个很长的时期内偏离人类社会发展的正确方向。正是想到了这些，我与张桐才就此问题开展研究，并以这本小册子呈现给读者。

显然，世界的"中心—边缘"结构并不仅仅存在于国际关系中，它不仅是由民族国家构成的世界体系所拥有的一种结构，而是广泛地存在于一切有人群的地方。在一国内部，也同样存在着"中心—边缘"结构，同样，在既有的一切组织之中也都有着"中心—边缘"结构。而且，"中心—边缘"结构并不仅仅呈现在某个线性展开的空间中，无论是在地理的意义上、社会的意义上还是心理、思想、文化等意义上，都存在着"中心—边缘"结构。也就是说，工业社会的每一处都存在着"中心—边缘"结构，甚至可以说工业社会的全部秘密都包含在了"中心—边缘"结构之中。因此，"中心—边缘"结构是可以成为社会科学的一个基础性解释框架的，在我们的研究视线所及的每一处，如果都能够引入"中心—边缘"结构这一解释框架的话，那么许多问题也就能够得到正确的理解，而且，也就能够找到解决和处理问题的方案了。当然，要在总体上打破工业社会的世界"中心—边缘"结构并实现去中心化是非常艰难的。也正是这项任务非常艰难，说明了社会科学研究需要给予"中心—边缘"结构以更多的关注。

"中心—边缘"结构对我们的生活有什么样的影响，我想用下述两个例子来解释一下。2010年，我下了决心调离北京，希望使自己的工作环境和生活环境都能够得到一些改善。在与欲调往单位的人事处签订了合同之后，一位领导带我去拜望校长。校长是一个说起话来让人感觉很实在的人，他认为我作出了人生中最正确的选择。校长做了这样一个比喻：一棵树长在太拥挤的森林里，会被一些大树压得长不起来，甚至会被憋死。把这棵树挪到一个空地上，它就能长大，而且，由于空地上没有其他树挡着人的视线，大家都一眼看到了它。校长的这个比喻让我认识了自己。本来，在准备调动时，有一天在游泳馆里意外地碰到一位多年不见的老师和老领导，他到教育部做行政工作后我就没有再同他联系过。我同他谈了想调动的事，他劝我不要事业心太强，别瞎折腾了，少写一些就行了。我特别记得他使用了一个成语："木秀于林，风必摧之"。走到哪里，你遇到的问题都是一样的。听了校长的比喻，我觉得遇到的问题是不一样的。因为，校长给我呈现的是可以摆脱边缘地位的希望。然而，在我心中却有一个不足以向人道的东西，我自己也不能准确地把握它，那就是，处在边缘，是我无法改变的，但我绝不愿意进入中心，无论那是一个什么样的中心。我周围的人都知道，我总是能够最快地同单位里看门的、打扫卫生的人成为好朋友。既然如此，我何必如那位校长所期望的成为中心呢？

另一个例子也许能够更加直观地道出"中心—边缘"的实质：我住在北京回龙观小区，免不了要购物。由于我在城里工作，也免不了会在中关村这一带逛店。两个地方服务员的态度是截然不同的，我以为这是由于两地所雇用的服务员在素质要求上不同。但是，我夫人给我做了一个让我无比信服的解释。她说，在中关村这一带，你走进任何一家店，服务员都会误以为你是有钱、有身份、有地位的人，用北京话说，你是"大爷"，所以会表现出对你的恭敬。回龙观都是住经济适用房的人，有很多人是失业和无业的，商店里的服务员自然会有着一种优越感，她认为她在这个地方是"大爷"。可见，在一个社会的中心还是边缘，不仅客观的方面是不一样的，更为重要的是人的认识和观念也是不一样的。同样一个人，在中心地带时会被放置在一种位置上，而边缘地带上又会被放置在另一种位置上。

我在北京上学时，认识一位老兄，他从四川来到北京，没有工作，是个无业流民。无业流民可能很闲，经常到我们宿舍串门，拿些东西让我们帮助翻译，他校对后找出版社出版而成了名气很大的翻译家。不过，他自己更愿意被认为是一位学者，发表过一些文章，自称是自由撰稿人。再后来，他被一所很有几分名气的大学聘为教授。聘期届满时还给我打过电话，想请我给他推荐个学校，但我能力有限，没能如兄长所愿，这也是我的一块心病，感到有愧于兄长。不多久，看到兄长在上海的一所著名大学主持一所研究院，心中为他高兴。他在主持研究院的时候，给我打过几次电话，让我参与他的研究院的活动，邀请我参加他的会议，我推辞了，因为我不清楚是他给我出路费还是我自费，因为他没有明确地提出来这个事，我也不好意思问。我自己那些年，年年申报课题，从来也中不了。没有课题经费，是不敢想出差的事的。所以，一直没有参加兄长主持研究院的活动。兄长曾写过文章谈他进入体制内的诸多感想和体会。从整个过程看，他在自称是自由撰稿人的时候，显然是要说他在政治学界的边缘，他写文章谈自己从体制外到体制内，无非是说他从边缘进入了中心。但是，我总感到他一直处在政治学界的中心，他因为译介中心国的著作而早早地就处在了中国政治学界的中心了。而且他还同中心国的教授一起编写过著作，更证明是在中心。如果能够到中心国的刊物上发表文章的话，在中心的位置还会更中心一些。人是不愿意待在边缘的，向中心靠拢或挤进中心，几乎是每一个人的终生追求。对于学者来说，最便捷的通道，就是到中心国的刊物上发表文章。如果能够到 NATURE 上发表一篇读者来信，似乎也比边缘国的教授高出了一头。

我们还经常看到，一些政府官员在中央机关工作时言行恭谨，一旦放到了地方，不出三年就性情大变，变得极其狂野，目中除了上一级的权力再无他物，言谈举止中透露出来的一种气势，似乎地球已经容不下他了。这说明，边缘中的中心与中心中的边缘在人格上都会有着完全不同的表现，边缘中的中心会因为其优越地位而变得猖狂，除了对权力更加顺从外，不再有任何敬畏感，对一切原则、知识、智慧等都表现了蔑视。

还有一种现象是，在中国改革开放后，大批进城务工人员构成了一个所谓"农民工"群体。这个群体是处在边缘吗？我总觉得他们并未融入城市，仍然处在城市的外围。他们在城市之中，但城市离他们又很远。只有当他们融入了城市之后，才有做城市中的边缘的资格。当他们在城市的外围时，就没有在城市体系之中。我们不难看到，我们工作的单位也都会雇用保安人员，在我工作的单位，就有一些人负责对进出车辆收费和管理，但我觉得，他们虽然在这个单位里工作，却不属于这个单位，对于这个单位而言，他们并不是边缘人，他们在我的单位里工作，却有可能是属于另一个单位的职工。他们对我工作单位的交通进行管理，或者为我单位提供各种各样的服务，但他们却连做我单位的边缘人的资格都没有，他们构成了我单位的外围存在。

　　我们存于其中的这个世界是分成"中心—边缘"的，而且中心与边缘的表现也是非常复杂的。从中心与边缘的角度去看问题，所看到的就不再是近代社会科学所描绘的那幅图景。可以认为，我们社会中存在着的不平等、非正义等几乎所有问题又都是根源于这个世界"中心—边缘"结构的。如果说我们既有的制度安排和行为模式、生活模式建构都是在默认了世界"中心—边缘"结构的前提下做出的，那么当我们认识到了并努力去打破这一结构的话，也许就能够获得另一幅世界图景。我们认为，如果对农业社会进行解析，可以认识的应当是一个金字塔式的等级结构，"中心—边缘"结构是在工业化进程中生成的，而今天正在发生的这场全球化、后工业化运动将打破世界的"中心—边缘"结构，它将会成为一项改写历史的活动。因为，人类社会的不同历史阶段是有着属于那个历史阶段的特定的社会结构，等级结构属于农业社会，"中心—边缘"结构属于工业社会，而后工业社会也将有着属于这个历史阶段的社会结构。其中，打破工业社会的"中心—边缘"结构，或者说，实现社会的去中心化，就是我们应当首先去做的工作。

　　我的研究工作更多地涉及政治，在某种意义上，我可以说是从事政治学研究工作的。但是，我并不认为我需要去批评某种政治或服务于某种政治，我所追求的是去写我所想，表达我所认识。当然，"政治"这个词有着极其复杂的内涵，与政治无涉的纯学术是不存在的。所以，我也从未想过要做纯粹的学术。然而，政治是有高尚与龌龊之分的，我向往某种政治和鄙视某种政治也是很自然的。这并不意味着我带着什么高尚的政治观念去做研究和去看我的研究对象，相反，我是尽可能用一颗纯净的心去体悟政治，高尚不是我的追求，科学也不是我的愿望，我在研究工作中希望去做的，是用纯净的心灵去观察、体验和想象。所以，我既不是在政治之中研究政治，也不是走出政治而研究政治。但是，个人的生活境遇必然会反映在研究工作中，作为一个边缘人，而且作为一个作出无限努力都无法改变自己边缘命运的人，是对自己命运的思考而开始关注世界"中心—边缘"结构。正是这样一条治学理路，让我所写都是自己的思考。当我审视周边的时候，我发现也有许多同样处在边缘地位的人，却总是服膺于某种霸权话语。这也就是我们在书中专门对边缘国知识分子作出考察的原因。

虽然是一个边缘人，但我一直认为，我们的科学研究，应当在人类历史发展的基本趋势中去发现主题，并坚持不懈地去进行探讨。如果我们接受了他人给定的题目去码字，只能是一种命题作文，实际上就会因此而把自己降低到了小学生的水平，这不仅对于科学的发展、知识的增长无益，对于自己的成长也是无益的。对于一名准备投身于科学事业的人来说，通过独立地观察去发现和选定主题，通过自己的研究去表达认识，是一项基本要求。当然，我们每个人都有维护生存权的需要，不得不去做一些由他人为我们指定的所谓课题。但我们必须意识到，在做这些事情的时候，我们仅仅是为了生存方面的需要，如果我们的生存权得到了保障的话，还去追逐这些东西，那就是我们自己的不道德选择。因为，在这种行为中包含着不道德的追求。总之，科学研究是一项需要自主性的事业，它不需要遵从任何权威的意志，也不需要由任何权威去对科学研究的成果作出评价。即使在这个有着"中心—边缘"结构的社会中，我们从生活中去发现自己感兴趣的问题并加以研究，所反映的也是一种去中心化的追求。

张康之
2015 年 12 月